近代史学刊

华中师范大学中国近代史研究所　主办

中文社会科学引文索引
（CSSCI）来源集刊

JOURNAL
OF
MODERN
CHINESE HISTORY

第22辑

马　敏　主编

社会科学文献出版社
SOCIAL SCIENCES ACADEMIC PRESS (CHINA)

本刊编委会

目　录

·中国近代大学与社会·

·近代中国宗教社会史·

·专题研究·

·书评·

·会议综述·

编者按：2019 年是近代中国重大历史事件五四运动发生一百周年，5 月 29 日上午，华中师范大学中国近代史研究所在研究所会议室举办了“纪念五四运动一百周年”座谈会，特邀台北中研院院士王汎森先生和复旦大学文史研究院特聘资深教授葛兆光先生，与本所学者就五四运动的多重历史背景、丰富历史内涵、多元历史面貌、深刻历史影响，以及五四运动研究进一步深化的途径，进行了深层次的交流和对话。本刊特专题刊发座谈会部分内容与学界共享。本专题还特邀中国社会科学院近代史研究所研究员郑大华先生、台北中研院近代史研究所研究员潘光哲先生等就五四百年撰写专文，与部分作者投稿一并发表。这些文稿按照体例，分为“五四百年纵横谈”、“五四百年纪念特邀文稿”和“五四百年纪念专文”三个部分。

五四百年纵横谈

“客观理智”与“主观意志”*

——后五四思潮中的两种趋向

王汎森

本文想讨论后五四思潮中的两种流派。后五四思想的面向非常多，绝对不限于我将讨论的这两种，但是“客观理智”与“主观意志”，似乎又可

* 本文是 2019 年 5 月间在华中师范大学“章开沅讲座”及后续的座谈会上的发言，感谢周月峰、黄凡将它们整理成记录稿，本文即在此记录稿基础上修改扩充而成。因为是讲演记录，所以常带有口头、未加修饰的语气，而且没有加注，详细写定，俟诸他日，请读者鉴谅。

以概括相当的时代面貌。而且这两者互相对立与纠缠，对后来的影响颇为深远，所以值得特别提出来讨论。在进入主题之前，我的设想是将五四发展的背景大致做一个简单的介绍。但五四是一个何等复杂的历史事件，所以任何介绍都免不了是挂一漏万的。

（一）

“五四新文化运动”包括“新文化运动”和“五四运动”，一个在前一个在后，重点虽然有所不同（当时许多人并不知道五四有爱国运动以外的意义），但它们又是一个连续体，所以一般将它们合在一起，简称为“五四运动”。五四当然是受新文化运动激荡而起，而且五四运动最开始时活跃的学生中有很多是醉心于新文学运动的青年，顾颉刚在他的一篇文章中提到了这一点。可是五四有一个不同的调子，即爱国主义，它的“内除国贼，外争强权”的声浪夹杂着新文化运动的种种解放的主张，慢慢取得压倒性地位。这个时候一两个月或一两年内整个思想就要变。综合前人的观察，可以将这一段历程大略分成四个阶段。民国三年、四年间复古守旧之风回流，引起了许多共和国青年的不满，这与新文化运动有相当密切的关联。所以五四新文化运动最先是批评礼教（反礼教），接着是白话文学与思想改革，再则是学生涉入政治，最后是主义时代的来临。关于这四个阶段，我想着重讨论“后五四”时代中思潮的分裂。

讨论五四运动时，我觉得“世代”（generation）之间的问题与异同本身是个重要的问题。在新文化运动前后，身为老师辈的这代人慢慢地得到了一个共同的看法，就是觉悟到文化、思想是解决黑暗的政治社会的一个关键。

胡适出国留学是在 1910 年，从他跟当时的朋友们的通信以及日记中看得出来，他留学到第三年时，观念上开始出现一些变化。胡适原来是喜欢宋明理学的，而且排斥颜元、李塨的学问，这与他后来的发展刚好相反。当时的梅光迪喜欢颜、李，讨厌宋儒，后来的发展也正好相反。所以胡适自己一直在变，我看他跟他当时一些朋友的笔记，他在留学第三年、第四年，开始转向“天下事无不可为”这样的想法，而且希望从“根本”下手——“造新因”。这些意识就开始摆脱他原来在晚清到民国初年那些要武力强大、军队强大、政府强大的想法。他认为要造新的因、远的因，从根本下手，从文学下手，由“下”——“国民”、“乡”这些东西来下手，不要再一味寄望于英雄、伟人。辛亥革命成功以后，有个流行名词叫“革命伟人”，出了几种革命伟人言论集、书信集。那时“伟人”成为一个很流行的称呼，胡适认为不要再寄望于这些上面的人，要从下面来，由下、由国民、由乡村社会，不要寄望于政治、军事，要寄望于文学、思想来“造新因”、“造远因”。尤其在民国四年，他给他朋友的信中说“国事乃是大事，岂能抄近路”，所以应该从文化改造开始。我想这也使得他后来跟陈独秀慢慢趋同。

胡适与陈独秀都是新文化运动老师这一辈人，但他们两个在个性上是不同的，胡适是温和的，以欧美为理想的；陈独秀是激烈的，不惜跟天下人为敌。胡适的《文学改良刍议》一寄到《新青年》，陈独秀接着写了《文学革命论》呼应。陈独秀这种决绝的主张所引起的震荡与扩散作用不可小看。我之所以要特别提出这一点，是因为这个决绝的态度在当时显然有重大的刺激作用，吸引了不少青年。

在这里我要岔出去略谈一下“思想水位”的观念。从清末民初以来，“思想水位”已经节节上升，即使是与新文化运动诸君对立的林琴南，从他的文章及所译外文小说看来，也是赞成变法改革的半新人物。刘师培在晚清的革命言论与无政府思想，更是异常激烈。只是林琴南或刘师培等人的文化态度，比较而言还是主张新旧可以并存。但是当时能动人观瞻的，恰是“不塞不流，不行不止”这样一种全盘的、整体否定传统的态度。郑超麟的回忆录中说，他在福建看到《新青年》时，一开始痛恨陈独秀，这也是很多人开始接近五四新文化运动的第一个反应，但他对陈独秀“不塞不流，不止不行”这个口号印象特别深刻。他原来在福建受传统教育，本身也参加过科举考试，不过他居然逐渐信从陈独秀所讲的没有把旧的扔掉，新的进不来。

胡适并没有这种决绝的态度。虽然陈独秀、胡适在态度方面有这样的不同，但是他们对文化、道德或是伦理，所谓“远因”、“新因”这方面的认识，好像在慢慢趋同。所以从当时新文化运动老师这一辈，也就是《新青年》最初的主导者们开始，慢慢更重视文化，认为思想问题是根本问题。政治不是靠政治来解决，政治是由思想文化来解决，这是个不一样的想法。

至于学生这一代，我觉得五四青年有一些特质，包括：民主与科学、个人解放、反对礼教、高调的理想主义、道德激情、提倡高尚纯洁的人格、对“未来”有无限光明的想象。(用俞平伯的话说：“模糊地憧憬着光明，向往着民主而已。”) 高尚纯洁的人格加上理想主义再往前走一步，就带有 Jay

Winter 在 *Dreams of Peace and Freedom*：*Utopian Moments in the Twentieth Century* 一书中所说的“微型乌托邦”的特质。Jay Winter 认为有两种 utopia，一种是 major utopia，另一种是 minor utopia（微型乌托邦）。五四青年们在理想主义上往前跨一步，往往带有 minor utopia 的味道，形成各种新村或者类似新村的组织，或是各种同道之间的结社。

五四青年强调输入西方新的学理，对各种学理往往没有太大的区辨，所以在当时，包括英、美、法国，还有俄国的东西，对青年来讲他没办法分得太清楚，是不分区别地引进来。《新潮》第 1 卷第 1 号中，傅斯年有一篇讲俄国革命的文章《社会革命——俄国式的革命》，以至于后来在台湾编傅斯年全集时这篇就不敢收进去。当时这些都是输入新学理中的一环。这个时候好像有一种比较新的思维，认为每一种新的声音都有被试试的价值，在以前，这要看合不合过去的传统。另外，五四理想青年的道德激情值得特别关注，尤其反映在当时的文学作品中，思想鼓吹没有细节，小说里面有新的东西、有细节，用郑超麟的话：“小说打开了一个世界。”种种细节与想象，在日用人生里面应该如何表现，有一些好的跟不好的社会评判标准。青年们认为梦想是好的、未来是好的，专门写现在的事情写得再好都不好。还有一点值得注意，五四青年的思想中有许多杂糅附会的地方，如果把它们讲得太清楚往往就不是事实了。在思想转型的时代，很多东西都是陌生的，这个时候硬要弄出一个东西，作为人生、政治、社会的图景，那么本身往往就带有杂糅附会的特质。

五四还有一个重要现象，就是在五四之后，中学生——城镇、小城市里面的中学生，办了很多刊物，这些刊物大大小小加起来有四百多种，舆论就能下达到这个地方政治。有些地方的热心分子，积极跟随北京等大城市的热潮。郑超麟的回忆录中就提到有一个公布栏上不停地贴北京那些活跃的青年的文章和来信，取得一种联系。然后小县城的中学生跟着办刊物，舆论大为发展。胡适曾说这是一个新的现象，使得 local 成为可以表达公共意见、传达新知识的点。在北伐时期，很明显在很多小地方，受五四新文化运动熏陶的年轻人跟当地的旧绅士起了根本的冲突。

（二）

正如怀海德在《历程与实在》中所说的，思想是一个有机体，它在历程中会不断地变化。五四的历程如此，后五四的变化更是如此。戴季陶曾经观察说，在五四之后有两条路，一条是"客观理智"，一条是"主观意志"。我相信戴氏所说的"客观理智"，主要是指五四所倡导的科学的、理智的、客观的、西方的、新文化的、批判传统的。后来在学术界则发展为以科学"整理国故"的运动。当然"整理国故"中也微微有"客观理智"和"主观意志"两种倾向之分，梁启超一面强调科学整理国故，一面又注意国故中主观的、意志的面向。这里所谓的"主观意志"，是笼统地指东方的、精神文化的、心性的、信仰的、直觉的、情感的、人格的、行动的。政治上的"主义"派也可以归入此派，因为当时崛起的各种"主义"派，基本上不只强调政治思想的抉择，而且是"一种思想、一种信仰、一种力量"（孙中山），[①] 以下我将试着对此加以阐述。

首先是"客观理智"的。五四运动在政治与思想、学术上的影响至为重大。五四派在蔡元培、胡适，以及后来的傅斯年等人的领导之下，形成清楚的学术、文化主张，提倡民主，倡导科学（有时甚至是"科学主义"）、理性，提倡西方文化，批判中国传统，提倡"为学问而学问"，主张以科学整理国故等。由胡适所倡导的"整理国故运动"，形成一种认为清儒的治学方法是"科学"的主张，提倡一种解决学术"问题的"取向，以新史料的发现为主调，对于学问的题目与方法有一种个别的、质实的，甚至有时看来不免零碎的倾向。尤其经过 1923 年"科学与人生观"论战，科学派决绝地反对形上的、心性的，坚决主张客观的、理性的、实证的态度，认为人生观的部分也是科学定律的管辖范围。他们比较看轻中国原来学问中心性的一路，尤其反对宋明理学的传统。又因为"为学问而学问"的主张，胡适甚至曾说清儒发现一个古音的价值与西人发现一颗行星的价值是等同的，所以暗示了一种学问可以不问现实用处，即使看来"无用"的学问，它本身也有永恒的价值，这多少给人一种学问与现实可以脱离的倾向。

另外值得注意的是五四之后的一连串论战，如"问题与主义"论战、"科学与人生观"论战、"东西文化问题"论战等。在这些论战中，比较占上风的多是属于新文化运动这一边，相当程度地深化了科学、客观、理智这一面的力量。事实上在 1949 年之前，这一派在思想、学术界占有主流的

① 从戴季陶《日本论》之类的文字出发来看，对"主义"和领袖的信仰是属于"主观意志"的。

地位，过去讨论也比较多，所以此处不再赘述。上述种种发展，大致等于戴季陶所说的“客观理智”一脉。

至于“主观意志”方面，首先要谈的便是“主义”派的崛起。从1919年到1920年，这一两年间政治、思想、文化的气候不停在变。我要举一本小说《倪焕之》为例，它的作者叶绍钧也是一位五四青年。倪焕之在追寻的过程中，经历过新文化运动那种强调个人的、思想的、自觉的、高尚纯洁的个体解放，然后慢慢地转变成探索社会的、组织的、劳工的。到了最后发现，我们原来做的事情太零碎。这样零零碎碎的理想好像要靠一个新的东西来落实，所以倪焕之在短短几年，由以新文化运动为主的变成五四的，然后又好像希望找到一条新的道路。由五四转向“主义”是一个复杂的问题，我个人曾从“生命存在”的角度加以解释（见《主义时代的来临》一文）。从《倪焕之》等书中，我们看到一种多角度的思维：一方面是对未来有无限光明的憧憬，对现实则是无限失望；另一方面又认为问题的存在是整体的，是全“社会”的。故以“社会”取代原先新文化运动零零星星的各种主张，转向一种“全盘的”、“主义”式的解决。这也就是《倪焕之》中所说的要靠“另一种非得有组织地干不可”的人，凭借思想、信仰、行动以及意志的力量，才能将上述零零碎碎的理想加以落实。形形色色的“主义化”的努力，以及各种“主义”的盛行，靠“另一种人”的“主观意志”在现实行动上展现。至于后五四思想文化界，“主观意志”倾向的崛起也是非常明显的。

五四新文化运动是一阵狂风暴雨，四面八方的人都在盯着它看，思索着它的对错，不管是迎接或抗拒，试着与它对话，或是试着进行改造、挑战，它往往产生了五四领导者们未必料想得到的影响。譬如陈寅恪有《“蓟丘之植，植于汶篁”之最浅易解释》一文，为什么在《史记》这么庞大的内容中，他独独关注《乐毅传》中的这两句话？其实这是受了五四新文化运动的刺激而欲有所回应。当胡适在《新青年》上发表《文学改良刍议》，陈独秀接着刊出《文学革命论》加以呼应之后，钱玄同随即以大篇书信加以支持。为了响应胡适所说的古文“不合文法”的主张，钱在这封长信中举了“蓟丘之植，植于汶篁”为例，说明它是一个倒装句“不合文法”。所以，多年之后陈寅恪发表的这篇《“蓟丘之植，植于汶篁”之最浅易解释》，也可以说是对当年《新青年》上那几篇文章的回应。

大变动之后，所谓“影响”往往有几种意思，一是接受，一是反对，一是既接受又反对，一是既反对又接受，[①] 即使要站回自己原来的位子，往往也要经过一番反思。正因为五四是一个改变历史气候的晴天霹雳，所以此后凡五四问的问题，凡五四主张的观点，对许多人而言，如果要对相关问题有所思考，则不管赞成、反对，都要先问一下自己到底是持什么态度，中国文化是不是如五四人物所贬斥的那样，西方文化包括什么，西方文化是不是如五四人物所推崇的那样。五四那样讲婚姻问题，那么青年谈恋爱的时候，是否也要想一想要不要接受媒妁之言？又如在五四的爱国运动震撼之下，很多基督教团体在爱国主义的狂潮下不能不自问自答：西方来的宗教是不是与爱国主义相矛盾？边疆的少数民族可能会问：在激进的爱国主义下，我们应如何自处？我们应该更向中国贴近，还是选择疏远？自问自答成为一道习题，许多人在自问自答的过程中重新定义自己，并决定走向。

为什么“反对”者也可能受到影响？有时是因反对而注意某些原先不曾注意的主题，有时是因反对而认为相反的那边就是对的，或者是认为“主旋律”所有的便是不好的，所以也不愿将其中某种质素包括进自己的内容中。譬如五四新文化运动之后的新儒家，就不太愿意讲考证，因为考证学被胡适他们拿去当作“科学整理国故”的东西，所以此后新儒家就不太标举考证学了。

随着五四运动中“客观理智”的风气在学术界铺天盖地而来，学术、思想界中不管赞成还是反对它者，往往也带有它的印记。这些流派各有自己的渊源，绝对不能化约为只是对五四的反响，但是它们直接或间接与五四有关。以下我要举例说明之，其中有些例子已经下及 1930 年代，甚至 1940 年代，而它们的共同特色之一便是张扬“主观意志”。

在“主观意志”派形塑的过程中，1923 年的“科学与人生观”论战显然有重要的影响。在这一场论战中，胡适、丁文江、吴稚晖等站在科学主义一边，认为普通的科学是可以统治驾驭人文、人生观的所有领域，这些本来认为是主观的部分，还是在科学的定义制约之下。这里面反对科学派的张君劢等人，很多和宋明理学有关系，所以慢慢形成了两个阵营的大决战。几年前我慢慢地注意到了，其实丁文江在这一论战当中的很多主张深受 Karl Pearson 的 *The Grammar of Science*（《科学的文法》）的影响，至少在意识上可能是如此。可是反对派认为人的内心、情感、意志、人生观、世

① 因反对而形成的各种发展，如梁元生先生《五四的逆流：国学南移与香江之国学兴起》所讨论的即是一个显例。

界观、价值观是不受科学律则统治的，认为人的内心是一切价值的根源，不相信科学的方法能够解释一切。后来陈独秀写了一篇序跋，非常巧妙地说科学和人生观是可以合在一起的，如果按社会的唯物辩证法，这两个东西是可以合在一起的，辩证唯物主义的社会科学可以找出人生观、价值观与世界观的定律。这里面慢慢就形成两派，一派是科学主义派，一派是玄学派。在陈独秀他们主张思想联合阵线时，张君劢甚至一度倡导“唯心”主义联盟，计划在西山开成立会，并计划创设《理想》杂志。

一方说科学，另一方就说玄学；一方说西方文化全面胜过中国，另一方就说东方文化仍有不可磨灭的价值，所以就有“东西文化论战”；一方说要点滴改良，一方说要社会政治的全盘改良，所以就有“问题和主义”论战。这种截然相对的二分都和五四运动有关，如果不是五四运动，说不定科学与玄学之外还有第三者，说不定东方文化与西方文化不会被讲得那样截然相对。①

在后五四思潮中，首先应提到的是东方文化派。梁启超的《欧游心影录》当然是一个关键部分。梁启超在1918年底率领他的几个学生到欧洲去，访问当时欧洲的几个大思想家，他们访问倭伊铿（Rudolf Eucken）、柏格森（Henri Bergson）等，这些都是当时西方反对赤裸裸的、强烈的科学主义的思想家。在我感觉，其实梁启超在欧洲访问的人是有选择的，他就没有访问非常强烈地主张科学主义的人。梁启超回来后所写的《欧游心影录》宣称经过一次世界大战以后，资本主义、物质主义、科学主义等欧洲文化已经破产了，而且他们寄望于东方文化。梁启超回到中国是在1920年3月，这些文章早已经陆续寄回来发表了，并且带起了一个东方文化的兴趣。这个影响正好和新文化运动对立，就是宣称东方文化有新的生机，新文化运动则认为东方文化已经结束了，是过去式了。

但对新文化运动的文化观加以系统反省批判的，是1921年梁漱溟的《东西文化及其哲学》，这是新文化运动之后具有里程碑意义的一本专著。这本书把中国文化、西方文化、印度文化划分成三种“样法”，分别是在原地保持居中调和的、往前看的和往后看的。一切向欲望看齐、往前冲的是西方文化，梁漱溟认为这一文化已经要走到尽头了。可是很有意思，如果

① 五四之后，五四阵营内部也有分裂，就像问题和主义、实验主义和其他主义、文学艺术人生和社会政治，这些本来在五四新文化运动里面看起来是包含在一起的东西，在五四运动之后也有分裂之势。

我们仔细读这本书，会发现它对于东方文化和西方文化的划分，几乎完全是照着陈独秀、李大钊的，这两位有几篇文章讲东方文化是什么、西方文化是什么，梁漱溟完全是照着他们的区分。在今天来看就不一样，东方文化怎么一定是精神的呢？钱穆曾经讲中国文化最注重物质，怎么能说是精神呢？所以，梁漱溟一方面反对新文化运动，一方面也接受了很多新东西而不自知，包括他自己没有觉察到的东西文化之间的划分。他一再讲关于这一点陈独秀和李大钊讲得非常好，就是因为他接受了这一点。而且他有一种观点，认为东方文化将来要包办全世界。胡适在批评他的《东西文化及其哲学》里面讲，哪有一种文化是包办全世界的？我认为这恰是梁漱溟受了当时新文化运动宣称西方文化全面胜过东方文化的反影响。他在书里讲，当西方文化走下坡而要走向东方文化的时候，就是中国文化在人类文明第二期中占主导地位的时候。但他也很客气地讲，第二期讲中庸调和、现在的文化在成为主流的时候，也要在某种程度上向西方学习。而将来是印度文化的天下。从这本书后半段，可以看出他深受当时流行的各种社会主义的挑战，认为资本主义这套生产体制、经济活动出现了问题，这个部分是五四运动以后慢慢产生的新的思想视野，很多人都看到这个部分，没办法绕过它，即使《东西文化及其哲学》也一样。

除了梁启超、梁漱溟之外，张君劢也是一位代表人物，他在“科学与人生观”论战中明确主张玄学、宋明理学，强调自我、价值、意志、人生观，认为它们没有普遍的科学定律可言。张君劢在 1919 年后留欧时与倭伊铿合作写过一本德文小册子《中西人生观》(*Das Lebensproblem in China und in Europa*)。张君劢是最先使用英文 New Confucianism——“新儒家”的人，他是法学家，是民社党的创始人。他因为受五四的刺激，提出一个不同于五四的东西，就是宋明理学。他后来也有若干宋明理学的著作，但不是学理上最深刻的那一种。还有章士钊在 1922 年提出“农国论”，他认为西方那套资本主义的经济体制及文化完全破产了，要恢复中国的农国，农业的道德价值，农业相关的传统文化。我个人认为，如果不是要与五四新文化运动相抗衡，他可能不会这样提。事实上，在 20 世纪光靠农业怎么生存？可章士钊就提出了一整套的农国论，而且提出了一整套联合各种产业的思想。当时罗素、杜威到中国访问，有人问他中国的社会问题怎么办，他们都提出要把中国各个行业的公所组织、联合起来，章士钊也有这么一点想法，所以他提出“联业”的主张。

另外一个是20年代的新人文主义派，我主要讲的其实是学衡派。学衡派认为他们所提倡的是“新人文主义”，他们不满西方中产阶级产生的文化，彻底反对西方以人民、民治为主的文化思潮，而要以希腊思想而不是杜威这些人的庸俗思想作为模板来建造中国的新文化。柳诒徵形容他们是要在中国建造新的希腊。他们师承哈佛大学的白璧德教授，反对法国大革命以来庸俗化的趋势，反对中产阶级成为文化主流，倾向于士大夫文化精英所代表的思想。[①] 白璧德在哈佛大学并不是最受欢迎的，他坚持实行一种古典的理想，那不是当时西方最流行的一种。可是有一批中国的留学生，包括俞大维、陈寅恪、吴宓、梅光迪却围绕在他旁边。

还有非常重要的是社会主义派，其实在1919年形形色色的社会主义就非常流行，包括辩证唯物主义在内，变成一个很大的挑战了。梁启超、张东荪等人都感受到社会主义的威胁，而觉得一定要有所回应。梁启超常讲社会主义大概是我们这个时代不可脱逃的世界潮流，所以他既研究社会主义，但在报纸上又千方百计说这个潮流千万不能让它进来。梁启超在给他朋友、儿女的很多书信里面讨论这个潮流来了之后要怎么应对。他的著作里面也常常可以见到对应的痕迹，像《中国文化史》和后来几本书，多少已经有这方面的成分。这个潮流后来成为很多后五四的思想流派的调色盘里面的一个色彩，即使拒绝它、反对它，调色盘里面还是有这个色。

除了上述之外，“主观意志”派还包括后来的新儒家，乃至更晚在对日抗战时期的若干思想流派。“主观意志”这个笼统的派别显然也是针对五四新文化运动而来的。熊十力1922年到北京大学代替梁漱溟教书。梁漱溟一直在北京大学教“印度哲学概论”，有一年梁漱溟不能教了，就请欧阳竟无的一个学生熊十力来代课。后来梁漱溟曾表示，他一生做过的错误就是找熊十力来代课。熊十力乃至后来的新儒家的几位大师，基本上都对新文化运动有所反省，在这个反省中重新建立对中国文化内在的精神价值之类的肯定。熊十力先谈唯识论，后来慢慢从唯识论脱离出来，要用儒家的方式再来谈，尤其是宋明理学，他的阐述中有很多是针对科学主义而发的。熊十力在《十力语要》等书中，连篇累牍地批判五四及五四之后重考据、反心性的学风。譬如他常说“人心不是矿石”，这个说法含义甚广，此处不能具论。其中有一个意思是说人的内心不是一个可以被观察分析、有定律可

① 像梅光迪的文集里面和胡适的通信，可以看出他是对应着胡适的。所以胡适曾经说过，哪里有“学衡”？我只看到“学骂”。

循的客观之物，人是主观价值的源头，在良知背后有很深远的背景（参考刘述先《新儒家的开展》）。天命之谓性，良知后面又有很深远的背景，它不是一个客观之物。用他的话说就是“性智”，而不是“量智”。用我能想到的一句话来说，就是人是“天命之谓性，率性之谓道”，人生下来的“性”或“良知”，不是一个普通的器物，其背后有很深远的背景。它作为主体发出来的东西是可以涵盖万物的。熊十力曾经告诉别人，除了王阳明、王心斋的书，其他统统不要读。他所肯定的主要还不是宋儒，而是王阳明和王阳明的后学。熊十力在1949年之后转向先秦六经，转向治国平天下。可是坦白说，他的《原儒》、《论六经》里面武断之词太多。他的学生徐复观在台湾看到他的《原儒》、《论六经》时也有这种感觉。

另外就是1940年代贺麟提出的“新心学”。胡适曾经批评冯友兰的《中国哲学史》采用“正统主义”，意思就是说冯友兰写先秦到宋这一段，写成好像先秦以来的思想，包括隋唐五代的佛教和禅宗，最后汇集到理学的兴起，“千里来龙，在此结穴”。这不是新文化运动者喜欢的一个路数。尤其冯友兰后来的《新理学》，用西方的新实在论的一种“潜势的理”解释朱熹的“天理”，朱熹的“天理”确实有“潜势”的味道在里面，而“潜势”、“天理”这些东西当然与五四所强调的“客观理智”有所出入。

贺麟提倡“新心学”，他是不满意冯友兰的，认为冯友兰讲的是空理，离现实的人生有距离，不能给人慰藉。五四新文化运动是一个大启蒙，可是很多人觉得，它与我的人生好像远了一点，所以出现了一些希望讲意志、信念、价值、行动，或是希望思想、信念和行动合而为一的派别，贺麟的“新心学”就是其中之一。

贺麟的著作有一个特色——往往吸收了五四新文化运动的东西，他的主张中很强调客观理智的学问的追求，可是他还是带出另一个方面，即中国文化的精神价值。他早期是西方唯心论的重要代表人物，后期翻译黑格尔，这些当然不可能与对五四科学主义的批判没有关系。从贺麟关于哲学与人生的工作中我体悟到一个名词，就是在五四之后慢慢形成集结及中心的思想流派好像有一种“非人格化的倾向”，而他们想要“再人格化”。“人格化”的意思就是内心的、理想的、精神的、意志的、价值的、行动的，这几种东西是要合而为一的，像William James讲的“纯粹经验”：当人们直接地经验到自己的意识状态时，不掺杂任何学理、偏见等。在这里没有主客之分，知识与其对象完全合一，客观的理智、主观的意念、价值的抉择与实践合而为一。冯友兰《中国哲学小史》中曾用它来解释道家哲学。日本哲学家西田几多郎《善的研究》开宗明义便表示他受“纯粹经验”观念的影响而写这本书，并认为“善”即是上述合一的状态。五四新文化运动以来，基本上认为对上述种种是要分开的，用胡适的话，学术是一回事，道德是一回事，信仰是一回事，可是有不少人认为应该合而为一。贺麟、谢幼伟等人好像集合成一个团体，他们在五四之后特别要谈这个东西。

当时他们开始刻意引介的西方思想家也是另外一批，很多是新黑格尔主义者，尤其像英国的 Green（格林，T. H. Green，1836 – 1882）、Bradley（布莱德雷，Francis Herbert Bradley，1846 – 1924）、Berkeley（巴克莱，George Berkeley，1685 – 1753），他们都是唯心主义者。还有像美国的 Josiah Royce（J. 罗伊斯，1855 – ），谢幼伟译过一本他的《忠的哲学》。Josiah Royce 在当时的美国非常有名，他认为有一种哲学就是把知识、信念、意志合而为一的，而最高表现就是“忠”，忠于一个事业、学术、人的时候，你是全部合而为一的道德纯洁的状态，不是分裂的。知识、道德、信仰，这些原来在五四青年看来是分裂的东西，在这个概念下是合而为一的，William James 讲的“纯粹经验”也是这样的状态。还有他们所讨论的柏格森、怀海德、克罗齐。依照贺麟在《六大哲学家》中对后期怀海德的刻画：重“玄思”、重视“感觉”、重“直观”的探索，强调经验里面模糊的部分才是更基本的。重视“全”，而反对“分离”、“孤立”地分析事物，以及提倡有机哲学，以批判机械论或机械唯物论。他又认为在表面的语言之后，思想和语言之间有个距离，语言没办法完全表达思想，很多东西背后都要一个潜在的连接才能真正了解。我觉得贺麟特别提出后期怀海德的思想，多少是针对当时所谓“科学方法”中考证的、唯证据的、唯科学的部分的批评。

到了抗战时期，包括战国策派，它所讲的是另一套东西。这是在客观理智、主观意志之外的一种新发展。但这一发展之所以可以放在后五四被了解，是因为它们在形成的过程中，有五四这一个对话或逆反的对象。新儒家谈的更多的还是在思想上，这里面谈的很多还是情感、价值、意志、领袖、信仰、行动之类的。另外，五四之后西方变两个了，五四新文化运动的时候西方好像只有一个，后来变成还有一个俄国，以西方来反西方，以西方来修正西方，原来都是“到民间去”、“到法兰西去”，后来加一个“到俄国去”，所以它后来有很多新的变化。

最后我要强调，经过五四之后什么都不一样了，五四带来了一个新的天地，五四像原子核分裂般，它的强力爆裂，使得政治、思想、文化等各方面的地景产生了新的划分，而“客观理智”与“主观意志”便是其中一组，我希望将来能有机会对这个主题做进一步的阐述。

（作者单位：台北中研院历史与语言研究所）

有关“主权”与“领土”的现代观念与五四运动

葛兆光

我的专业是古代史，不过4月去哈佛大学参加了一个“五四”的研讨会，被逼写了一篇文章，只好把我关心的历史中国的“内”和“外”的问题，跟“五四”话题勉强结合在一块。这篇文章已经被《文史哲》拿去发表了。我不想多讲其中的内容，用一点时间来讲其中我认为比较重要的几个问题。

第一个问题，从晚清民初到五四对中国有影响的日本因素。五四之前，日本对中国的冲击是非常大的，这是大家都知道的常识。我觉得，1894年、1895年，实际上是传统时代的结束，它的影响恐怕要比1840年鸦片战争大。我们把1895年以后日本影响较大的六种报纸做一个统计，在里面发现许多有关中国前途的日本人的议论。其中，有两篇在中国影响非常大，一篇是尾崎行雄的《支那处分案》，一篇是有贺长雄的《支那保全策》。这两篇1899年、1900年被翻译出来以后，在中国引起的反响之大，令人十分惊讶。在后来的十几年里面，它们被反复发表、重新翻译、引用和评论。我上次在哈佛开会的时候就说，如果有一个学生就这两篇文章在中国的反应做一篇毕业论文，大概完成一篇硕士学位论文是没问题的。这两篇文章把一些问题摊开在中国人的面前：中国是要被分割，还是应该保全；是保留中国的本部而把满蒙回藏分出去，还是说仍然把满蒙回藏维持在原来的大一统的中国里。这是当时就摊出来的一个问题。当我们去调查日本的六种流行而重要的报纸，包括《大阪新闻》、《外交时报》这些，我们又可以发现，从1912年到1914年，也就是中华民国刚刚成立三年，又陆陆续续出了非常多的由日本人代替中国人设计未来的文章。可能大家都知道的有中岛端的《支那分割之运命》、酒卷贞一郎的《支那分割论》、内藤湖南的《支那论》，还有白鸟库吉的一些文章，最后，很有名的还有小寺谦吉的《并吞中国论》。像这样的文章，居然在那个时代的三年里，在日本报刊中出现了近百种。我们想做一个资料集，就是有关日本的中国论的资料集。

这个现象让我们觉得非常之惊讶，就是说，晚清民初，对于中国究竟是保全还是分割这个问题，日本的刺激要远远大于其他所有的列强。这当然是1894年甲午海战到1895年马关条约签订引起的一个非常重要的结果。它带来的震撼非常大，特别是在袁世凯执政的那几年里面，讨论就特别多。比如浮田和民，大家都知道浮田和民对中国史学影响非常大，他写的一篇文章《支那之未来》即《中国之将来》，以为中国根本保全不住本部以外的地方，而且因为袁世凯就是一个“不像样的皇帝”。当时袁世凯还没称帝，他就说袁世凯是个不像样的皇帝，而且说他没有中等阶级的支持。所以，他认为中国唯一的办法就是保全本部，放弃其他地方。这就给了当时中国非常大的刺激。所以，我一直觉得“五四”那几年对于中国普通民众的刺激，大概日本的这些论述起了非常大的作用。如果去看1912年以后出版的各种报纸，会发现这些刺激引起的国民反应非常之强烈。这是我要说的第一点。

第二个问题，我想强调的，是从大清帝国到中华民国有一个非常大的转折。这个转折就是原来朝贡体系的宗主权，变成了现代国际关系中的主权；原来的传统帝国的疆域，转化为现代国家的领土，这在观念上和制度上都是重要的转变。我用的“疆域”、“领土”这两个词，是有区别的。疆域是指帝国时代没有边界的可以不断移动的这个空间，而领土是有边界的，表现现代国家的主权。这个变化非常大，尽管从大清帝国到中华民国，不能说1912年1月1号开始就截然画了一条线，但这两个之间的确是有不同的。所谓现代国家关系或者现代国家主权这个观念，实际上从晚清开始，就逐渐进来了。从晚清到中华民国初期，实际上是从宗主权转向主权，疆域转化为领土，这是一个很重要的变化。这个变化对国民、对普通民众是有影响的，并不只是影响上层。这个过程中，国家观念的变化非常值得注意。当时人可能并没有特别明确的国家观念，但是主权、领土这个概念出现了，开始逐渐地刺激了国民的情绪。从孙中山1902年在日本发表回应有贺长雄和尾崎行雄的《支那保全分割合论》，到梁启超的《国家思想变迁异同论》，到后来汪精卫、张之洞提出来的领土保全主义，这个过程大概杨度讲得最清楚。杨度在1902年就讲，现在世界各国的中国政策，从瓜分主义一变为领土保全主义。

这是一个很重要的变化，我总觉得是构成五四的一个隐约的背景。虽然对于领土和民族，有人强调《清帝逊位诏书》对于保全中国的意义（如高全喜），也有人强调《中华民国临时约法》更重要（像杨天宏），但是无论怎样，领土和民族问题的日益凸显，是在中华民国初期，在 1912 年、1913 年、1914 年就开始了，然后成为一种普遍情绪。当时的日本驻华公使日置益有个说法，他观察到中国一下子变得对四裔和边疆领土那么关心，好像说我们日本是要来瓜分你们的，其实不是这么回事。日置益的这个说法，我觉得能够反映当时的重要转变，不再是帝国对疆域的认识，而是形成国家对主权的观念，要保全中国的领土。

可是，当时学术界论证边疆、族群和领土应该属于大一统中国的时候，也出现了一个很诡异的现象，就是很多人运用的知识，恰恰是来自日本的。关于西藏，最有名的是河口慧海的《西藏三年》，河口慧海是世界上最早亲身进入西藏调查而且能够跟所谓西藏法王直接接触的学者，他的这本书 1909 年就有了英文本。此外还有日本西藏调查会的著作、山县初男的著作等。关于苗疆，最早的调查虽然是英国人，事实上集大成的或者最早产生巨大影响的是 20 世纪初的鸟居龙藏。关于满洲，也是鸟居龙藏的论著像《满洲人种考》等给中国人提供了参考资料。此外，更早还有 19 世纪末日本军方的《满洲地志》和日本军人的《满洲纪行》。关于蒙古，则有河野原三的《蒙古史》，是被中国人引用最多、最早的一本书。这些都给中国带来了很多边疆四裔的知识。这些知识是当时中国边疆委员会的那些人论证这些边疆的最重要的知识。从学术史上来讲，大家都知道，日本现代学术史最重要的一个人物就是白鸟库吉。白鸟库吉虽然代表了日本的某些侵略野心，但是他是最早开始做满蒙鲜调查的研究者，并且是非常杰出的组织者。大家都知道，明治日本有一个观念，就是日本往西面对的首先是朝鲜，其次是满洲，再次就是蒙古。所以，最先研究和侵略的是朝鲜，满洲和蒙古成为之后日本研究的重点。1908 年，白鸟库吉在满铁总裁后藤新平的支持下，成立了“满鲜（后来叫满蒙）历史地理研究调查部”，出版的书籍和杂志非常重要。他们的东西很快就被翻译到中国，变成中国的官方和学界论证四裔的资料。这是个很有趣的事情，也就是说，它本来是个带有侵略野心的东洋学，这个时候也成了中国边疆属于中国的知识资源。这是个很奇特的现象。

我要讲的第三个问题，是关于救亡和启蒙的关系。我并不反对救亡和启蒙是双重变奏，就是李泽厚的这个说法。现在大家都在强调，五四是一个启蒙运动，这是毫无疑问的。但是，我们从当时中国的情感、思想、观念和社会状况来看，实际上救亡的力量非常大。启蒙是一个需要理性、需要教育、需要漫长过程的事情。但是，成为运动往往需要带有传染性的、有感情的、容易推动起来的情绪，只有巨大的、会传染的、会激动不同阶层人的情绪，才能够刺激出一个运动。“运动”不是一种缓慢的、理性的、冷静的事情，而是一个突然起来的、激动人心的，像上街游行、高喊口号这样一些活动。所以我想，从根本上来说，救亡这一面其实起了很大的作用，它背后是一个自尊和耻辱双重叠加起来的巨大情感。在“五四”那些年，有三个因素逐渐积累起来。第一个，1894 年、1895 年以来被所谓“岛夷”打败的巨大的屈辱感，加上原来就有的天朝大国的那种自尊心，这是会引起群情激奋的。第二个，帝国时代，国民没有可能参与政治上的决策，一切由皇帝说了算，但民国建立以后，国民有了点空间，有了点自由，有了点发言的余地，而且“主权”、“共和”这一类的概念鼓舞了很多人，就使得上面说的那些情绪有发泄的可能性。当然第三点更重要的，就像张灏先生讲的，近代转型期间一个很关键的东西就是，当时的报纸、杂志、集会、演说、学校这个公共空间，给了很多人共同参与这种情绪表达的机会，于是才会形成运动。“五四”当时北京学生的宣言里面，有句话很重要，它说中国领土被破坏了，中国就亡了。实际上这个救亡情绪的刺激，是一个非常重要的事情。

所以，我一直觉得，20 世纪中国史，并不是救亡压倒启蒙，而是启蒙从来没能跟救亡平起平坐。在中国，启蒙其实是一个未完成、未深入、还不够广泛的文化过程，我们还远远没有达到启蒙的目的。

（作者单位：复旦大学文史研究院）

从配角的视角重访五四新文化运动

周月峰

一部电影除了主角之外，还需要有配角。塑造成功的配角，不仅本身具有鲜活的个性，并且常是推动剧情发展的重要动力之一，同时在关联比较中，也能促使观众对主角有进一步理解。

历史亦是如此，在具体的事件与运动中，有主角也有配角。即使是历史中的绝对主角，也是处于周流变动的关联性结构之中，有其一定的位置。如果只关注主角，而不留意配角，有可能会陷入只见树木不见森林的困局，所看到的也就成了“独角戏”。所以梁启超主张用“合传”，“把历史性质相同的人物，或者互有关系的人物，聚在一处，加以说明，比较单独叙述一人，更能表示历史真相”。然而，以往关于五四新文化运动的研究，便有时会有类似“独角戏”的倾向。在研究中，我们比较多的注意到《新青年》与北大同人，这是无可非议的主角；只偶尔注意到他们的“敌人”，如林纾、学衡派或者安福系等，但常以反派的身份出现于研究中，有时甚至成了扁平的符号。如果说在五四新文化运动中新青年派是主角，安福系等是反派，那数量更多的大小、显隐不等的配角，最被忽视。

有人统计，1919 年的期刊有数百种，进入全国视野的期刊也有数十种，每一种或每数种背后便是一个新文化群体。正如余英时所说，五四新文化运动“由很多变动的心灵社群所构成”，“不仅有许多不断变动又经常彼此冲突的五四方案，而且每一方案也有不同的版本”。除去主角之外，其他五四方案都可以说是配角。其中，梁启超、张东荪、张君劢等人（以梁启超为核心的一个读书人群体，以下简称“梁启超诸人”）可以说是配角中最为重要的。如果降一格，以“梁启超诸人”这一配角的视角重访五四新文化运动，会不会有一些新的发现？我觉得可能有三方面的意义。

第一，让我们有机会重访一种被遗忘的声音。

以往一些研究即使注意到这些配角，不少仍受整体论影响，心中有“新文化运动”的特定图像，以此为标准，规范、选择甚至裁剪其他方案与行动，削足适履，反而忽视了配角们自身新文化方案、实践的独特性，也没有能进一步呈现他们展开“新文化运动”的故事。事实上，梁启超这一派人想要做什么？他们做了什么？这是最基本的问题。

梁启超一派在当时所举办的文化事业主要包括五个方面：其一，办报，包括《时事新报》、《晨报》、《国民公报》，尤其是它们的三种副刊，一般认为新文化运动四大副刊中，《学灯》与《晨报副刊》便占半壁江山。其二，创办了五四时影响极大的《解放与改造》杂志。1919 年前后在中国讲学的杜威观察到，当时有三份“发挥着重大影响”的刊物成为“新文化运动喉舌”，除了《新青年》、《新潮》之外，便是梁启超一派的《解放与改造》。其三，成立共学社，出版“共学社丛书”。其四，成立讲学社，邀请罗素、杜里舒、泰戈尔等人讲学，曾形成一种讲学之风，转变学风，激起新潮。其五，接办中国公学，创办自治学院，梁启超等人陆续讲学清华大学、南开大学、东南大学等，在教育界成为一股重要力量。

他们不仅在思想界到处成为一种力量，背后又有一个大致清晰的新文化方案。他们的“新文化运动”分前后两个阶段：1918 年底梁启超、张君劢、蒋百里游欧，国内文化事业由张东荪、蓝公武主持，又以张东荪为主导，这一状况持续到 1920 年初；之后梁启超、蒋百里归国，亲自主导他们的“新文化运动”，对此前的事业与方针均有重大调整。所以他们的新文化方案也可分为前后两种：前期侧重社会改造，“主张先改造一个新社会，由新社会的力量来刷新政治”；后期侧重文化与政治，一面努力文化运动，一面“以政治运动与之辅行”。前期具有彻底的革命性，“主张解放精神、物质两方面一切不自然不合理之状态”，“以为改造地步”，要来“一个真正的大革命”；后期则只强调“思想解放”。前期将改造事业分成“总解决”和之前“不是短期的”培养阶段，在“大改造”之前的预备中，“以文化运动为最要”；后期不再提“总解决”。前期以社会主义为改造蓝图；后期强调“决非先有预定的型范”，基本放弃原先的社会主义改造趋向。在文化层面，前期主张从中西文化中解放，认为“不应该再提倡第二种文明的知识和道德，而应该专从第三种文明去下培养工夫”；后期虽也认同从中西文化解放，但又倡导倾向东方文化的“以复古为解放”。总体来说，他们前后都试图创造一种既不同于中国文化也不同于西方文化的“新文化”，实现“再造文明”。

这是一个既有理念又有行动的群体，一度甚至让新文化运动的领袖胡适产生了被包围的紧迫感，可见他们在当时的声势。并且这是一群典型的天下士，他们对当时的观察以及对未来的思考，都有助于我们理解历史。

第二，对配角的考察，为我们对五四新文化群体的了解增加了关联比较的维度，既帮助我们理解配角，也能帮助我们理解主角。

以往关于梁启超诸人的研究中，他们与《新青年》同人的关系，常常是被关注的重点，不过大多是一种“赞同”与“反对”的定性研究。其实，梁启超一派有自己的新文化方案，他们的目的是实行他们的新文化方案，而不是为了“赞同”与“反对”《新青年》同人。

正因为他们前后期均有自己独特的文化追求，方式、目标异于时流，故与其他方案时相冲突。比如他们前期侧重社会，虽与国民党人相近，但与胡适所主导的“纯粹文学的、文化的、思想的一个文艺复兴运动”不同；即使是均侧重社会，却又因主张在预备期“少管小事”、“养精蓄锐”、“不要做零碎的牺牲”，而被运动中的学生及主张“去作大破坏与大建设的工夫”的国民党人责难。他们后期的文化方案虽调整为多谈思想、学术，却因东方文化的倾向与《新青年》对立，又因放弃了社会主义及具有革命性的社会改造方案，而常与国民党人及后来的共产党人为敌。

整体来说，五四思想界是由《新青年》主导的，梁启超一派想要进入思想界，就无法回避《新青年》的话题，在某种意义上，有追随的一面。不过，他们虽然整体倾向于新派，但即使在追随时，也常常有调节以《新青年》一派为主导的时代横流的努力，白话文如此，在民主与科学之外强调哲学如此，其他如社会主义、整理国故诸方面也是如此。两派之间的关系是追随、角逐，又有调节。在面对旧的势力时，他们都属于新派阵营，但其实又潜伏着矛盾。正因双方同在新文化运动之中，本有竞赛，而新文化方案又有重要不同，且梁启超他们常常想要调节后者，胡适一方才如临大敌。这样的关系，与其说是赞成或反对，不如说是两种（多种）新文化方案的竞争。

第三，在配角与主角的竞合关系中理解新文化运动的过程。

从配角出发，可以帮助我们理解配角（甚至主角），但这只是目的之一，更重要的，也许可以帮助我们重新理解故事的发生情况。梁启超诸人因怀抱以自己的理想调节时代潮流，故在当时的思想界与其他势力常处于时而追随、时而竞争，时而合作、时而对立的交错、动态的关系之中，深刻影响着五四新文化运动的走向。他们在竞合中形成自己的主张，塑造自己的形象，又在互动中影响其他群体，最后又一定程度上塑造了整个新文化运动。

从这层意义来说，他们有没有统一的蓝图，是否完成，都不是第一位的，重要的是他们的存在本身对于作为整体的新文化运动的构成作用。作为配角的梁启超等人不是整体新文化运动的外在对立物，也不是新文化运动中独立的一部分，而是参与整体的新文化运动创造的建设性力量，对于整体的新文化运动有构成性作用。他们参与了时代的思考，形塑了时代的思潮，在新文化运动风气转变过程中，有着不容忽视的影响。所以，被历史记忆抹去的，也不只是他们的文化观点与作为，更重要的是抹去了他们的这一构成性作用。

总之，将主角、配角或反派一起纳入思考，其意义在于为历史提供一个更原生态的舞台，这样才能使得新文化运动真正回归于历史，我们的研究才能尽可能体现历史上的新文化运动，并且让读者看到文化运动者如何“运动”，在当时各方的互动中展现新文化运动的历史发展进程。这样也就改变了我们看待新文化运动的眼光，从考察新文化运动“是什么”——把它当作一个静态的东西，转向将新文化运动当作一个过程。如果以“成竹在胸”之画竹为喻，我们要画之竹，不只是希望画出已成之竹，更希望将竹子破土成笋、在风雨与阳光中的成长过程和生命历程一并画出。

（作者单位：华中师范大学中国近代史研究所）

“五四”与劳工的代际更替

田　彤

不论是作为政治运动、社会运动的“五四”，还是作为文化创新、思想变革的“五四”，自发生后，百年来，一直都是中国故实及理论“言说”的转折点、新起点。而其中被反复“言说”的一个主角就是劳工（或称工人）。

所谓“劳工”，系指以劳动换取工银者，其主体为产业工人与职业工人。晚清民初以来的中国，在生产方式上，由传统农业社会向近代工业社会转变；在政治形态上，则表现为政党政治的逐渐确立以及各党派相互竞逐和博弈。生产力、生产关系、政治权力既平行又交叉地推动社会的发展。劳工与其雇主同生共长，同为社会生产的载体，但自民初以来在政党政治中却遭逢不同的命运。资方不仅在道德的法庭上被视为剥削者而受到审判，而且在政党政治中被视为终将消灭的对象；工人则获得无尽的同情，被各党派竞相援引为自己的同路人。各党派在改造中国的构想中，纷援主义，诠释各自的劳资关系，并通过不同管道向劳方灌输其理论，试图通过调适劳资关系整合社会，并将工人作为基本的政治力量，将处理劳资关系作为破解社会变局、建构理想社会、重组社会结构的首要工作。劳资关系集中体现着这一时期新型社会结构的变化，其本身也是社会结构重组的产物。劳工正是在社会结构的剧变中完成了自身的代际更替。

“五四”前，中国社会党、工党、无政府主义党都将处理劳资关系问题与其政治目标相统一。中国社会党主张政府通过国家资本主义，实现一个共享尊严、人人劳动的社会。工党主张在不改变社会制度的前提下实现劳资合作，承认工人具有独立的经济权力，支持以促成劳资合作为目的的罢工斗争。与前两者相较，无政府主义党则要求变革社会制度，主张以工人为主导的平民革命，彻底消除劳资争斗。中国社会党、工党揭橥社会主义、民生主义，均不妨害国家之存废，在现行政治制度之下，构建“合理”的劳资关系；无政府主义追求良性的劳资关系，则不惜向现行政治体制甚至“国家”体制宣战。在理论上，各党均赋予工人生产权、社会财富的共享权，且将改造社会的任务交付给工人。在实践上，各党通过干预工人的经济生活，发起工人组织，甚至鼓动怠工、罢工。工人，特别是广东工人，开始认同无政府主义者，与之共同行动。

如果说“五四”前的党派是“利用”工人实现其政治目的，那么，“五四”后的党派则已开始“指导”或“改造”工人。

五四运动中，上海、北京、天津、杭州、武汉、九江、济南、芜湖等地工人相继罢工，抗议北京政府镇压北京学生的爱国运动。上海工人还集资在南市机厂街建立高达20米、宽10余米铁木结构的“国耻纪念坊”，悬挂“毋忘国耻”四字。坊顶铁架上安有风向标，上书“唤醒国民”。知识人从爱国运动中看到工人的力量，希望将“文化运动”与劳工相结合。知识人贴近劳动者，启发劳动者，破除工人经济生活的贫困，成为一时之社会风尚。尽管当时青年知识人对“社会主义”缺乏整体而系统的认识，但都崇尚“社会主义”，并以此作为解放工人困苦的终极蓝图。开始萌芽之小组活动中，青年工人亦多有参加，革命思潮之渗入甚为迅速。社会主义的原则乃开始为先觉工人所接受，并代为广播宣传。

以孙中山为首的国民党人，对工人的力量缺乏体认，仅以“指导者”的立场关注“五四”中的工人斗争。孙中山身居沪上，处于工人罢工风潮“眼”中，却对于炽烈的工人势力抱持一种客观、平常的研究态度，更没有意识到工人背后潜藏的意识形态将构成对三民主义的挑战。1920年1月，北京大学学生代表在上海面见孙中山时，曾直接指出孙氏不够重视“五四”以来的民众运动和新文化运动。

无政府主义则于“五四”后再获生机。1920年，北大、高师学生黄凌霜、陈友琴、朱谦之等组织工读互助团，皆信仰克鲁泡特金学说。当年，该团及北大学生雇汽车两辆，分赴东、西城沿途散播传单，宣传其党义。上海、长沙、广州也是无政府主义要镇。无政府主义在工人之中也有若干影响。浙江印刷工人徐行之，受无政府主义影响，于1920年组织浙江印刷工人俱乐部，出版《曲江工潮》，领导过持续两个月的罢工。无政府主义甚至得到地方实力派如陈炯明的赏识及践行。1918年8月，陈氏打着“护法”旗号，率粤军进驻漳州。因曾入师复组织的“支那暗杀团”，陈炯明同情师复的无政府主义，为得到俄国人的援助，遂标榜社会主义。他聘请梁冰弦出任漳州教育局局长，刘石心为局长秘书。陈炯明还将“自由、平等、博爱”六字镌刻在漳州公园入口石碑之上。一时间，教育局开办有关社会主义与无政府主义的系列讲演，师范学校开设“社会主义”课程。1920年3月召开的闽南春季运动会成为宣传无政府主义的“竞技场”。会场散播师复所著《无政府浅说》及宣传无政府党的目的与手段的小册子《我们的运动》。运动会期间，有青年学生在运动场门口手摇红旗，竖起巴枯宁、师复“两幅大像”，呼吁“造成革命”。漳州确实不负“闽南的俄罗斯”的盛名。列宁曾派一军官持亲笔信，由黄凌霜陪同，几次至漳州与陈氏会晤。

无政府的鼓动、宣传，特别是在广东的发展，为中共的诞生提供理论、舆论及人员基础，有利于中共势力楔入广东地区。1920年8月，陈炯明重据广州，迎请孙中山领导广东政务，同时邀请身居上海的陈独秀出任广东教育委员会委员长。陈炯明未曾料到陈独秀南下广州，一举将早期共产党人势力引入广东。五四运动期间，陈独秀因发表《北京市民宣言》，指导“六三运动”而被捕。出狱后，落脚上海，参与戴季陶主持的出版事务，1920年初出版《劳动界》，同年10月主持上海工商友谊会刊物《上海伙友》。陈独秀等人开办外国语学校，培养后备力量。特别是1920年5月，陈独秀已发起成立秘密团体马克思主义研究会，以销售《新青年》杂志的收入支持会务，成功组织上海机器工会、印刷工会、纺织工会。此时，陈炯明约请陈独秀到穗，早期共产主义者乘势得以公开活动。陈独秀到任，援引北京大学毕业生谭平山、陈公博、谭植棠到广州宣传新文化。陈公博在1920年底开办“宣传员养成所”。所内设社会科学、共产主义、三民主义等课程，培养能向工农群众进行理论宣传的人才；出版《广东群报》，报道劳工运动，宣传马列，介绍苏联消息。谭平山还以教育委员会副委员长身份，出任广州河南机器工会开办的工人夜校董事长，谭天度传授文化课，也讲阶级斗争、群众运动等问题。

早期中共党人十分重视实际斗争。1920年10月，谭平山召集梁复燃、刘觉非、王寒烬等7人，成立小组，布置工运任务。梁复燃、王寒烬、郭植生等到木匠、泥水匠中开展工作，1921年初在广州发起土木建筑工会，会员达4000余人，郭植生出任工会主席。工会甫成立，即领导工人要求资方增加工资、减少工时，以罢工战胜公安局与资方高压，取得每日增资2角的胜利。是年春，谭平山委派梁复燃、王寒烬到佛山组织工会。春末，佛山市土木建筑工会成立，会员计1500余人。随即梁复燃等再组织佛山市理发工会，领导增薪罢工。

那时的广东，无政府主义势力如日中天，中共虽然在主义上与无政府主义划清界限，但在组织活动上，早期中共党员与无政府主义者分化也不十分明显，两者共存一体，或常互为犄角。北京、上海情况亦然。1920年冬，陈独秀到广州后，同谭平山、陈公博、梁冰弦、区声白、黄尊生、刘石心等组织广州“社会主义者同盟”，无政府主义者的工人运动颇有声色。1921年，梁冰弦、刘石心、朱敬等人在“互助俱乐部”基础上成立广东机器工会，出版《进化周刊》。1921年春末，克鲁泡特金逝世，广东无政府主义者在广东高等师范大礼堂举行追悼会，到会千余人。梁冰弦主持大会，区声白宣传克氏生平，陈独秀、陈公博、谭平山都参加会议。同年“五一”节，无政府主义者、马克思主义者及进步人士共同发动各行工人罢工游行，永汉路悬挂马克思、克鲁泡特金“两大画像”。游行队伍中，赞成共产主义的人佩“红领带”，赞成无政府主义的人佩“黑领带”。两派亦曾鼓动广州市工业、女子职业及铁路专门学校，发起广州空前未有的劳工纪念会，岭南学校、岭南工党、香港电车行、茶居行、学源社、各种劳动团体等与会者达几万人。

不过，在理论宣传上，双方各自为战。陈公博、陈秋霖、谭平山主编《广东群报》，宣传社会主义；区声白、梁冰弦在《民声》、《广州晨报》、《广东群报》宣传无政府共产主义。双方不免争论，无政府主义者只讲工会、工团，不论主义，以致到1921年暮春广州“社会主义者同盟”分裂。两种主义的交锋同样反映在工人之中。1921年春，佛山理发工会开幕时，广州马克思主义者和无政府主义者均派员出席，并展开论辩。

在广东地区，共产党与无政府主义者对工人群体的影响力势均力敌，却难敌国民党的号召力。陈炯明驱逐莫荣新时，国民党鼓动工人罢工予以援助，换取陈炯明督穗时国民党的生存空间。1922年1月12日，香港中华海员工联总会要求加薪不遂而罢工。国民党抓住时机，倡导民族主义，组织游行示威，将经济斗争导向反帝的政治斗争，罢工最终持续达56日之久而胜利结束。罢工后，国民党一度深得工人信任，以至于广州、香港、汕头三地竟有12000名海员加入国民党。国民党也得到冶金和建筑工人的拥护。国民党中还有人利用无政府主义相号召，培植党力，融洽劳资关系。谢伯英以民生主义为基调，信奉克鲁泡特金的“互助”论，组织广州国民党员成立互助社，提倡阶级互助、反对阶级互竞。互助社大力发展工会组织，海员大罢工胜利后，隶于互助社之工会不下300个，工人不下12万人。

广东以外，共产党比国民党拥有更为广泛的工人基础。中共向上海、武汉、北京等地发展。1920年，陈独秀、沈雁冰、李达、李汉俊、陈望道、邵力子等组织上海马克思主义研究会，创办工人刊物《劳动界》，开办平民女校，发起印刷、邮工、纺织工会。上海共产主义小组成立之初，极为重视工人经济利益。同陈独秀一道筹建上海共产主义小组的戴季陶，亦强调不要用政治的罢工来运动工人。1921年8月，张国焘秉承马林意见，在上海成立中国劳动组合书记部，出版《劳动周刊》，以启发、组织杨树浦一带的烟草工人、机器工人、印刷厂工人及叉袋角纺织工人。该部在叉袋角组织工人夜校，讲政治常识与劳动组合的知识。劳动组合书记部成立之初，即领导10月下旬上海英美烟新旧工厂大罢工。劳动组合书记部还设北京、广州、长江、长沙等支部，分别由罗章龙、谭平山、包惠僧、毛泽东负责。1922年，劳动组合书记部迁往北京，改邓中夏为主任，出版《工人周刊》，领导工人罢工。

北京大学学生邓中夏、罗章龙、刘仁静等1920年3月即发起成立“马克思学说研究会”，吸收津浦路、京奉路、京汉路、京绥路、沪杭路、正太路、沪宁路、胶济路、长辛店、徐州铁路等处工人为会员。劳动组合书记部成立后，更加强对北方铁路工人的联系。张国焘、邓中夏以北大学生名义，与长辛店工人领袖（工头）谈判，组织劳动实习学校、工人俱乐部；为工人讲演普通常识，也兼及政治问题。

武汉地区马克思主义小组以陈潭秋、恽代英、林育南为骨干，为与工人接近，在武昌第一纱厂、汉口英美香烟厂、汉阳兵工厂、裕华纱厂、震寰纱厂、纱麻四厂、南洋烟厂、铁路工人中开办识字班。1921年10月，包惠僧奉党令到武汉开设长江支部，在徐家棚设工人补习学校、工人子弟学校。湖南支部加强与无政府主义者黄爱、庞人铨领导的湖南总工会的联系，力促他们向中共的转变。1922年，李大钊借助蔡元培的社会关系，安排安体诚、张昆弟、何孟雄、陈为人、包惠僧等五人到交通部任职，发动京汉、京绥、京奉、津浦、正太五路工会组织，培养出京汉路工人林祥谦、津浦路工人王荷波、京奉路工人邓培等骨干。到1923年，劳动组合书记部幕后组织发动“二七”大罢工。

相反，国民党在北方的组织工作成效不彰，甚至在北方的一些大城市都没有建立自己的组织，遑论争取工人。

反对北京政府、反对军阀、反对私人资本制度，是所有党派的共同目标。1922 年 5 月 1 日，中国劳动组织书记部在广州召开第一次全国劳动大会，共产党领导的工会与国民党、无政府党、无党派工会代表 162 人，代表 12 个城市 100 余工会 30 余万会员。大会接受中国共产党提出的“打倒帝国主义”、“打倒军阀”等口号，通过“八小时工作制”、“工会组织原则”、“罢工援助”、“铲除工界虎伥”等 10 项议案，并决定在中华全国总工会成立前，中国劳动组合书记部为全国工会的总通讯机关。5 月 2 日，孙中山接见参加第一次全国劳动大会的代表。第一次全国劳动大会也打下了国共合作的基础。中共开展工运之初，就对工人予以“改造”，并将工人作为实现自身政治目标的主力军。1922 年第一次全国劳动大会的召开，则标志着国、共、无政府主义党人，在鼓动工人罢工以实现“打倒军阀”、“打倒帝国主义”问题上达成了共识。

在“二七”大罢工中，中共领导的工人核心力量遭到毁灭性打击，北京政府下令通缉马林、陈独秀、李大钊等，中共中央被迫由上海迁往孙中山主政的广州，寻求宽松的政治环境及“打倒军阀”、“推翻国际帝国主义”的同盟军。国共合作“挤走”广东的无政府主义党人。但随后双方出现了分裂的趋势，互相争夺工人的领导权，中共以牺牲争取到更多工人的支持。国民党内的分歧在此期间益加严重，右派关心国民革命联合阵线，反对阶级斗争，左派主张则与其相反。到 1925 年后，“劳资合作”政策在国民党中占据主导地位。中共利用“五一”、“一七”、“二七”、“五卅”各种纪念，传布阶级斗争的主张，强调工人领袖在工运中的牺牲精神，以及对国民革命的推动之功。

正是在各党派的角逐中，劳资关系这一问题溢出纯粹的经济领域，成为一个政治问题。中共在与国民党对工人的争取中，之所以能占尽先机，还因为注重工人的政治尊严，注意保障工人的经济利益，并充分发挥共青团易于接近工厂、商店青年工人的优势，宣讲中共的政治主张。中共主要以政治手段组织、发动工人，并在这一过程中将自身与工人阶级“一体化”。国民党、国民政府则全力将劳资关系限制在经济领域中加以解决，并基本以经济手段（政治动员失效）和法律手段调适政府、劳、资三者关系，置身于劳资双方冲突之中，未能将劳资任何一方与自身“一体化”。

总之，中共之所以能够取得中国革命的成功，根本原因在于将“五四”以来的文化革命转换为政治革命，宣传阶级斗争的正义性，并在这一过程中将革命的主义落实在工人身上，造就了革命的骨干力量。劳工就是在这一过程中开始认同中共，并不断与中共“同质化”、“合体化”，不断重复与其他党派告别的代际更替。

岁月催人老，“五四”总关情。

“五四”百年之际，匆匆而谈，谨向“五四”致敬！

（作者单位：华中师范大学中国近代史研究所）

百年台湾的“新五四运动”

何卓恩

五四运动是中国近代历史上的重大事件，无论人们对它的态度如何，都无法否认其时代界标的地位。“五四”不断被后人提起、纪念和研究，是理之当然的。“五四运动”的概念，从当时到当下，一直在扩张当中，呈现出多个界面。第一个界面为本来的“五四”，即1919年5月4日发生的保卫青岛的爱国守土大游行，和随后开展的全民启蒙、全民动员的大运动。新文化启蒙成为这场大运动的副产品，也成为后来知识分子记忆“五四”的重点。第二个界面为历史认识中的“五四”。历史认识既求实寻真，也表达现实中爱恨情仇。不同的人群基于其特有立场，对于五四运动有不同的认识、不同的理解、不同的态度，因而使“五四”呈现出不同的面相，如青年爱国的“五四”、个性解放的“五四”、理性主义的“五四”、浪漫主义的“五四”等；即使以求实寻真为宗旨的历史认识，也因历史文献发掘的局限或观察的局限，展现的面貌不尽相同。第三个界面是被开拓发用的“五四”，也就是在五四运动旗帜下揭橥其若干精神元素而开展的各种“新五四运动”，属于五四运动历史影响的特殊形态。有学者（如欧阳军喜）发现，在抗战和内战间隙的1946—1947年曾出现国民党、共产党、美国在华人士三个版本的“新五四运动”，事实上1980年代的改革开放启蒙思潮也是比较典型的“新五四运动”。特别意味深长的是，在与中国大陆长期分隔的台湾地区，“新五四运动”也代有迭起，呈现出一波又一波的浪潮。

我研究殷海光思想的过程中，逐步接触到从日据时期到党外时代台湾社会思想的一些资料，发现一个有意思的现象：台湾无论在时间上还是空间上，跟“五四”之间本应没有多深的联系，可是文献里面却一直有大量的“五四”论述，并且还有一些是借“五四”说话。后来我认识一位台湾政治大学的简明海博士，他的博士论文就写《五四意识在台湾》。这篇博士论文将台湾知识分子的“五四”意识分为日治、蒋治和转型期三个阶段，我则从“新五四运动”的角度感觉“五四”在台湾应该有四波的更替。

第一波就出现在“五四”时代，比五四运动发生稍微晚一点点的1920年代。台湾第一代新知识分子以东京为根据地向岛内开展思想启蒙和新文化运动，他们从过去台湾民众的一种武装反抗变为一种政治抗争，这个过程中以呼唤启蒙作为优先工作，所以这里面就借“祖家”这边的“五四”白话文运动、新文学运动来推进他们的新思想。他们受制于殖民者的压力对“五四”学生反日爱国运动没有留下多少显著的文字，主要是发挥“五四”白话文、新文学和新思想运动的话语。《台湾民报》五周年有一个纪念特刊，里头有位作者写文章，就说现在的新台湾建设有两个基本问题，一个是民族解放运动，一个是克服“越不出孔孟几本书”的这一个意识。换句话说，一个是民族，一个是进步，这样两种问题。那么怎么样去解决这两个问题？他们就仿效或取法北京的新文化运动。其中有一些倡导者，像张我军等本来就是在北京读书后回去的，慢慢开始复制这个“五四”，大量引进胡适的文学和思想主张，因而张我军也被称作“台湾的胡适”，还有一位赖和先生模仿鲁迅的笔调和旨趣写小说，被称作“台湾的鲁迅”，就在台湾文学界形成这样一个“新五四运动”的格局。

除了新文学，还有新思想，也是“复制”《新青年》等“五四”刊物的主题和基调，《台湾民报》的前身《台湾青年》，名称上或许就有沿袭和拓展《新青年》的意思。从《台湾青年》到《台湾民报》，里面有大量平民教育、女性解放、社会平等、自由权利等方面的内容，持续差不多十年时间，传播新思想的内容非常丰富。与这些刊物相配合的还有知识分子和进步士绅在岛内成立的台湾文化协会，举办了各种新文化启蒙的讲演活动。到了30年代以后，日本为配合其亚洲殖民政策，治台方式发生变化，结束十多年的文人总督，恢复武人总督治台，在台湾强制实行“皇民化”，使得这场“新五四运动”没有办法持续，所以差不多十年时间，是第一波。

第二波“新五四运动”是在光复初期。光复初期这次“新五四运动”时间很短，大概从1946年发起文化重建的运动，到1947年“二二八”就难以为继，只有一年多一点的时间。这里面的主角是从大陆过去的以文学家和教育家许寿裳为首的一些作家，配角则是从日据时期新文化运动走过来的一批台湾本省文人。许寿裳的正式职位是国立编译馆馆长，可是实际上赋予他的使命是文化重建，包括编写中小学教科书、出版各种公众读本、影响各种报纸杂志的言论方向。他做的很多工作就是把鲁迅推出来，鲁迅是新文化运动的旗手之一，是五四时期最有创造成就和最有作品影响力的作家，而且有浓厚的民众情怀，既能代表祖国新文化，又能感召追求当家做主的台湾民众，最能彰显许寿裳“进化”、“互助”、“为大众”的文化指针。加上他与鲁迅既是同乡又是同学，所以扩展鲁迅话语、发挥鲁迅精神，就成为他明确推动的一个方向。他写文章明确要在台湾发起一个“新的五四运动”，就是再来一场彰显五四新文化、新文学精神的运动。在这个“新的五四运动”里就把鲁迅放在前面，弘扬其人道的和批判的精神。黎烈文、黄荣灿等来台大陆文化人士也积极参与到这个运动当中，烘托气氛。

而台湾本省文人则一方面调动日据时期已经形成的鲁迅记忆加以积极配合，一方面在字里行间仿效鲁迅的讥刺文笔抨击国民党接收后造成的不公与不义，将鲁迅精神落实到写作实践。本省和外省知识分子共同参加的台湾文化协进会及其机关刊物《台湾文化》，在这次“新五四运动”中发挥了主导作用，《台湾新生报》等几个大报也有参与。运动中一个有趣的现象，就是行政长官陈仪的角色很特别。他借重许寿裳弘扬鲁迅，他本人也推崇鲁迅，把鲁迅作为祖国新文化的一种代表，作为台湾祖国化和现代性结合的一种象征，但另一方面，他本人又成为本省文人以鲁迅批判精神抨击时政的靶子，承担国民党接收后失政的道义责任。不过在“二二八”发生之前，陈仪并没有用权力制止这种批判，企图加以约束的反倒是一同入台的党方力量。当然“二二八”之后，这个“新五四运动”就没有办法再延续。

“二二八”过后两年国民党当局大陆失败播迁台湾，引起第三波的“新五四运动”。这个过程里面，《自由中国》半月刊作者群“跟着五四的脚步前进”的说法最有代表性，但也有《时与潮》等少数其他刊物加入共鸣。《自由中国》发表很多以“五四”为旗帜的文章，像《贯彻五四精神》、《重整五四精神》、《跟着五四的脚步前进》、《展开启蒙运动》、《五四是我们的灯塔》等社论文章，都是非常正面、非常高调地去弘扬“五四”。其中鼓动风潮的主要人物，是随国民党当局从大陆去的殷海光、夏道平、雷震、傅正等人，他们揭橥“五四精神”鼓吹自由民主、科学理性不遗余力，激烈抨击国民党的独裁政治和道统文化。这个“五四精神”的内涵，殷海光专门有文章进行解析，先讲到陈独秀和胡适在五四新文化运动中的角色，接着批评陈独秀后来搞共产主义偏离了原有路线，就把他放在旁边去，专门弘扬“胡适思想”，将“胡适思想”与自由主义思想等同起来，说这种胡适思想是“国运的象征”，国运的好坏与是否走在“胡适思想”的路上成正比。

这一波“新五四运动”后来从坐而言走向了起而行，雷震、傅正等人公开组织起“强有力的反对党”去与国民党对抗，而且为了“强有力”将台湾本省政治精英结合进来。这一动作触动了国民党的敏感神经和忍受底线，被罗织罪名抓捕入狱，《自由中国》停刊，《时与潮》等刊物的言论也大为收缩，台湾再次进入寒蝉期。唯一的余波是 1962 年李敖在《文星》掀起过一股全盘反传统的西化思潮，但主要只在文化上做文章，基本不涉及自由民主的吁求。

但到了 70 年代，台湾经济起飞，社会力崛起，进入现代化转型期，又出现第四波“新五四运动”。这一波“新五四运动”又可分为前后两段。

前段从保钓运动开始，在学生民主运动中展开，又在《大学杂志》里深化。1971 年海外保钓运动延烧到台湾后，各大学学生直接将五四运动的口号“中国的领土可以征服不可断送，中国的人民可以杀戮不可以低头”用作保钓的口号，并且逐步从“外争国权”向“内惩国贼”的方向演进，当时陈鼓应、王晓波这些年轻教师，都希望把“五四”的自由民主观念直接贯彻到学生运动里面，办了“民主生活在台大”、“言论自由在台大”等座谈会，办到“民族主义座谈会”时被国民党遏制。而新一代知识精英办的《大学杂志》，则一方面配合报道鼓励学生保钓运动，称保卫钓鱼岛与保卫青岛是“两个五四，一个方向”；另一方面又将“五四”向民主、科学这个启蒙价值方面去推演，发了不少的文章，包括林毓生、周策纵、李欧梵、韦政通等都有文章在里面，讲到如何更深层次地继承“五四”价值。这个理论高度对后段的“五四”论述有直接的启发。

《大学杂志》办到 1973 年也被国民党分化瓦解，启蒙言论夭折。作者队伍后来分化成两支人马，一支从事党外运动，张俊宏他们跟黄信介、康宁祥创办《台湾政论》，沿着这个线索后来相继出现上百个党外杂志。这支人马里面不太注重“五四”论述，有时也重刊几篇五四人物旧文，转载几幅五四人物或场景图片，但显著有“五四”进入标题的文章不多，社论或者专论不多。他们做的一个最主要的与“五四”有关的工作，是把《自由中国》的重要言论结集成四册《自由中国文集》，据说是党外运动的“圣经”。党外运动重要思想资源之一来自《自由中国》，另一个思想资源来自日据时期的知识精英民族运动。

但是另一支以大学教授和专职研究员为主的人马，则集中到联合报系的《中国论坛》杂志，倒是有很多谈论“五四”的内容。《中国论坛》与《台湾政论》差不多同时创刊，有点打擂台的意思，但《台湾政论》月刊五期而亡，《中国论坛》半月刊则持续十五年之久。《中国论坛》的“五四”论述从1979年正式开始，前四年比较隐晦，因为国民党比较忌讳。1979年出现党外杂志的第一个高峰，冲破了国民党的言论禁忌，加上校园“五四”纪念活动的兴起，使《中国论坛》出现第一篇“五四”社论《从“五四”谈起》（韦政通执笔）。此后，“五四”标题文章就成为《中国论坛》逐年纪念的常备节目，或社论，或专论，如《“五四”再出发》、《五四运动的历史回想》、《从赛德先生到义罗先生》、《五四前夕的省思》、《完成思想启蒙未竟之业》、《“五四”在今日的意义》、《迈出“五四”的幽灵》等。从1981年起他们还设置“五四”专题讨论，包括“五四谈文艺”、“启蒙运动在中国”、“从五四看当代文学演变”、“社会主义在中国”、“五四运动与中国知识分子”、“五四传统与台湾文学”、“‘五四’课题与台湾经验”等专题，每个专题都有4—8篇文章参与讨论。如“‘五四’课题与台湾经验”就包括胡佛的《威权与民主之间——台湾经验的探索》、黄光国的《传统与现代化：从台湾经验看五四运动》、周阳山的《“五四”的民主观对当代中国政治的影响》、王晓波的《论五四运动与新文化运动——一个中国民族自救运动的思想史考察》、杨国枢的《“五四”前夕谈台湾的学生运动》、文崇一的《社会改革：从七十年前到七十年后——五四的七十年祭》、顾燕翎的《五四妇运的变迁》和韦政通的《科学、民主、反传统——以“台湾经验”反省“五四”》共8篇有分量的文章。

这一波“五四”论述最显著的特色是反思性，接续了《大学杂志》的一些思考，要在深层次上“超越五四以继承五四”，所以不再“以朝圣式的膜拜心理”来标榜某个五四人物或者某种特定主义，提出“‘五四’的理想必须肯定，‘五四’的心态必须纠正，‘五四’的复杂而又分歧的影响，必须经由学术的立场予以彻底的厘清”。他们所肯定的“五四”理想仍然是“科学与民主”，但“科学”他们主张在坐冷板凳的“为学术而学术”的事业中落实，不再抽象讨论科学精神；“民主”他们更看重的是基于“宪法”的制度改革和党内外彼此的容忍态度，呼吁官方要守“宪法”，反对运动也是要守“宪法”，不再停留于一般性自由民主观念。他们要纠正的“五四的心态”包括“科学主义”心态、“解放”式民主心态，重点集中在纠正“全盘反传统主义”的心态，以现代接续传统。超越“五四”以继承“五四”，这个基调也差不多意味着“五四”偶像化的时代结束。从那以后，台湾的言论虽然有时候周年纪念还是要有一篇两篇的文章，但是再以“五四”为旗帜，拿“五四”说事，或者借“五四”来推动一个什么运动的就比较少，基本上都在学术领域内研讨。

我的这么一个观察，也许不是很准确很到位，但我觉得百年台湾的“新五四运动”是一种很有意思的政治文化现象。前三波的“新五四运动”都有显著的人物图像在里面，第一波标举胡适和鲁迅，第二波独尊鲁迅，第三波推崇胡适。图像虽然不同，“五四”却断而又续，彼伏此起，生生不息。第四波不再“以朝圣式的膜拜心理”来标榜特定人物和主义，主张超越“五四”以继承“五四”，“五四”却反而在社会运动视阈里逐渐退场，缩限到纯学术领域。深入思考这一现象，对于五四运动意义的研究，对于台湾现代历史的研究，或许都有一定的益处。

（作者单位：华中师范大学中国近代史研究所、台湾与东亚研究中心）

文艺复兴与启蒙运动的困境

——五四运动百年反思

许小青

五四运动百年之际，华中师范大学邀请葛兆光、王汎森两教授来中国近代史研究所座谈，我有幸与谈，颇受与会先生们宏论启发，现在本人当初发言的基础上，将原稿修订成文，或有一得之愚，以求教于学界同人。

一　思想启蒙与文化转换：文艺复兴的两难

五四运动的研究著作可谓汗牛充栋，海内外学术界对这场运动的性质看法分野不小，以致诸如到底哪几位是五四运动的中心与主将等基本史实问题，长期以来也见仁见智，不过陈独秀始终是这一榜单的中心人物，确是少有的共识。换言之，陈独秀创办《青年杂志》（后改《新青年》）和出长北大文科长这两件大事，直接推动了五四运动的思想启蒙。而对五四新文化运动另一主将胡适，则长期争议不断。更具吊诡的是胡适长期坚持将这一运动称为“中国的文艺复兴”。究其背后原因，不仅在于胡适身上特具留学西方背景与气质，以及方便向西方社会介绍中国正在兴起的文化运动，更为关键的是，胡适始终设想并设法将这场运动限定在思想、文化与学术的范围之内。

在五四运动高潮的1919年，胡适公开发表《新思潮的意义》等文，倡导整理国故，主张历史与价值分离，采取一种客观中立的立场研究中国的传统文化。这一立场与做法，却与五四运动的历史使命发生了严重的偏离。五四运动之所以能发生，就是因为自鸦片战争尤其是自辛亥革命以来，中国现代民族国家的建构尚未真正完成。一战后，中国力图融入世界民族国家体系，成为国际体系中受人尊敬的一员，但巴黎和会的外交失败，对中国是一种重大的打击，极大地催生了中国新知识人的文化与政治使命。在这一背景下，从文化上加强中国的民族国家建构，是摆在当时知识分子面前的历史任务。胡适的这种“捉妖”“打鬼”式的整理国故，以一种激烈的反传统方式来虚化民族文化内涵，以此来实现传统国家向现代民族国家转型的文化需求，无疑与现代民族主义强调对“传统的发明”（霍布斯鲍姆语）背道而驰，这是其思想内在的根本困境所在。

胡适、陈独秀等倡导的反传统式的新文化运动，也激起了其他学人的反弹。如何真正开启中国传统文化的“创造性转换”（林毓生语）？五四时期，杜亚泉、梁启超等东方文化派提出东西方文化的“调适论”，南方的学衡派则打出“以吾国文字，表西来思想”旗号，努力挖掘中国文化的现代因子，以及稍后梁漱溟、熊十力开启的现代新儒家，无一不是从文化民族主义的立场来批判、回应胡适等人的激烈反传统的文化激进主义。过去，学界多从古今、中西等二元模式来解释五四时期文化派别的分歧。其实，五四以来的除了少数极端的守旧文化派别外，大多都能从现代国家需要的角度来观察判断文化问题。从现代民族建构的内在需要来看，文化民族主义流派无疑抓住了现代民族国家建构的文化内在需求。

五四运动的兴起与影响最大的年代，正是张灏先生所指出的近代中国思想史上的“转型时代”（1895—1925），其关键变化主要有二：一是报纸杂志、新式学校、学会等制度性传播媒体的大量涌现，二是新社群——知识阶级的出现。① 北京大学新文化人聚合于《新青年》周围，借助“全国最高学府”这一重要平台，使得北京大学一跃而成为全国思想启蒙的发源地与大本营，围绕历史、文化与现代国家关系等问题，南北不同大学学人之间发生了激烈争论，从而开启了现代文化史上地缘与派分的先河。

近代大学不仅是传播现代知识的殿堂，也应是弘扬民族文化的重镇，这种自由教育与民族教育常常处于冲突之中。以北大为中心的新文化运动，被称作启蒙运动，重要的原因就在于其以“输入学理”为旗号，大量引入西方文化，以此来实现改造中国文明的目标。北京大学的新文化派站在文化激进主义的立场，以激烈的反传统为思想号召，“再造文明”则使传统遭到毁灭性的打击。南方以东南大学为基地的学衡派，则以最有力的反对派出现，公开批评北大派的文化激进主义，倡导以一种中西平等互鉴的态度

① 分别见张灏《中国近代思想史的转型时代》，《二十一世纪》总第 52 期，1999 年 4 月；《转型时代中国乌托邦主义的兴起》，《新史学》第 14 卷第 2 期，2003 年。

来研究中国传统文化，走出了一条不同于北大的学术文化之路。五四新文化运动期间南北之间的文化论争，表明五四新文化运动要真正得以深入，必须在学术上能够根本解决中国文化的出路问题，从而为现代民族国家的转型提供一个文化上的有力支撑。

二　从思想文化到社会政治：启蒙运动的政治化

胡适将五四运动定义为“文艺复兴”，还有一层含义就是他不愿意看到这场运动过早、过度地介入现实的政治，这是基于胡适的自由主义思想与实验主义立场。然而时势的发展并不以胡适的意志为转移，五四那天青年学生走上街头，代表“中国终于真正觉醒了”。[①] 在近代民族主义的发展史上，五四运动是一座具有方向标意义的里程碑，开启了民族主义运动向下普及与扩散，青年学生深受启蒙思想的影响，开始将触角伸向中国社会内部，开始深入农村与工厂。而领导这场运动的精英知识分子，内部也发生了严重的分歧，是严格将此运动限定在“文艺复兴”的范围，还是扩散到“社会政治”层面？问题与主义之争，集中将北大新文化团体内部的分歧公开化。

余英时先生曾专门撰文指出，一批马克思主义者早在20世纪30年代就从启蒙的角度来诠释五四运动。余先生一直强调：“时间上，文艺复兴概念的流行比启蒙运动早二十年，最后却让位给后者，与其说是缘于作为五四运动描述词的启蒙运动具有内在的价值，不如说是因中国人在心态上激进化（radicalization）了。”[②] 笔者认为，事实上可能恰恰相反，正是启蒙运动一词所具有的内在价值，成为其取代“文艺复兴”的关键。正如周策纵先生在其关于五四运动的经典研究中指出，自由主义、保守的民族主义与传统派、共产党对五四运动做出了不同的解释，还是源于五四后各种政治力量进入历史舞台以及政策的改变。[③]

五四运动的发展轨迹与趋向，并不以某一政治派别或个人的意志为转

① 〔美〕周策纵：《五四运动：现代中国的思想革命》，周子平等译，江苏人民出版社，1996，第319页。

② 余英时：《文艺复兴乎？启蒙运动乎？——一个史家对五四运动的反思》，《现代危机与思想人物》，三联书店，2005，第85—86页。

③ 〔美〕周策纵：《五四运动：现代中国的思想革命》，第501页。

移。五四时代中国人的根本任务，就是要建立起一个独立的现代民族国家，而一战后中国外交失败是对中国人信心的又一次严重打击，单纯的文艺复兴，完成不了中国的民族国家建构的历史重任。学生们走上街头，是时势的必然结果。对此，胡适、蔡元培等一批自由主义者表现出颇为矛盾的心态，由最初支持慢慢转为中立与批评，最后认为学生运动搞糟了。胡适先生还专门讲，新文化运动那么多年了，北大没出几本专著，北大已学术破产，所以号召北大人回归学术。究其根源，还在于不愿看到这场运动偏离“文艺复兴”的预设轨道。然而，学生民族主义的兴起，不断将启蒙思想付诸政治行动，并将这一政治启蒙带向更为广阔的社会与大众，为国民党的转化、共产党的兴起提供了巨大的思想与社会土壤，为其后的国民革命、共产革命提供了巨大的思想启蒙与社会动员资源。

五四学生运动只是五四运动转向政治启蒙的第一波，其后 20 世纪 20 年代共产党、国民党与青年党三大政党党际互动频繁，充分利用“五四”所形成的学生运动潮流，学生组织日益被政党所汲引，学运被政党把持，“学生运动”变成了“运动学生”，五四所开启的政治启蒙日益卷入政治洪流之中。如何看待五四启蒙运动发展的社会政治化？五四新文化运动发生在民初的中国，如同在一潭死水的思想界投入了一块巨石，所激起的涟漪不断由中心向周边扩散，有些思想消失在历史的原野上，有些则生成了蝴蝶效应，不断蓄聚能量，最终汇成思想与革命的洪流，对 20 世纪中国的社会产生了巨大的滚石效应。在某种程度上讲，20 世纪 20 年代后中国的政治启蒙与变革，均可看作五四启蒙运动的直接遗产。

三　没有完成启蒙的根源

——文化与政治的分离

海内外学术界对于五四所开启的现代启蒙运动的结果，有一个共同判断：启蒙运动没有完成。这种典型的表达是 20 世纪 80 年代李泽厚先生在《启蒙与救亡的双重变奏》一文中提出：“救亡又一次压倒启蒙。知识分子在革命战争中也为这场革命所征服。”（收入《中国现代思想史论》一书）显然，将救亡与启蒙二元对立，是李泽厚先生论证的一个前提和基础。

从历史上看，救亡本身既是启蒙的一部分，亦是启蒙的结果，二者很难完全地分离。另外，启蒙具体的含义是什么？五四知识人本身就困扰于这一问题，张灏先生早就指出五四思想的两歧性，[①] 其中就包含启蒙本身的多样性。因此，讨论五四启蒙的失败，首先要明确的是，在什么层面上讨论这一问题，具体针对什么样的启蒙内涵。很多学者在讨论未完成的启蒙这一问题时，多指民主与科学为代表的几组核心概念，尽管张灏先生曾指出："五四知识分子把乌托邦的期望寄托在民主制度上，结果'德先生'与'赛先生'变成了'德菩萨'与'赛菩萨'。"[②] 从政治制度的设立角度看，五四启蒙运动在现代中国未完成，是一个不争的史实。根本原因何在？下面我尝试从文化与政治分离的角度提出一种解答。

五四新文化运动启蒙的目标，可以集中在现代民族国家的建立上。近代中国人面临的根本性问题是如何实现从传统文化帝国向现代民族国家转型。20 世纪初，民族帝国主义理论在中国知识界大行其道，背后即有强烈的救亡意识关怀。主权观念在中国高涨，特别在 1903 年前后，明确提出"中国，中国人的中国"口号，清晰地将中国的民族国家建构诉求表达出来。经过辛亥革命，亚洲第一个现代民族国家在中国初步建立起来，但很快发现这只是徒有其表而已。中华民国的主权、国民与领土等现代国家要素，无一不遭到西方列强的严重挑战，1915 年日本政府与袁世凯北京政府签订"二十一条"，1919 年巴黎和会上中国权益被出卖，无一不昭示中国现代民族国家资格的缺失。五四知识人引入民主、科学、自由等西方现代启蒙思想，无非要打造一种新的政治文化，与现代民族国家相配合。

从表现上看，五四新文化运动似乎是以一种"整体性、全盘性"文化主张为号召，力图将文化与政治问题一起解决。但事实上，文化与政治处于一种分离状态。五四启蒙运动的策略，大致沿着两种方案进行。先是一种文化进路，即胡适所力倡的"文艺复兴"，试图通过文化的更新来实现国家的转型。这一进程在学生运动的冲击下，使得以北大为代表的新文化阵营出现分裂，进而陈独秀等人提出另一种政治进路：通过政治运动实现中国由传统国家向现代民族国家转型。更为关键的是，不同阶段的文化与政治主张背后，却始终以引入西方文化为目标，并认为只有在"传统文化的灰烬上"（张灏语）才能重建中国文化，并借此而实现现代民族国家的转型。

然而这一由文化思想过渡到政治启蒙的路径，遇到极大的内在理论逻

① 张灏：《重访五四：论五四思想的两歧性》，《幽暗意识与民主传统》，新星出版社，2006，第 200—216 页。

② 张灏：《五四运动的批判与肯定》，《幽暗意识与民主传统》，第 181 页。

辑困境。现代民族国家的重建，从根本上讲需要将历史、文化、文学和地理集中起来，打造新传统，建构、指导并传播民族的统一性，从而实现文化为现代国家服务的内在要求。而在五四启蒙的发源地北京大学，激进的知识分子将“现代启蒙思想”引入中国，倡导西方现代政治文化，开启对国民的现代思想启蒙；对中国传统文化则将其历史与价值分割开来，造成了中国民族性文化建构的缺失，从而导致中国现代民族国家的建构缺少了传统文化的支撑，使得民族主义演进中缺少了中国的精神内核，进而使政治启蒙目标——现代民族国家的建构落空。

（作者单位：华中师范大学中国近代史研究所）

“五四”与中国社会变迁：从知识人的婚姻人生说起[*]

潘光哲

内容提要 身处新文化浪潮的五四知识人，浴身于“家庭革命”的洪流里，面对婚姻这项与一己切身相关的议题，固然力图“冲决网罗”，却难一刀断水。胡适及他的朋友，都是五四新文化运动中的耀眼明星，生命道路自有千秋，如何处理自己的终身大事，人人煞费思量，各有曲折。他们的婚姻，固然未必都曾闹出一番轰轰烈烈的“家庭革命”；个人追求理想和面对现实考验的心路历程，却都经历了多重曲折与反复。了解五四知识人的婚姻人生，怀想他们做出最后决定的心衷，正值得后来者再三沉吟反思，也可以让我们从个体生命史的角度，认识五四新文化运动。

关键词 五四运动　新文化运动　知识人　婚姻

今天我们讲“五四”的时候，往往说“德先生”、“赛先生”。“德先生”当然就是民主，“赛先生”即科学。回到历史现场，我们却注意到，在两位正经八百的“先生”之外，还有一位用台湾话讲起来，“水当当”的姑娘，后来完全被忘记了的“穆勒儿姑娘”——moral、道德，等着我们去发现她。可以说，以德、赛两位“先生”之外的视野，选择“穆勒儿姑娘”的角度来观察五四新文化运动，它应该也是一个“冲决网罗”的社会伦理改造运动。

“穆勒儿姑娘”是大时代背景下的产物。西力东渐，带动中国各个方面的转变，家庭跟婚姻体制同样展现了巨大的转折。特别是婚姻这项议题，

---

* 本文系2019年10月在华中师范大学中国近代史研究所的讲演，内容略有删节。

对于个人来讲，追求自己的终身幸福，这不是个人生命当中绝顶重要的事情吗？可是，在一百年前的环境下，支配社会同时也是整个社会伦理秩序的基础的，还是传统体制，那么要追求自己的幸福，是不是往往就要和现实生活中的种种一切，可能是长辈，可能是父母亲，乃至于整个家族，甚至整个社会，相对决。另一方面，当时很多人都有了婚约，奉父母之命、媒妁之言定了亲。可是，不管是丈夫还是妻子，都完全不认识婚约的另一方。作为未来式，想要追求自己的幸福，是不是总要以牺牲婚约的另一方作为代价？那么，当事者在面对这么多的冲击之下，会不会想东想西，是不是总会瞻前顾后？

借由这一群“五四”时代的知识人的婚姻故事，可以说明他们对于理想婚姻的期待与他们的抉择，并且从期待与抉择之间的张力，更可以看到中国社会走向现代的道路是何等的曲折蜿蜒，中间经历了多少的风浪。我们今天的生活，我们所拥有的这一切，绝对不是理所当然的，绝对不是顺水行舟的，它经历过怎样错综复杂的变化呢？

我负责胡适纪念馆的行政工作，当然不能不提胡适。胡适身为五四新文化运动时期最重要的明星级知识人，二十六岁就当了北京大学教授。他不仅仅以北大教授的身份广为人知，还做出了跟他身份相符合的各方面的成绩。胡适作为留学美国的知识分子，大学部是在美国康奈尔大学念的，他的博士学位是在美国哥伦比亚大学拿的，这两间大学至今还是大家推崇公认的美国常春藤明星级学校。可是，作为留洋博士，最后和胡适厮守一生的，居然是一位缠过足的传统中国妇女——江冬秀，而且年纪比他大一岁。的的确确，胡适不是圣人，曾经闹出过“婚外情”，对于夫人江冬秀，不是那么忠贞。江勇振教授写了一部书《星星、月亮、太阳》，太阳只有一颗——胡适，月亮也只有一颗——江冬秀，可是，星星呢，却是繁星满天。

当然，放在大脉络里面来讲，回顾胡适本人的思想历程，他的所作所为，是和时代“救亡图存”的基调合拍的。救亡图存，一直是中国 19、20 世纪的主旋律。为什么要救亡图存呢？原因很简单，就是中国面临帝国主义的入侵，国不成国，即将亡国灭种，逼着人们必须检讨，究竟是为什么。那么，早婚、缠足，这些是不是中国国势衰微的重要原因？身受缠足之苦的女孩，年纪很小就嫁人生子了，她自己本身身心发展都不健全，怎么能期望、期待她产出健康的下一代？我们又说“女子无才便是德”，不识字的母亲，如何教育下一代？因此，对于婚姻习俗的检讨、对于自由结婚权利的主张等，也开始成为人们思考的议题，乃至于付诸行动。胡适身处于这样的思想浪潮，自己就是一位和这等思想主旋律相呼应的读书人。

1908 年，胡适十七岁的时候，他在上海主编《竞业旬报》，发表的文章，就对于传统中国婚姻有非常激烈的批判，如他的《婚姻篇》，认为中国人的婚姻毁灭在父母之初心、媒妁之言、算命先生以及土偶木头神像，这是中国羸弱不振的重要原因。可见，胡适对于传统婚姻习惯等风俗，很早就有过思考。可他自己的婚姻，却是传统的产物，因为他的母亲早就帮他安排了江冬秀这门婚事。那时的胡适，对于母亲的安排不以为然，但是又不能反抗。胡适的父亲胡传很早就去世了，母亲一手将他抚养长大，所以对于胡适来说，他的母亲是永远不敢违逆的恩人。

读《四十自述》就可以知道胡适的母亲对于儿子期望之高，其中当然也包含着早点抱孙子的期望。可是，胡适一再推拖，不愿意奉命成婚。他先说在上海念书，又说要到美国去求学；到了美国，又以拿了博士学位回来再说为借口。回国之后，总算不得不结婚了，那个时候，他都已经是二十六岁的老新郎了，跟传统中国社会里面十七八岁乃至于十五六岁就结婚，可说是有相当大的差距。胡适当然心不甘情不愿地接受了这门婚事，对他来说，自主的爱情，距离遥远。然而，胡适自己说过：“Love 只是人生的一件事，只是人生许多活动之一而已。”他不会是被爱情冲昏了头脑的莽撞之士，一切通通不顾了，特别是跟徐志摩比较的时候，就可以看到胡适是爱惜羽毛的，胡适以理智来斩断情丝，却往往也因此让爱恋他的对方遭受严重的心灵伤害，这当然也是我们不讳言的。

胡适的爱恋者之一，是韦莲司。韦莲司是胡适在康奈尔读大学的时候结交的异性知交。那个时候的胡适，虽然是中国的菁英，到了美国，却等于是乡下来的“土包子”，东南西北都搞不清楚，父亲是康奈尔大学教授的韦莲司，正是胡适了解现代文明、现代文化的重要领航者，因为她的年纪比胡适大，去过欧洲的她见多识广，又是前卫派画家，是多才多艺的艺术家，所以她对年轻的胡适来讲，有着非常大的吸引力。韦莲司本身的的确确在当年的美国也算一个“前进之士”。作为当时的进步女性，韦莲司对于胡适有着很大的吸引力。我们也不否认，双方最后的确突破了柏拉图式爱情的界线。

韦莲司与胡适之间的交情，可以说彼此深情六十年。虽然一个是白种女人，一个是黄种男人，两者有种族上的差距，而且突破了男女大防的界线，但是，彼此的友谊岁月，还是以知性的交流为重。就如胡适去世之后，韦莲司还把两人之间的通信重新整理了一遍，捐赠给胡适纪念馆。这批材料，不仅是了解他们之间关系的重要资料，也让我们看到了青年胡适以及当时中国留学生，到美国所看到的一切、所想到的一切。韦莲司好比是一扇窗口，可以想象两位之间的交流，对胡适影响有多大。

胡适的另外一位爱恋者是曹珮声。曹珮声跟胡适的关系更亲近了，她是胡适嫂嫂的妹妹，也是胡适与江冬秀结婚时的伴娘之一。曹珮声也是传统婚姻的牺牲者，后来她挣脱了传统婚姻，有心向学，胡适还指导过她，以至于曹珮声有机会到美国康奈尔大学念农学、生物，也得到胡适的帮助。双方是在1923年从亲戚关系变成爱情关系。当时胡适回到中国以后，努力工作，太过辛苦，于是生病了，就到西湖疗养，曹珮声陪着他去，两人出双入对将近半年。最后，胡适还是毅然地斩断情丝，让痴情的曹珮声一辈子徒留遗憾。我们必须承认，胡适的的确确是对不起曹珮声的。曹珮声去世时，遗嘱交代一定要把自己葬在通往胡适的老家上庄村必经的小路旁。那个时候海峡两岸隔绝，她不知道胡适已经死了；她的想法是，当有朝一日胡适回到家乡时，非走这条路不可，他就一定能看到我的坟墓，我也能从墓里面看见他。曹珮声对胡适的痴情，居然到这种程度。总体地说，胡适和曹珮声之间的故事，就和他与韦莲司的故事一样，背景其实基本相同，两人都是受过现代高等教育的女性，和胡适的感情世界，有着知性唱和的面相。

相比之下，胡适和原配夫人江冬秀之间，精神生活有着相当大的距离。胡适晚年流亡美国纽约的时候，与江冬秀两人都是六十多岁的老人家了，一起住在公寓里。屋里的书桌上，一边摆的是线装书，是作为大学者的胡适的研究资料；另一边摆的是江冬秀喜欢读的武侠小说。江冬秀还有一个非常好的“本领”——打麻将。胡适打麻将，据说每打必输，江冬秀则是“常胜将军”。江冬秀喜欢打麻将，胡适只好在家里面陪着夫人，跟夫人的朋友们一块，乃至做些清理烟灰缸等事，好像成了夫人打麻将时的“用人”。以此为例，大家可以想象一下胡适与江冬秀的精神生活差距有多大。

但是，江冬秀作为传统的中国妇人，尽到了贤妻的责任。首先，胡适所有的事业，都建筑在夫人江冬秀操持家务的基础上。照料胡适的生活，乃至于胡家祖坟的修缮，等等，都由江冬秀女士一手包办。胡适全心发展自己的学术文化活动，绝无后顾之忧，良有以也。胡适常常三更半夜不睡觉，熬夜读书写稿；江冬秀则是七早八早就上床了，可是她有着这样的爱心，怕胡适太累了，半夜肚子饿了，于是就帮他摆了一颗白煮蛋在书房门口，胡适饿了的话，可以稍微充饥。从这些例子来看，江冬秀绝对是贤妻良母。

江冬秀还有和其他传统中国妇人不一样的地方，就是她永远反对胡适当官。大家知道，“学而优则仕”是中国的传统，胡适一辈子最大的官，应该就是在抗战的时候，担任中华民国驻美大使。没想到担任这个职务，江冬秀竟然也反对。胡适只好写信跟江冬秀讲说，冬秀，我做这个官呢，不是为了当官，而是因为战争发生了，男人得去当兵，这叫“战时征调”。那时胡适已经四十几岁了，没有办法再拿枪拿刀上战场，说自己“就在外交战场上努力，等到战争一结束，我一定马上回来继续当我的学者，冬秀，你不必担心”。相较于同一时代许许多多的知识分子当了官以后，就再也回不了头了，江冬秀偏偏在这点上和其他夫人不一样，所以让胡适非常感激。

最后，胡适斩断了所有的情丝，跟江冬秀一起，“携子之手，与子偕老”。胡适晚年喜欢开玩笑，说自己是PTT——“怕太太俱乐部”的会员，而且一再告诫，男人应该遵守“新三从四德”，我想这番话应该是他对自己婚姻生活的总结。“三从”，就是太太的命令要“服从”，Yes不能说No；太太上街买东西或是看朋友、打麻将要“随从”，跟在旁边；太太发错了脾气，冤枉了先生，要“盲从”，太太永远是对的，即使是太阳从西边出来，也是对的。“四德”是太太买贵重的东西，要“舍得”；太太发脾气，莫名其妙闹别扭了，要“忍得”；太太的生日，千万要“记得”；出门前，太太打扮化妆，要在那里“等得”。这些男人得遵守的“新三从四德”，又何尝不是胡适从自己的婚姻生活里面总结出来的有趣经验？

胡适当年对于性别问题、女权问题、婚姻问题有过的思想和行动，固然相当卓越，但是他自己做不到，乃至违反了自己提出来的戒律。首先是“贞操迷信”。凡是女子被人所玷污、强暴了，就一定要自杀，这等在传统好似理所当然的事，胡适却不以为然。他说，男子夜行，遇着强盗，用手枪指着你，叫你把银钱戒指拿下来送给他。手无寸铁，只好依着吩咐，这算不得懦怯。女子被污，平心想来，与此无异，都只是一种“害之中取小”，不过世人不肯平心着想，故妄信“饿死事极小，失节事极大”的谬说。他又说，“贞操是什么？贞操是一个人对另外一个‘人’的一种态度”，男女相爱，应该彼此信守不渝。然而，胡适既然决定接受了与江冬秀的这桩婚姻，那么他不是就应该遵守对江冬秀的承诺吗？从胡适自己提出的界说来讲，他是犯错的，不必讳言。

其次，我们刚才讲的，都是从胡适的立场上来讲的，那么，江冬秀的立场呢？江冬秀没有多少可以与胡适知性唱和的方面，是她的错吗？江冬秀原来不识字，经过胡适的一再鼓励，能识字写信了，但是，她写的东西，还是白字连篇。双方无法知性交流。对于江冬秀，我们不忍苛责，毕竟她原先是没有受过教育的传统妇女。

江冬秀知不知道胡适的婚外情呢？我们相信她是知道的。双方之间，为胡适的婚外情，会不会出现时起勃豀的场景？应该是有，却不应该把彼此之间的感情世界戏剧化，更把江冬秀妖魔化。世传胡适为了曹珮声要和江冬秀离婚，江冬秀的回应是："要离婚可以，我先把我们的儿子给杀了，然后我再自杀，你就可以离婚了。"这种说法是孤证，我们到目前找不到其他任何旁证。只是，这种说法，会不会是对江冬秀形象的一种扭曲，或者说是对江冬秀泼妇形象的塑造？在我看来，我们是不是可以从理性和感性之间纠葛始终不断的面向，来思考胡适的婚姻和爱情生活？

我们今天对于胡适的掌握和理解，相较以前丰富很多，却还是跳不出"圣人期待"的心态，以为任何人在任何事情上，都应该成为一个圣人。看到胡适有婚姻出轨的记录时，就觉得胡适这样不对、那样不对，对他的诸般美好期待也随之破灭。但是，我们忘记了，无论是任何人，都还只是一个凡人而已。在我看来，这其实是不必要的期待心态，因为我们自己首先就被这等"圣人期待"框住了，反而忘记了怎样从胡适的生命史与思想世界里面找寻反省的空间。

谈完胡适以后，接着谈谈跟胡适关系密切的一位女性——陈衡哲。陈衡哲同样成长于中国的动荡岁月，但是和当时绝大多数女性不一样的是，她掌握时机，抓住机会，试图掌握自己的命运，而且渡过重重难关，最后结得善果。她的人生，彰显了在当年那样艰困的环境之下，女权是如何伸张的。

过去，女性都要缠足，陈衡哲反抗缠足；陈衡哲也被家里包办了一场婚姻，她反抗这样的婚姻。家里的长辈对她无可奈何，接受了她的反抗。女子没有接受现代教育的权利，陈衡哲十三岁就开始离家求学，过程曲折，最后考取清华学校首届女生赴美留学，不仅接受完整现代教育的洗礼，也揭开生命的新页。陈衡哲赴美留学，先在瓦沙学院取得学士学位，接着在芝加哥大学得到硕士学位。她可以说是在当时环境下非常少数有机会到美国留学，乃至于回到中国以后做出成就的女性。

在留美期间，陈衡哲先认识胡适另一好友任鸿隽，而后与胡适以文字结缘，结为好友。刚开始的陈衡哲，主张不婚主义，认为不但可专心于智识上的追求，更避免在男女交友时卷入情感纠葛。然而，任鸿隽对她的爱慕之情与日俱增，努力追求她，最后以诚意感动了陈衡哲，让她抛弃了不婚主义，两人自由结婚，建立了美满家庭。她自己解释为什么会嫁给任鸿隽，第一是因为任鸿隽对于传统旧家庭实在不满意，所以想自己组织一个小家庭，实现自己的梦想。第二，任鸿隽对于陈衡哲有这样的信心，深信她文学的天分是可以发挥的，他愿意牺牲，预备一个清静安闲的小家庭，让她能一心一意地发达她的天才。也就是说，任鸿隽抱持对陈衡哲个人完全尊重的态度，让陈衡哲愿意嫁给他，结成家庭。

讲实话，就如同王子和公主结婚以后，不见得永远是幸福美满的。得到胡适推荐，到北京大学教书的陈衡哲，固然是中国大学历史上第一位女教授，但没有多久，陈衡哲就怀孕了。怀孕、分娩、产子、育婴，许久不能上课，后来甚至辞去教职。这点让胡适非常感慨：“以后推荐女子入大学教书，自更困难了。当时我也怕此一层，故我赠他们的贺联为‘无后为大，著书最佳’八个字。”“不要生孩子，最好是写书，书才是你真正的孩子。”“但此事自是天然的一种缺陷，愧悔是无益的。”从这点而言，当年女性在社会里奋斗，要在大学教书，的确也难免受到先天限制，对照今天在大学里教书或做研究的女性，差距不小，足可反映时代的变化。

陈衡哲虽然不能在大学教书，但还是努力不懈。因为要照顾孩子，她不能在学校教书，那在家里总能够写书吧！她的女儿任以都就回忆说：从小时候开始，她就知道，当母亲把自己关在房间里面时，做小孩的，绝对不能去吵她，因为她在房间内认真地写书、认真地写文章。陈衡哲的确兼顾了“贤妻良母”与社会责任，以编书及著述为职志，也确实为现代文学和历史的研究做出了独特的贡献。好比说第一个由中国人写的西洋史教本，就是西洋通史的教科书，便是她写的。她也写了很多小说，就此来看，她的确发挥了她的天才。

接下来要讲的是婚姻最称幸福的赵元任和他的太太杨步伟。赵元任的名曲《教我如何不想他》传颂至今，他和杨步伟的幸福婚姻，在当年的环境之下，可以算是少见的异数。首先，他们各自都有婚约，但是有赖明理的家长帮他们解除了原有的婚姻枷锁，再加上赵家支付给女方一笔不菲的“教育费”，杨步伟坚持自己的婚姻自主权，两人才回到自由之身。而后双方自由恋爱，方共结连理，甜蜜一生。

赵元任是语言学家，据说中国所有的方言，他都会讲；杨步伟则是妇产科医生。从今天角度来看，他们是当时乃至于今日都称卓越的“专业之士”。专业人才，共结连理，在当年环境下则又缔造出有趣的佳话，这和当时的社会风潮有关——1920 年英国大哲学家罗素应邀访问中国掀起的“罗素旋风”。罗素访问中国并巡回演讲，赵元任担任他的口译者。罗素带来的学问与思想当然有回响，更重要的是“罗素式婚姻”的回响。当时罗素携手和他有师生关系的女友勃莱克一起访问中国，出双入对，罗素对外介绍说勃莱克是他的女朋友，实际上两人早已同居。两人的关系，号称“罗素式婚姻”，被认为是最先进的婚姻形式：男女之间自由自在，只要情投意合在一块就可以了。

赵元任与杨步伟的结婚，本来也想仿效“罗素式婚姻”，一切的仪式都不要；后来接受了任鸿隽等朋友的建议，“找了两个证人签字，贴了四毛钱的印花”，婚姻形式才合法。他们的结婚证书还是自制的，不像我们今天的结婚证书都是官方制式的，千篇一律，硬邦邦的。这张证书是当事人自己画图、自己写字，完成他们的终身大事。他们挣脱传统婚姻枷锁，与世无异；但他们采取的婚姻形式，以及他们自制的结婚证书，到今天我们这一代乃至于各位这一代，有这种勇气的，大概还是“凤毛麟角”，也可以想见当年这群知识人的心态风潮了。

两人婚后育有四个女儿，其乐融融。杨步伟与江冬秀一样，把赵家打理得井井有条，使赵元任全心专注在工作之上，功不可没。别的不讲，杨步伟做到了对女性的赞扬——“要收买丈夫，你得先收买他的胃”，杨步伟煮得一手好菜，每天吃的花样都不一样，开玩笑说，没有太太准备的饭，赵元任就吃不下去，他当然号称“惧内”，永远举白旗投降。两人之间，“破枷方得蜜蜜甜”，他们框上了婚姻的枷锁，却是甜蜜滋味在心头，可谓当年“五四”知识人队伍里绝无仅有的。

“五四”知识人队伍里，固然有幸福者如任鸿隽、陈衡哲，也还有位幸福之士，却要付出沉重代价的，那就是傅斯年。傅斯年早就是头角峥嵘之士，在 1919 年 5 月 4 日当天的北京大街上游行队伍里，走在第一位的就是傅斯年。当然，有人开玩笑说，因为傅斯年非常胖，走在队伍之首，颇有震慑之效，所以他是五四运动的总指挥。其实，在此之外，傅斯年在五四时期主办《新潮》杂志，言论也曾领一时风骚，他确实是众所瞩目的学生领袖，后来则成为众所公认的学者与知识人。别的不说，在1945年战争结束之后，在接收过程里，国民党要员可以说是花招百出，闹得民不聊生。掌权者之一正是蒋介石的大舅子宋子文。宋子文担任行政院院长，民怨四起。傅斯年以笔代剑，炮轰宋子文，文章标题就是《这个样子的宋子文非走开不可》，传诵一时，宋最后只好鞠躬下台。人家常说傅斯年是“傅大炮”，他只要一篇文章，就可以搞掉一个行政院院长，可以想见他的“威力”。傅斯年是当时知识人队伍的领袖级人物之一，可是面对自己的婚姻大事，却也有踌躇难当的时刻。

第一，傅斯年自己就是传统婚姻的受害者。他十六岁的时候，经媒妁之言，与号称家乡山东聊城第一美女兼才女的丁馥萃结合。因为傅斯年在海外求学与工作，长期与丁馥萃分居。这段婚姻，两人既没有感情基础，又无子嗣，没有生命交集的这对才子佳人，最终以离婚收场。他的生命体验如此，也难怪会写出一篇文章——《万恶之原》。他看到传统中国家庭对于个人个性的摧残，正是“万恶之原”，也是破坏个性“最大的势力”，他又直接点明，中国传统婚姻乃是埋没个性的“奴隶生活”。

傅斯年这篇文章说：“中国人是为他儿子的缘故造就他儿子吗？我答道：‘不是的，他还是为他自己。’胡适之先生曾有句很妙的形容语，说：‘我不是我，我是我爹的儿子。’我前年也对一位朋友说过一句发笑的话：‘中国做父母的给儿子娶亲，并不是为子娶妇，是为自己娶儿媳妇儿。’”什么意思？在传统社会的格局之下，婚姻讲究的是门当户对，所以要求的是，无论财力、势力，结亲对象都可以和我的家庭相比。以婚姻作为基础的结合，可能会造就更大的势力。这样的安排是为小孩着想吗？傅斯年他们家是山东聊城的望族，母亲安排的这场婚事，难道是为了傅斯年自己的幸福吗？恐怕不是。傅斯年说，“万恶之原”是中国的家庭，的确也是如此。

傅斯年想与丁馥萃离异，要付出什么样的代价？与现代人没有两样。本来，在中国传统社会里，女子若被“七出”，生命选项几乎只剩“出家”、“入娼”与“自杀”。传统中国社会里，女子“被离婚”之后，她的命运就是这般悲哀。进入现代社会，随着性别平等意识逐渐萌芽，女子在离婚后的生活保障问题开始受到重视。傅斯年想要离婚，面对这样的处境，他首先要付出的代价，就是必须付赡养费。对也只是受薪阶级的他来说，赡养费是笔沉重的负担，他与新夫人俞大彩结婚之后，曾经致函好友丁文江，讨论如何“出售”文稿，以增加收入，才能够付赡养费与开支。显然，随着时代的进步，男性为争取自己的幸福，已经开始付出代价，而非将其完全建构于女子不幸的未来。

那么，傅斯年为什么愿意这么做呢？在当年的环境下，他的新夫人俞大彩，实在是受过现代教育的时髦女性，能文能武。文，她能够写文章，在傅斯年一群知识人主办、在 1930 年代广受重视的公共论坛《独立评论》上发表过文章，讨论女子权利问题；武，她是当年上海沪江大学女子棒球队的队长。可以说，傅、俞两人之间，有着学养及知性的共同基础。

两人有一张合影照，手上各拿着一根烟，具体展现了 1930 年代上海最摩登的新人的形象；彼此之间更是互动亲密，俞大彩成功地扮演了傅斯年心灵伴侣的角色。因此，傅斯年冲破了传统的束缚，但他是以现代文明的方式，争取自己的幸福。这不正是我们今天社会的最普遍现象吗？

接下来要谈的，是故事比胡适还要多的徐志摩。当年讲恋爱神圣与追求婚姻自由的时候，徐志摩确实以自己的生命体现这些理想。胡适后来在《追悼志摩》里谈到对这位好朋友的观察是：“他深信理想的人生必须有爱，必须有自由，必须有美；他深信这种三位一体的人生是可以追求的，至少是可以用纯洁的心血培养出来的。我们若从这个观点来观察志摩的一生，他这十年中的一切行为就全可以了解了。”可以说，徐志摩的确是生以殉志，以他自己的生命为代价，追求自己的梦想。

徐志摩是名门后代，出生在浙江硖石的富商家庭，父亲徐申如是蜚声浙江的实业家。他身为家中独子，又是长孙，从小备受父母与祖父母的宠爱，造就了他烂漫天真的性格；父亲更期待徐志摩能够承继家业，发扬光大。而且，家族早就帮他安排好门当户对的婚事，当时徐志摩很早就被另外也属名门望族的张嘉璈看中，力促两家缔结婚姻。1915 年 12 月，徐志摩在父亲的安排下，与张嘉璈之妹张幼仪成亲。

在这桩奉父母之命的婚姻里，徐志摩与张幼仪过的是没有爱情基础的平淡日子。夫人张幼仪，出身名门望族，她的兄弟多受现代高等教育，甚至出国留学，她自己却必须历经奋斗，好不容易才能进入苏州师范预备学堂读书，到了十五岁就被迫辍学，嫁给徐志摩，十八岁的她，就已经当妈妈了。徐志摩与张幼仪是夫妻，可是二人之间没有共同语言。

徐志摩前往英国留学，张幼仪最初留在家里，接着到国外陪伴徐志摩，当她到了那里时，却发现徐志摩已经看到他心目中的另外一位天使——林徽因。当时的徐志摩看到林徽因，就说：“我将于茫茫人海中访我唯一灵魂之伴侣；得之，我幸；不得，我命，如此而已。”明明已经是有妇之夫的徐志摩，居然浪漫至此。当时，来到英国与丈夫团聚的张幼仪已经怀孕了，没想到，徐志摩为了林徽因，居然说要离婚，而且立即拍拍屁股走人，抛下张幼仪一个人。被遗弃的张幼仪，只好只身到欧洲投靠兄弟。本来连师范学校都没毕业，在异域他乡，她居然靠着特有的韧性，咬牙度过那段岁月，还完成了学业，于 1926 年夏回国，而后开设银行，成为事业有成的现代女性。

徐志摩看上了十六岁的林徽因，林徽因却没有看上他。林徽因最后的选择对象，是梁启超的儿子梁思成，因为她跟梁思成有共同的兴趣，两人有共同语言。梁思成是建筑学家，两人都喜欢美术、建筑，从中国传统建筑、中国古代城市的格局找寻灵感，希望能够促进中国城市与生活景观的现代化。两人共同合作，努力于斯，传为佳话。徐志摩身为浪漫的文学家，并不是林徽因的选择对象。徐志摩为了她，抛下怀孕的妻子，他那“访我唯一灵魂之伴侣”的努力，以失败为终。

徐志摩的第二次尝试，基本上是成功的。当他遇见有夫之妇——王赓夫人陆小曼之后，再度燃起追求爱情的斗志。徐、陆两人冲破重重难关，如愿在 1926 年 10 月 3 日结婚。

在徐志摩看来，夫妻应该能够夫唱妇随，在文学界大展身手，如同英国诗人勃朗宁夫妇一样，丈夫写诗，妻子在旁迎和；妻子唱歌，丈夫在旁边弹钢琴。这样的夫妻之乐，是徐志摩憧憬向往的，而陆小曼似乎具有这样的潜能，因为她有很强的外语能力，也能舞文弄墨，却偏偏嫁给了美国西点军校的毕业生王赓，一心追求仕途的王赓跟她之间，知性世界也有差距。徐志摩和她在一起，的确以为她是自己心目中的理想伴侣，最后，两人突破各自婚姻的枷锁结婚了。

徐志摩的父亲答应徐志摩和陆小曼这桩婚事的条件之一是，必须请徐志摩的老师，也就是林徽因的公公梁启超证婚。没想到，在结婚典礼上，证婚人梁启超不像其他人一样，对新人多所恭喜祝福，反而义正词严地指着陆小曼和徐志摩臭骂一顿，郑重宣布，愿这是你们两人最后一次的婚姻。一语成谶，徐志摩后来意外去世，当然再也没有机会结婚了。陆小曼很聪明且多才多艺，却不是能专心进行文艺创作的人，因为她喜欢纸醉金迷的生活，又是多病之身，徐志摩娶了她，虽然家中有钱，但因为他与第一任妻子张幼仪离婚，不被家人谅解，他的父亲切断了所有的经济来源，徐志摩面对婚后逐渐窘迫的生活，只得拼命挣钱，到处教书、写文章。所以，1931 年 11 月 19 日徐志摩搭机从上海飞往北平途中，遭遇空难而猝逝，不是没有理由的。在这点上，徐志摩以他自己的生命，为追求幸福付出了代价。

胡适《追悼志摩》提到："志摩最近几年的生活，他承认是失败。……他的失败是一个单纯的理想主义者的失败。他的追求，使我们惭愧，因为我们的信心太小了，从不敢梦想他的梦想。他的失败，也应该使我们对他表示更深厚的恭敬与同情，因为偌大的世界之中，只有他有这信心，冒了绝大的危险，费了无数的麻烦，牺牲了一切平凡的安逸，牺牲了家庭的亲谊和人间的名誉，去追求，去试验一个'梦想之神圣境界'，而终于免不了惨酷的失败，也不完全是他的人生观的失败。他的失败是因为他的信仰太单纯了，而这个现实世界太复杂了，他的单纯的信仰禁不起这个现实世界的摧毁；正如易卜生的诗剧 *Brand* 里的那个理想主义者，抱着他的理想，在人间处处碰钉子，碰的焦头烂额，失败而死。"

从徐志摩的例子，我们可以想见，在"五四"时代里，的确也有浪漫如此的知识人，执着于追求自己的幸福，而且视之为绝顶重要的事情。明明自己有桩看来应该美满的婚姻，却弃之不顾；况且，从日后际遇来看，徐志摩的妻子张幼仪，也绝对不是平凡人。但是，浪漫如徐志摩，放下一切，居然去追求一位十六岁的少女，又去追求有夫之妇，最后还以身而殉。像徐志摩这样一位知识人，身历时代风浪，全心以追求一己为尚，却必须面对"冲决网罗"的困扰。想一想他在异乡丢下怀孕的妻子的作为，绝对是得不到谅解的。那么，"五四"时代追求的"穆姑娘"，固然意指道德伦理秩序的重整、重建，然而，徐志摩以自己的牺牲为代价体现的"穆姑娘"，正是意涵多样，簇新的社会伦理道德与伦理秩序的建立，不是那么理所当然、水到渠成的。

最后一位值得一说的是鲁迅。鲁迅的故事，也非常精彩。作为和胡适并驾齐驱的新文化运动的旗手，他们共同努力过，无论是推行白话文，还是批判传统中国文化，二人有着共同语言。但是，彼此的政治抉择，天差地别。大体来说，鲁迅被认为是左派文化的代表，胡适则是自由派文化人的代表；两者代表的思想立场，在文化战场上的斗争相当激烈，两人之间更可以说是渐行渐远。

鲁迅跟胡适一样，婚姻大事都是母亲安排的。相较之下，胡适面对被安排决定的婚姻，就算出轨过，最后也未跳出既定的婚姻枷锁；鲁迅则挣脱了这具枷锁。但是，鲁迅甩开枷锁的情况，同前面傅斯年的例子，却又不同。

因为家庭困难，鲁迅很年轻时就尝到了人情冷暖。留学日本，受过现代教育的鲁迅，当然不愿意接受母亲鲁瑞安排的包办婚姻；但他想到母亲身受的苦难，不忍再让她伤心，莫可奈何，接受了这桩婚姻。当他离家求学时，家里就已安排了他与朱安的婚事，1899 年定亲，七年之后的 1906 年才成亲。鲁迅对于朱安相当冷淡，夫妻关系始终名实不符。结婚那天，一切仪式都完成了，洞房花烛夜之际，朱安一人在洞房里，鲁迅却没有进洞房，跑到旁边书房去睡了一夜。两人是否有夫妻之实，到今天我们不知道，但是彼此之间确有夫妻之名。鲁迅的态度是：“这是母亲给我的一件礼物，我只能好好地供养它，爱情是我所不知道的。”从朱安的角度而言，她是 1879 年生的，二十七岁才当老新娘。现在二十七岁不算老，在那个时代，像张幼仪十五岁就嫁人了，二十七岁才当老新娘的朱安，丈夫在第一天晚上，居然不与她同房，跑到书房睡觉去了，情何以堪。而且在此之后，她扮演的角色也很奇怪，名义上是鲁迅夫人，实际上什么都不是。所以当鲁迅去世后，大家都说要收集鲁迅这位一代文豪所有的东西，要好好保存，朱安就说：“我也是鲁迅的遗物，你们也得保存保存我呀！”大家想一想，在这桩婚姻中，朱安是不是也算受难者？

与别人的情况不同的是，鲁迅居然闹了师生恋。他在文坛名声骤起之后，应邀到多所大学兼课，其中之一是北京女子高等师范学校，后改名为北京女子师范大学。那时就读国文系二年级的许广平成为他的学生。许广平个性直爽、好抱不平，是当年轰动一时的“女师大风潮”的中坚分子，学运领袖之一。她为了发展学生运动，向思想前进的鲁迅求教，鲁迅扮演她的导师角色，两人关系越来越密切，终由师生关系发展为恋人。

许广平自己的经历也相当曲折。她出生于广州仕宦人家，小时因父亲订“娃娃亲”许配给人家而免于缠足，又因母亲坚持，得以进私塾读书。父亲去世后，在哥哥的协助之下，她摆脱婚约，展开新生活。先就读于天津的直隶第一女子师范学校，1921 年毕业，翌年考取北京女子高等师范学校。在当时，许广平也算是少数有机会受到现代高等教育的女子。更重要的是，许广平自己的想法相当“进步”。她发表在《晨报副刊》的一篇文章

《爱情定则的讨论》，认为爱情需要经过理智的判断，才生恋爱，这样比较妥当。可是，面对与鲁迅的恋情，对于双方之间的地位差距及鲁迅婚姻的问题，她的态度却是义无反顾：“不自量也罢，不相当也罢，同类也罢，异类也罢，合法也罢，不合法也罢，这都与我们不相干，于你们无关系。”她跟鲁迅，名义上是师生，彼此是师生恋，但干大众什么事？两人被认为是同居关系，又干社会什么事？如果摆在今天，许广平扮演的是破坏婚姻的“小三”的角色，朱安可以去控告她，指称他们犯了通奸罪。可是，在许广平看来，在她的爱情生活里，这些都不相干，也就是这样的大胆，想到许广平的浓情蜜意，鲁迅终于承认自己“可以爱”。

鲁迅和许广平自 1927 年开始在上海同居，成立了新家庭，生了儿子周海婴。鲁迅有一句名言：“俯首甘为孺子牛。”为什么愿意当个孩子的牛？这是做父亲才有的感慨。“横眉冷对千夫指”，到处什么人都骂我，我眉毛一竖，毫不在乎。但是，回到家里，儿子要我当他的牛，骑在我身上，我愿意。当爸爸的人，有这样的感慨。正可以想见，鲁迅的亲子生活，的确也是幸福的，他甘心扮演父亲的角色。但是，他的幸福，其实也是建立在许广平的不幸福之上。许广平说：“寻求活的学问，向社会战斗的学问，去请教鲁迅先生，然而后来却消磨在家庭和小孩的烦琐上。一个女人，如果这两方面没有合理的解决，没法放开脚走一步的。这苦恼的情形，不是男人所能了解。”这是许广平婚后的感想，也说明她有这样的志气，却没有这样的能力。

毕竟，鲁迅身为自由作家，赖以谋生的是他的笔，他必须不断地创作，因为他同时要供应两个家庭，一个是上海的家庭，一个是北平的家庭。在北平西三条的家里，住着母亲鲁瑞与原配朱安。朱安的角色，是代替鲁迅来照顾他的母亲。身为完全不识字的传统女子，没有本事向外谋生。据说朱安连妇女本来最为擅长的刺绣女红，都做得很粗糙，因为她本来就是千金大小姐，根本不必自己拿针线。朱安所有的经济来源，都靠鲁迅。鲁迅寄钱到北平去，既奉养自己的母亲，也养着朱安。鲁迅去世以后，许广平仍照惯例寄钱给她。所以，朱安晚年接受访问，谈到她与鲁迅、许广平的关系时，她说：“周先生对我并不算坏，彼此间并没有争吵，各有各的人生，我应该原谅他。……许先生待我极好，她懂得我的想法，她肯维持我……她的确是个好人。”她于 1947 年无声无息地去世。站在朱安的立场跟角度来想，她的一生，是不是幕悲剧呢？在时代变迁里，女性付出的代价与牺牲，实在远远超过男性。我们怎么能不注意这幅历史的图像呢？

整体而言，这群人都是五四新文化运动时期的文化明星，大家耳熟能详。他们每个人追求理想和面对现实考验的心路历程，都经历了多重变化与反复。傅斯年原先批判家庭是“万恶之原”，他自己后来也组织了个家庭，生了儿子。鲁迅说他不知道什么叫作爱，但是他从许广平身上找到了爱。他们的婚姻，最初都来自父母之命，最后大都自做抉择：有为追求幸福而付出沉重的代价者，傅斯年付了高额的赡养费；有摆脱传统婚姻的枷锁而羡煞众人者，例如大家觉得非常钦佩、羡慕的赵元任、杨步伟、陈衡哲；也有未离婚而别置家室者，当然就是鲁迅与许广平。胡适在婚姻道路上虽有“不忠”记录，他与江冬秀最后还是携手终身，又显现独特的风貌。“五四”知识人的婚姻际遇，正是中国社会与文化习俗逐渐变易的一页图像。了解“五四”知识人的婚姻人生，怀想他们做出最后决定的心衷，既值得后来者再三沉吟反思，也可以让我们从个体生命史的角度，认识五四新文化运动。

从他们的人生与婚姻生命来观察历史，也可以别有体会。一百年来，传统的很多面向，在今天还没有完全消失。举个例子来说，娶妾之俗，在有些有钱人那里，依旧如此，他们还是有三妻四妾；但是，这已经不是普遍现象了。我们今天读报，看社会新闻、社会版，最多的就是“小三”的新闻。为什么我们把男人或女人出轨，看成是个人行为上的瑕疵，这是不是说明观念的改变？在清朝的时候，平定了太平天国的大功臣曾国藩，已经是老头子了，他的夫人却帮他娶了个十几岁的小妾，理由是冬天天气冷，这个小妾睡在一旁，可以帮忙暖脚。老婆主动帮老公娶个小妾，今天完全不可想象。这是不是说明了在我们社会里，行为也好、观念也罢，的确都有了变化。在这群“五四”知识人身上，我们也可以看到现代社会的一些缩影，例如傅斯年为了离婚，就得付赡养费。

可以想见，迎拒这位“穆姑娘”，其实也是非常错综复杂的过程。就好像我们欢迎“德先生”、“赛先生”的时候，要经历过多少转折，有的时候前进，有的时候退步，有的时候我们可以看到光明的希望，有的时候好像远远看不到光明的到来。借由历史的反省，是否可以找到值得借鉴的资源？同时也能帮助我们想想，今天的社会变迁、我们的观念变化、我们追求的理想，它们之所以能够被我们所期待，之所以能够被我们所坚持，可能是前行者付出牺牲、付出代价的结果；前行者当年留下血淋淋的教训，正提醒我们，个人的生命史和整体的大历史，也有密切的关系。

已经逝去的生命，不能再追回。但是，我们可以从历史的角度来温习他们的人生体验。为什么一百年之后的今天，我们还是再三地重述“五四”？因为面对“五四”，永远有说不完的故事，从那个时代开始，中国大陆也好，台湾也好，世界也罢，都发生了惊天动地的大变化，这样的变化都还深刻地影响着人们。因此，我们能够摆脱历史留下的包袱与印记吗？在我看来，这是非常困难的一件事情；但是，也正因为有着前辈们的生命轨迹与他们创生的多元繁复的精神与思想遗产，我们知道，即使再怎么困难，也总有走到光明未来的一天。任何的进步，不可能一天一夜日进万里，它总是慢慢累积、慢慢地向前发展的结果。我认为，从这样的意义而言，温习历史，正能够提醒我们怎样积蓄面对现实的勇气。

（作者单位：台北中研院近代史研究所）

“新文化运动”、“五四运动”与“五四新文化运动”刍议

郑大华

内容提要 “五四新文化运动”这一用法值得商榷，“五四运动”是1919年间的一场反帝爱国运动，“新文化运动”是1915年至1924年间的一场思想启蒙运动，从根本上而言，二者是两个不同性质的历史事件，不能统称为“五四新文化运动”。五四运动后马克思主义的传播以及陈独秀、李大钊等人成为早期马克思主义者，不是对新文化运动的否定或误读，而是进一步推动和深化。“救亡”和“启蒙”是近代中国民族民主革命的两个重要组成部分，始终相伴而行，它们之间不是谁压倒谁或谁取代谁，而是相互推动、彼此促进。

关键词 新文化运动　五四运动　五四新文化运动　救亡　启蒙

今年（2019年）是五四运动一百周年。但很多学者写的纪念文章，纪念的不是五四运动，而是新文化运动。因为长期以来，“五四运动”与“新文化运动”在人们的心目中就是一码事，所以常常把它们统称为“五四新文化运动”。“五四新文化运动”已成为学术专用名词。但我认为这一用法值得商榷。因为“五四运动”和“新文化运动”指涉的是两个性质不同的历史事件：“五四运动”指的是发生于1919年5月4日的学生游行示威活动以及后来的发展（如“六三运动”），到6月28日中国代表拒签和约告一段落，其性质是主张“外争主权，内除国贼”，以“收回山东权利”、“拒绝在巴黎和约上签字”为主要诉求的反帝爱国运动；新文化运动指的是发生于1915年9月15日《青年杂志》创刊到1924年国民革命兴起前，亦即“武器的批判取代了批判的武器”前，以“民主和科学”为口号、旗帜，以反孔批儒和伦理道德革命、文学革命和白话文运动、输入各种新思想新学说、

整理国故、再造文明为主要内容的思想启蒙运动。二者虽然有联系，有交集，“思想启蒙”的“新文化运动”为“反帝爱国”的“五四运动”提供了思想上的准备，创造了有利的社会环境，准备了一批鼓动者和骨干，“许多在鼓动示威、罢工、抵制日货等活动中起领导作用的人，实际上也是那些推动新文学、新思想以及社会改革的新兴知识分子。他们在思想和行动上的反对者则或确是或自称是中国固有传统的代表者”，可以说没有“思想启蒙”的“新文化运动”，就不会有后来的“反帝爱国”的“五四运动”的发生。[①] 而“反帝爱国”的“五四运动”的发生又推动了“思想启蒙”的“新文化运动”的深入发展，正是以五四运动为契机，新文化运动不仅从上海、北京等少数几个中心城市逐渐发展到全国，在内容上也有了进一步的丰富和扩大，如新的报刊的大量创办，新的社团的纷纷成立，政党或政治力量参与新文化运动等。但从根本上来说，它们是两个不同性质的历史事件，不能把它们合在一起，统称为“五四新文化运动”。而且在时间顺序上，新文化运动在前，五四运动在后，称之为“五四新文化运动”，把“五四”放在“新文化运动”之前，在时间顺序上也是不通的。

我也不赞成“五四时期的新文化运动”和“五四前后的新文化运动”这两个用法。因为“五四时期”和“五四前后”都是比较模糊的时间概念，“五四时期”和“五四前后”，究竟指的是什么时候？是从哪一个时间点到哪另一个时间点？没有人做过明确的说明。但无论如何理解，“五四时期”和“五四前后”都应以“五四”这一时间点为中心，前后有所延伸，但不能无限制地延伸，否则“五四”就失去了时间上的意义。所以我认为，我们可以说“新文化运动时期的五四运动”，而不能说“五四时期的新文化运动”或“五四前后的新文化运动”，因为“新文化运动”的时间是从 1915 年 9 月 15 日《青年杂志》创刊，到 1924 年第一次国共合作建立从而促进国民革命运动兴起前，它包含了五四时期，而“五四时期”和“五四前后”则包含不了“新文化运动”，“新文化运动”要比“五四时期”和“五四前后”的时间更长一些，说“五四时期的新文化运动”或“五四前后的新文化运动”，指涉的仅是“五四时期”或“五四前后”这一暂短时期内的“新文化运动”，而非“新文化运动”的全过程。

新文化运动的时间虽然是从 1915 年 9 月 15 日《青年杂志》创刊，到

① 〔美〕周策纵：《五四运动：现代中国的思想革命》，周子平等译，江苏人民出版社，1996，第 5 页。

1924 年第一次国共合作建立从而促进了国民革命运动兴起，但中间又可以以五四运动的发生，尤其是 1920 年下半年《新青年》群体发生分化为标志，分为前、后两个阶段，到了后一阶段，传播马克思主义和社会主义，并与各种非马克思主义思想和思潮进行论战，是《新青年》群体分化后陈独秀、李大钊等人所致力的方向之一，换言之，也是后一阶段的新文化运动的主要内容之一。这就涉及如何看待马克思主义在中国的传播以及中国的早期马克思主义者与新文化运动的关系问题。目前思想和学术界对此存在不同的争论。有人认为马克思主义的传播以及陈独秀、李大钊等人成为早期马克思主义者，是对新文化运动的否定或误读。我是不赞成此种观点的。第一，新文化运动的旗帜是民主与科学，中国的早期马克思主义者并不反对民主与科学，只是他们对民主与科学的理解和五四运动之前的新文化运动有所不同而已。五四运动之前的新文化运动宣传和主张的民主是资产阶级的民主。但在中国早期马克思主义者看来，资产阶级的民主只是少数人的民主，是十分狭隘或虚伪的民主，只有马克思主义所主张的无产阶级和劳苦大众的民主才是多数人的民主，亦只有多数人的民主才是真正的民主。五四运动之前新文化运动所宣传和主张的科学，除自然科学外，主要指的是科学态度和科学方法，具体来说，指的是杜威的实用主义、罗素的新唯实主义、柏格森的创造进化论以及其他西方资产阶级的学说和理论。中国早期马克思主义者看来，科学态度和科学方法虽然重要，但它不是西方资产阶级的学说和理论，而是马克思主义的学说和理论。陈独秀就曾指出，我们应当“用科学的方法从客观上潜心研究人事物质底分析”，不应当“天天用冥想的方法从主观上来解决宇宙人生问题”，而“马克思所说的经济学或社会学，都是以这种科学归纳法作根据，所以都可相信的，都有根据的”。第二，新文化运动的主要内容是反对封建主义思想和文化，主张把人从封建主义思想和文化的束缚中解放出来，实现人的个性自由和人格独立，但五四运动之前新文化运动仅停留在揭露和批判封建主义思想和文化的种种表现以及对人的束缚和残害方面，五四运动以后的马克思主义者，除继续揭露和批判封建主义思想和文化的种种表现以及对人的束缚和残害外，还运用他们刚刚学来的马克思主义唯物史观，分析了封建主义思想和文化产生的社会经济原因（如李大钊），认为反对封建主义思想和文化，首先就必须铲除封建主义思想和文化赖以生存的封建主义的社会经济制度，不仅要把人从封建主义思想和文化的束缚中解放出来，更重要的是要把人从封建主义社会经济制度的压迫和剥削下解放出来；人的个性自由和人格独立固然重要，但在民族危机日益严重的时代，要争取的首先是民族自由和国家独立，没有民族自由和国家独立，就不会有人的个性自由和人格独立，即使有了也会丧失。第三，新文化运动的一项主要内容是文学革命和白话文运动，而五四运动后以李大钊、陈独秀为代表的中国早期马克思主义者都是文学革命和白话文运动的坚定支持者和积极参加者，比如他们发表的文章、创办的刊物，使用的都是白话文。就以上我们对五四运动后中国的早期马克思主义者的认识、主张及实践来看，与其说马克思主义的传播以及陈独秀、李大钊等人成为中国的早期马克思主义者是对新文化运动的否定或误读，还不如说是对新文化运动的进一步推动和深化。

讲到“新文化运动”、“五四运动”和“五四新文化运动”，就必然会涉及所谓“救亡”与“启蒙”的关系。20 世纪八九十年代，学术界有一种比较流行的观点，说是在近代中国有两大历史任务，一是救亡，二是启蒙，也就是所谓的“救亡与启蒙”之“双重变奏”。而在此“变奏”中，救亡压倒了启蒙，或者说是不那么紧迫的启蒙任务为迫在眉睫的救亡任务让了路，这也是后来封建主义思想泛滥、人们的思想没有得到解放的重要原因。但就发生于“启蒙”的新文化运动与“救亡”的五四运动的关系来看，与此恰恰相反，不是救亡压倒了启蒙，而是启蒙运动推动了救亡运动的兴起；救亡运动的兴起，又进一步推动着启蒙运动的向前发展。实际上，“救亡”的五四运动推动了“启蒙”的新文化运动的进一步发展，时人对此就有很深刻的感受。1920 年 1 月，孙中山在给海外的国民党员的信中写道：“自北京大学学生发生五四运动以来，一般爱国青年无不以革新思想、为将来革新事业之预备。于是蓬蓬勃勃，发抒言论。国内各界舆论，一致同倡。各种新出版物，为热心青年所举办者，纷纷应时而出，扬葩吐艳，各极其致，社会遂蒙绝大之影响。虽以顽劣之伪政府，犹且不敢撄其锋。此种新文化运动，在我国今日，诚思想界空前之大变动。”[①] 胡适当时也注意到，学生运动促进了文学革命的成功，“使白话的传播遍于全国”，“民国八年以后，白话文的传播真有‘一日千里’之势。白话诗的作者也渐渐的多起来了”。[②] 1921 年 4 月，一位在美国居住了近十年的中国人第一次回到上海时，对中

① 孙中山：《致海外国民党同志函》，广东省社会科学院历史研究所等编《孙中山全集》第 5 卷，中华书局，1981，第 209—210 页。

② 胡适：《五十年来中国之文学》，《胡适全集》第 2 卷，安徽教育出版社，2003，第 339 页。

国思想文化方面发生的巨大变化感到十分惊讶：“我几乎立刻被一种无形的力量和气氛所包围。我感到有一种生命在躁动——一种我前几年所不曾见到的‘新的生命’。我所遇到的人、我与他们进行的谈话、他们所持的态度、所表达的观点、对于当今各种问题所作的判断；我所读到的报纸、字里行间所反映的舆论情绪、所讨论的议题，一切都说明了这种新生命的存在。一天傍晚，我沿街散步，随意走进各种书肆和报摊，收集了47种各类杂志，包括周刊、季刊、半年期刊等。我用了整整一个晚上浏览了一下内容，发现这些杂志中所讨论的问题之新、发表意见之广，是美国报摊上所能搜集到的任何47种期刊加起来所不能比拟的。在我随后从一个地方到另一个地方访问、对各种听众的发表演讲、在四五所大学执教过程中，我对这种在我看来不断发展的‘新生命’愈来愈感到兴趣。”[①] 周策纵先生在其名著《五四运动：现代中国的思想革命》中写五四运动后的新文化运动这一章时，其标题用的也是“新文化运动的扩展”。[②] 他写道：“尽管在这几个月中（指五四运动——引者注），知识分子所取得的政治成就是有限的，他们却在其他方面取得了成功。在这段时期里，新知识分子与社会上的其他团体有了比以往任何时候都更为密切的联系。以前躲在象牙塔中的知识分子，现在不得不走出来投身到公众集体中去。各种事件使他们获得了与商人、职员、城市工人、实业家以及职业政治家和政党工作人员交往的经验。通过这些冒风险的经历，新知识分子开始注意到，必须制定‘到人民群众中去，教育民众、组织民众’的长远和广泛的计划。这导致紧接着的一个时期中新文化运动的扩展。”[③]

实际上，就整个中国近代史上救亡与启蒙的关系来看，主要存在两种模式，一种就是“五四模式”，即启蒙运动推动救亡运动的兴起，救亡运动的兴起，又进一步推动启蒙运动的向前发展；另一种是“戊戌模式”，即救亡运动推动启蒙运动的兴起，启蒙运动的兴起又进一步推动救亡运动的发展。维新变法思潮首先是作为一种“救亡图存”的爱国主义思潮兴起的，这就是1895年的“公车上书”，在从事“救亡图存”的宣传过程中，维新思想家们认识到，要动员广大人民群众投身“救亡图存”的爱国运动，就

① 刘延芳1921年5月在天津的演讲，讲稿发表在基督教在中国的英文期刊《中国记录者》上，转引自〔美〕周策纵《五四运动：现代中国的思想革命》，第253页。

② 〔美〕周策纵：《五四运动：现代中国的思想革命》，第237页。

③ 〔美〕周策纵：《五四运动：现代中国的思想革命》，第229页。

必须对他们进行思想启蒙教育，因为中国之所以会面临亡国灭种的危险，关键就在于中国的“民智”未开，即中国人民还处于愚昧状态，知识水平和思想觉悟不高。早在 1895 年，亦即“救亡图存”的爱国运动兴起不久，严复在《原强》一文中便指出：国家救亡运动应以收权练兵为“标”，以开民智、新民德、鼓民力为“本”。不治标“无以救急”，不治本则治标“不久亦将自废”，如果本治好了，“标将自立”。第二年他在修改此文时又进一步指出：“民智者，富强之源，此悬诸日月不刊之论。”康有为、梁启超等人对“开民智”也很重视，梁启超一再强调：一个国家如果不开民智，不育人才，“虽其举国而兵焉，犹之亡也”，反之，“虽无兵焉，犹之强也”。[①] 所以，“开民智”始终是维新思想家们的一项重要工作，他们创办报刊、成立学会、兴办学堂、翻译西书，从广义而言，都是为了“开民智”。而民智的开启，又对“救亡图存”的爱国运动的进一步发展起了巨大的推动作用。比如，严复翻译的《天演论》所宣传介绍的达尔文“物竞天择，优胜劣汰”的进化论思想，对于唤醒国民奋发图强、自强保种的民族意识具有非常重要的意义，而民族意识的唤醒使“中国民气为之一变”，推动了“救亡图存”的爱国运动的进一步发展。

“五四模式”也好，“戊戌模式”也罢，它们所反映出来的“救亡”与“启蒙”的关系，都不是谁压倒谁、谁取代谁的关系，而是相互推动、彼此促进的关系。“救亡”与“启蒙”的这种相互推动、彼此促进的关系，实际上是近代中国社会的主要矛盾及由此决定的中国人民的历史任务的反映。近代中国社会的主要矛盾有二，一是中华民族与帝国主义的矛盾，二是人民大众与封建主义的矛盾，受此矛盾所决定的近代中国人民的历史任务，一是反帝，二是反封建，一部中国近代史，在某种意义上说，就是帝国主义与封建主义相勾结把中国变为半殖民地半封建社会之过程的历史，也是中国人民反对帝国主义和封建主义、争取民族独立和社会进步之过程的历史。如果说反帝是为了“救亡”的话，那么反封建就必须进行“启蒙”。反帝和反封建，也即“救亡”和“启蒙”，是近代中国民族民主革命的两个重要组成部分，始终相伴而行、缺一不可，它们之间的关系不是谁压倒谁或谁取代谁的关系，而是相互推动、彼此促进的关系。当然，我们也不否认在某一时期或阶段，“救亡”或“启蒙”的任务更突出些，比如九一八事变

① 梁启超：《续论变法不知本源之害》，《饮冰室合集·文集之一》，中华书局，1989，第 11 页。

之后尤其是七七事变之后，由于日本帝国主义的军事侵略，中国面临着亡国灭种的现实危险，这时中华民族与日本帝国主义的矛盾上升为社会最主要的矛盾，与此相一致，“救亡”也就成了这一时期中国人民最主要的历史任务。但这并非“救亡”对“启蒙”压制的结果，更非某个个人、某个政党、某种政治力量的主观选择。而且即使在这样特定的历史时期，“启蒙”也没有被“压倒”，相反它依然发挥着重要的历史作用，如 30 年代的“大众语运动”、“新启蒙运动”以及七七事变后文艺界掀起的“抗战文艺运动”等，都具有启蒙的思想意义。

（作者单位：中国社会科学院近代史研究所）

新文化运动与屈原形象的解构重建

王余辉

内容提要 屈原形象在近代文化转型中经历了具有古今之变意义的解构与重构。传统文化范畴内屈原形象与王权相联系，被界定为忠君的“忠臣”。这一形象到清季开始受到质疑。新文化运动时期，伴随着整理国故思潮的出现，屈原“忠臣”形象被系统解构。与此同时，屈原作为“人”，特别是作为文豪、诗人、文学家的“伟人”身份，被重建起来。屈原形象的变化，折射了中国近代文化转型期新旧思想的交替，也见证了传统历史资源向现代转化的努力。

关键词 新文化运动 屈原形象 文化转型 解构

传统与现代之争是中国近代思想史研究的核心问题之一，历来不乏学者关注。不过，关注现代思想的兴起和传统思想的消退者较多，而注目于传统文化资源的现代转化者却较少，尤其对于新文化运动，很多人认定这场运动是全盘反传统的“革故”运动和全盘西化的“鼎新”运动，忽略了其寓“再造文明”于“整理国故”的一面。实际上，在这场运动中，虽确有传统与现代相割裂的一面，但也有在传统文化资源上建构现代文化的一面。本文所力图再现的传统屈原形象的解构与现代屈原形象的重构，正是其中之一。[①]

① 屈原形象问题已经引起一些学者的关注，就历代屈原诠释所导致的屈原形象变化进行了有益探讨，相关研究主要有〔美〕劳伦斯·A. 施奈德《楚国狂人屈原与中国政治神话》（张啸虎、蔡靖泉译，湖北教育出版社，1990），潘啸龙《屈原评价的历史审视》（《文学评论》1990 年第 4 期），金荣权《论两千余年来屈原形象的历史演变——兼及屈原精神与文化内涵》（《江汉论坛》2000 年第 7 期），李中华、邹福清《屈原形象的历史诠释及其演变》[《武汉大学学报》（人文科学版）2008 年第 1 期]，等等。不过，相关研究多为从古至今的长程描述，对近代屈原形象的变化过程探讨不够，这正是本文所着力之处。

一 “忠臣”的消解

传统屈原诠释起于西汉，司马迁较早论道：“屈平正道直行，竭忠尽智以事其君，谗人间之，可谓穷矣。信而见疑，忠而被谤，能无怨乎？屈平之作《离骚》，盖自怨生也！”[①] 司马迁以“忠”、“怨”定义屈原，为汉至清末的屈原诠释定下了基调。班固、王逸、洪兴祖、朱熹等后来者大都在“忠”和“怨”两端发挥，不过，他们的态度发生了很大变化，基本上是阐扬屈原之“忠”，而掩盖、抨击其“怨”。概观之，诠释中“怨”往往被“忠”压倒，“忠”居于主导地位，塑造了屈原“忠臣”的主流形象。屈原“忠臣”形象经层层建构，至明清时期已达到无以复加的地步。[②] 明末黄文焕说“千古忠臣，当推屈子为第一”，王夫之称屈原为“千古独绝之忠”，清人龚景瀚亦称“屈子之忠，所以为万古人臣之极”。[③] 传统屈原诠释实际上服从于“忠君”这个最高伦理规范，屈原“忠臣”形象的建构与“忠君”伦理的发展大致同步。

清季以降，开三千年未有之变局，兴起了前所未有的反传统之风。反叛传统屈原诠释的新诠释也开始萌发，梁启超、王国维是早期代表人物。梁启超在1902年《论中国学术思想变迁之大势》一文中说：“屈原，文豪也，然其感情之渊微，设辞之瑰伟，亦我国思想界中一异彩也。”[④] 王国维于1906年写作《文学小言》，称“三代以下之诗人，无过于屈子、渊明、子美、子瞻者”。[⑤] 又于次年撰《屈子文学之精神》，提出“周、秦间之大诗人，不能不独数屈子也”。[⑥] 梁、王之论看似平淡无奇，实则已经具有不同往常的意义。传统忠君诠释是教化的重要内容，多以君臣大义注解《楚辞》，在指称屈原时也往往冠以“忠臣”名号，屈原及其作品的地位、意义、影响基本是政治性的。然而，梁启超、王国维使用一般、现代意义的

① 司马迁：《史记》第8册，中华书局，2013，第2482页。有观点认为这段话本是刘安《离骚传》语，被后人掺入《屈原列传》。见汤炳正《〈屈原列传〉新探》，《文史》第1辑，中华书局，1962，第35页。

② 参见潘啸龙《屈原评价的历史审视》，《文学评论》1990年第4期。

③ 李诚、熊良智主编《楚辞评论集览》，湖北教育出版社，2003，第308、344、423页。

④ 中国之新民（梁启超）：《论中国学术思想变迁之大势》，《新民丛报》第5号，1902年4月。

⑤ 王国维：《文学小言》，《教育世界》第139号，1906年11月。

⑥ 王国维：《屈子文学之精神》，《教育世界》第140号，1907年1月。

“文豪”、“诗人”指称,[①] 悄然替换、掩盖了极富政治意义的传统“忠臣”名号，并强调屈原在学术史、文学史上的地位与影响，已经开始有意反抗传统诠释，改写屈原的形象。而且，这种反抗建立在全新的思想资源和价值依归基础上，也就是他们所接受的自由、民主等西方现代社会和国家观念。简言之，新诠释开始对传统诠释的词汇与价值均予以抛弃。不过，当时的反叛基本停留于词汇与价值层面，尚未触及深层学理，更多在隐性层面，尚未直接从正面解构“忠君”。

及至新文化运动时期，民主、科学逐渐成为社会主流价值观。在这场激烈反对旧思想、伦理的思想革命中，传统帝制与忠君伦理是一个反对焦点，孔子和儒家被认为是其护身符。如李大钊所言：“中国今日种种思潮运动，解放运动，哪一样不是打破大家族制度的运动？哪一样不是打破孔子主义的运动?”“政治上民主主义（Democracy）的运动，乃是推翻父权的君主专制政治之运动，也就是推翻孔子的忠君主义之运动。”[②] 于是，孔子连同儒家被打倒，“忠臣”屈原亦遭遇前所未有的危机。时人开始从学理上解构这位“千古忠臣”，作为新文化运动领袖的胡适即是一位旗手。

1917 年，在不啻为新文学运动宣言书的《文学改良刍议》中，胡适拟出八条主张，其中两次论及屈原。一次是在第二条“不摹仿古人”处，“屈原、荀卿之骚赋，又一时期也”。一次是在第四条“不作无病之呻吟”处，胡适先解释“无病之呻吟”道：“不思奋发有为，服劳报国，但知发牢骚之音，感喟之文”，然后提出，“吾惟愿今之文学家作费舒特（Fichte），作玛志尼（Mazzini），而不愿其为贾生、王粲、屈原、谢皋羽也”。[③] 胡适的话很简练，但至少能够反映两层意思。其一，笃信进化论的胡适将费舒特（费希特）一类与屈原一类做了新旧的区分，在价值上，认同新的费舒特类而排斥旧的屈原类。胡适所言“无病之呻吟”、“牢骚之音”，其实皆在很大程度上指向屈原，也即否定了传统那位有崇高地位的“千古忠臣”。其二，胡适不愿“今之文学家”做“贾生、王粲、屈原、谢皋羽”，此间接表明他亦将屈原定位为“文学家”，而非传统之忠臣。

---

① 传统屈原诠释中也有少数以“诗人”指称屈原的做法，但与王国维具有本质区别。如汉人王逸说：“屈原履忠被谮，忧悲愁思，独依诗人之义而作《离骚》，上以讽谏，下以自慰。”见李诚、熊良智主编《楚辞评论集览》，第 23 页。

② 李大钊：《由经济上解释中国近代思想变动的原因》，《新青年》第 7 卷第 2 号，1920 年 1 月。

③ 胡适：《文学改良刍议》，《新青年》第 2 卷第 5 号，1917 年 1 月。

两年后，胡适正式发起“整理国故”运动，提出“重新估定一切价值”，使“各家都还他一个本来真面目，各家都还他一个真价值”。[①] 除了打破《诗经》的“经”字招牌，[②] 胡适亦将同样具有“经”意义的《楚辞》和“忠臣”屈原纳入“整理”范围，反对态度越发明确，见于1922年发表并引起轩然大波的《读〈楚辞〉》一文。[③] 胡适首先质疑式发问：“屈原是谁?”“《楚辞》是什么?”并以此分别作为两个章节的标题，进行学理式回答。他以历史眼光指出，“传说的屈原是根据一种‘儒教化’的《楚辞》解释的”，“是一种复合物，是一种‘箭垛式’的人物”，“屈原也许是二十五篇《楚辞》之中的一部分的作者，后来渐渐被人认作这二十五篇全部的作者。但这时候，屈原还不过是一个文学的箭垛。后来汉朝的老学究把那时代的‘君臣大义’读到《楚辞》里去，就把屈原用作忠臣的代表，从此屈原就又成了一个伦理的箭垛了”。《楚辞》的注家，自王逸直到洪兴祖“处处把美人香草都解作忠君忧国的话”。结果，屈原成为“理想的忠臣”（这个概括可谓一语中的)，《楚辞》则变为“一部忠臣教科书”。胡适实际上审视了传统诠释的主要进程，很不客气地将“忠臣”屈原的建构过程揭示出来，并几乎全盘否定了西汉以来的《楚辞》注解。

在文章最后一节，胡适论述了“《楚辞》的文学价值”(也是作为小标题)，提出“必须推翻屈原的传说，打破一切村学究的旧注，从《楚辞》本身上去寻出它的文学兴味来，然后《楚辞》的文学价值可以有恢复的希望”。胡适旗帜鲜明地反对、解构了长期流行的传统“忠臣”屈原和《楚辞》注解，意图还屈原一个真面目，还《楚辞》一个“文学”的真价值，这是屈原诠释史上前所未有的改塑。事实上，胡适反对“忠臣”屈原的态度是如此强烈，以至于在一定程度上也表现出惯常的矫枉过正的态度，对历史上本初的屈原也提出了质疑（但未绝对否定)。这被有些人看作胡适完全否定了屈原其人的存在，因此对胡进行了激烈、长期的声讨。[④]

胡适解构“忠臣”屈原的做法获得了许多人的认同与效仿，谢无量很

---

① 胡适：《新思潮的意义》，《新青年》第7卷第1号，1919年12月。

② 徐雁平对胡适等人整理《诗经》有比较详细的论述，见氏著《胡适与整理国故考论——以中国文学史研究为中心》，安徽教育出版社，2003，第110—159页。

③ 本段及下段引文均出自胡适《读〈楚辞〉》，《读书杂志》第1期，1922年9月。

④ 参见黄中模《现代楚辞批评史》，湖北教育出版社，1990。

快在次年出版的《楚词新论》一书中予以响应。谢氏特辟“楚词评论家之评论”一章，以否定的语气历数从汉至清的代表性诠释：刘安虽称赞屈原，但有“一半文不对题”；班固“完全拿北学派的见解来批评屈原”；王逸注《离骚》“完全与经义相合”；朱熹“所讲那些‘大义’的地方，免不了仍用他儒家的主观见解，所以也是不能澈底知道屈原的真意”；明清时期如林云铭那些“‘高头讲章式’的批评派”则“把楚词那整大段的美，完全失了”。结果便是，《楚辞》被历来的注家“注坏”了，“单把屈原看成个忠臣义士，所以句句都说是喻君，篇篇都说是讽谏”。[①] 这实际上也是对“忠臣”屈原进行了一针见血的胡适式解构。

长期处于思想文化界中心位置的梁启超颇能洞悉时情，对“忠臣”屈原的消解有敏锐而深刻的观察。1922年，梁氏在回顾近五十年中国思想界“进化”路程时特别说：“如今‘新文化运动’这句话，成了一般读书社会的口头禅；马克思差不多要和孔子争席，易卜生差不多要推倒屈原。”[②] 所谓要被推倒的“屈原”，正是指既有之“忠臣”屈原。事实上，1922年是于屈原诠释具有重要节点意义的一年，胡适、梁启超发表重要文本《读〈楚辞〉》和《屈原研究》也是在这一年，胡、梁之论可视为屈原“忠臣”形象基本解构的标志。梁启超此时也加大了反传统诠释的力度，直接从正面解构“忠君”。最关键的表述是：“人之情感万端，岂有含‘忠君爱国’外即无所用其情者？若全书（《楚辞》）如王注所解，则屈原成为一虚伪者或钝根者，而二十五篇悉变为方头巾家之政论，更何文学价值之足言？……后世作者往往不为文学而从事文学，而恒谬托高义于文学以外。”此即明确批判了以王逸为代表的传统注家之“忠君爱国”诠释。相应的，梁将《楚辞》界定为“富于想象力之纯文学”，号召仅取旧注的名物训诂，但对于教化意旨则“宜悉屏勿观”。[③] 这同胡适所呼吁的打破旧注、寻出《楚辞》的文学兴味密切呼应。“纯文学”一语很值得注意，此淡化屈原及其作品的政治性，仅强调文学性的程度更深，其要旨也在于消解“忠臣”屈原。当然，解构旧屈原只是一个方面，与此同时，诸家也在积极建构新的屈原。

① 谢无量：《楚词新论》，商务印书馆，1923，第69—76、60页。

② 梁启超：《五十年来中国进化概论》，申报馆编《最近之五十年》第二编，申报馆，1923，第3页。

③ 梁启超：《要籍解题及其读法》，《清华周刊·书报介绍副刊》第8期，1924年1月。

二 “人”的还原

“忠臣”屈原之层层建构、凸显，建立在重重压制屈原之“怨”的基础上。一开始屈原之“怨”还被承认，尽管绝大多数人持极力批判态度，如宋儒朱熹说屈原之人“过于中庸，而不可以为法”，批评屈原怨怼、偏激，不合乎儒家中庸之道。但到后来，明清儒士则直接否认屈原有“怨”，提出屈子自沉全源于“忠”，于是，屈原之“怨”基本被抹掉，其“忠”完全独显。[①] 最终树立的“忠臣”屈原其实相当忠直淳厚、规矩端正，几乎没有怨怼、愤懑、不平、愁苦等负面和破坏性情绪，确如胡适所称“理想的忠臣”，不能算是一个正常、健全的“人”。

与此相关联，除了直接解构处于正统地位的“忠臣”屈原，反传统诠释还有“拨乱反正”的一面，即阐扬那个一直被压制的“异端”屈原，或言屈原之“怨”。这个倾向在清末的新诠释中已有初步反映，以鲁迅最为突出。就在弃医从文后不久，鲁迅发表了一篇旨在歌颂西方拜伦、雪莱、普希金等摩罗派诗人的反抗精神的文章，其中，以复杂的心理论及屈原，一方面肯定屈原一反“常俗”，“放言无惮，为前人所不敢言”，另一方面，批评屈原之文“多芳菲凄恻之音，而反抗挑战，则终其篇未能见”，[②] 即批评屈原缺乏“反抗”精神。无论肯定还是批评，鲁迅言论焦点都在传统诠释的“怨”上，且将“怨”替换为更具激烈和现代意味的“反抗”，尽管他不那么愿意承认屈原具有“反抗”精神。但值得特别注意的是，在20世纪初具有现代个人主义思想的鲁迅这里，非但没有指责屈原之“怨”，反而还嫌其“怨”之不够。这已经与传统诠释指斥屈原之怨的态度截然对立。其时，鲁迅已提出“立人”，强调立人之道“必尊个性而张精神”。[③]

新文化运动时期，诸家对屈原之“怨”的阐扬更进一步。在这场思想革命和启蒙运动中，“人”的启蒙是一个核心。在《青年杂志》创刊号上，陈独秀向青年所提六条要求的第一条就是“自主的而非奴隶的”，将传统忠孝节义指为“奴隶之道德”，以“脱离夫奴隶之羁绊，以完其自由之人格”

① 参见潘啸龙《屈原评价的历史审视》，《文学评论》1990年第4期。

② 令飞（鲁迅）：《摩罗诗力说》，《河南》第2期，1908年2月。

③ 鲁迅：《文化偏至论》，《坟》，鲁迅全集出版社，1941，第52页。

的“解放”相号召，提倡以“我”为本位。[①] 胡适大力推介以个人、个性、自由、反抗为核心意涵的易卜生主义，[②] “易卜生”确很快被广泛接受，成为耳熟能详的新人物和新名词。[③] 要言之，新文化运动中，个人主义思潮澎湃，冲决纲常名教之网罗，追求个性解放和个人自由，成为主旋律。[④] 题中之义，就是将旧纲常伦理化的“臣”还原、培塑为具有独立人格的“人”。

在此过程中，那位“理想的忠臣”屈原自然是理想的诠释对象。诸家积极将屈原由忠直淳厚、规矩端正的“忠臣”还原为“人”，诠释屈原作为人应有的个性、情感、自由与独立。五四青年郭沫若于1920年底创作的戏曲《湘累》，便是一份代表性文本。首先，在形式上，郭沫若让屈原自己开口说话，且大量使用第一人称“我”（计约143次），突出了屈原作为“人”的主体性。在内容上，通过为屈原精心设计台词，使屈原具有一个正常的“人”的属性：其一，具有自由意志，“我效法造化底精神，我自由创造，自由地表现我自己”。其二，具有抗争精神，“你要叫我把这莲佩扯坏，你要叫我把这荷冠折毁，这我可能忍耐吗？”“我这么正直通灵的人，我能忍耐得去学娼家惯技？”其三，相信个人的力量和价值，“你怎见得我便不是扬子江……我的力量便不能汇成个无边的大海吗？你怎这么小视我？”其四，也具有哀愁情感，“我这深心中海一样的哀愁，究竟可有破灭底一日吗？”[⑤] 借助戏曲这种相对自由的特殊形式，郭沫若创造了一个“这么任性，这么激烈”的作为“人”的屈原。事实上，在这年初，郭沫若已经确立了“诗的创造是要创造‘人’”的创作观念，[⑥] 对于创造屈原之“人”具有充分自觉。

除了前述直接从正面解构“忠君”，事实上，梁启超在新文化运动后期对屈原进行了大量而颇具特色的诠释，主要见于《老孔墨以后学派概观》（1920）、《中国韵文里头所表现的情感》（1922）、《屈原研究》（1922）、《要籍解题及其读法》（1923）。其中有三个方面尤其显著，特别值得注意。

第一，反对传统“殉国说”（传统“殉国说”的核心是“忠君”，与郭

① 陈独秀：《敬告青年》，《青年杂志》第1卷第1号，1915年9月。

② 胡适：《易卜生主义》，《新青年》第4卷第6号，1918年6月。

③ 参见张春田《论五四时期的“易卜生热”及其文化逻辑》，《北京大学研究生学志》2008年第1期。

④ 高力克：《新文化运动中的个人主义》，《史学月刊》2015年第11期。

⑤ 郭沫若：《湘累》，《学艺》第2卷第10号，1921年4月。

⑥ 田寿昌、宗白华、郭沫若：《三叶集》，亚东图书馆，1920，第49页。

沫若等人在1930年代提出的“新殉国说”有本质区别），一般而多元地解释屈原自杀。明清儒士将屈原自沉解释为“殉国”、“殉社稷”，而不是因为抗争、失望、痛苦等消极心态，以此作为“忠臣”屈原的重要支撑。梁启超同样提出，“研究屈原，应该拿他的自杀做出发点”，① 主旨却与明清儒士针锋相对。在词语上，以一般意义的“自杀”代替了具有崇高意义的“殉国”等传统词语。梁提出了几种说法，重新解释屈原自杀。一是厌世，“屈子为极端厌世之人”，富有“厌世思想”。二是矛盾和苦闷，梁氏反复阐述屈原因矛盾而致的苦闷情感，如“其自杀之原因，乃感于人生问题之不能解决，不堪其苦闷”。这都是将“屈原”作为普通的“人”来看，让屈原拥有正常“人”的情感——哪怕是消极的，深含解放屈原的意味。三是与“洁身说”类似的说法，认为屈原因“痛心疾首于人类之堕落”而死。② 实际上，梁启超对屈原自杀做了多种解释，甚至显得有些混乱，其意图却很明显，旨在竭力避免传统“殉国说”，打破建立在“殉国说”基础上作为神一般的忠臣屈原，还屈原作为“人”的面目。

第二，改变屈原的关怀对象，以现代的“社会”代替传统的“君”，同时也在很大程度上取代“国家”。在传统诠释中，屈原的最高关怀对象是“君”，“忠君”是常见词和主旨。但梁启超早在1902年即开始从词汇与价值层面做出改变，他当时接受的是自由、民主和现代国家观念。而在《老孔墨以后学派概观》、《屈原研究》这两篇作品中，梁启超几乎完全抛弃传统词汇，同时，尽管也使用具有国家意义的“国难”、“祖国”、“国家”等概念（各使用1次），但使用更多的是超越国家意义的“社会”（23次）、“人类”（2次）、“世界”（3次），尤以“社会”概念使用最为频繁。③ 梁启超努力以大量新词代替旧词，意在说明，屈原不是忠君爱国的“臣”，而是一个“富于社会性的人”。④ 事实上，“社会”与“个人”是一组不可分割的概念，谈论“社会”时往往也在言说“个人”。有学者就注意到，梁启超对社会和个人的提倡，或许还在陈独秀、胡适等人之前，早在清末即提出相关意见，1915年时更明确说：“今日中国，凡百事业，与其望诸国家，不如望诸社会；与

① 梁启超：《屈原研究》，《饮冰室合集·文集之三十九》，中华书局，2015，第55页。

② 梁启超：《老孔墨以后学派概观》，《饮冰室合集·专集之四十》，中华书局，2015，第1—39页。

③ 梁启超：《老孔墨以后学派概观》，《饮冰室合集·专集之四十》，第1—39页；《屈原研究》，《饮冰室合集·文集之三十九》，第49—69页。

④ 梁启超：《屈原研究》，《饮冰室合集·文集之三十九》，第66页。

其望诸社会，又不如望诸个人。”[①] 比起“国家”，新文化运动时期的梁启超大概更重视“社会”和“个人”，这构成其屈原诠释的思想背景。而且，《屈原研究》的大部分内容就是分析“屈原作品里头体现出他的人格”，[②] “人格”一词也具有重要提示意义。

第三，畅谈屈原的“个性”。郭沫若虽在《湘累》中刻画了一位个性解放的屈原，但未明确以“个性”相称。梁启超则明确以“个性”来诠释屈原。在《屈原研究》中，梁开篇便提出，“欲求表现个性的作品，头一位就要研究屈原”。梁启超认为，“屈原性格诚为极端的，而与中国人好中庸之国民性最相反也，而其所以能成为千古独步之大文学家亦即以此。……非有此奇特之个性不能产此文学”，这其实是明确反驳大儒朱熹了。[③] 朱、梁两人都认识到屈原不合乎中庸之道，但评价截然相反。朱熹持否定态度，梁启超却高度肯定，强调屈原之“个性”对其文学的重要性。最有意思的是，梁将屈原与代表个人主义的易卜生相联系，说“易卜生最喜欢讲的一句话：All or nothing（要整个，不然宁可什么也没有）。屈原正是这种见解”。[④] 实际在很大程度上将屈原易卜生化了。质言之，梁启超的大量诠释，旨在建立一个作为“人”而非“忠臣”的新屈原，甚至可以说是一个个人主义者屈原。

三 “伟人”身份的重建

当然，将屈原还原为“人”还是一个相对抽象的说法，因为屈原毕竟不是一般的“人”而已，他能够传扬两千多年，也不单是因为他在忧愤中的自殉，还与他留下的不朽作品密不可分。那么，“忠臣”解构之后，屈原的具体身份应如何定位？新诠释者提出了多个新指称，其中，“文豪”、“诗人”、“文学家”是三个主要指称。这就将屈原从政治国度转移到文化国度，重新确立起他不同凡响的“伟人”地位。

如前所述，早在清末开始反叛传统诠释时，“文豪”、“诗人”已分别由

① 罗志田：《权势转移：近代中国的思想与社会》，北京师范大学出版社，2014，第302页。

② 梁启超：《屈原研究》，《饮冰室合集·文集之三十九》，第67页。

③ 梁启超：《要籍解题及其读法》，《清华周刊：书报介绍副刊》第8期，1924年1月。梁其实即点明了反驳对象，谓“司马光谓屈原‘过于中庸，不可以训’，故所作《通鉴》，削原事不载”。但将说“过于中庸”的人误记为司马光。

④ 梁启超：《屈原研究》，《饮冰室合集·文集之三十九》，第62页。

梁启超、王国维提出，稍后，“文学家”的指称也开始使用。1903年，革命刊物《湖北学生界》上一篇名为《论支那文学与群治之关系》的文章，称屈原“是支那爱国巨子亦文学家也”。[①]“文学家”便是在替换“忠臣”的意义上使用。同期另一篇文章言“富于文学家之爱国心者，如屈原见放而作离骚”，也是将屈原视为文学家。[②] 1912年的《中国国民的文学家》是较早以“文学家”入题的一篇文论，称屈原为“我国最先的大文学家”。[③]至新文化运动时期，在深层解构“忠臣”屈原的同时，对新指称的论述也越发集中和深入，接受和使用的人越趋广泛，新指称的使用也越加频繁。关于“文豪”和“诗人”诠释影响较大的，首推1916年谢无量《中国六大文豪》一书。谢氏以文学史的视野，从中国历史上遴选出屈原、李白、杜甫等六位“足以代表一国之文学者”，称誉为“六大文豪”。谢以屈原对后世的巨大影响为由，将其列为文豪之首，放在第一编进行论述（全书共六编，每人单成一编）。该书以“文豪”入题，又给予屈原显要位置，很容易使人形成文豪屈原的深刻印象。

同时，谢无量重点诠释了“诗人”概念。“屈原在文学上之价值”一章首先即提出了中心论点，“屈原者，古今爱国诗人之宗”，随后从多方面进行具体论证，尤重复使用“古今爱国诗人之宗”一句，共计4次，[④]同样使人印象深刻。值得注意的是，谢氏诠释出一位具有强烈“爱国精神”（当然是现代爱国精神）的屈原，这样的屈原显然是政治性的，其政治意味毫不下于传统“忠臣”屈原，但谢所使用的指称却是文学性的“文豪”、“诗人”，且将屈原的价值完全视为“文学上之价值”。事实上，其中自觉避免“忠臣”等传统概念，反叛与解构传统诠释的意味甚浓。另值一提的是，《中国六大文豪》最早发表在梁启超任总撰述的《大中华》杂志，[⑤]同年由中华书局辑为单行本出版，至1933年发行第6版，[⑥]颇能反映它受出版社

① 《论支那文学与群治之关系》，《湖北学生界》第5期，1903年5月。

② 但焘：《黄梨洲》，《湖北学生界》第5期，1903年5月。

③ 《中国国民的文学家》，《少年杂志》第2卷第5号，1912年11月。

④ 谢无量：《中国六大文豪》，中华书局，1916，第7—14页。

⑤ 谢无量：《中国六大文豪》，《大中华》1916年第3期；《中国六大文豪（续）》，《大中华》1916年第9期。

⑥ 北京图书馆编《民国时期总书目1911—1949（历史·传记·考古·地理）》（下），书目文献出版社，1994，第504页。

和读者的欢迎，为屈原作为文豪、诗人这样一种新认知的广泛传播提供了可能。[①]

新诠释首先就影响到屈原与楚辞研究，促进相关研究在内容、方法、观念的现代转型，其中关于屈原的新定位多为“诗人”。另一个显例是楚辞学研究新锐陆侃如。在 1923 年《屈原》一书中，陆氏开篇即将屈原定位为“中国最早的大诗人”。该书对屈原作为“诗人”的地位与影响进行了较多论述，如“我们再向后看看屈原以后五百年间的秦、汉文学。这一时期内的诗歌，可说全是受这位大诗人的影响”。[②] 稍后在《宋玉评传》中，陆也多次论及“诗人”屈原，如“他在中国文学史上，占有优越的位置，是不用怀疑的。他是中国最早的大诗人”。[③] 在 1927 年的一篇文章中，陆同样称“大诗人屈原”。[④] 事实上，1923 年时，陆侃如年仅 20 岁，还是北京大学的学生（与其老师胡适交往密切）。从他的例子来看，通过出版、舆论和教育，有些青年学生对“新屈原”的接受与诠释已经达到相当程度。

新诠释也很快影响到范围稍大的文学史的书写，屈原的身份普遍被改写，“诗人”也是常见指称。比如郑振铎于 1926 年前后出版的《文学大纲》（共四大卷），这是中国较早的一部涵括古今中外的世界文学史著作，其中一章专讲“诗经与楚辞”，高度评价作为诗人的屈原：“屈原是《楚辞》中最伟大的一个作家……只有屈原是古代诗人中最有光荣之名的，最占有重要的地位的一个。在中国上古文学史，要找出一个比他更伟大或可以与他比肩的诗人是不可能的。”“《楚辞》与《诗经》不同，它是诗人的创作，是诗人的理想的产品，是诗人自诉他的幽怀与愁郁。”[⑤] 除了“诗人”，郑振铎也给屈原增加了“作家”的指称。

“文学家”指称的使用也很突出。比如，梁启超在将屈原还原为“人”时，除了“文豪”，也基本将屈原定位为“文学家”，且对此反复诠释。1921

① 胡怀琛《中国八大诗人》一书也具有相似的意义。该书以“诗人”入题，选取屈原、陶渊明等八位诗人，同样将屈原作为中国诗人之首。该书其实从标题、体例、思路、措辞等方面均借鉴了谢无量《中国六大文豪》，也同样是畅销书，至 1935 年发行了第 6 版，某种程度上而言，这是“诗人”屈原广泛传播的一个标志。见胡怀琛《中国八大诗人》，中华书局，1925，第 1 页。

② 陆侃如：《屈原》，亚东图书馆，1923，第 2、114—116 页。

③ 陆侃如：《宋玉》，亚东图书馆，1929，第 19—20 页。该书初稿于 1923 年 12 月脱稿。

④ 陆侃如：《二南研究》，《国学论丛》第 1 卷第 1 号，1927 年 6 月。

⑤ 郑振铎：《文学大纲》第 1 卷，商务印书馆，1926，第 295—296、314—315 页。

年《佛教之初输入》说“战国末大文学家屈原”。[①] 1922年9月《湖北在文化史上之地位及其将来之责任》说：“在楚时，湖北发生一位大文学家之始祖，不独在过去的文学界推他为第一，就是在现时数一数二，也恐怕无人胜过他。这位大文豪，就是屈原。”[②] 同年11月《屈原研究》开篇即说：“中国文学家的老祖宗，必推屈原。”1923年《要籍解题及其读法》说：“屈原性格诚为极端的而与中国人好中庸之国民性最相反也，而其所以能成为千古独步之大文学家亦即以此。”在1927年前后的《中国历史研究法补编》一书中，梁启超更是数次论及。例如“屈原，人格伟大……又是文学家……在文学史上讲他的地位是应该的”，“屈原和荷马，两个都是文学家”，“战国作离骚等篇的屈原，确乎是有名的第一个文学家”。梁在其中提出为历史上一百人作传的设想，有思想家及其他学术家、政治家及其他事业家、文学家及其他艺术家三种类型，但特将屈原归为文学家之列。[③]

事实上，这些学理论证和研究式的诠释，使屈原“文豪”、“诗人”、“文学家”的新指称能够立得住脚。而且，相较于清末，以此三者指称屈原在新文化运动时期已是主流、惯常的做法。[④] 这都意味着屈原诗人、文学家等新身份的基本定型，也意味着忠臣屈原的基本消解。还需特别指出的是，其中，除了谢无量、梁启超、陆侃如等精英、专家群体外，还包括许多一般知识分子对新指称的接受与使用（见表1），他们主要是一般青年、学生，甚至还有中学生，这相当值得注意。相比之下，谢无量等人多是以专著的形式，而他们诠释的形式基本上是报刊文章。最大的区别是，精英的诠释往往具有相对完整的思想形态和比较深入的学理论证，而一般人的诠释则不那么完整、深入，他们多数只是抓住一些核心指称、概念、词语，并且往往具有比较明显的模仿痕迹（精英其实成为一般人学习与模仿的对象，我们不难从一般人的诠释中发现精英或明或暗的影子）。比如，朱维之《中国最早的文学家屈原》大量援引、化用了梁启超的《屈原研究》，曹炬五《中国古代第一大诗人屈原》借鉴有陆侃如的《屈原》。沈志昂、庞翔勋、郑杰、芳吉、汪蔚云均采用诗歌这种相对简单的形式，重复使用“诗人”

---

① 梁启超：《佛教之初输入》，《改造》第3卷第12号，1921年8月。

② 《梁启超在武大暑校讲演纪》，《申报》1922年9月5日，第10版。

③ 梁启超：《中国历史研究法补编》，商务印书馆，1934，第71、87、142页。

④ 新诠释者之间也有观念分歧，比如关于屈原是不是“爱国”就有争议，但是，反传统诠释与“忠臣”屈原是他们的共同目标，在重新界定屈原时具有很强的一致性。

一词，不脱空洞、单调之嫌，总体来看算不上上乘之作。

表 1　1920 年代一般知识分子使用新指称举例

作者	篇名	用例	刊名与时间
沈志昂	吊屈原	二千年前的今日， 是伟大的诗人永别人间的一天！ 伟大的诗人呀！ 伟大而失志的诗人呀！ 圣洁的诗人呀！	《江苏省立第四中学校校友会月刊》第 17 期，1924 年
庞翔勋	吊屈原	二千年前底今日， 就是伟大的诗人。 伟大的诗人啊！	《学生文艺丛刊》第 2 卷第 7 期，1925 年
朱维之	中国最早的文学家屈原	我们这位文学家的老祖宗有了这么一部伟大的作品。	《青年进步》第 85 期，1925 年
郑杰	月夜忆屈原	我们这失意的诗人在流荡。	《持志年刊》第 1 期，1926 年
赵芝庭	屈原冤词	已死了二千二百余年的文学家屈原不幸于二千二百年后碰着了以整理国故刷新国学面目自命的胡适之博士。	《文艺》第 1 卷第 2 期，1926 年
芳吉	吊屈原	伟大的诗人啊！ 多么值得纪念啊！ 哦！伟大诗人哟！	《乐山青年》第 1 卷第 2 期，1927 年
汪蔚云	诗人	披发戴笠的屈原在汨罗江边行吟， 持杖披毛的苏武牧羊在 Bakal 湖畔； 诗人同有一样可怜的境遇， 诗人同有一样不可屈的精神！ 挥剑戎装的 Byron 在 Aegean 海上高歌， 热泪飞迸的 Campball 在向着波兰哀吟； 诗人同有一样烈火的胸襟， 诗人同有一样反抗强暴的精神！	《学生文艺丛刊》第 5 卷第 8 集，1929 年
何昌荣	屈赋中所见之屈原思想	屈原为我国上古文学史中之最伟多最占重要地位之空前绝后大作家诗人；诗人之有名以为标识者实自此始。	《新声月刊》第 24 期，1930 年
曹烜五	中国古代第一大诗人屈原	据传说他死的那天是五月五日，所以后人以这一天为我国一个很大的令节，全国各地多要竞赛龙船投角黍于江，原来的意思就是为吊我们的大诗人屈原呀。	《天津特别市教育局教育公报》第 34 期，1930 年

但是，并不是说一般人这种抓取核心概念的做法和模仿没有意义，正相反，实则其具有不容忽视的特殊意义。因为，“对于大多数人来说，许多

具有广泛影响力和社会波及面的思想观念的传播，常常并非通过完整的思想形态和理论阐述文本，毋宁说是通过一系列乃至一个个似乎是孤立存在其实却有各种关联的词语流通、潜移默化实现的。一般人并不了解也不需要了解这些词语、概念所代表的知识和思想观念的全部内容，同样可以在通过阅读、使用有关词语与概念的无意识之中，接受一些片段的知识和传播一种基本的价值观念，参与推动一种社会思潮”。[1] 一般人在撷取概念、词语时并不随意，他们往往选取的是自己认可的，且比较流行的，那么，被选取的概念、词语便具有某种标志性意义，而且，选取词语、概念这个看似简单的做法，却是思想观念广泛传播必不可少的过程。事实上，他们对核心概念比较敏锐，也善于利用，朱维之、曹烜五直接将“文学家”、“诗人”入题，沈志昂、庞翔勋、郑杰、芳吉、汪蔚云则反复使用“诗人”一词，以诗的形式来诠释“诗人”，可谓很好地抓住了“诗人”概念。模仿这种可能被视为盲从的举动，恰可以说明被模仿者的流行程度，而他们所模仿的正是新诠释而非旧诠释。应当说，朱维之等一般诠释正是新屈原诠释概念化、社会化、大众化的主要形式和重要标志，更能深刻反映新屈原的定型和旧屈原的消解。

四　结语

清季民初，民族的危机与社会的动荡此伏彼起，激发出新陈代谢的文化运动。屈原这一重要文化符号，必然要经受文化运动的考验。传统文化范畴内屈原形象是与王权相联系的，被界定为“忠君”的“忠臣”。这一形象到清季开始受到质疑。新文化运动时期，伴随着整理国故思潮的出现，流行千年的屈原“忠臣”形象被系统解构。[2] 与此同时，屈原作为“人”，特别是作为文豪、诗人、文学家的“伟人”身份，被建构起来，实现了传统文化资源的现代转化。这一案例再次印证，任何大型历史运动都充满复杂性。新文化运动并非绝对新旧割裂的“文化革命”，不能简单以“全盘反

① 黄兴涛：《近代中国新名词的思想史意义发微——兼谈对于“一般思想史”之认识》，《开放时代》2003 年第 4 期。

② 并不是说传统诠释词汇就完全绝迹，少数人有时也继续沿用“宗国”、“忠君爱国”、“忠臣”等词，但使用频率已经非常低，而且，基本仅在一般字面意义上使用，不再具备传统诠释的意识形态性。

传统主义”或“全盘西化”盖棺定论，它也包含传统文化现代转化的“文化改良”内容。

当然，屈原形象的重建在新文化运动时期并未终结，到九一八事变后，民族主义思潮大兴，屈原诗人身份被进一步结合民族国家意识建构，用“爱国”取代“忠君”，在现代民族国家意识下恢复屈原在政治国度的角色，取得“伟大爱国诗人”的新身份，成为至今对屈原的经典评价方式。限于篇幅，这一阶段的建构过程，拟另文叙述。

（作者单位：华中师范大学中国近代史研究所）

冷战时代的文化反思

——1963 年张君劢发起的五四科玄论战纪念

王志勇

内容提要 科玄论战是五四时期的重要思想事件，历史回响不断，力图新的创获。1963 年寓居美国的张君劢提议寓美学人撰文纪念科玄论战四十周年，得到谢扶雅、顾翊群、陈荣捷等人的热诚响应。身处异域的他们，结合战后世界的文化危机和思想困境，一方面批评西方文化的缺失，提倡中国智慧的价值，另一方面主张会通中西，为人类寻求摆脱困境的出路。这些新思考彰显了中国知识分子在中西文化问题上由“倚门傍户”走向“思想独立”的自觉意识，见证了其建构“文化中国”的努力。

关键词 冷战时代 张君劢 科玄论战 文化反思

科玄论战是五四时期的重要思想事件，历史回响不断，力图新的创获。第二次世界大战后，世界进入冷战时期，“存在两个世界，而非一个世界”。[①] 英国学者丹皮尔在其新版《科学史》中写道：如果允许另一次大战发生，则科学在毁灭性武器方面的滥用，将使文化受到灾难性的威胁。[②] 美苏两极对抗加剧了这种文化焦虑，特别是 1958 年到 1963 年这几年，核危机频频爆发，威胁人类生存。[③] 1962 年的古巴导弹危机，是 20 世纪后半期最有可能导致第三次世界大战的事件，危机让人们警觉到核武器时代一个地区冲突

① 〔美〕约翰·刘易斯·加迪斯：《长和平：冷战史考察》，潘亚玲译，上海人民出版社，2011，第 32 页。

② 〔英〕W. C. 丹皮尔：《科学史》，李衍译，中国人民大学出版社，2010，第 486 页。

③ Jeremi Suri, *Power and Protest*: *Global Revolution and the Rise of Dtente*, Cambridge: Harvard University Press, 2003, p. 7.

可能导致整个人类毁灭的可怕未来图景。[①] 在核威胁背景下，科学文化与人文文化的关系，再次成为思想界深思的课题。在西方，1959 年英国学者斯诺在剑桥大学发表演讲，批评科学文化和非科学文化的分裂，引发持续争论。[②] 而在中国，继 20 世纪上半叶由“唯科学主义”走向“泛唯科学主义”之后，[③] 大陆地区陷入阶级斗争狂澜，科学文化与人文文化同遭打击。港台地区，有一种力量继续在“全盘西化”路线上狂奔，甚至掀起与传统派之间新的“中西文化论战”。针对以上“世局”和“时局”，寓居海外的传统派知识分子对中国和世界文化的未来持续反思。1963 年，科玄论战的最早发声者张君劢发起论战四十周年纪念活动，得到谢扶雅、顾翊群、陈荣捷等学界名流的热诚响应，为四十年前的这场论战谱写了厚重的“续集”。鉴于这一发展尚未引起学界关注，本文拟对此纪念过程和文化论述略加梳理。

一　战后欧美思想界之危机与对立

科学主义与形而上学两大传统、两大思潮贯穿于西方哲学史的始终。近代自然科学的迅速发展，使哲学回到了形而下的经验世界，自然科学的方法占领了哲学。此引起德国形而上学的复兴。康德对纯粹理性进行批判，将科学和形而上学的领域分别划定在经验、现象界和超验的自在之物，前者的方法是“先验分析论”，以认识论和逻辑学为中心；后者的方法是“先验辩证论”，以本体论和形而上学为中心。现代哲学就沿着这两个方向发展。现代哲学中人本主义和科学主义思潮背后，真正起支配作用的乃是科学与形而上学这两种传统的发展。而黑格尔则继康德之后，进一步发展和完善了哲学所特有的方法即辩证法。[④]

近代以来，黑格尔玄学因科学勃兴而走向崩溃。科学技术非常发展之后，哲学与社会制度不能平衡发展，历史学与社会科学领域的共同趋势是科学主义的发展。精神上的失去重心，将欧洲和世界拖入两次世界大战。二战以后，西方文化问题已经演变为整个人类的文化问题。以上乃胡秋原

---

① 〔美〕约翰·刘易斯·加迪斯：《冷战》，翟强、张静译，社会科学文献出版社，2016，第 81 页。

② 〔英〕C. P. 斯诺：《两种文化》，纪树立译，三联书店，1994，第 12—14 页。

③ 〔美〕郭颖颐：《中国现代思想中的唯科学主义（1900—1950）》，雷颐译，江苏人民出版社，2010，第 128 页。

④ 陈锐：《西方思想史论》，中国社会科学出版社，2015，第 15—26 页。

对西方世界之观察。胡氏于1961年5月在台湾《民主潮》杂志连续刊文《由科玄之战论西洋文化危机》，其断言生命哲学与现象学推动了20世纪实存哲学的发展与玄学的复兴。二战前后盛极一时的数理逻辑、新实在论、批评实在论等哲学反对玄学，拥护经验论和科学主义，其最突出的特征就是实存哲学和逻辑实证论、分析哲学的对抗。1946年以来，西洋人正在反省之中努力克服科学主义，以求自身存在之理由和出路。历经二战灾难且面对冷战困境，在欧洲曾对人类前途无限乐观的威尔士提出“人类的灭绝”，A. 韦伯宣布“欧洲时代已经终结”，各国大历史家同样感到“危机”。“危机论”日益传染美国，索罗金编《危机时代之社会学》、科赫女士编《危机时代之哲学》所谈都是“危机”，而彭涅特《此我之哲学》中所涉20个现存思想家大都谈“危机”。[①]

20世纪五六十年代，到处弥漫着实用主义精神的美国思想界发生了一些重要变化，特别是对中国哲学的态度。一方面，冷战造成中西文化交流突然中断，50年代美国取代欧洲成为中国哲学研究的中心，由此中国哲学的世界化运动转移到以美国为首的西方阵营；另一方面，不仅更多的学者开始涉足中国哲学研究，而且一改之前认定“秦汉之后无哲学”的态度，中国哲学研究的重心开始从先秦转向宋明。出现转折的原因除了新中国成立使得“中国学”意义越发突出之外，还在于寓美华人学者的大力推动。[②]但是，美国学者对于中国哲学之价值在观点上颇有分歧甚或对立。1958年始，列文森开始出版其巨著《儒教中国及其现代命运》，认为人文主义的中国传统有悖于科学精神，只能成为博物馆中的收藏品。另一美国学者顾立雅则于1960年增订其1949年的著作《孔子其人其神》，改名为《孔子与中国之道》出版，称孔子的思想具有全世界全人类的重大意义。

时在美国掌教及著作者如张君劢、陈荣捷、梅贻宝、施友忠、柳无忌、谢扶雅等人，大量发表宋明形而上学的文章。[③] 在战后美国，1958年张君劢出版英文著作《新儒家思想史》；1949—1963年陈荣捷出版有关中国哲学的英文著作11种，其中包括856页的《中国哲学资料汇编》，为西方研究中国哲学提供第一手资料；[④] 1959—1966年著名哲学家方东美两次应邀赴美讲

① 胡秋原：《哲学与思想》，台北，东大图书公司，1994，第115—191页。

② 崔玉军：《陈荣捷与美国的中国哲学研究》，社会科学文献出版社，2010，第41、93页。

③ 唐君毅编《儒学在世界论文集》，香港，东方人文学会，1969，第284页。

④ 施忠连：《现代新儒学在美国》，辽宁大学出版社，1994，第110—111页。

学，用优雅的英文向美国民众传播真实动人的“中国心灵”。[①]

罗素称：“哲学家们既是果，也是因。他们是他们时代的社会环境和政治制度的结果，也可能是塑造后来时代的政治制度信仰的原因。”[②] 澎湃激荡的时代情势再次激起流寓美国的张君劢之时代责任感。李泽厚称科玄论战实质是“信仰和意识形态之争，是与选择何种社会改造方案联系在一起的”，[③] 此实见道之论。在冷战高潮的时代环境中，此一特点和意义尤为突出和迫切。因此科玄论战四十周年之际，张君劢致函唐君毅试图发动海外学人再来一次论战，唐君毅复信称，科学和哲学各有范畴，“结论已经出来了，实不必将昔日之战火重新挑起”。[④] 张氏乃力促友朋为文纪念，以引起新意见新讨论。同年春，台北《民主中国》即连续重刊当年张、丁二人的文章。[⑤] 或许由于政治原因，张之促动在港台地区反应冷淡，寓居美国的华人学者陈荣捷、顾翊群、谢扶雅、方东美等人热诚响应。

由于青年时期曾留学欧美且长期寓居美国，张、陈、顾、谢、方诸人均对战后西方社会有深刻体认，同时深信中国传统价值。人生观论战的发起者张君劢早年于德国柏林大学获博士学位，乃现代新儒家中坚人物，于 1952 年由港赴美并长期居住在旧金山，并曾于 1958 年做环球讲学。[⑥] 陈荣捷于 1929 年在哈佛大学获博士学位，1936 年由岭南大学赴美，先后任教于夏威夷大学和达特茅斯学院，直至退休，被称为“北美大陆的儒家拓荒人”和“朱熹研究大家”。[⑦] 著名宗教思想家谢扶雅和陈荣捷不仅有哈佛同门之谊，还是岭南大学的同事。[⑧] 1958 年谢氏以哲理神学翻译专家身份由香港移居美国，主要研究康德哲学和中国伦理思想，与同在美国的张君劢有过密切交往。[⑨] 顾翊群出身江苏淮安一学者家庭，自幼深受古典教育，青年留美，1946 年起任职于国际货币基金组织至 1966 年退休。[⑩] 方东美为安徽桐

---

① 秦平：《方东美》，陕西师范大学出版社，2017，第 107 页。

② 〔英〕罗素：《西方哲学史》，马元德译，商务印书馆，1976，第 5 页。

③ 李泽厚：《中国现代思想史论》，安徽文艺出版社，1994，第 61—62 页。

④ 唐君毅：《从科学与玄学的论战谈君劢先生的思想》，《传记文学》第 28 卷第 3 期，1976 年 3 月 1 日。

⑤ 谢扶雅：《我所了解的君劢先生》，《传记文学》第 28 卷第 3 期，1976 年 3 月 1 日。

⑥ 李贵忠：《张君劢年谱长编》，中国社会科学出版社，2016，第 273—308 页。

⑦ 施忠连：《现代新儒学在美国》，第 109—118 页。

⑧ 崔玉军：《陈荣捷与美国的中国哲学研究》，第 214 页。

⑨ 刘绍唐：《民国人物小传》第 20 册，台北，传记文学出版社，1999，第 344—357 页。

⑩ 顾翊群：《危机时代的中西文化》，台北，三民书局，1986，“序言”，第 1—9 页。

城派方苞后人，自幼熟读中国经典，大学期间研究西方哲学，1921 年与顾翊群同船赴美留学，三年时间完成硕士和博士论文后回国，早在 1927 年就完成了《科学哲学与人生》一书。[①] 以上诸人除张君劢为留德外，其他均为留美。因缘际会，20 世纪 60 年代张、陈、顾、谢、方等学者会聚美利坚，凝成一“认同共同体”、“文化共同体”。科玄论战四十周年之际，在张君劢鼓荡之下此一身在异域的学者群基于共同的文化使命感而“以言行事”，推动中国哲学的世界化，探索人类摆脱时代困境的出路。

二　四十年来西方哲学之“折衷方案”

20 年代的人生观论战可以说是张君劢一生的“心结”，此后他多次“回顾”此事。1933 年人生观论战十周年之际，张氏在广西大学演讲《科学与哲学之携手》，鼓吹科学与玄学合起来才是“人类的全部智慧”。次年，张氏又于岭南大学演讲《人生观论战之回顾》，称应“知识与道德并重”，新思潮、新文化、新政治必须建立在“真善并重”的基础上。[②] 1963 年，面对 20 世纪以来科学与哲学同样突飞猛进的形势，张君劢继续逐项批驳当年胡适的观点（胡氏已于 1962 年去世），坚称当年人生观演讲是“择善固守”。他从“以个人为本位者”、“以学派为本位者”和“存在主义”三方面梳理四十年来西方哲学之“折衷方案”，批评科学主义之偏颇与科玄对立之思维。

西方哲学以个人为本位者，怀特海、哈德门、雅斯贝尔斯为“20 世纪哲学界之三杰”。怀氏以数学家物理学家而转入形上学，抛弃机械主义的“硬块宇宙说”而代之以“新宇宙观”，提出宇宙间所发生者“事”即一切遭逢（Happening），其特点为“动而不留”，可名之曰“流变力”；怀氏以“感应子”（Feeling）为世界之最后实在，此与程伊川“天地之间，只有一个感与应而已”有冥合之处。[③] 哈氏与怀氏同为“形上学之先锋”，他以事物、生命、心理、精神的“存在层构说”反对昔日之唯心论与唯物论，称前者以“最上层之精神”通澈“最下层之物质”，后者以“最下层之事物”

① 秦平：《方东美》，第 46、48、60 页。

② 张君劢：《民族复兴之学术基础》，中国人民大学出版社，2006，第 71、92 页。

③ 张君劢：《人生观论战之回顾——四十年来西方哲学界之思想家（一）》，《人生》第 27 卷第 1 期，1963 年 11 月 16 日。

强通“最上层之精神”，皆为“一偏之见”。雅氏则谓宇宙本体与人之生存为科学之所不问，生存之义高深幽远，惟有以灯光照之，是谓“生存照明”；宇宙大全与人之生存决非知识和定义所能把捉或穷究，人类经验之外的超越者——上帝决不能成为知识之对象，此与《中庸》“德輶如毛，毛犹有伦，上天之载，无音无臭”之意相近。[①] 张氏指出：哈氏合事物、生命、心灵与精神四层而同称之为“实在”，乃清除唯心唯实二者间障碍之善法，为“折衷方案”之一种；怀氏以科学家出身，以哲学与形上学为裁判官批评数百年来科学家思想之错误，此乃“折衷方案”之又一种。

西方哲学以学派为本位者，包括英国新唯实主义与逻辑实证主义、现象学派、实存主义。其中除逻辑实证论派主张以科学方法统一一切学术并排斥伦理学与形上学外，其他各人各派无一不走形上学之途径。新唯实主义学派以“善”为人生中最终本然之性，此正合于康德之“唯心伦理学”。实证主义的维也纳集团继承孔德“可实验者乃为真知识”的主张，视上帝、宇宙源始、道德问题为无意义，其在解决“科学为人生而存在”或“人生为科学而存在”问题之先，而斤斤于“有证验”与“无证验”之是非，不免本末倒置。[②] 现象学派代表人物胡塞尔超越主观元素与经验元素，谓知识之本在纯逻辑中之“理型”，其可于直观中得之；其反对心理主义之知识相对性，反对唯名主义“世间无共相，只有各个实物”的观点，主张“共相存于人之思想中而非实物世界中”，强调真理之绝对性，认“理性之共相”为真理和学问确立之前提；科学与学问皆为有“意向性”之“理型单位”，其中之“知情意”三者即为人类精神鹄的之所在；其以“损抑法”使“普遍的必然的固有的本质”自现于“纯自觉”中。现象学由“描写现象学”至“本质现象学”，最终发展为“超越现象学”，其认“纯自觉性或自我之绝对存在”为世界之最终实在，此与康德之“心为立法者”殊途归一。[③]

张氏称存在主义为“三十年中欧洲最主要之思潮”，其在西欧引起“如安处室中者忽遭地震”之思想界大变动，故深论存在主义。其开创者克尔凯郭尔专以“反求诸个人之生存”为出发点，即所谓存在主义。克氏反普

① 张君劢：《人生观论战之回顾——四十年来西方哲学界之思想家（二）》，《人生》第27卷第2期，1963年12月1日。

② 张君劢：《人生观论战之回顾——四十年来西方哲学界之思想家（二）》，《人生》第27卷第2期，1963年12月1日。

③ 张君劢：《人生观论战之回顾——四十年来西方哲学界之思想家（三）》，《人生》第27卷第3期，1963年12月16日。

遍化而重个人、反客观而重主体性，因而其写作为个人日记、个人感想录，“与吾国宋明以来之语录与反省录相似，若其语涉人生之忧患令人趋于悲观，则与老庄之虚无而流为厌世者有相似之处”。其称真理即“其人本身之真理”，知识即“我何以生何以死之理念也”，其极类乎孟子“尽性知天”之“知”；其批评现代大众文化为“铲平运动”，即“铲平自己而丧失其所以为己”。海德格尔之《存在与时间》由比较“我存在”、“一狗存在”、“一石存在”、“一树存在”得人与物之存在与意义，其谓日常生活由“铲平运动”而来，为“我之物化”，属于“非真正生存”，而内心生活“脱去随班逐队之生活”为“真正生存”；其称“本其良心之昭示知所以抉择，而以一死了之者”乃可名之曰“死之意义”，此即孔孟所谓“杀身成仁”或“舍生取义”。海氏从过去、现在、未来的“三度性”论人生之时间性与历史性，与吾国之谚“从前种种譬如昨日死，此后种种譬如今日生，以昨死回顾过去，以今生开始现在与未来”，殆“东西心同理同之见解”。[①]

萨特著《存在与虚无》使存在主义成为法国社会之风尚，成为战后思想界与马克思主义、天主教、无神论并行之四大派之一。萨氏分世间之存在为“自封之存在”和“自展之存在”，前者为“呆然不动之宇宙”，后者惟人生而已，其能“有者无之，无者有之”；萨氏最称道自由，抬高自由为人生唯一准值，一概否定其他善美真之准值，不能不令人想起庄子与阮籍之“愤世绝俗”。马塞尔谓“人之存在于世界”为一种“具体境遇”，不能在抽象理论或概念中求之，而要超越环境接近上帝，惟有通过信仰、愿望、慈爱三种德性才能达于“存在之门”；其又谓“科学的思考”但有客观化，而生存主体归于消失，“哲学的思考”是透过见闻达于宇宙之奥秘。张氏认为，西方科学家以客观性为真理之唯一标准，存在主义以为入真理之堂奥者惟有以主体之体验为下手方法，则为“折衷方案”之又一种；中西交通以来每以科学公例为至宝，将宋明理学家之语录或反省录视为不足道，而存在主义起，从日记可知真理之所得，视其体验之是否真切，而不必以实验为唯一标准，此“折衷方案”之又一种。[②]

基于人类生存与命运的重大关怀，张君劢梳理了西方哲学四十年的脉

① 张君劢：《人生观论战之回顾——四十年来西方哲学界之思想家（三）》，《人生》第27卷第3期，1963年12月16日。

② 张君劢：《人生观论战之回顾——四十年来西方哲学界之思想家（三）》，《人生》第27卷第3期，1963年12月16日。

络。环绕着“真理与方法”，张氏讨论了真理的客观性与主体性、相对性与绝对性，以及得到真理的方法为“科学实验”抑或“个人体验”等问题；环绕着“本体与存在”，张氏讨论了唯心与唯物、知识与道德等问题，其结论为“折衷方案”。在此基础上张氏宣称：吾人处此世界大通之日，既不能不知人之长，以补己之缺，又不能失其自信，以出人裤下。因此，思想方面之知彼知己为东西交流时代不可或缺之工作。从事西方思想史者不可以一时代一学派一个人代表西方，而应将古今融会贯通，考求学派之对立者所以然之故，于对垒之中另求方案为“折衷之计”。因此，中国人无法亦不可追随西方哲学界四十年之变迁而“倚门傍户”，而应因他人思想变动透露问题之中，承受孔孟周程张朱陆王以来之遗产，毅然宣告思想独立之为得。[①] 张氏观点可谓一种“会通古今中西”的文化观和方法论。

三 现代西方文化之“走向偏锋”

从 60 年代起，顾翊群就大量撰文讨论中西文化问题。1961 年顾氏在台湾发表演讲称，西方与中国道路不同，西方拿着“科学的钥匙”往大同路上走，与中国《礼运・大同篇》追求的道德社会不同，此思想问题背后还是哲学或玄学的问题。哲学上的实证主义等“硬心肠的宗派”和道德主义等“软心肠的宗派”各有道理，不应以偏概全，如果走到偏锋，就不是人类之福。西方危机就在科学主义的“霸道”。顾氏又称，任何国家都有自己的传统精神，不能有了新学问就放弃旧学问。沃格林（E. Voegelin）提出的“以道德为体，以科学为用”，表明归根结底人类社会应以道德伦理为基础。因此，把中国儒家的道理向全人类发挥，可以补救西方文化的缺点。人类的情与理必须融合，儒学的中庸之道传统正是死守善道。总之，西方社会仍需“将偏锋改为中道”。[②] 1963 年春顾翊群撰文称，西方数十年来科学技术突飞猛进，无可讳言地使世界危机日益增加，对科学主义之迷信将引致自由社会与科学自身之毁灭。经过两次大战之后，“万古常新之哲学”即自然法思想乃重被尊重。惩治战犯之暴行、禁止消灭种族公约、人权宣言等，只有自然法方为其最允当之根据。因此，应当努力奉行儒家传统与西方之

① 张君劢：《人生观论战之回顾——四十年来西方哲学界之思想家（三）》，《人生》第 27 卷第 3 期，1963 年 12 月 16 日。

② 顾翊群：《危机时代的中西文化》，第 1—21 页。

自然法传统，际此太空时代，原子战争随时可以爆发，惟此东西两大哲学之重振方可克制。新儒家哲学之重振与新士林派哲学之光大，为20世纪之重大事件。此两大学派同以重行达到“干枯的传统主义”与“无耐性之进步主义”之“适度的均衡”为目的。[①]

顾氏称无人反对科学的“利用厚生”，自然科学方法仍有需要应用于对“人”的某种研究中，但将科学主义作为“信仰”应当反对。科学主义传统的远源是古希腊衰世兴起之“智者”诡辩派，其相信无神论的“人本主义”、轻道德而重功利，其驳斥苏格拉底之尊重天道，主张“理性之人性说”。此传统流传至今，其预言应用“科学方法”于社会之组织便可为“直线式上升的进步”，从而否定人之有尊严与存在之理由。欧美“社会人文学者”和“科学人文主义者”均以自然科学方法为研究之张本，认人类社会可望得科学方法之助而不断进步，认神学为迷信，变哲学为科学之附庸，抛弃自古相传之自然法亦即中国之“天道”等公共哲学。在政治科学领域，“伪自由主义者”迷信科学主义、进步主义，妄图不要道德之超拔人性而达世界大同之秩序，其已遭到沃格林之驳斥；凯尔森（Hans Kelsen）鼓吹之“世俗的民主社会”，以相对主义、怀疑主义、世俗主义否定宗教的玄理的真理，已遭士林派哲学大师马理唐之驳斥，马氏反复申言民主社会必须为一道德秩序，称他们忘记了华盛顿在退休讲词中曾指出，宗教与道德是美国立国的两大支柱。西方文化百余年来之偏锋进展造成了“霸道世界”与“自我人性毁灭”，其贪权爱财好色与争斗之心将愈进步而愈增加。现代人类对世事演变之无法控制，亦类于乘客对飞奔的汽车之束手无策，此恰似“盲人骑瞎马，夜半临深池”。[②]

斯诺的“科学文化派”和美国的“行为科学家”、“社会工程师”均为无神论世俗主义者，科学主义仍为美国知识分子的中坚思想。进步主义诺斯士派以全力在尘世推进物质文明，遂与精神生活日益睽违。斯金纳迷信的“科学家之饱和点”可使人类进入之“后现代之世界”，不可能是“极乐园”，而只能是“勇敢新世界”或“1984年之世界”。台湾若干学子之不良习尚，至少部分应归咎于对“美国化”之醉心。治本之方在于恢复古代之精神传统，纠正现代不良思想。盖必全世界人类均能自愿遵行“中庸之道”

① 顾翊群：《对张君劢先生治哲学经过之观察》，《人生》第26卷第1期，1963年4月16日。

② 顾翊群：《科学与玄学的人生观论战之进一步检讨（上）》，《人生》第26卷第6期，1963年8月1日。

以节制修身，重礼让而退竞争，尚仁义而鄙功利，真正的大同世界方能实现。因此，人类之命运能否挽回，关键在于迷信科学主义之“伪自由主义者”和“现代诺斯士主义者”能否转向。人之存在于生命世界为时悠久，人类不能等待科学降世，方始设法企求得到人生存在之意义。人类社会不应作为一种自然现象而被研究，而应作为“一种充满意义之小宇宙”，在后者中之人类运用各种符号，以求自我实现。人类不能徒恃面包以生存，而必须求过一真美善圣之生活。当时，费正清氏在《美国与中国》中称孔子思想是“古今管制思想之最有成果者”，并谓《大学》的“八目”与逻辑不合，加州大学教授艾伯哈特氏在其《中国历史》中称王阳明直觉的心学为“法西斯思想”。顾氏称二人为敌视中国文化的“相对主义世俗主义的诺斯士派信徒”，其观点为“怪论”。①

若科学与人文应当融合，又当如何融合呢？科玄论战四十周年前后，因胡适在台发表《科学发展所需要的社会改革》讲演而引发中西文化论战，台当局重印蒋介石30年代出版之《科学的学庸》以应对，时张其昀（曾任台当局“宣传部长”、“教育部长”）在《中央日报》刊发《新儒学运动》一文，援用了“科学的人文主义”一词。顾翊群主张修正此概念，因其经杜威等科学主义者滥用后，已变为“人定胜天”之现代反儒学之西方“伪自由主义者”之信条，而与中国自尧舜周孔以下之“儒家人文主义”内容不同。故可改为“天理的人文主义”或“中庸的人文主义”，儒家之“天人合一”即西方之“超越与内在合一”。主办《人生》杂志的王道致函顾氏称，依儒家观点只能以道德统摄科学而非相反。今若以科学统摄人文，使新儒学成为科学之上的科学主义，实为本末体用之大颠倒。②

1964年夏，第四届东西方哲学家会议在夏威夷大学召开，陈荣捷、方东美、梅贻宝等12位中国哲学家与会，方东美以渊博学养、无碍辩才和禅宗机锋回击英国芬里教授对中国哲学的挑战，语惊四座，大放异彩。③ 方东美在其会议论文《中国形上学中之宇宙与个人》中称，西方的“超自然的形上学”将人与其所居处之宇宙“剖成两橛”，在天堂地狱之间也“划下鸿沟”，人之灵肉两者“冲突不已”；中国之“超越形上学”植根现实世界又

---

① 顾翊群：《科学与玄学的人生观论战之进一步检讨（下）》，《人生》第26卷第7期，1963年8月16日。

② 顾翊群：《谈“科学的人文主义”》，《人生》第27卷第11期，1964年4月16日。

③ 秦平：《方东美》，第114—116页。

腾冲超拔，趋入崇高理想的胜境而点化现实，它摒弃了单纯二分法，更否认“二元论”为真理。方东美会通儒道释三家哲学称，中国哲学之玄想妙悟方式比科学解释“百尺竿头更进一步”，认现实世界当点化为理想形态，纳于至善完美之最高价值统会。[①]

四　人类文化之出路乃“中庸之道”

1963 年谢扶雅热情响应张君劢的邀请，从伦理学角度提出“新唯中论”的人生观。其文《新唯中论与“两希”》分载于香港《大学生活》、《祖国周刊》和美国《海外论坛》，称中国固有哲学为“中立的唯中论”，新唯中论是“吸收西方近代各学派之长而扬弃其极端之处的综合哲学”。[②] 同年夏他详论“新唯中论的人生观”，盛赞孔子之“知之为知之，不知为不知，是知也”的人生智慧。包办不知以为知是一个极端，全面怀疑论是另一个极端，故代表中国正统哲学的孔子是一个“道地的中立主义者”。[③]

对于新兴的存在主义和现象学的“瞬间永恒而与上帝相交”等高度浪漫主观的人生哲学，新唯中论者暂取保留态度，对于现代流行逻辑实证论者所主张的道德相对性，也觉其有不充足处。习俗道德固然因时因地而变迁，但道德原则如中国经籍中所见的仁义忠孝等，自有其不易性和经常性。谢氏以“孝”论证人对世界的使命。在儒家“继往开来”的人生理想下，孝是人对世界文化应尽的职责。人一出生不单与亲生父母发生直接关系，并且沐浴在过去一切传递下来的世界文化总遗产之中，最适宜的答报莫过于把这所熏陶的文化加以增殖、发展、改进、新创，这种伦理行为就可称为“孝”，故孝道乃是孝于世界文化，而不仅是善修其身以图光宗耀祖了。新唯中论者在政治上服膺民主自由的世界潮流，“从容中道”的儒家既不赞成老庄一流极端放任的无政府主义，又反对法家严刑峻法的君权专制主义。[④]

谢氏反对西方哲学中浪漫主义与实证主义、唯物论与唯心论的“壁垒”。他认为中国固有哲学可以称作“唯中论”，孔子的“中庸”就是“唯中论的人生观”，而“新唯中论的人生观”是折衷于欧陆理想主义与英美经

---

① 方东美：《生生之德：哲学论文集》，中华书局，2013，第 235—262 页。

② 谢扶雅：《新唯中论与“两希”》，《祖国周刊》第 41 卷第 6 期，1963 年 2 月 4 日。

③ 谢扶雅：《新唯中论的人生观》，《祖国周刊》第 43 卷第 1 期，1963 年 7 月 1 日。

④ 谢扶雅：《新唯中论的人生观》，《祖国周刊》第 43 卷第 1 期，1963 年 7 月 1 日。

验主义的一种创造的综合。但唯中论不是调停双方的和事佬论调，不是机械的折半，不是妥协的调和，更不是尼赫鲁式的国际政治上的中立主义。《礼记》说“中立而不倚，强哉矫!”此“中立”是卓然独立之义，绝不致误会为投机取巧。“执其两端，用其中于民。”所谓“用中”即是掌握左右两派而超过他们。因此，中国应尽量输入西方历代左右两大源流，而从双方壁垒打将出去，特立独行地创造新唯中论的哲学，以贡献于世界学术文化之林。①

谢氏以“仁”释“中”。孔子的“仁”与基督教的“爱”、希腊正统哲学中的“知即是德，德即是福”之说相通。“夫仁者，己欲立而立人，己欲达而达人。”仁的命意所在就是“中”。仁是人我兼顾而衡平的，仁而太过就成兼爱，仁而不及则为自私。要之，孔子思想是彻头彻尾的人本主义，不偏于希腊系统的自然主义，亦不偏于希伯来系的超自然主义。仁是立、达，是实践行为，不专倚于希腊系之“为知识而知识”。谢氏又称孔子若在今日必然十分拥护科学，且具适当的宗教信仰和宗教经验，因仁不属于“宗教性的哲学”，也绝无浪漫主义色彩。孔学虽无逻辑实证论，但《春秋》可作独特的“语意学”读，《正名》更包括了形式逻辑的基本法则。谢氏提出“复归孔子，超越孔子，学习西方，超越西方”。逻辑实证论置重点于逻辑，实存主义则置重点于玄学，孔子把重心放在伦理上，尤其是实践的人格上，实存、实证、实践，大可以说现代世界思想的鼎足而三。实践本身是中国儒家的本香本色，实践人格的仁本是“从容中道”。但自孟子略右、荀子略左以后，忽然转成汉学的训诂与谶纬，皆远离乎实践。魏晋玄学、程朱理学、陆王心学，更无不驰向论证体系，致不免忽视了进香修道的主人。所以中国必先“复归孔子”，由返孔而超孔，自然也就超越西方的两大壁垒了。②

陈荣捷支持谢氏观点并做了进一步的阐发。陈氏称“仁”为“儒家哲学之中心”、“中国哲学之中心”，而孔子将“仁”由“诸德之一”发展为“诸德之全”，是“破天荒”的绝大贡献。孔子之前的文献中“仁”字均不多见，而“仁”为孔子谈论最多之主题，其在《论语》中被提及的次数远超孝、悌、天、礼等字，孔子之重视“仁”德为“不磨之事实”。孔子所论之“仁”为包含诸德之普遍道德，为知勇诸德之根据以及“中国道德思想得立永久之基础”。但由于西方思想界对“仁”存在误解，必须扩展到宋明

① 谢扶雅：《人生观论战四十周年书感》，《人生》第 27 卷第 1 期，1963 年 11 月 16 日。
② 谢扶雅：《人生观论战四十周年书感》，《人生》第 27 卷第 1 期，1963 年 11 月 16 日。

理学以释仁，呼应和推动战后西方思想界对仁的研究的新开展。因此，陈氏从全德之仁、以爱言仁、博爱之谓仁、仁即性即理与理一分殊、仁者以天地万物为一体、仁与生生、心之德爱之理等七个方面诠释仁。[①] 当时纪念人生观论战和张君劢八十寿辰的论文合为《儒学在世界论文集》，其“序言”宣称：儒学之在今日，非特关乎中华国运，且亦与世界前途有密切关系。盖孔子非特吾人之孔子，且亦为全人类之孔子，其世界性意义早已溢出国族范围。[②]

五　结论

二战之后情势大变，在两极对垒的世局和两岸分治的时局中，张君劢等寓美传统派知识分子“以言行事”，通过对科学论战四十周年的纪念与反思，以思想回应时代，以“人能弘道”的精神，批判当时流行的“进步主义”与“科学主义”，并高倡回归传统。对科学与哲学、传统与现代及中西文化关系等“旧话重提”之外，又论及本体论、存在论、真理与方法、政治与道德、知识与价值等问题，其论域在广度和深度上对四十年前均大大超越，其呈现如下特点。

其一，会通中西，毅然走向思想独立。在当年“事事趋新趋西”的时代，论战实际是日耳曼理想主义与英美经验主义的“西西之战”。劳干指称张君劢当时是“追随时尚”。[③] 罗志田也指出，在进步论笼罩之下双方具有“比赛更新更西”的明显倾向，张的态度明显“尊西趋新”。[④] 四十年后时移势易，顾翊群批判西方文化“走向偏锋”，张君劢、谢扶雅、陈荣捷都更多关注到西方哲学中与中国固有哲学的相通之处，并特别提出会通儒家传统与西方自然法传统以救世，最终高倡中国传统。科玄论战当事人张君劢不仅关注了二战后西方存在主义之最新进展，且由当年醉心倭伊铿而重新发现康德之价值，更明确提出反对“倚门傍户”，追求“思想独立”，致力

---

① 陈荣捷：《仁的观念之开展与欧美之诠释》，唐君毅编《儒学在世界论文集》，第 271—283 页。

② 唐君毅编《儒学在世界论文集》，第 1—2 页。

③ 劳干：《记张君劢先生并述科学与人生观论战的影响》，《传记文学》第 29 卷第 3 期，1976 年 9 月。

④ 罗志田：《从科学与人生观之争看后“五四”时期对“五四”基本理念的反思》，《历史研究》1999 年第 3 期。

于“濯去旧见，以来新意”，表明其对四十年前的反思与修正，纵然其思维仍有中西互释的痕迹。其二，在“对立”中为人类文化指点出路，求“为万世开太平”。身处核武时代，心忧世局，面对两极对垒、中西之争、阶级对抗、种族冲突等众多“对立”，恐怕惟有“中庸之道”才是缓解海外知识分子乃至人类内心焦虑和紧张的可行方案。其三，回归“中庸之道”，求“为往圣继绝学”。顾翊群立足历史与现实批判西方文化之“走向偏锋”，重在“破旧”；张君劢观照西方现代哲学之“折衷方案”，重在“理势”；谢扶雅“以仁释中”，提出“新唯中论”的人生观，重在“立新”；陈荣捷则将“仁”的概念从孔子拓展至宋明理学，重在“拓新”；方东美亦在美到处阐释和传播至善完美的“中国心灵”和“东方智慧”，重在“布新”。其四，关于思想史的本质，柯林武德谓思想是“对局势的回应”，洛夫乔伊谓思想是观念之“存在巨链”。由此观之，张君劢等居美诸学者对科玄论战的纪念无疑受激于冷战世局及中国时局，对科玄关系及中西文化问题的讨论攸关人类“生活方式”与“社会改造方案”的选择。同时，从其主张回归“中庸之道”并阐释“仁”之观念来看，他们的思想亦确实循着古老的传统在回答人类的“永恒问题”，体现了观念之“存在巨链”。质言之，人类思想是“回应局势”和“存在巨链”的融合之物。“中庸之道”既是“应世变”以从科玄之争、中西之争、意识形态及制度对抗等“对垒”中打将出去，亦于对“仁”、“中庸”等观念的诠释中汇入人类观念的“存在巨链”。

以上旅居美国诸学者，其学术进路虽有历史与现实、伦理学与宗教、哲学等区别，甚或其学术观点亦有某些分歧，但其“会通古今中西”为中国文化争地位、为人类文化找出路的目标是一致的。他们的论述已形成一“破旧立新”、“旧邦新命”的完整逻辑，其共通共融共识之处在于“极高明而道中庸”。身处一个欧美崇尚科学主义、台湾醉心美国主义、香港弥漫殖民主义的时代氛围中，他们在西方文化的中心地带提倡“中庸之道”和“中国智慧”，表现出高度的文化自觉、文化自信和文化认同，为重建儒家人文精神及推动中国文化走向世界付出了艰苦卓绝的努力。当然，回向传统并非“发思古之幽”，而是为了更好地应对现实，指向未来。

（作者单位：邢台学院马克思主义学院）

新中国成立后十七年的中共“五四”纪念研究（1949—1966）

周　游　程莎莎

内容提要　“五四”是一个意义丰富且具有多重面向的政治资源，其在近代中国的重要性和本身的复杂性为人们提供了巨大的诠释空间。五四运动促进了中共的诞生和发展，中共也重视对其纪念和诠解。民国时期，中共根据时代要务的变化不断赋予“五四”新意，使“五四”意义呈现出阶段性特征。新中国成立后，中共仍不断对“五四”进行纪念、诠解和运用，如通过纪念活动建构“五四”的记忆，凸显“五四”“反帝”意义以表达政治诉求，强调和扩展“五四”的“革命”传统，使之成为一种普遍性精神资源等。通过对新中国成立后十七年的“五四”纪念研究，可以看到一个政治节日在新政权建立前后的意义变化及政治运用情况。

关键词　中共　五四运动　新中国　“十七年”

五四运动是中国近现代历史上的重要事件，对近代中国的政治、思想和文化都产生了深远影响。“五四”意义的丰富和多歧使其变得复杂且耐人寻味，其重要性和复杂性也为人们提供了巨大的诠释空间，成为个人、学派和政党之间竞相诠解的文化和政治资源。中共是近现代中国最重要的政治力量之一，也是近代以来“五四”意义的主要诠释者之一，因此，对中共“五四”纪念进行研究具有重要的学术价值。目前学界对“五四”的纪念已有不少探讨，但是对新中国成立后的中共“五四”纪念还研究不足。①

---

① 学界对“五四”纪念的研究主要有罗志田《历史创造者对历史的再创造：修改“五四”历史记忆的一次尝试》，《四川大学学报》（哲学社会科学版）2000 年第 5 期；胡国胜：《论民主革命时期中国共产党对五四运动的纪念活动》，《中共党史研究》2009 年第 6 期；郭若平：《塑造新思想：建国前后北京与上海的“五四”纪念活动》，《当代中国史研究》2009 年

新中国成立后，作为执政党的中共如何纪念和定位“五四”，并赋予其新的意义；又如何借用“五四”纪念日表达自身的政治诉求？基于以上思考，本文拟对新中国成立后十七年中共的“五四”纪念进行研究，考察一个政治节日在新政权下的意义变化及政治运用情况。

一　民国时期中共对“五四”定位及诠释的演变

五四运动直接促进了中共的诞生和发展，中共也自然注重对“五四”符号意义的诠释和运用，并呈现出阶段性特征。早期有着共产主义理想的知识分子是五四运动的参与者、见证者，他们在五四运动发生后积极发文纪念“五四”。中共早期领导人李大钊在1919年“双十节”纪念中就撰文表示“双十”和“五四”“在中国革命史上是有同一价值的纪念日”，[①]赋予了“五四”“革命”的意义。国民革命时期，以国共合作为背景，国民革命是中共的主要目标之一，中共也更多地以“革命”定位“五四”，将其视为国民革命的一部分。如施存统1924年指出五四运动“实是一种伟大的国民革命运动，是国民革命运动底一大转机。其重要竟可说是等于辛亥革命”。[②]

五四运动是一场“反帝反封建”的爱国运动，其反帝争取民族独立的面向被中共视为中国近代民族革命的一部分（甚至说是开端）。张太雷1925年指出：“迨至五四运动开始，中国民族运动入了他的第三期。中国的民族

第3期；张艳：《南京国民政府初期的“五四”纪念》，《史学月刊》2013年第6期；《“青年节”抑或“文艺节”：20世纪三四十年代的五四纪念节问题探析》，《史学月刊》2015年第8期；凌云岚：《地方历史中的五四：民国时期湖南的五四纪念》，《现代中文学刊》2017年第6期；郭辉：《青年与时代：改革开放以来五四纪念话语的演变》，《兰州学刊》2019年第3期；欧阳哲生：《纪念“五四”的政治文化探幽——一九四九年以前各大党派报刊纪念五四运动的历史图景》，《中共党史研究》1919年第4期；周游：《抗战时期中共对“五四”的纪念》，《中国文化研究》2019年第2期；张艳：《五四运动阐释史研究》，博士学位论文，浙江大学，2005；杨涛：《合法性争夺与民国时期青年节的演变》，硕士学位论文，南京大学，2011；孙路遥：《史实与宣传：中国共产党人的“五四”记忆与阐释（1919—1945）》，硕士学位论文，复旦大学，2013。

① 李大钊：《双十与五四》（1919年10月26日），《李大钊文集》下卷，人民出版社，1984，第107页。

② 存统（施存统）：《“五四”运动底意义与价值——再评寿康君底“青年的浮惰”》，《评论之评论》1924年第7期，第5页。

运动自从五四运动才渐渐变成近代的民族运动——有组织的群众的反帝国主义与军阀的运动。”[①] 关于如何定位“五四”，施存统指出，“单认五四是学生爱国运动及思想革命的纪念，未免减少了五四之政治上的意义”，强调五四运动是近代中国民族革命的新阶段。[②]

既然在中共的话语里，五四运动是近代中国民族革命运动的一部分，革命青年就有必要继承和发扬“五四”的革命传统和革命精神，完成“五四”未竟的革命事业。林育英将“五四精神”总结为“反抗的精神”、“合作的精神”和“不息的精神”，[③] 并强调这是国民革命时期最需要的精神。施存统以“五四”精神鼓励青年说革命运动“决不是一天两天能成功，也不是一次两次便能成功的”，需要不断奋斗，不能因为“一时看不见表面上的成绩便灰心”。[④] 恽代英面对“五四”后中国社会混乱黑暗的现状，将矛头指向对现实社会无动于衷的青年，将五四青年与当代青年进行比较，警醒当代青年要继承“五四”的革命传统。[⑤]

从 1927 年国共合作破裂到抗战爆发的国共十年对峙时期，除了左翼知识分子发表一些有关新文化运动的纪念文章外，中共很少纪念“五四”，也没有赋予“五四”特殊的意义。直到抗战时期国共再次合作，中共又开始积极纪念五四运动，并赋予其新的意义。

抗战时期，将“五四”定位为中国抗战史的一部分就是中共赋予它的新意之一。1938 年《新华日报》的“五四”纪念日“社论”就将五四运动定位为“中国最近二十年来壮烈的反抗日寇侵略的神圣斗争的发轫”。[⑥] 潘梓年也指出，“对帝国主义，尤其是日本帝国主义的压迫侵略，举起反抗旗帜，五四虽不是第一次，却是最显明，最有理论基础的第一次”。[⑦] 中共将“五四”编入抗战史和中国“民族解放”史的谱系之中，更有利于激起民众对日本长期侵略中国的愤慨，激发民众的抗日情绪。这样，“五四”也成为中共进行抗日动员的重要资源。1938 年“五四”纪念日《新华日报》的社

---

① 太雷（张太雷）：《五四运动的意义与价值》，《中国青年》1925 年第 4 卷第 77、78 期，第 394—395 页。

② 双林（施存统）：《五四纪念与民族革命》，《向导》1925 年第 113 期，第 1043—1044 页。

③ 育英（林育英）：《五四运动的真精神》，《共进》1924 年第 61 期，第 1—2 页。

④ 存统（施存统）：《“五四”运动底意义与价值——再评寿康君底“青年的浮惰”》，《评论之评论》1924 年第 7 期，第 5 页。

⑤ 恽代英：《自从“五四”运动以来》，《中国青年》1924 年第 2 卷第 26 期，第 1—4 页。

⑥ 社论：《纪念五四》，《新华日报》（重庆）1938 年 5 月 4 日，第 1 版。

⑦ 潘梓年：《继承五四的光荣传统》，《自由中国》（汉口）1938 年第 2 期，第 190 页。

论就强调："纪念五四，我们应该继承这个光荣的反对日寇斗争的革命传统，踏着先驱者史迹，继续猛进，而贯彻完成他们所开端了的民族解放的历史使命。"[①] 1939年胡乔木在"五四"纪念日也强调"每一个青年应该学习五四英雄的模范，坚持一定的立场，坚持为国家民族的彻底独立解放而奋斗到底，奋斗到死"。[②]

民主与自由是"五四"的另一个重要面向，中共在抗战时期的"五四"纪念中，借"五四"民主和自由意义的凸显，对国民党的独裁集权予以批评，为自身争取更多的政治空间。《抗战日报》强调"五四"的民主意义，对国民党的"罪行"进行抗议，指出应本着"'五四'民主运动的民主主义精神，反对武断独裁，争取民主自由"。[③] 胡绳总结"五四"后的历史经验，表示只有自由才能保证思想学术的进步和民族精神的发扬。在"宪政即将实施的时候，我们不能不切实地主张在不违背抗战建国的总原则下的思想自由，言论自由，讲学自由，出版自由！"[④]

在国共内战时期，中共一方面继续凸显"五四"民主、自由的面向，将"五四"符号作为消解国民党政治合法性与中国国民党斗争的一个政治资源，另一方面继续强调自身与"五四"的关系，以凸显自身的政治合法性。如陈伯达在1948年的"五四"纪念日就指出五四运动最伟大的意义，是"知识分子与工人运动相结合，由此就出现了以毛泽东同志为代表的中国无产阶级政党——中国共产党，由此就出现了以毛泽东思想为集中代表的马克思列宁主义与中国革命实践相结合"。[⑤] 在陈伯达的叙述里，"五四"与中共紧密地结合在一起，从而凸显了"五四"的历史地位和意义。

经过三年多的国共战争，1949年初国民党败局已定，新中国成立在望。此时，中共对"五四"意义也出现了新的诠释。是年"五四"纪念日，田家英对"五四"的民主与科学意义进行强调，赋予了"民主"、"科学"新的内涵。他指出，"我们要实现的民主，就是以工农为基础的人民的民主；我们所追求的科学，就是建设工业化的人民国家的科学"。[⑥] 田家英对"五

---

① 《纪念五四》（社论），《新华日报》（重庆）1938年5月4日，第1版。

② 胡乔木：《青年要发扬五四爱国精神》，《解放》1939年第70期，第28页。

③ 《纪念"五四"二十二周年和第三届中国青年节》（社论），《抗战日报》1941年5月7日，第2版。

④ 胡绳：《由纪念五四想到思想自由》，《全民抗战》1940年第121期，第1829页。

⑤ 陈伯达：《五四运动与知识分子的道路》，《冀中教育》1949年第2卷第3期，第55页。

⑥ 田家英：《五四与今天》，《中国青年》1949年第7期，第25页。

四”的新诠释，预示了一个新时代的到来。

民国时期中共对“五四”的定位和诠释，是与时代的要务紧密联系在一起的，中共在不同时期不断凸显“五四”的时代意义，呈现了一个多元开放的“五四”符号，也丰富了“五四”的历史意义。1949年中华人民共和国成立后，中共对“五四”的纪念又出现新的特征。

二　新中国成立后十七年间的“五四”纪念活动与“五四”记忆的建构

纪念活动是一种后人意在表达某种情感和内心诉求的纪念形式，也是时人与过往事件建立联系的一种表象纽带。“五四”的纪念活动在“五四事件”发生后次年就开始进行并持续至今。中华人民共和国成立后，每年举行“五四”纪念活动也是一种常态，且逢五逢十大庆。这些纪念活动形式多样，类型繁多，但是纪念活动的主要目的在建构人们对往昔的记忆，激发人们的爱国主义情绪，进一步建构中共的政治合法性，也有以纪念活动为载体来凸显当下要务的目的。当然，这种对往昔的回忆和重述也会根据时代的需要被不断建构。

在“五四”纪念日，由亲历者对五四运动史实和意义进行讲述及诠释是纪念会的一项重要活动，这也是重构“五四”记忆的一种重要方式。新中国成立后，当年五四运动的许多参与者留在大陆，他们是活着的“五四”记忆，也是“五四”纪念活动中受邀给大家讲述“五四”历史和意义的常客。例如，1950年北京大学举行的“五四”纪念活动中，就邀请“五四”的亲历者许德珩来讲述自己参与“五四”的经历。[①] 许德珩还于5月4日当天在北京广播电台向全市人民讲述“今年纪念‘五四’的意义和对‘五四’的几点回忆”。[②] 是年上海的“五四”青年节，包括工人、学生、军队和郊区农民一万四千余人在跑马厅举行盛大的晚会，邀请曾经参加五四运动的复旦大学教授周予同向大会报告五四运动及其意义。[③] 又如，在1962年中国人民大学语言文学系、新闻系和历史档案系的联合纪念会上，中国人民

① 《在历史晚会上徐特立讲“五四”领导问题　许德珩讲“五四”历史回忆》，《光明日报》1950年5月6日，第4版。

② 《京市广播电台“五四”节目预告》，《人民日报》1950年4月30日，第4版。

③ 《万余青年欢聚跑马厅热烈庆祝青年节》，《解放日报》1950年5月4日，第1张。

大学校长吴玉章讲述自己参加五四运动的亲身经历和体会，以及五四运动的伟大意义。吴玉章勉励青年们向革命前辈学习，继承和发扬五四运动彻底不妥协的革命精神。[①] 由于时代、环境和身份等因素的限制，讲述者在讲述“五四”的历史及意义时常常带有各种目的及诉求，对自己的经历也可能进行增删，再加之年代久远，记忆容易失真，所以回忆是否真实是存疑的，但是“五四”亲历者的讲述往往能给人一种身临其境、重访“五四”的感觉。

在新中国十七年的“五四”纪念活动中，除了由五四运动的亲历者讲述“五四”的历史和意义之外，也经常举办“五四”相关史料的展览。这些通过文字或图片的形式对往昔的呈现和“回放”，也是传播和构建“五四”历史记忆的一种形式。如 1950 年的“五四”纪念日，为纪念五四运动 31 周年举办的中国青年运动史料展览中，就展出了五四运动以来中国青年的革命运动史料。[②] 这次史料展览共展出 1050 张照片和 2053 件实物，其中就有 1919 年五四运动爆发后《救国日报》头版所刊载的山东问题材料，五四运动参与者提出的打倒卖国贼曹汝霖、章宗祥、陆宗舆等人的口号。[③] 1959 年天津市的“五四”纪念活动，在五四运动革命史展览会上展出了五四时期的许多传单、宣传品、群众大会的决议，有关文件、电报，当时天津工人罢工、学生罢课和商人罢市的文件和照片等。这些照片中有周恩来、马骏、邓颖超等人在天津组织的觉悟社社员合照，1919 年 10 月 10 日天津市爱国游行示威的照片，天津抵制日货时群众示威游行的照片，以及周恩来亲笔草拟的天津学生罢课宣言，等等。除此之外，展览会还介绍了四十年前五四运动席卷全国的概貌。展品中，有北京和全国各地在 1919 年 5 月巴黎和会期间进行反帝爱国斗争的电文、传单、来往信件等。[④] 这些展示的五四运动资料都非常珍贵，也都非常直观形象地向人们展示了五四时期的历史图影，并向时人传递了五四时期的鲜活记忆。

在五四运动的纪念活动中，“五四”相关史料的展览是构建“五四”记忆的一种方式，而对“五四”历史的研究、报告和讲座等则是构建“五四”记忆的另一种途径。不像“五四”亲历者们的现身说法、讲述自己所见的

---

① 《继承和发扬“五四”运动的革命精神》，《人民日报》1962 年 5 月 5 日，第 1 版。

② 《文化部等机关联合发出启事征集五四以来青年运动史料》，《光明日报》1950 年 4 月 23 日，第 4 版。

③ 柏生：《记中国青年运动史料展览》，《人民日报》1950 年 5 月 11 日，第 3 版。

④ 《天津市举办“五四”运动革命史展览会》，《人民日报》1959 年 5 月 5 日，第 2 版。

五四运动，研究、报告等是在充分收集相关史料的基础上对五四运动历史的建构，是从学术研究的角度看待五四运动的历史，但无论如何这也是百年来承载和传播“五四”记忆的一种重要形式。例如，1954 年的“五四”青年节，青年团重庆市委员会就举办了介绍五四运动历史的“青年讲座”，向广大青年介绍和宣传五四运动的历史。[①] 又如，1959 年上海知识界举行座谈会纪念“五四”40 周年，中国科学院上海历史研究所的徐崙就详细地介绍了五四运动在上海的情况。[②] 再如，1961 年的“五四”纪念活动中，北京大学历史系校史编写小组青年教师在会上报告了北大学生在五四运动中向帝国主义和封建势力进行斗争的历史。[③] 是年“五四”纪念日，《中国青年报》还刊发了北大历史系 1956 级学生编写的《“五四”运动中的北大学生》资料，[④] 等等。这些研究、报告等极大地丰富了“五四”的内容，也为后人系统地认识“五四”提供了基础。

除了上述“五四”纪念活动之外，新中国成立后十七年的“五四”纪念日还有联欢会、游园会等纪念活动，这些活动形式不一，主题也各式各样，但在“五四”纪念日讲述“五四”历史、构建“五四”的记忆、提炼“五四”的意义和价值无疑是“五四”纪念活动的主要内容。这些活动将人们在“五四”纪念日这个特殊的时刻集中在一起，也为人们共同了解“五四”的历史、感知“五四”的记忆提供了条件。当然，“五四”纪念日也体现出强烈的时代特色，是时人凸显时代要务、表达政治诉求的重要场域。

三　对“五四”“反帝”意义的强调与政治诉求的表达

1919 年发生的五四运动是一场“反帝反封建”的爱国主义运动，这也是毛泽东对五四运动的一个重要定位。[⑤] 五四运动的这一特质使“反帝爱国”成为其众多意义中的一个重要面向。“五四”的“反帝爱国”意义贯穿整个现代中国始终，如在民国时期的“五四”纪念中，其“反帝”意义就被始终强调。国民革命时期，在“打倒列强除军阀”的背景下，中共的“五四”纪念

① 《全国各大城市青年积极筹备迎接“五四”》，《人民日报》1954 年 4 月 29 日，第 3 版。
② 《不断改造思想紧紧跟上时代》，《光明日报》1959 年 5 月 6 日，第 2 版。
③ 《发扬“五四”时代的革命精神》，《人民日报》1961 年 5 月 5 日，第 4 版。
④ 《“五四”运动中的北大学生》，《中国青年报》1961 年 5 月 4 日，第 3 版。
⑤ 毛泽东：《五四运动》，《解放》1939 年第 70 期，第 9 页。

凸显了强烈的“反帝”意义；抗战时期由于日本对中国的侵略，中共尤为强调“五四”的“反帝”抗战意义，[①] 注重“五四”符号中民众动员的价值。新中国成立后，虽然中国民族独立的目标基本完成，但是当时美苏冷战的国际局势、美国对新政权的虎视眈眈使中国人民心有余悸，仍将反对帝国主义的干涉和侵略作为当时中国人民的一个基本目标，因此，“五四”意义中“反帝”的爱国主义面向在“五四”纪念中仍被反复强调，且成为动员民众和表达政治诉求的一种重要政治资源。

在新中国成立后的“五四”纪念中，对“五四”反帝爱国意义的强调都与当时中国的政治、外交等紧密相关，这也表现了“五四”符号强烈的时代特色。如在抗美援朝期间，反帝抗美的呼声日渐高涨，民众动员也如火如荼，此间“五四”纪念活动中的反帝爱国主义面向也被不断强调。1951 年的“五四”纪念“宣传提纲”就指出，“五四”爱国运动的目的在于彻底打倒压迫中国人民的帝国主义和封建势力，把中国变成一个“独立、民主、和平、统一和富强的新中国”。纪念“五四”不仅能激发中国人民的爱国之情，也能使我们“更加仇恨中国人民的敌人，更加仇恨帝国主义者和国民党反动派，也就更能加强我们抗美援朝、保家卫国的决心”。对于如何纪念“五四”，“宣传提纲”提出的一个重要方式就是继续普及深入抗美援朝运动。[②]《光明日报》在“五四”纪念日的社论中也指出“五四”“是一个反帝国主义的人民爱国运动的节日”，强调今天纪念“五四”，首先应该继续发扬五四运动的爱国主义精神，普及深入抗美援朝运动。[③]

中共在“五四”纪念日对“五四”反帝爱国意义的强调，将历史和现实紧密地联结在一起，一方面展现了中国人民强烈的反帝爱国主义传统，另一方面也表达了中国人民抗击帝国主义侵略、维护国家统一和安全的坚强决心。此时有与中国国家利益直接相关的抗美援朝、平定西藏叛乱等重大历史事件，也有对第三世界国家反帝爱国运动的声援，如 1960 年中国对土耳其反对独裁统治和美帝国主义的声援。20 世纪 50 年代，土耳其一直处于曼德列斯的统治下。曼德列斯政府得到美国的扶持，在内政外交上一直唯美国马首是瞻，在国内实行独裁统治。为反对独裁统治和美国对土耳其内政外交的干涉，1960 年 4 月土耳其各大城市相继爆发大规模反对曼德列

① 社论：《纪念五四》，《新华日报》（重庆）1938 年 5 月 4 日，第 1 版。

② 《“五四”青年节宣传提纲》，《人民日报》1951 年 4 月 19 日，第 1 版。

③ 社论：《继续发扬“五四”爱国运动的精神》，《光明日报》1951 年 5 月 4 日，第 1 版。

斯卖国独裁的爱国示威运动，要求结束曼德列斯的统治，遭到曼德列斯政府的血腥镇压。

在是年的“五四”纪念活动中，中国人民唤起对五四运动反帝爱国主义运动的记忆，将其作为声援土耳其反帝反独裁爱国运动的历史资源，并以此表达自身的政治诉求。全国各主要城市各界人民都举行了盛大的集会，声援土耳其人民的反帝爱国运动。其中北京各界人民就有5万多人。[①]“五四”纪念日当天，《人民日报》在声援文章中回忆了41年前中国爆发的反对帝国主义侵略、封建官僚卖国的五四爱国运动，其中北京学生高呼“外争国权，内惩国贼”的口号得到全国人民的响应。

反帝爱国是“五四”意义中一个重要面向，这一意义也使五四运动在中华人民共和国成立后的“五四”纪念中被不断强调，成为中国人民唤起历史记忆、表达政治诉求的一个重要历史资源。不过，“五四”是一个意义丰富具有多重面向的历史符号，其意义不止“反帝”爱国一项，在此间的“五四”纪念中，“五四”的其他意义也被不断强调，成为可以利用的历史资源。

四　对“五四”“革命”传统的强调、意义扩展及运用

“五四”是一个具有众多面向的政治符号，也是一个不断为时人提供价值和意义支持的传统资源。五四运动爆发后，中共将“五四”纪念日定位为“革命”的节日，将五四运动视为一场革命运动，赋予了“五四”强烈的“革命”意义，[②]“革命”也被中共视为五四运动的一个重要传统。中华人民共和国成立后，“五四”的“革命”传统仍然被不断强调，且被用在更为广泛的领域之中。

中共将五四运动视为一场革命运动，原因之一就在于五四运动那种“彻底的、不妥协的”精神。对五四运动的这一特质，毛泽东在《新民主主义论》中就指出五四运动杰出的历史意义在于它带着为辛亥革命还不曾有的姿态，这就是彻底的、不妥协的反帝国主义与反封建。[③]胡绳指出，五四

---

① 《北京、上海、天津、武汉、广州等十几个城市人民盛大集会》，《人民日报》1960年5月5日，第1版。

② 参见周游《抗战时期中共对“五四”的纪念》，《中国文化研究》2019年第2期，第7页。

③ 毛泽东：《新民主主义论》，《解放》1940年第98、99期，第37页。

运动这种彻底的、不妥协的精神是“五四”以来中国新文化运动一个最主要的优良传统。[①]“五四”这种彻底的、不妥协的传统也被中国共产党称为“五四”的“革命”传统。

五四运动“革命”传统中所体现的彻底的、不妥协的精神在新中国成立后也被不断提及和运用，如上文中所论述的对“五四”反帝爱国意义的强调，就将“五四”的反帝爱国意义作为当时反对帝国主义的一种历史资源。“五四”的“革命”传统不只是彻底的、不妥协的反帝反封建精神，它还体现在思想文化方面的突破和创造上，比如胡绳在谈论五四时期的思想文化时，就指出由于五四运动具有革命的彻底性，“当时的文化思想战线显得非常生动活泼，充满了勇敢的批判精神和大胆的创造精神”。[②]

上面提及的反帝反封建、思想文化的批判及创造与五四运动直接相关，将“五四”的“革命”传统与它们进行联结也是应有之义。不过，在新中国成立后，随着中国人民工作重心的转变、“革命”意义的不断扩展，“五四”“革命”传统的使用范围也不断扩展，“五四”“革命”传统中那种彻底的、不妥协的精神也成为时人从事诸事时可资利用的一种普遍性精神资源。这样，此间的“五四”纪念中，倡导继承和发扬“五四”的“革命”传统已经成为一种常态。如上海市市长陈毅在1950年的“五四”纪念日讲话中，就一再勉励上海青年和青年团员发扬“五四”光荣的“革命”传统，坚持学习和坚守岗位，协助人民政府克服困难。[③] 1951年“五四”青年节，《解放日报》在社论中号召华东的广大青年继承五四运动的革命斗争传统，更紧密地团结起来，为新民主主义的彻底实现而奋斗。[④] 1962年在中国人民大学举办的“五四”纪念大会上，吴玉章发表讲话，勉励青年们向革命前辈学习，继承和发扬五四运动彻底的、不妥协的革命精神，树雄心立大志。[⑤]

在以上三则史料中，“五四”“革命”传统中“彻底的、不妥协的”意义得以扩展，在“彻底的、不妥协的”意义的基础上，“五四”的“革命”传统意义衍生了面对困难时顽强拼搏、敢于胜利、团结进步等内容。而且，“五四”的“革命”传统意义从最初与之相关的政治、文化领域向经济、生

① 胡绳：《五四文化运动中的革命精神》，《光明日报》1950年5月7日，第1版。

② 胡绳：《五四文化运动中的革命精神》，《光明日报》1950年5月7日，第1版。

③ 《热烈庆祝青年节　上海万余青年集会》，《人民日报》1950年5月6日，第3版。

④ 《继承“五四”运动的革命传统》（社论），《解放日报》（外埠版）1951年5月4日，第1张。

⑤ 《继承和发扬“五四”革命传统》，《光明日报》1962年5月5日，第1版。

活方面扩展，继承和发扬“五四”的“革命”传统也被运用在更多的方面，这在“大跃进”开始后表现得尤为明显。

中共在新中国成立后对“五四”“革命”传统的强调和运用，使“五四”的意义更加丰富多元，也使“五四”的“革命”意义突破政治、文化的界限，运用于经济、生活领域，成为一种能为更多人利用的普遍性的精神资源。

五 结语

“五四”是一个意义丰富且具有多重面向的政治符号，其重要性和复杂性也为人们提供了巨大的诠释空间，成为近代以来个人、学派和政党之间竞相诠解的政治资源。早期中共党人是五四运动的参与者、见证者之一，中共也是近代以来“五四”意义的主要诠解者，五四运动更是促进了中共的诞生和发展，因此，中共对“五四”的纪念格外重视，尤其是新中国成立后中共作为执政党对“五四”的纪念更有意义。在民国时期，由于时代主题的变化，中共对“五四”的纪念呈现出阶段性的特征，并不断赋予“五四”新意。新中国成立后，中共面临的国情与奋斗目标大为改变，对“五四”的纪念也体现出新的特征，如通过纪念活动建构“五四”记忆、凸显“五四”的“反帝”意义以表达政治诉求、强调和运用“五四”的“革命”传统使之成为一种普遍性可资利用的精神资源等。中共对“五四”的纪念、诠解和运用，也让我们看到一个政治节日在新政权成立前后意义的变化及政治运用情况。

（作者单位：湖南师范大学历史文化学院暨中国思想史研究所）

主持人语（章清）

本期专栏收录的两篇专论，涉及的是与近代中国大学成长息息相关的问题——系科的发展，分别关注北京大学政治学课程体系的建立与演变、中央政治学校地政学院主导的地政学科的发展。

以分科为标志的近代学科知识的成长，牵涉的环节颇多，但大学设立相关系科，无疑是关键一环，无论中外，均将此视作“学科的制度化”的体现。沃勒斯坦（Immanuel Wallerstein）即指明，19世纪后半叶主要有三种方法促成了学科的制度化：大学以学科名称设立学系（或至少设立教授职位），成立国家学者机构（后来更成立国际学者机构），图书馆亦开始以学科作为书籍分类系统。当然，具体到不同的国度、不同的学科，在成长的线索上又大相径庭。

中国近代大学的建设成效，也有必要结合相关系科的建设加以检视。桂运奇《从经世到学术：北京大学政治学课程体系的建立与演变》，考察的是北京大学政治学课程体系的建立过程。京师大学堂时期开设的“政治科”，即基于“造就经世通才”开始规划相关课程；1910年“政治门”的设立，则标志着北京大学政治学本科教育的肇端。进入民国以后，对“学术”的重视，使政治学系的课程设置又体现为兼重“宽大基础”与“专门研究”，进而由“基本学问”转向“高深学术”。由此，该文也揭示出，现代政治学课程体系在北京大学的建立与演进，是域外政治学知识援外入中的结果，主导这些改变的，是学派转化与制度规训等诸多因素。殷雪萍《民国地政学的早期展开——以中央政治学校地政学院为中心（1932—1940）》，关注的是当下较为陌生的“地政学”，然由其所关联的土地经济学、土地法学等领域，则自能了解其重要性。文章指出，以中央政治学校附设地政学院为中心，结合中国地政学会、地政月刊社而组成的学术团体，不断推进地政学科的成长。并且，在实践层面也产生了重要影响，成为国民政府推行土地改革的重要指导。由此，民国时期地政事业也展示出政治与学术共谋的特质，表明学术与政治之间，在紧张和对峙之外，尚有亲近与相互依存的层面。

从经世到学术：北京大学政治学课程体系的建立与演变*

桂运奇

内容提要 京师大学堂是清末“中体西用”论与传统经世致用思想相结合的产物，其立学宗旨是培养体用兼备的经世人才，当局选择经由日本输入的国家学作为京师大学堂法政教育的主体，力求法政教育服务于国家治理。进入民国，蔡元培在北京大学及法科推行一系列的学科制度改革，引导注重学术的教育取径。同时，周鲠生等英美派教师在执掌政治学系时，将课程设置改为兼重“宽大基础”与“专门研究”。1930 年代后，课程设置基本不出 20 年代的课程体系范围，开始由“基本学问”转向“高深学术”，学术化课程日益增多。

关键词 北京大学　京师大学堂　政治学系　课程体系

大学史和学科史近年来已成为学术热点，以学术机构或学系为视角的研究正悄然兴起，并成为受到学术界青睐的一种研究方法和路径。北京大学政治学系在中国大学政治学教育及政治学研究史上的地位和影响毋庸置疑，① 不过，现代政治学是如何传入中国，如何在北大等中国新式教育机构

* 本文为教育部人文社会重点研究基地重大项目“近代大学与中国政治”（项目号：15JJD770010）阶段性成果。

① 俞可平《中国政治学百年回眸》一文指出，京师大学堂开设政治科，“是中国大学设立的第一门政治学课程”（《紫光阁杂志》2001 年第 2 期）；赵宝煦《中国政治学百年历程》一文认为，“京师大学堂课程中的‘政治科’，是中国在大学中开设的第一门政治学课”（《东南学术》2000 年第 2 期）；何子健《北大百年与政治学的发展》一文则称“北大是中国政治学的发源地”，“政治学与北大可谓政治学与现代中国”的缩影（《读书》1999 年第 5 期）；孙宏云《中国现代政治学的展开：清华政治学系的早期发展（1926—1937）》一书认为，相较于清华政治学系而言，从现代中国政治学科演进的较完整过程来看，“北大政治学系无疑更具代表性，应对其进行系统研究”（三联书店，2005，第 7 页）。

确立起自身的学科地位与课程体系，其背后潜在的学派转化与制度规训到底是一种怎样的形态，这一切都需要依据史实来加以揭示。

一 “造就经世通才”：京师大学堂时期政治学课程的设置情况及其学科背景

北京大学的政治学教育可追溯至京师大学堂时期。1898年6月11日，光绪帝颁布“定国是诏”，指出“京师大学堂为各行省之倡，尤应首先举办”，并谕令“军机大臣、总理各国事务王大臣，会同妥速议奏”。[①] 6月26日，复令“军机大臣、总理各国事务王大臣会同议奏，即着迅速复奏，毋再迟延”，“倘再仍前玩愒，并不依限复奏，定即从严惩处不贷”。[②] 后者随即奏拟《大学堂章程》八十余条，恭呈御览。9月21日，戊戌政变爆发，10月1日，谕令声明保留大学堂。

按照《大学堂章程》规定，大学堂应为三级制，“今当于大学堂兼寓小学堂、中学堂之意，就中分列班次，循级而升”。立学宗旨则，“中学，体也，西学，用也。二者相需，缺一不可，体用不备，安能成才”，标举“中西并重，观其会通，无得偏废”的义理。学堂功课方面，参照日本学校所开课程种类，分为“溥通学”和“专门学”各十门，外加英、法、俄、德、日五门外语课。“溥通学”包括经学、理学、初级政治学、初级地理学等。学生应将“溥通学”全部学完，然后每人可以各学习一门或两门“专门学”。“专门学”包括高等算学、高等政治学（法律学归此门）、高等地理学等。[③] 初级政治学、高等政治学课程的出现，说明京师大学堂在规划之初已将政治学视为一个专门学科。

1898年12月31日，大学堂正式开学。[④] 由于戊戌政变刚刚结束，时局艰难，开学之初“学生不及百人”，无法分科设堂，至“己亥秋，学生招徕

① 《光绪二十四年四月二十三日为举办京师大学堂上谕》，北京大学校史研究室编《北京大学史料》第1卷，北京大学出版社，1993，第43页。

② 《光绪二十四年五月初八日为开办京师大学堂上谕》，北京大学校史研究室编《北京大学史料》第1卷，第43页。

③ 《总理衙门奏拟京师大学堂章程》，北京大学校史研究室编《北京大学史料》第1卷，第82页。

④ 《学堂纪事》，《申报》1899年1月17日，第1版。

渐多，将近二百人，乃拨其尤者，别立史学、地理、政治三堂”。[①] 在此，政治学课堂首次出现。次年7月17日，因首任管学大臣孙家鼐遭御史吴鸿甲弹劾离职，总教习许景澄接任管学大臣，后者于1900年2月18日上奏朝廷报告自己任职半年来的办学成效，其中一项成绩是设“专门讲堂，史学、政治、舆地，计三处”。[②] 这是文献中首次提到京师大学堂设有政治学“专门讲堂”，表明政治学正逐步独立出来，变成学校教育中的一个专门学科。

1900年7月京师大学堂因庚子之变被迫暂停，1902年张百熙受命出任官学大臣，开始着手恢复京师大学堂的日常工作。张百熙主持制定了《钦定学堂章程》，规定大学堂内设大学院、大学专门分科及大学预备科，附设仕学馆、师范馆。大学专门分科略仿日本例，分为政治科、文学科、农学科等七科，其中政治科下设政治学、法律学二目。在此，政治学“专门讲堂”改成政治学“目”。[③] 不久张之洞等人又重新修订京师大学堂章程，制定了《奏定大学堂章程》。该章程规定大学堂分科大学分为经学科、政法科、文学科等八科，其中政法科大学分为政治门和法律门。在此，政治学“目”又进一步演变为“政治门”。[④] 1910年3月31日，包括政法科“政治门”在内的京师大学堂分科大学正式开学，[⑤] “政治门”的设立标志着北京大学政治学本科教育从此开始。

1902年京师大学堂重新开办后，因缺少生源，分科大学并不急于创办，而仕学馆则开办在即，故《钦定大学堂章程》并没有制定详细的分科大学课程，但对仕学馆课程有比较具体的规定，而事实上这一阶段大学堂的法政课程也主要是在仕学馆讲授。仕学馆课程包括算学、政治学等十一门。[⑥] 仕学馆生源多为“已入仕途之人”，所以课程“趋重政法”，如交涉学讲授内容包括公法、约章使命交涉史、通商传教，政治学讲授内容包括行政法、国法、民法、商法。可见当时的课程基本都是关于政事和法律，且时人的

---

① 喻长霖：《京师大学堂沿革略》，朱有瓛主编《中国近代学制史料》第1辑下册，华东师范大学出版社，1989，第684页。

② 《吏部左侍郎许景澄奏覆大学堂功效折》，北京大学、中国第一历史档案馆编《京师大学堂档案选编》，北京大学出版社，2001，第87页。

③ 《钦定大学堂章程》，北京大学校史研究室编《北京大学史料》第1卷，第87页。

④ 《奏定大学堂章程》，北京大学校史研究室编《北京大学史料》第1卷，第97页。

⑤ 《学部奏分科大学开学日期片》，北京大学校史研究室编《北京大学史料》第1卷，第202页。

⑥ 仕学馆课程包括算学、博物、物理、外国文、舆地、史学、掌故、理财学、交涉学、法律学、政治学。《钦定大学堂章程》，北京大学校史研究室编《北京大学史料》第1卷，第87页。

分科观念“政治学”尚属于法律的一部分。1904 年颁发的《奏定大学堂章程》对设置分科大学做了规划，且具体规定了各科各门所应修习的科目。其中政法科“政治门”科目设置分 15 门主课及 4 门补助课。[①] 这份“政治门”课程设计意义非同寻常，它是北京大学历史上乃至中国高等教育史上第一个较为系统的本科政治学教育课程规划。

仕学馆和政治门的课程设置有一个很明显的特征就是内容广泛、讲究致用，涉及政治制度、警察监狱、军政、财政、教育、地理、科技、外语、法律、统计、外交等与国家活动和社会管理相关的方方面面，可谓囊括了“中西各门政治之学”。[②] 这一现象显然与清政府的立学宗旨有关，清政府创办京师大学堂的目的就是培养体用兼备的经世人才，大学堂以“各项学术艺能之人才足供任用为成效”，以“端正趋向，造就通才为宗旨”。[③] 于是入校学员被当局要求“以明彻今日中外大局，并于法律、学校、理财、交涉、农、工、兵、商八项政事，皆能知其大要为成效”，“所列各科学，均系当官必须通晓之学”。[④] 可见，培养“博通”的经世人才是当局创办大学堂及开设相关政治学课程的主要目的，至于学术人才的养成，当局也不是没有考虑，如大学堂章程就明确表示会设立大学院，“大学院为学问极则，主研究不主讲授”，“以中国学术日有进步，能发明新理以著成书为成效”，然而囿于时局、经费、人事艰难，这一目标流于画饼，直到 1920—1930 年代才得以逐步实现。

政治学课程设置内容广泛、讲究致用，除与清政府的立学宗旨有直接关系外，其更深层次的学科背景则要追溯至经日本输入的欧陆政治学。1898—1911 年，京师大学堂前后三次聘请法政教员，[⑤] 其中中国教员基本上是留日学生，如林棨、王家驹、嵇镜、程树德、王基磐，其余多自德、法等欧陆国家留学归来。聘请的外国教员大部分为日本学者，其余基本来自欧陆国家。如此，北京大学的政治学课程设置一开始就是以日本和欧陆为

① 政治门科目主课包括政治总义、大清会典要义、中国古今历代法制考、东西各国法制比较、全国人民财用学、国家财政学、各国理财史、各国理财学术史、全国土地民物统计学、各国行政机关学、警察监狱学、教育学、交涉法、各国近世外交史、各国海陆军政学；补助课包括各国政治史、法律原理学、各国宪法民法商法刑法、各国刑法总论。《大学堂章程》，北京大学校史研究室编《北京大学史料》第 1 卷，第 97 页。

② 苑书义等主编《张之洞全集》第 2 册，河北人民出版社，1998，第 1483—1502 页。

③ 《大学堂章程》，北京大学校史研究室编《北京大学史料》第 1 卷，第 97 页。

④ 《奏定进士馆章程》，北京大学校史研究室编《北京大学史料》第 1 卷，第 153—156 页。

⑤ 萧超然等主编《北京大学政治学与行政管理系系史（1898—1998）》，北京大学政治学与行政管理系印，1998，第 83 页。

榜样。德国人所说的政治学是纯粹研究主权概念、国家权力和经济政策的学问，所以“德国的大学中没有政治学的分门”，“盖德人之观念，政治无他，不属于经济则属于法律，大学生用的两种教本是：一为学理，一为政策”。[①] 法国的政治学则被设想为与管理国家事务的技能有关的各种学科，甚至包括外语。[②]“法兰西之国政学堂，专教出使、治政、理财、理藩四门，而四门之中，皆可兼习商务经世大端，博通兼综。”[③] 可见，以德、法政治学为代表的欧陆政治学是国家干涉主义的反映，凡是与国家现象相关的知识皆属于政治学，可以覆盖经济、法律等很多方面，学科内容自然是非常广泛且富有实用色彩。

明治日本所建立的中央集权官僚政制实模仿德国，在政治学科设置方面也就主要受德国学科体系影响。被誉为日本科学的政治学创始人、近代日本国家学派代表性人物的小野塚喜平次曾留学德、法且深受德国国家学影响，他说，“日本向来多在广泛意义上将国家学和政治学加以通用”，政治学的内容分“纯理研究，如政治史、政治统计、政治地理、国法、行政法、国际公法、国家原论”。“应用研究，如政策原论、行政学、经济学之政策论。”[④] 1901 年，清政府宣布实行“新政”，接连派遣大臣和学生东渡日本取经，此时清政府看到了德国国家学说被明治日本采纳后对其建设现代官僚国家所产生的巨大理论价值，希望通过自日本引入的德国国家学来指导自身建立一个与日本乃至德国相似的现代官僚体制国家。于是，德日政治学学科规划迅速被京师大学堂及各地法政学堂模仿，再配合当局培养体用兼备经世通才的办学主旨，最终形成了北京大学政治学课程早期偏重博通、致用的课程特点。

二　先“宽大基础”后“专门研究”：英美派教师的课程改革及其学科背景

辛亥革命爆发后，学界停散，学期延误，各科学生多有散去未尽归来

① 马亮宽、王强选编《何思源选集》，北京大学出版社，1996，第 135 页。

② 〔美〕格林斯坦、波尔斯比编《政治学手册精选》上卷，竺乾威等译，商务印书馆，1996，第 26—36 页。

③ 盛宣怀：《奏陈开办南洋公学情形疏》，舒新城编《近代中国教育史料》第 1 册，中华书局，1928，第 36—40 页。

④ 孙宏云：《小野塚喜平次与中国现代政治学的形成》，《历史研究》2009 年第 4 期。

者，京师大学堂一时被迫停办。1912年2月25日，袁世凯令："所有京师大学堂总监督事，由严复暂行管理。"[①] 5月3日，北京政府又批文改京师大学堂为北京大学校，大学堂总监督亦改称大学校校长，这样严复成为北京大学首任校长。严复长校后立即"召集职员复开教员会议，提议各科改良办法"，"各科科目均有更改闻尤以法政科最甚"。[②] 此时严复接手的北京大学实为一烂摊子，"大学的内容缺点，久为社会所洞悉"，社会"咸有不满之意"，为此严复起草了《分科大学改良办法说帖》，希图补救。

在这个说帖中，严复就法科改良办法提出了几点建议。第一，为防止学生"新旧参差，教法不能一致"，对于前清入学学生，"拟缩短原定学期"，"每门各择一二主要学科择要讲授"，计划将旧班于当年底结束，让学生提前毕业。第二，前清时期，大学堂政治门、法律门分别用英文、法文教授，且授课内容为外国法律、政策等。严复注意到"各国法律学校无不以本国法律为主者"，提议"以本国法律为主课，用国文教授"，而外国法律只应为辅助课，可用英文、德文授课。第三，严复认为"约法及参议院法皆现行之法律"，"皆学者所当购贯"，"外国法律与吾国前朝成宪，只以借资考镜，研究法理而已，不能作为主要科目也"。[③] 严复的上述观点实际上为后来北京大学政治、法律学科的本土化、社会化奠定了认识基础，或者说至少成为一种先见之明。由于政治、人事、经费纠葛，严复与以蔡元培为首的教育部矛盾冲突不断，心灰意冷，旋即隐退，[④] 但他在北京大学及政治学科早期历史的发展进程中所起到的作用不容忽视。

1916年12月，蔡元培被大总统黎元洪任命为北京大学校长。此时的北大实际情况是，"学校像个衙门"，不少教师"不学无术，一心只想当官"。[⑤] 学生"求学于此者，皆有做官发财思想，故毕业预科者，多入法科"，"盖以法科为干禄之终南捷径也"。[⑥] 鉴于学校的这种现状，蔡元培上任伊始就着

---

① 《教育部总长呈荐任大学校校长等文》，王学珍、郭建荣主编《北京大学史料》第2卷上册，北京大学出版社，2000，第3页。

② 《燕京零拾》，《申报》1912年4月8日，第2版。

③ 严复：《分科大学改良办法说帖》，王学珍、郭建荣主编《北京大学史料》第2卷上册，第30页。

④ 皮后峰：《严复辞北大校长之职的原因》，《学海》2002年第6期。

⑤ 顾颉刚：《蔡元培先生与五四运动》，中国人民政治协商会议北京市委员会文史资料委员会编《文史资料选编》第3辑，北京出版社，1979，第47页。

⑥ 蔡元培：《就任北京大学校长之演说》，高平叔编《蔡元培全集》第3卷，中华书局，1984，第5页。

手校务改革，并将矛头对准法科。他主张“学”、“术”分校，理由是“文、理，学也”，“治学者可谓之大学”；“法、商、医、工术也”，“致术者可谓之高等专门学校”。[①] 按此“学”、“术”区分的标准，法科属于“术”和“高等专门学校”的范畴，应该予以独立。蔡元培也确实计划裁去法科，使之与国立北京法政专门学校合并，但终因“多人反对，故仍存留”。[②] 蔡氏分出法科的计划一方面是由于他对法科官僚腐化现状的反感与厌恶，另一方面与其对“学”、“术”性质不同的看法有关。

1919 年，北京大学改革学科组织，决定在注重学理不在应用的前提下，废除文、理、法科之名，废门改系分组。在 12 月 3 日评议会通过的《国立北京大学内部组织试行章程》中，大学本科被分为五组十八系，其中政治学系、法律学系、经济学系、史学系属于第五组。[③] 这一新的学制改革方案，形式上要促使各系在各自学科所列科目基础上，多汲取其他学科的科学知识，“融通文理两科界限”，进而“得完全明确之精深学术，专为养成学者”。[④] 它是蔡元培“学”、“术”分校思想在学科组织方面的具体延伸。在此，“政治学系”作为一个专业系别名称，在北京大学乃至整个中国近现代政治学学科史上第一次出现。

蔡元培一心想将北京大学打造成德国柏林大学那样研究学理的高深学府，上任之初他就表示要“延聘纯粹之学问家”，“以改造大学为纯粹研究学问之机关”。[⑤] 他为政治学系先后聘请了一批新近留学归国的优秀师资，如张慰慈、李大钊、高一涵、周鲠生、王世杰等，这些新聘教师在学派背景上多属英美派。当时的报刊登载，“在前清光宣之际，法科则东洋留学生握有实权”，“近来英美留学生势力较盛”。[⑥] 至 1920 年代后期，英美派教师的学术职位与影响力在法科已成绝对优势，如 1923—1927 年，留美归来的周鲠生接连以多数票当选政治学系主任，王世杰则一直担任法律系主任。

---

① 蔡元培：《读周春岳君〈大学改制之商榷〉》，高平叔编《蔡元培全集》第 3 卷，第 149—150 页。

② 《北京大学之改革》，《教育杂志》1917 年第 5 期。

③ 前四组分别是：组一，数学系、天文系（组织中）、物理学系；组二，化学系、地质学系、生物学系（组织中）；组三，哲学系、心理学系（组织中）、教育学系（组织中）；组四，中国文学系、英国文学系、法国文学系、德国文学系、俄国文学系（组织中）。《国立北京大学内部组织试行章程》，王学珍、郭建荣主编《北京大学史料》第 2 卷上册，第 80 页。

④ 《国立北京大学之内容》，王学珍、郭建荣主编《北京大学史料》第 2 卷下册，第 3156 页。

⑤ 蔡元培：《复吴敬恒函》，高平叔编《蔡元培全集》第 3 卷，第 11 页。

⑥ 《国立北京大学之内容》，《申报》1918 年 12 月 29 日，第 6 版。

系主任是由系教授会民主选举，周、王二人能连续当选，英美派教师的学术理念与人脉关系在法科中的影响力可见一斑。

由于掌握了法科学术、行政要职，英美派教师开始将清末以来模仿日本所建立的德国学科体系转换为英美学科体系，法科的教学和研究风气也随之一变。蔡元培曾说，北大旧日的法科改革十分不易，“直到王学艇、周鲠生诸君来任教后”，“学生渐去猎官的陋习，引起求学的兴会”。[①] 李叔华也说，王世杰、周鲠生等人“对于法科方面的充实及提高课程水准，贡献颇多”。[②] 就政治学系课程而言，实质性的变革正是发生在周鲠生担任系主任前后，此时课程内容开始由国家学向社会科学发生重大转变，社会学、历史学、心理学、人类学等社会科学开始成为学习政治学的基础。

此时，英美派教师改革政治学系课程的主要方向是追求课程设置齐全，使学生能够获得一个“广阔之基础”。在 1923 年 11 月的一次师生交流会上，周鲠生告诫学生治学须先有“宽大的基础”，然后才能进行“专门的研究”，否则会导致“研究时各自为说，不能统观全豹”。只有“一般基本学问均富有后”，才能“从事专门之研究”。王世杰提醒学生“专门研究系指专于某科及某几科而言，非云专门问题研究也。盖此等研究非先有顶丰富之基本学问不能也”。他要求学生若有志于做某科研究，必须将“此科及其相关之书籍，多多研读，以作将来专门问题研究之基础”。[③] 顾孟余也说道：“专门太早，往往拘于一隅，以致结果便反不甚满意。关于这一点，英美的大学确是要好些，就是先给学生一个宽大的基础。”[④] 可见，英美派教师希望学生不要急于做专门研究，而是广泛钻研与政治学相关的学科和书籍，为自己打下一个广博的学术基础。

从民元以来政治学系历年课程表中可看出，1920 年度之前课程内容大体因袭了晚清时期的风格，深受德日课程体系影响，基本都是些法律、政策类科目。而 1920—1921 年度政治学系的课程内容变化是很大的，若干“无谓的”政策、法律类科目开始被删除，最重要的是，第一学年增加“人类学及人种学”、“日本近世史”为选修课；第三学年增加“社会学”、“统

① 蔡元培：《我在教育界的经验》，高平叔编《蔡元培全集》第 7 卷，第 199 页。

② 李书华：《七年北大》，陈平原、夏晓虹编《北大旧事》，三联书店，1998，第 93—100 页。

③ 《北大政治学会欢迎导师各导师谈话记录》，《北京大学日刊》1923 年 11 月 22 日，第 2—3 版。

④ 《顾梦渔先生在政治学会的谈话》，《北京大学日刊》1923 年 11 月 27 日，第 3 版。

计学”为必修课，显示出追求政治学基础宽广的趋势。[1] 1921—1922 年度，课程内容又有一定变动，进一步将政治性较强的法律、经济类科目如“宪法”、“行政法”、“经济学原理”改为选修科目。1922—1923 年度课程变化不大。1923—1924 年度，复将政治性较强的法律类科目如“宪法”、“国际公法”、“行政法”改为必修课，但经济类课程如商法遭删除，民法和刑法仅各自保留总则和总论分别作为必修和选修。[2] 1925—1926 学年，课程分新旧两种，其中旧课程适用于第四学年学生，在该种课程选修课中增加了“法律哲学”、“社会心理学”、“欧洲社会变迁史”等政治学应有的“基本学问”。[3]

应该说，强调学生学习政治学必先拥有一个宽广的基础，使自已具备丰富的“基本学问”这一见解，在蔡元培 1919 年推行分组选科制时，就已初现端倪。在蔡氏看来，选科制的一大功效就是“融通文、理两科之界限”，他认为“习文科各门者，不可不兼习理科中之某种”，“习理科者，不可不兼习文科之某种”。[4] 在分组选科制下，本科一年级学生不划分具体系别，需要学习“大学学生所不可少之基本学科”，主要有“哲学史大纲”、“社会学大意”、“科学概论”等。二年级开始划分具体系别，以政治学系为例，学生除需学习本学科课程外，尚需要选修大量相关系科如哲学、历史学、心理学、人类学科目知识。另外，选科制下，各系学生还需“在不相关之系内得选习六单位课程”，这意味着政治学系学生如欲毕业还必须选修诸如物理、化学等理科课程。[5]

周鲠生等英美派教师对政治学系课程的改革，重视为学生造就一个宽大、广博的学术基础，这一点某种程度上可视为蔡元培学制改革精神的继续，况且选科制本身就是对哈佛等美国大学学科制度的学习与模仿。但周鲠生等人进行课程改革的更深层次原因，恐怕还要追溯到当时正在美国兴起的“新政治学”。新政治学“是从 19 世纪末到 20 世纪初这一时期在美国

---

① 《国立北京大学学科课程一览（九年至十年度）》，北京大学档案馆藏，北京大学档案 BD1919029。

② 《政治学系课程沿革说明书》，《北京大学日刊》1923 年 6 月 16 日，第 2 版。

③ 《国立北京大学政治学系课程指导书（十四至十五年度）》，北京大学档案馆藏，北京大学档案 BD1919025。

④ 蔡元培：《在北京专门以上学校校长会议提出讨论之问题》，高平叔编《蔡元培全集》第 3 卷，第 421 页。

⑤ 《国立北京大学学科课程一览新制大旨》，王学珍、郭建荣主编《北京大学史料》第 2 卷中册，第 1078 页。

急速发展起来的”，它是“与在英国和德国发展起来的建立在旧有基础之上的以法学研究为主要研究方法的传统政治学的诀别”。至 1920 年代前后，以默瑞阿姆[①]所开创的“芝加哥学派”为代表的新政治学，渐成为美国政治学界的中心，享有“指导的地位”。默瑞阿姆所倡导的新政治学是要“将诸科学与政治学异花受粉”，他指出，“政治，于结局之处不单单包括了法律、规则的文书”，它是“基于各种各样的样态的状况之下的各种各样的 pattern 行为得以形成的”。他指导学生将“政治学同生物学、人类学、心理学、社会学、经济学、医学等结缘”，“得以把政治学和法律紧紧搅在一起的枷锁放松开”。[②] 显然，美国新政治学认为政治学研究不是法学研究，应以社会科学为基本科目。

新政治学对周鲠生、张慰慈、王世杰等人到底有怎样的影响，目前尚无直接资料证明，但这种影响仍有迹可寻。张慰慈在其编写的教材《政治学大纲》[③] 中认为，政治学属于社会科学之一种，社会科学可分为“研究个人的动作和智识”、“研究人与人的关系”两大类。前者包括伦理学、心理学，后者包括社会学、政治学等。这其中政治学研究人与人在政治组织的社会中的关系，社会学研究人与人在社会上的关系。因此，他认为，政治学和社会学并没有太大的区别，社会学是政治科学的基础。在谈及政治学与其他社会科学的关系时，他认为，历史学确实是政治学的中心，是研究政治学的材料和基础；伦理学和政治学都是教人怎样行为的工具，伦理观念也有很多可以做政治上的政治观念。不过，他没有提到法律学。他还介绍了研究政治学的方法，依次是生物学的方法、比较的方法、试验的方法、历史的方法、心理学的方法。[④] 可见，周、张等英美派教师的课程主张所反映出的政治学概念与以芝加哥学派为代表的美国新政治学的特征是十分接近的，二者的学术渊源亦复明了。

① 默瑞阿姆，美国现代政治学之父，芝加哥学派创始人和代表人物，曾担任芝加哥大学政治学部部长、美国政治学会会长等职。

② 〔日〕内田满：《早稻田与现代美国政治学》，唐亦农译，复旦大学出版社，2003，第 205—275 页。

③ 张慰慈，留学美国，回国后任教北大政治学系，其所编教材《政治学大纲》从 1920 年代至 1930 年代初一直被选为北大政治学教科书，并被印至第 8 版，该书所折射出的政治学概念对北大政治学系师生的影响力由此可见一斑。

④ 张慰慈：《政治学大纲》，商务印书馆，1923，第 1—28 页。

三 由“基本学问”到“高深学术”：现代政治学课程体系的形成

1927 年 6 月，张作霖入主北京政府，任刘哲为教育总长，将包括北大在内原北京国立九校合并为京师大学校。至此，“国立北京大学之历史，遂暂归中缀”。[①] 由于时局动荡，北大旧教授纷纷离去，原政治学系教授周鲠生、王世杰、陈启修等人或离京南下或赋闲停课。1928 年夏，北伐军克复北京，9 月国民政府行政院议决成立“国立北平大学”，并开始实行北平大学区制度，北京大学并入北平大学，改称“北平大学北大学院”。1929 年初，原北大师生为恢复北京大学原来的建置规模，与南京政府当局进行斡旋，展开了艰难的“复校运动”，最终在蒋介石的支持下于该年 8 月经国民政府行政院议决，北大学院恢复“国立北京大学”旧称，并直属教育部。至此，北大复校基本实现。

1930 年 12 月，蒋梦麟被国民政府任命为北京大学校长，[②] 他执校后决心整顿北大，推动学校的学术化进程。为此，他一方面与各方斡旋，煞费苦心为学校聘请有学识的教授，另一方面计划“今后拟减少钟点，提高教授待遇，使教授有充分时间研究学问，富藏高深学问之储蓄”。[③] 经过一番整顿，北京大学于 1932 年夏公布新的组织大纲，全校分为文、理、法三院，其中法学院下设法律、政治、经济三学系，并宣布以“研究高深学术，养成专门人才，陶融健全品格”为办学宗旨。

事实上，追求北京大学教育学术化的理念在蔡元培时代已显端倪。蔡氏长校后，推行选科制，其目的虽为融通文理界限，但蔡元培内心深处认为大学应为“纯粹研究学问之机关”。蔡元培是以教育学术化的理念来办北大的，只是这种学术化精神，各学系吸纳程度高低不同。就政治学系而言，主系的英美派教师显然受此时美国新政治学影响更多，该系课程主要还是注重博通的通才教育，强调要给学生打下一个广阔的学术基础。从学生方面看，他们中很多人对从事政治学研究有强烈的兴趣，对本系的通才教育模式多少有一定抵触。甚至有部分学生建议修改课程，理由之一是“入政治系者其志或在

---

① 何基鸿：《国立北京大学沿革述略》，《国立北京大学卅一周年纪念刊》1929 年第 1 期。

② 《国民政府令（十九年十二月四日）：为任免教育部长由》，《教育部公报》1930 年第 49 期。

③ 《蒋梦麟昨日之重要谈话》，《京报》1931 年 4 月 28 日，第 7 版。

研究高深的政治学理，故不必强令其学习漠不相关之学科，以耗费其可以不必耗费的宝贵光阴”。[1] 不过，学术化的课程在 20 年代的政治学系课程体系中还是占有小部分比例，如设置“演习”课，使教员和学生“关于政治学理，可以常常有共同研究的机会”；开设“现代政治”课，让教员在课堂上针对一些“现代的政治问题”发表讲演，“帮助大家一同研究”。[2]

可见，蔡元培时代的北大政治学系课程设置背景较为复杂，既要适应校长的“学术”化方针，又要符合学生方面的要求，还要迎合英美课程体系这一时代潮流。最终确立和实行的课程方案显然只能是各方碰撞与调适的结果，具体则表现为以通才教育为主，兼重学术教育。进入 30 年代后，政治学系课程设置基本不出 20 年代的课程体系范围，只是博与专之间的侧重点发生变化，政治学学术教育的要求明显增强。由 1931—1935 年政治学系历年课程表可见，心理学、社会学、统计学、中国通史、伦理学等社会科学以及政治性较强的法学类科目几乎列入每一年的课程表中，或为必修课，或为选修课，且占有较大比例。另外，从 1932 年开始，课表中开始列入逻辑、哲学概论、科学概论三门课作为学生选修课，且从第一至第四学年每学年都会列入，意在提醒学生务必选修，这类课程是 20 年代课程体系中所没有的。

新课程体系与 20 年代的课程设置相比，相似的地方实有不少，如都注重学生“基本学问”教育，这种“基本学问”包括之前已经开设的社会学等相关社会科学，以及此时新开的逻辑学等课目。但“基本学问”既可以视作学术研究的基础，也可看作研究高深学术的手段。从周鲠生等人对于政治学与各社会科学关系的论述来看，他们认为社会科学是研究政治学的广阔基础，在从事政治学学术研究之前必须加以“博通”，而新课程体系新开的逻辑学等社会科学的目的却是帮助学生学会一种研究高深学术的手段，是对课程学术化趋势的一种回应。如逻辑学课，“分绪论、原来论、方法论三部分”，旨在“详论概念、判断和推理底性质”。[3] 显然，其开设的主要目的是让学生通过这一类课程的学习与训练，养成缜密思维及严谨的叙述习惯，使学生从事高深学术研究时具备一定的思辨能力及洞察力。

---

① 周杰人：《修改政治系课程意见书》，《北京大学日刊》1923 年 6 月 16 日，第 1—2 版。

② 《陈启修先生在开学典礼上的演说词》，《北京大学日刊》1920 年 9 月 17 日，第 3—4 版。

③ 《国立北京大学政治学系课程说明书（民国二十二年度）》，北京大学档案馆藏，北京大学档案 BD1933014。

周鲠生时期的课程虽然广博，但也显得十分杂泛，因为周鲠生等人一直强调要给学生一个“广阔的基础”，因此那时课程体系的中心和重点均不明确。新的课程体系同1927年之前的课程设置相比，最大的变化是将四年的课程一分为二，从1932年开始，“本学系课目分为两种，一种为共同必修课目，一种为主修选读课目。共同必修课目必须于第一第二两学年内学习完毕，至于第三第四学年，本学系学生需按照各人兴趣，于政治思想、政治制度或国际关系三组课目中主修一组”。[①] 实际上就是将四年的课程分配为一、二两年偏重基础知识讲授，三、四两年兼重学术研究，这一课程设置明确规定将三、四两学年用于养成学生学术研究能力，与20年代强调给学生一个“广阔的基础”，且学术化课程只占很小比例的课程体系相比，既是一种继承，也是一种进步。为贯彻新课程体系的规定，“社会学”、“心理学”、“中国通史”、“西洋近百年史”等作为政治学之“基本学问”必须在一、二两学年作为必修课先行学习。此外，统计学、伦理学等科目可以在一、二年级选修，三、四年级也仍有补选的机会。[②]

至于三、四年级的开设科目，自1932学年开始渐趋系统，课程被设置成主修选读课目，分为政治思想、政治制度、国际关系三组。学生“务须按照个人志趣，于各该组内，依各种课目之性质，分类选修，不得杂选不成系统之课程”。[③] 然后随专治该组的教员专攻两年，并于毕业时以毕业论文的形式提交研究成果。至1934学年，分组专攻、重视培养学生学术能力的教学理念进一步增强，从该年起，一、二年级在偏重基础知识讲授的同时，选修课被按照政治思想、政治制度、国际关系三组进行了划分，这意味着从该年开始要求学生一年级入学后即考虑自己以后学术专攻的方向，形成分组专攻的学习习惯，以为三、四年级完全进入学术研究状态打好基础。分组选课制度“使学生们可以专门钻研某一领域，有利于培养专门化人才，这种‘专’与前面的‘博’相互辉映，这样的教学安排培养出来的

---

① 《国立北京大学法学院政治学系课程一览（民国二十一年度）》，北京大学档案馆藏，北京大学档案BD1930014。

② 《政治学系二十二年度课程表》，北京大学档案馆藏，北京大学档案BD1933014；《国立北京大学政治学系课程指导书及课表（民国二十三年度）》，北京大学档案馆藏，北京大学档案BD1934009；《国立北京大学法学院各学系课程指导书（民国二十四年度）》，北京大学档案馆藏，北京大学档案BD1935008。

③ 《国立北京大学法学院各学系课程指导书（民国二十四年度）》，北京大学档案馆藏，北京大学档案BD1935008。

学生才是高素质的”。[①] 分组选课制度是对20年代课程体系的继承与发扬，它既照顾到通才教育这一传统设置，又极大地兼顾到学术教育，并使后者有后来居上之势。

考虑到三、四年级应该偏重研究，课程不再严格分年级设置，不分必修、选修，一律设置成选修课，且门类十分丰富。三、四年级学生可以根据个人兴趣，选择自己有志专攻的课程，而不必全选。值得注意的是，在分组专攻的前提下，各组还长期配置了一些更精深的课程，类似于专题研究，如政治思想组开设马克思学说研究、劳工运动及社会主义史，政治制度组开设中国行政制度研究，国际关系组开设中日外交史、远东政治研究，这些专题研究无疑是在各组内将该领域的学术研究由面向点、朝着更精专的方向做了进一步推进。

总之，30年代的课程设置是比较科学、合理的。可以说，至抗战前，北京大学政治学系已经建立起较为完善的课程体系。在这个体系中，既注重在一、二年级进行“基本学问”的讲授，帮助学生打下一个广阔的学术基础，使学生对政治学基本原理、古今中外政治制度、政治思想、基本社会科学等有较为全面、系统的掌握，尽量做到“博通”；也注意在三、四年级引导学生根据自己的研究兴趣分组专攻，并结合教师的研究专长，在导师的指导下，使学生在专业学术研究方面得到一定训练。该课程体系实际上为此后数十年北大政治学系的课程发展奠定了基础。

四　结语

现代政治学课程体系在北京大学的建立与演进，首先是域外政治学知识援外入中的结果。京师大学堂建立后，所聘教员或留学日本或本身即为日本学者，这注定了京师大学堂时期的政治学教育和课程设置深受明治日本的教科体系影响。此时日本的政治学又主要受以德国为代表的欧陆国家学影响，主要关注国家、法律、主权、经济政策等与政权性质、国家治理相关的理论问题。因此，京师大学堂时期政治学相关课程设置表现出浓厚的经世致用色彩，涉及国家管理、国家权力的各个方面，并以法律类、政策类课程为主。进入民国后，北大政治学课程设置仍然长期保持着比较明

① 萧超然等编《北京大学政治学与行政管理系系史（1898—1998）》，第33页。

显的国家学风格，至1920年代中后期，周鲠生等英美派教师逐渐执掌政治学系，该系课程设置随即转向美国学科体系，受到美国新政治学的影响，大量增设相关社会科学科目，强调为学生打下一个广阔的学术基础。

现代政治学课程体系在北京大学的建立与演进同时是学科制度规训的结果。经日本输入中国的欧陆国家学之所以能成为京师大学堂、各地法政学堂政治学教育的主要形态，与清政府所订立的学科制度密切相关。从1898年的《大学堂章程》到1902年《钦定大学堂章程》及隔年的《奏定大学堂章程》，清政府的教育宗旨始终是培养体用兼备的经世人才，而欧陆的国家学正好适应了这一要求。于是，经由日本输入中国并被当局认可且允许其在各学校讲授、传播的政治学形态只可能是国家学而非革命性的自由民权学说。1919年蔡元培长校北大后，先后推行“学术分校”、“废门该系”、“分组选科”制度，为1920年代政治学系所追求的学术教育模式打下了基础；同时该系在周鲠生等英美派教师的大力改革下，课程体系开始朝社会科学的方向转型，兼重“宽大基础”与“专门研究”。进入30年代后，政治学系课程设置基本不出20年代的课程体系范围，只是博与专之间发生了由“基本学问”到“高深学术”的侧重变化，学术化课程日益增多，整个课程体系也更趋合理化、科学化和现代化。

（作者单位：长沙学院马克思主义学院）

民国地政学的早期展开[*]

——以中央政治学校地政学院为中心（1932—1940）

殷雪萍

内容提要 地政学既是民国时期兴起的一门重要社会科学，也是国民党推行土地改革的重要指导。20 世纪 30 年代，以西学东渐大潮及土地问题的重要性不断提高为背景，加上两类知识分子分别对“学术中国化”及国民党“清党”后革命论述变化的响应，共同促成了地政学的兴起。从学科史的角度出发，当时显然形成了一个以中央政治学校附设地政学院为中心，结合中国地政学会、地政月刊社而成的学术团体，不断推动地政学学科向前发展。而平湖实验县的成败经验，则不但向我们展示地政学的实践形态，更提示出地政事业作为政治与学术共谋的本质。地政学在整个 20 世纪的发展，亦说明学术与政治之间，在紧张和对峙的既有认知外，更有亲近与相互依存的面向。

关键词 地政学 地政学院 萧铮 万国鼎 平湖实验县

20 世纪 30 年代，重要性不断凸显的土地问题不但吸引了社会各界的目光，更成为诸多政治势力角力的重要场域，南京政府先后发起诸如“土地陈报”、“地籍整理”及“扶植自耕农”等名目繁多的土地改革运动。尽管学界对这一时期的土改运动已有较为充分的研究，或将其放入国民党土地政策的整体框架内，[①] 或分别研究具体政策的实施状况及成败原因，[②] 但这

---

* 本文为教育部人文社会科学重点研究基地重大项目“中国近代大学的兴起与演进”（项目号：17JJD770005）阶段性成果。

① 朱子爽：《中国国民党土地政策》，国民图书出版社，1943；金德群主编《中国国民党土地政策研究（1905—1949）》，海洋出版社，1991；郭德宏：《南京政府时期国民党的土地政策与实践》，《近代史研究》1991 年第 5 期；等等。

② 郑起东：《国民政府土地陈报研究》，《古今农业》2008 年第 1 期；黄正林：《国民政府“扶植自耕农”问题研究》，《历史研究》2015 年第 3 期。

两种研究取向都鲜少涉及改革背后的思想因素。事实上，是作为一门社会科学的“地政学”，而非空泛的“民生主义”，对国民党30年代以后的土改运动起到实际的理论指导作用。

从学科史的角度出发，钱穆曾言“30年代的中国学术界已酝酿出一种客观的标准”。① 这里的客观标准，根据章清的解读，主要指向现代学科的建立，也包括与之相关的学术机构与学科共同体的建立。② 本文所要研究的地政学亦是这场现代学科建立大潮中的重要产物。③ 萧铮领导下围绕中央政治学校附设地政学院（下文简称“地政学院”）所建立的一系列地政教研组织，在民国地政学的成长过程中扮演了中心且唯一的角色。④ 考虑到地政学院只延续到1940年，故以地政学院为中心兼及中国地政学会和地政月刊社进行考察，不仅在范围上足以显示这门学科早期发展的全貌，亦有利于探明它在现代学科体系中的位置。本文将以学科发展为主线，考察以地政学院为中心的地政组织及其实践活动，梳理民国地政学的早期发展脉络。

一 “知识”与“政治”的诉求

——民国地政学的缘起

民国时期所言的“地政”，共有三种稍异的说法，但将“地政”约等于土地问题大致不错，因此所谓“地政学”就是研究一切与土地问题相关的

① 余英时：《犹记风吹水上鳞》，《钱穆与中国文化》，上海远东出版社，1994，第15页。

② 章清：《“学术社会”的建构与知识分子的“权势网络”——〈独立评论〉群体及其角色与身份》，《历史研究》2002年第4期。

③ 荷兰学者多伍的研究是少见的从学科史角度探讨地政学的研究成果，但时间上集中于1937年以后，对学科成长的初期着墨不多（〔荷〕L. M. 多伍：《中国社会科学的制度化——对比第二次世界大战前后发展起来的地政学会与中国农村经济研究会》，南开大学历史系编《中外学者论抗日根据地——南开大学第二届中国抗日根据地史国际学术讨论会论文集》，档案出版社，1993，第580—591页）。另外，张清勇《中国土地经济学的兴起：1925—1949》（商务印书馆，2014）一书为笔者的研究提供重要参考。

④ 详见赵树杰《中国地政学会述论（1932—1949）》，硕士学位论文，北京大学，1995；陈宗仁：《国民政府时期土地改革运动：以地政学会为中心的探讨（1932—1949）》，硕士学位论文，台北政治大学，1995；曾作铭：《中国地政学会与国民政府的土地改革（1932—1949）》，博士学位论文，中山大学，2017；汪正晟：《中央政治学校公共行政教育的困境与出路》，《中央研究院近代史研究所集刊》第102期，2018年。

学问，[1] 或者具体到当时的语境而言，即要为国民党土地改革提供理论和实践依据的学问。在笔者看来，这样一门学科在 20 世纪 30 年代的兴起大致源于知识与政治两方面的诉求。

（一）知识的诉求："西学东渐"与"学术中国化"

虽然"地政"一词纯粹源于中国，"地政学"却是一门有着浓厚西学背景的交叉学科。在原理上，地政学涉及土地行政学（史）、土地经济学（史）、土地制度学（史）、法学、经济地理学及农学等多个学科，当中尤其农学一门从晚清到民国的成长，为民国地政学的发展出力最巨。除农学外，一些与土地问题相关的课程在其他科中也有零星设置，尤其进入民国后，相关课程在政法科与商科中多有涉及。[2] 仅土地经济学课程，据张清勇的统计就在包括复旦、交大、暨南、北平、南开等大学的商科或社会学科中有所开设。[3] 上述学科的发展在某种程度上都为地政学的兴起提供了必要的知识、人才与社会关系的储备。[4] 这点也可从后来与地政学科建设密切相关的人员中得到证实，如唐启宇和曾济宽二人，前者与南北农学界、农村运动和乡村建设派有接触，后者则是沟通南北农学界的重要人物，且都始终参与了地政事业的推进。[5]

在实务技能上，若涉及编造或整理地籍，则有土地测量、土地登记、土地估价等手续。若因公收用民地，则有土地征收。若政府执行土地改革政策、整理地籍、征收土地及其他关于土地之事项，则有土地行政。此外，根据土地在性质上农地与市地的划分，还可细分出城市设计及垦殖等门类。因此，不仅土地政策的研究，而且土地政策的执行、以何种方式执行（包括土地政策、土地改革与土地革命），都在地政学的研究范围内。[6] 故虽地政作为一门学科出现是近代以来的事，但中国作为一个农业国家，田赋向来占据财政收

① 三种说法详见萧铮编《地政大辞典》，台北，"中国地政研究所"，1985，第 5—58 页；万国鼎：《释地政》，王思明等编《万国鼎文集》，中国农业科学技术出版社，2005，第 246 页；曾济宽：《我国地政机关的组织系统之商榷》，《地政月刊》1933 年第 6 期，第 72—75 页。

② 《教育部公布修正大学令》（1917 年 9 月 27 日部令第 64 号），璩鑫圭、唐良炎编《中国近代教育史资料汇编・学制演变》，上海教育出版社，2007，第 829 页。

③ 张清勇：《中国土地经济学的兴起：1925—1949》，第 53—63 页。

④ 〔法〕阿梅龙：《建构中国近代学科的分析框架——西方学科史理论的借鉴》，《史学月刊》2012 年第 9 期。

⑤ 曾作铭：《中国地政学会与国民政府的土地改革（1932—1949）》，第 48—49 页。

⑥ 万国鼎：《释地政》，王思明等编《万国鼎文集》，第 246—247 页。

入的大宗，对土地的清丈、分配及利用等日后归入地政门下的实务十分重视。尽管受儒家传统重义轻利思想及客观上中央权力不足的限制，上述事务的办理大多依靠经验，未上升到学科的高度，[①] 但中国历朝历代对土地问题的重视和处理土地问题时积累的经验显然为日后地政学的成长提供了肥沃土壤。

地政学的产生除宏大的社会背景外还离不开人的因素。过去的研究常将那些参与地政组织的人统称为“地政学派”，这种划分更多地指向一种政治势力。笔者通过对学院教职员、学会会员名录及地政月刊社社员名单的整理，粗略地将这一学派分为中央官员、地方官员、南京教授与外地教授四大类。在学科建设中扮演核心角色的无疑是南京教授这一群体，回顾以往涉及这一群体的研究，大致可以找到两种表述：一种以曾作铭为代表，认为他们“既是青年党员，又有专长学识——萧铮、高信、张丕介等学会主要成员都曾留学德国，同时还主张以技术救国”；[②] 一种以多伍为代表，认为他们大都是国外培养的农业问题专门人才，多在内政部、工业部等一些处理土地管理与土地政策的政府部门任职。[③] 结合表 1 可知，两种表述对于南京教授这一群体的特征都有一定的概括性，但也都并不全面。实际上，地政学派人员既有党派属性者，也有纯学者。

以万国鼎为例，其作为地政事业的重要参与者，却不主动谋求权势，与政治（指 CC 系）的界线相对明确。这样的人在地政事业的主要参与者中并非仅有，也正因为他们在学术上的努力，萧铮等人才能有足够的学术支撑去推进自己的地政蓝图。20 世纪 30 年代在社会科学界内部逐渐兴起的“学术中国化运动”，为万国鼎、黄通等人参与地政事业提供了重要助力。现存的大多数现代学科在 20 世纪 30 年代初已经建立，但在学科体系建设、人才培养及教材编制上仍仰赖西方，缺少原创。直到九一八事变以后，民族危机愈加深重，越来越多的国人开始思考中国的民族性问题，这一思潮蔓延到学术界并得到了众多学者与学科的陆续响应，如贺麟提出“西洋哲学中国化”，孙本文、吴文藻提倡的“社会学中国化”，等等，从而汇聚成

---

① 明清以来，尤其经历 19 世纪中期的社会动乱以后，政府的田赋征收往往只能依靠地方书吏编造的过割底册。万国鼎：《中国田赋鸟瞰及其改革前途》，《地政月刊》1936 年第 2—3 期，第 133 页。

② 曾作铭：《中国地政学会对于达马熙克土地改革学说的译介》，《学术研究》2017 年第 3 期。

③ 〔荷〕L. M. 多伍：《中国社会科学的制度化——对比第二次世界大战前后发展起来的地政学会与中国农村经济研究会》，南开大学历史系编《中外学者论抗日根据地——南开大学第二届中国抗日根据地史国际学术讨论会论文集》，第 581 页。

表1　地政事业核心群体分析

中央官员

姓名	教育背景	本职工作
王祺 （1890—1937）	留日	中央候补执行委员兼立法委员、中央执行委员兼监察院监察委员
郑震宇 （1900—1977）	北平师范大学	内政部土地司司长
郑序儒	日本东京帝国大学农学部毕业	内政部技正
庄强华	金陵大学文学士	设计委员会土地调查员、土地委员会河北专区调查员、浙江财政厅管理赋税专员兼副科长

南京教授

姓名	教育背景	归国时间	本职工作	学术活动	政治活动
萧铮 （1904—）	1928年赴日学习，德国柏林大学博士	1932年	地政学院主任	地政学会理事	1926年加入国民党 导淮委员会土地处处长
万国鼎 （1897—1963）	金陵大学农学士		金陵大学农业经济教授、地政学院系教授	地政学会理事、《地政月刊》总编辑	资源委员会委员兼专员、中央土地专门委员会委员
高信 （1904—1993）	德国弗莱堡大学	1932年	地政学院研究员	地政学会理事、《地政周刊》总编辑	土地委员会研究组主任
张丕介 （1905—1970）	1928年入德国弗莱堡大学深造	1935年	中央政治学校教授		1926年任中央党部联络员（被捕），山东党部清党委员、宣传部部长，中央土地专门委员会委员
汤惠荪 （1900—1966）	日本鹿儿岛高等农林学校，德国柏林农科大学	1932年	浙江大学农学院教授、地政学院研究主任，中央农业实验所技正		中央土地专门委员会委员

续表

南京教授					
姓名	教育背景	归国时间	本职工作	学术活动	政治活动
曾济宽（1883—1950）	日本鹿儿岛大学农林专科	1915年	中山大学森林系教授，国立中央大学森林系教授、地政学院教授	地政学会理事	江苏省土地局局长、广东省党部广东省党务指导委员会宣传部部长等
祝平（1902—1988）	伦敦大学经济学院硕士，莱比锡大学经济系地政博士	1932年	地政学院教授	地政学会理事	
唐启宇（1895—1977）	康奈尔大学农业经济学博士	1923年	地政学院教授	地政学会理事、《地政月刊》编委会编辑、农业周报社社长	全国经济委员会简任技正、土地委员会秘书
鲍德澂（1896—1985）	香港大学学士			地政学会理事、《地政月刊》编辑	立法院外交委员会秘书
张淼（1908—1987）	法国里昂国立图卢兹大学政治经济系硕士	1931年	地政学院研究员兼讲师	地政学会候补理事、《地政周刊》编委会编辑	财政部整理地方捐税委员会委员
黄通（1900—?）	日本国立盛冈高等农林学校，日本早稻田大学经济学士，英国牛津大学农业经济研究院，德国波恩大学农学院研究	1928年、1936年	地政学院研究员	地政学会候补理事、《地政月刊》编委会编辑	

资料来源：《本会会员录》，《地政月刊》1933年第3期；《本会会员录》，《地政月刊》1934年第1期，第191页始；《本会会员录》，《地政月刊》1935年第4期，第110页始。

了所谓的“学术中国化运动”。对于地政学这样一门既建立在众多学科之上，实用性又极强的学科而言，一面需要将向来属于其他学科之范围与原理划入自己学科并使之成一体系，一面需要占有足够多的现实材料，因此中国化的需求想来更加迫切。[①]

具体到万国鼎的经历，万生于 1897 年，1920 年于金陵大学农林科大学毕业后，先后在上海万国生丝检验所和上海商务印书馆编译所任职，1924 年返回金陵大学任职，在之后的一段时间，他尤其关注古农书的搜集整理。[②] 此外，万国鼎对农业教科书的编纂也提出了自己的看法，当时编纂的困难主要来自疆域辽阔而农业情形差异大以及研究、实际调查与试验缺乏，故他主张农科研究者先在学术上突破上述难题，这样教科书的编纂难题自然能够迎刃而解。[③] 从之后地政学院注重实地调查兼顾文献的教学方式来看，这可算作万国鼎思想的延续。后来，万国鼎在资料的搜集过程中对农业经济史发生兴趣，发表了一系列有关土地制度史的文章，引起国民政府的关注，以此为契机，万国鼎的工作重心发生变化，正式加入了政府主导的地政事业。

（二）政治的诉求：迫切的土地问题与“融政于党”的事业

中国农村的破产是一个漫长且复杂的过程，既受内部人口无红利增长的牵累，亦受外部资本主义势力的影响。面对这一境况，社会上出现了一股复兴农村的思潮，“由农村破产之理论的探索，乃至农村复兴之实际的执行”，成为当时国内学术界、经济界以及政府机关之最时髦的话题。[④] 在中共的土地革命之外，包括乡村建设派、基督教改革者在内的诸多改革势力也开始越来越多地深入乡村，展开具体实践，跟南京政府之间的关系发展出相当张力。[⑤] 而国民党自身对“总理遗教”的尊奉也使得推行民生主义的土地政策成为必然。无论如何，对于孙中山去世后国民党而言，以“总理遗教”为中心的孙中山崇拜业已成为其合法性的重要来源，故一旦遇到合适的契机，民生主义的土地政策是一定要推行的。因此，在诸多因素的凑

① 萧铮：《地政教育之回顾与前瞻》，《人与地》1941 年第 9、10 期，第 172—173 页。

② 王思明等编《万国鼎文集》，第 326 页，原载《农林新报》第 187 期，1929 年 11 月 1 日。

③ 万国鼎：《编辑小学农业教科书之商榷》，《教育杂志》1924 年第 3 期，第 3 页。

④ 景襄：《由世界农业恐慌史说到现阶段的中国农业恐慌》，《政治月刊》（南京）1935 年第 3 期，第 31 页。

⑤ 叶文心：《时钟与院落：上海中国银行的权威结构分析》，董玥主编《走出区域研究：西方中国近代史论集粹》，社会科学文献出版社，2013，第 284 页。

合之下，当时的政府不得不考虑重启土地改革计划。

此外，国民党“清党”后在组织和革命论述上的新变化也为地政学的兴起提供了契机。大革命中大量青年的涌入为革命的成功提供了必要条件，却也使得革命后期的情况愈加复杂。国民党内的很多重要派系也正是在这一时期初现雏形，尤其是作为地政事业政治后台的 CC 系，据王奇生的推测很有可能起源于当时的“十七省党部联合办事处”。[①] 这些青年党员大都在大革命结束后党内的权力斗争中扮演了重要角色，造成这种情况的不只有青年党员普遍求出路的欲望，党内各方势力亦有意利用新老党员之间的代际冲突。因此可以看到，在西山会议派被推倒的事件中，青年党员充当了主力，事件结束后则星散成为党内的小组织。之后的国民党三大，这些小组织意欲重演上次的胜利，但最终不敌党内的保守势力，于是失败的革命青年终于各走各路。其中一批骨干分子，以“革命青年留学”的名义被送出国，而萧铮、张丕介、祝平等后来地政事业的主力就在其中。

但问题并未到此结束，萧、张等人为何在出国后不约而同地选择修读与土地问题相关的学位也值得思考，而这则离不开国民党进入“训政”时期以后有关“革命”论述的变化。首先，萧、张等人属于同一代人，他们的人生经验正好与土地问题重要性不断提升的关键节点相合，都经历过“五四”、参加过革命。当然某些个人经历也将他们与土地问题联系起来，就萧铮的人生而言，孙中山和沈定一对土地问题的重视就对他产生了重要影响。[②] 其次，北伐与“清党”过程中的相似经历对萧、张等人的人生轨迹产生了最大的影响。北伐的过程并不如他们想象一般轰轰烈烈，对这些身穿制服的追随者来说，革命不是夸张的浪漫运动，而是一成不变的组织行动。尤其当视线从战场转到火线以下时，更是充斥着妥协与投降的意味。面对这一情形，有人走向了幻灭，有人远离了政治，但萧、张这批人此时对革命的信念并未完全浇熄，之后“清党”运动中的经历则加速了他们的政治选择。“清党”过后，以萧铮为代表的一众青年彻底倒向了国民党阵营，他们有关革命的理想也逐渐谈去个人色彩而转向了国民党所倡导的革命，从此以后，摆在他们面前最要紧的问题便是如何实现孙中山所描绘的

---

① 王奇生：《党员、党权与党争——1924—1949 年中国国民党的组织形态》，上海书店出版社，2003，第 224 页。

② 〔美〕萧邦齐：《血路：革命中国中的沈定一（玄庐）传奇》，周虎彪译，江苏人民出版社，2010，第 115 页。

革命蓝图。其时国民党内为数不多的理论家们也注意到了青年们的迷茫，并提出了他们的解决方案。胡汉民在《中央半月刊》上发表了“纠正青年过去错误，解除青年现在痛苦的文字”。戴季陶更是专门写了一部名为《青年之路》的小册子，以期为青年之向导。[①] 他否认革命亟变臻治的可能性，因为伟大的革命性转变根本不可能以个人短暂的一生来衡量，从而转向重新描述了个人该如何对革命做出贡献。在他看来，“这已不再取决于革命者有多高尚、多投入，而取决于个人能否保持对历史使命的自我牺牲和奉献精神。这也不取决于个人如何理解革命，而取决于个人是否能尽职地承担起国民党建设蓝图赋予知识精英的责任”。[②] 一旦接受了这一理论，萧、张等革命青年在完成“清党”后，表明自己忠于革命的最好方式便是尽快习得一门专业技术，以为即将到来的国家建设做出贡献。故在个人与时代因素的机缘巧合之下，他们选择了土地问题作为自己的终身志业。

而之所以被称为“革命青年”，大概的意思是革命性较强，并与老党员相对。尤其革命结束以后，两代人之间常常发生冲突，情况类似于“老党员要仰承总指挥们以及其他或武装同志的鼻息，小党员偏偏要代人民呼吁？老党员要趋奉买办阶级以至南伐同志的意思，小党员偏偏要什么农工运动青年运动”。[③] 在本质上是代际间的权力冲突，只不过此时的革命青年即使汇集起来也没有足够的分量，便只能出国另寻出路。而许多冲突的结果导向新的政治选择则是后话了。

应该看到，出于种种原因，对这批革命青年而言，出国并不意味着与国内的政局完全脱离。张丕介、高信等人就是在留学期间加强了与 CC 系的联系，而张廷休、邹德高等人此时则与胡汉民一派更为接近。仅就留德的革命青年而言，30 年代的德国带给他们的经验是双重的：不仅德国战后重建的热情及成绩很快吸引了他们的目光，达马熙克领导下德国成功的土地改革更是成为萧铮等人的重点学习对象。柏林当时还是希特勒政权大肆宣传的场所，很难想象留学柏林的萧铮、张丕介等人能丝毫不受此环境的影响。[④] 事实上，萧铮等人的政治观念受到了希特勒政权的强烈影响，开始以

---

① 曾济宽：《现代青年的烦闷问题》，《现代青年》（广州）1928 年 6 月 5 日，第 1 页。

② 叶文心：《民国时期大学校园文化（1919—1937）》，冯夏根等译，中国人民大学出版社，2014，第 179 页。

③ 常：《南京特别市指委全体辞职事件》，《新评论》1928 年第 23 期，第 20 页。

④ 朱伯康：《往事杂忆》，复旦大学出版社，2000，第 70 页。

党内少壮干部自称，并就革命中领袖与干部的关系提出了新的看法。从此，地政之于萧铮便不再仅仅是一门学术，而更多地成为他的事业——其最终目的是实现“融政于党。”①

“融政于党”不是萧铮的独创，而是控制党务的CC系为对抗党内其他派系、加强自身权力提出的目标。② 但显然萧铮对于这一目标是相当认可的，翻看地政学会成立以前他在《政治评论》上发表的一系列文章不难发现，他很早就提出中国政治纷乱的主因，在于“缺乏一种动力”，该动力并不是民主或法治，而是彻底贯彻党治原则。至于如何贯彻党治，则首先需要清除党内的“投机分子”实现真正的党人治党；③ 其次还需削减过于庞大的政治组织，才能为党治腾出足够的施展空间。④ 对于九一八事变以后当局者的国防中心论，萧铮同样采取迎合态度，并将其与战前德国的军国民主义类比，认为应将其视为国策，一切内政、外交将无不依据此政策进行。⑤ 但对于国策之实行，萧铮认为须不妨碍以下三目的之实现：“一能促成国民经济之繁荣，二能推进三民主义新政治，三能转移全民族偷惰之风气。”⑥ 而要实现上述目的，就需要在国防建设中以平均地权和节制资本两大政策为核心。这样，在萧铮的蓝图中，地政及其相关的事业不再是偏门的业务，而是一来能够成为涉及中央到地方、土地到户籍的中心事业，二来能借此贯彻党治原则。⑦

二　地政学院的建立与民国地政学

受日本侵华的刺激，亦有感于国内的政局变动，萧铮等留德学生于九一八事变后相继返国。1932年6—7月，萧铮与蒋介石在汉口频繁会面，蒋决定开始推进由国民党主导的土地改革计划，命令萧回南京邀集土地问题

① 详见曾作铭《中国地政学会对于达马熙克土地改革学说的译介》，《学术研究》2017年第3期。

② 尤其是政学系所提的“融党于军政”。

③ 萧青萍：《中国的政治如何始能上轨道》，《政治评论》1932年第2期，第6、8—9页。

④ 萧青萍：《组织国防政府刍议（未完）》，《政治评论》1932年第16期，第5页。

⑤ 萧青萍：《“国策”与国防》，《政治评论》1932年第5期，第7—8页。

⑥ 萧青萍：《怎样才算是打开僵局的国策》，《政治评论》1932年第10期，第6页。

⑦ 萧青萍：《组织国防政府刍议（续）》，《政治评论》1932年第18期，第19、21页。不仅地政事业，由寿勉成主导的合作事业同样是CC用于实现“融政于党”的事业之一。参见寿勉成《合作组织》，《播音教育月刊》1937年第8期，第109页。

专家，研讨具体方案。[①] 7 月，由萧铮、曾济宽、刘运筹、万国鼎、冯紫岗、骆美奂、向乃祺、张淼、程远帆、聂国青、洪季川等 11 人组成的“土地问题讨论会”成立，经过两个月的讨论，通过了国民党土地原则十项，包括防止土地投机、改善租佃关系、积极扶植自耕农、筹设土地金融机关、征收土地税及土地增益税、合理使用与改良土地、鼓励开垦荒地、清丈与登记土地、分期实行土地政策等内容。[②]

几乎同时，萧铮提议“在政治学校内设立土地经济系，预定四年后养成足敷三省推行土地政策时所需中级土地行政人员”。蒋当然明白要想“普遍推行土地政策，如无适当干部，必致如王安石新法之失败”，因此很快批示了该项建议，但由于当时政治学校的实际主持者陈果夫认为“国家需才正急，不能等待四年以后方有大学毕业生应用，所以主张招收大学毕业生加以专业训练便可”，[③] 原先的土地经济系变成了层次更高、训练时间更短的“地政研究班”。[④] 地政研究班在招收一期学生后，[⑤] 便延长学制（从三学期延长到四学期），改名为地政学院，并由“蒋兼校长指拨专款，另与南京中山门外陵园附近，建筑宏丽校舍”。[⑥]

在 30 年代的学术规范建立浪潮当中，为促进某一学科的成长而设立学会、创办刊物并不新鲜，但为某一学科单独建立一所学校却属少有之事。甚者，当 1940 年地政学院受抗战影响而被官方勒令改组为研究部，萧铮不惜冒着得罪蒋的风险也要极力反对，地政学院的重要性可见一斑。

相较于仅作为土地政策之实行人员培养机构的地政研究班，[⑦] 地政学院兼有学校、研究机构及咨询机构三重身份，“既以宏土地行政人材之造就，

---

① 吴淑凤编注《蒋中正总统档案：事略稿本》第 15 册，台北，“国史馆”，2006，第 258、481、517、562 页。

② 《推行本党土地政策原则十项》，《地政月刊》1933 年第 1 期，第 125—130 页。

③ 萧铮：《土地改革五十年——萧铮回忆录》，台北，“中国地政研究所”，1980，第 40、52—53、63 页。

④ 西方并不存在一门与地政学完全对应的学科，故在中西文对译之时，地政往往被翻译为“Land Economic”。如中央政治学校地政学院的英文名是“Graduate School of Land Economic”，中国地政学会为“Chinese Association of Land Economic”，《地政月刊》则为 *The Journal of Land Economic*。但若因此将土地经济学完全等同于地政学是不正确的。

⑤ 《中国国民党中央政治学校附设地政研究班招考学员简章》，《地政月刊》1933 年第 1 期，第 1 页。

⑥ 萧铮：《土地改革五十年——萧铮回忆录》，第 64 页。

⑦ 蒋介石：《校长训词——中央政治学校附设地政研究班开学日》，中央政治学校附设地政学院编印《中央政治学校附设地政学院一览》，1933，第 26、28 页。

兼为土地问题之研究讨论机关，俾为推行本党土地政策之预备”。[①] 这也决定了地政学院的内部运作必然以土地问题的研究为中心，且教学、研究与实习（服务）三个环节环环相扣，缺一不可。

在大的培养方向上，学员们在进校之初即被规定了将来的服务范围，由于“蒋决定先集中力量，开办苏、浙、皖三省地政”，一、二、三、四期毕业学生的教学便主要围绕以上三省的经验而展开。[②] 在具体的课程安排上，学院的课程编制则略有弹性，以实践与学理互相参证。第一学期的课程，侧重于土地问题之基本理论的研修，大率可分为社会科学与农业科学两类，如土地经济学、土地法、土地政策、土地税、土地行政、土地测量等。第二学期大部分系研究地政之专门学术，故主修专门课程，如土地金融、垦殖学、资源论、农业经营及土地问题讨论等。“第二学期完毕，即派赴各省县调查、实习，大多系赴依计划规定之工作地点，调查实习期间三个月，各学员必须作调查实习报告。第三学期开始作研究论文，即以实习调查时所得之资料为论文材料，并指定教授为其指导，故第三、四两学期，不再开设课程，学员仅参加各项土地问题讨论。由各学员根据在实习调查时所遇之地方特殊问题，或其心得提出报告，各同学互相讨论，而由指导教授为其解惑，并作结论。”[③] 这样的教学方式甚切实际，故能产生教学相长的效果，不仅学员们更容易将理论与实践相结合，教授与研究员们亦能从中获益，尤其学生实习所得之材料成为土地问题研究的一手材料。除此之外，学院之内的教学相长还延续到了院外，与当时的其他大学或研究机构不同，学院同毕业生之间仍保持了相当密切的联系，因而分派到各省服务之毕业生也能时常为学院提供最及时的工作反馈，实无异于学院之“常驻各该处之调查员”。[④]

表 2　地政学院 1932—1936 年度历届投考、录取、毕业人数

	1932 年度	1933 年度	1934 年度	1935 年度	1936 年度
投考人数	177	138	93	119	117

① 中央政治学校附设地政学院编印《中央政治学校附设地政学院一览》，1933，第 2 页。

② 萧铮：《土地改革五十年——萧铮回忆录》，第 67 页。

③ 中央政治学校附设地政学院编印《中央政治学校附设地政学院一览》，1933，第 61 页；萧铮：《土地改革五十年——萧铮回忆录》，第 66 页。

④ 中央政治学校附设地政学院编印《中央政治学校附设地政学院一览》，1933，第 17 页。

续表

	1932 年度	1933 年度	1934 年度	1935 年度	1936 年度
录取人数	65	36	34	33	26
毕业人数		22	23	21	11

资料来源：中央政治学校编印《中央政治学校十周年纪念刊》，1937，第 133 页。从招生及实际毕业人数可知，地政学院所培养的是地政事业中的精英人才。

表 3　地政学院 1933 年课程设置

第一学期		第二学期		第三学期	
课程	每周时数	课程	每周时数	课程	每周时数
党义	2	土地经济	4	土地政策	4
民法	3	土地税	2	土地法	2
行政法	2	土地测量	2	土地测量	2
财政学	2	土地问题讨论	2	土地问题讨论	2
经济学	2	农业问题讨论	2	土地行政	1
经济地理	2	中国田制史	2	垦殖学	2
中国田制史	2	农业经济	3	统计学	2
农业概论	2	都市设计	2		
地质土壤大意	3				
测量应用数学	3				

资料来源：中央政治学校附设地政学院编印《中央政治学校附设地政学院一览》，1933，第 55—57 页。

表 4　地政学院 1935 年课程设置

第一学期		第二学期		第三学期	
课程	每周时数	课程	每周时数	课程	每周时数
党义	2	土地法	2	土地问题讨论	4
民法物权	2	土地税	2	农业问题讨论	2
赋税论	2	农业经济	2	土地测量学	2
高等经济学	2	土地测量学	2	特别演讲	
土地测量学	3	土地政策	2		
土地经济	3	土地行政	2		
农业概论	2	土地问题讨论	2		

续表

第一学期		第二学期		第三学期	
中国田制史	2	农业问题讨论	2		
统计学	2	特别演讲			
都市设计	2				

资料来源：中央政治学校附设地政学院编印《中央政治学校附设地政学院一览》，1935，62 页。表 3、表 4 所显示的课程设置的细化同样反映了地政学的演进。

日常教学之外，研究是学院工作的重心。研究室的经费开支常占经常预算额的十之七八，[①] 且当时所聘专任教授均兼为研究员，除上课外，全部办公时间须在研究室工作，另有专任研究员无须任课，并设有助理研究员，为各研究员之副手。[②]“学院研究员受聘之始，即须提出研究计划纲要，详陈其拟研究之部门及工作进行程序。”受聘之后，每学期之初还须另拟学期研究计划，“详列计划名称、目的、内容概要、研究步骤、工作人员、分段完成约期、备考等项”。[③] 总之，教授及研究员各依其研究范围成立各种研究部门，隶属于研究室，凡关于各该部门之问题，统由各教授或研究员负责为分省分区之研究，如地价、地租、地税、土地利用、土地分配、土地整理问题等。[④] 教授与研究员在研究过程中搜集整理的各项参考资料如报章地政新闻之分类剪存、地政论文卡片索引之编制等，后来也陆续以《地政新闻索引》（1934 年创刊）和《地政论文撮要》（1935 年创刊）的形式发行，大大便利了学生与社会各界人士的研究，有利于地政学内容的进一步充实。[⑤]

此外，学院研究室虽为各种土地问题之研究机构，但也是学院教务之设计机关、训练之辅导机关。盖学院研究员之研究，除特殊问题外，与各班学员同取分省研究制，故各班学员之教程与研究室所定之研究专题，实属互相联系。如学院第三班学员系以赴浙服务为目的，其研究论文之题目系以浙江为范围，于是研究室各研究员之研究内容亦以浙江为主，该班之土地问题讨论一学程，遂亦偏重于浙江之土地问题。[⑥] 因此，各教授的研究

① 中央政治学校附设地政学院编印《地政学院研究概况》，1937，第 6 页。
② 萧铮：《土地改革五十年——萧铮回忆录》，第 66 页。
③ 中央政治学校附设地政学院编印《中央政治学校附设地政学院一览》，1937，第 18 页。
④ 中央政治学校附设地政学院编印《中央政治学校附设地政学院一览》，1935，第 15—16 页。
⑤ 中央政治学校附设地政学院编印《地政学院研究概况》，1937，第 30—31 页。
⑥ 中央政治学校附设地政学院编印《中央政治学校附设地政学院一览》，1937，第 16 页。

范围自然成为学院教学的重要内容，甚至学生上课所用之教材也主要来自研究员的撰写与翻译，如万国鼎写作的《中国田制史》[①] 及由他翻译的《农业经济学导论》。[②]

综上所述，对地政学院而言，学员之分派实习调查，即为研究计划中之调查员；学员之研究论文，即为研究计划中之参考材料，而研究室则隐然为教学与实习之发动机也。教学、研究、实习三者间密不可分。也正因为它们之间的良性互动，地政学才能够不断向前发展。用萧铮的话来说，地政学院的不可替代性就在于它功能的多样性，单一的研究部决计代替不了这个工作。[③] 此言不虚。从前文论述亦可知，地政学院虽以研究为中心，但其所培养的实际上是两种人才，即土地政策的实施者与土地政策的制定者。换句话说，也就是干部型人才与学术型人才兼顾，普通研究部仅从事学术研究，当然无法代替地政学院的工作。总之，在另外两项制度性媒介建立以后，以地政学院为中心的学术团体便得以初步成形。

三　付诸实践的地政学

——以平湖实验县为例

地政学作为一门实用性极强的学科，其发生与发展都离不开实践的支撑。地政是地政学的研究对象和实践场域，更是地政学创立的基本语境。[④] 若是离开实际运用层面进行探讨，便无法揭示地政学的内涵。

针对 30 年代的乡村复兴运动，除对乡村建设派所做努力的深入探究外，学界近年更多地将目光转移到同一时期国民政府方面的尝试，以及因两者合作而得以展开的县政建设运动上来。在这场运动中，“全国有 11 省响应，共有 20 个县被划为县政建设实验县”，其中以江苏江宁县、浙江兰溪县、山东邹平与菏泽县、河北定县的实验最具特点，也受到了最多的关注。[⑤] 除

① 万国鼎：《中国地政学会丛书第一种：中国田制史》，《地政月刊》1933 年第 4 期，第 148 页；万国鼎：《中国田制史自序》，《中国田制史》（上），南京书店，1933。

② 万国鼎：《译者序》，F. R. Yoder：《农业经济学导论》，万国鼎译，正中书局，1936；薛暮桥：《书评：农业经济学导论》，《中山文化教育馆季刊》1937 年第 2 期，第 786—795 页。

③ 萧铮：《土地改革五十年——萧铮回忆录》，第 213 页。

④ 汪洪亮：《民国时期的边政与边政学（1931—1948）》，人民出版社，2014，“序”，第 8 页。

⑤ 王先明、李伟中：《20 世纪 30 年代的县政建设运动与乡村社会变迁——以五个县政建设实验县为基本分析样本》，《史学月刊》2003 年第 4 期。

此之外其他县份则很少被人提及，在那些被忽略的实验县当中，作为地政实验县而存在的浙江平湖县在实验中的成败不仅反映了地政学付诸实践时的真实样态，将其与同样由国民党主导的江宁、兰溪县的经验相比较，或许还能够更好地评价这场运动的得失。

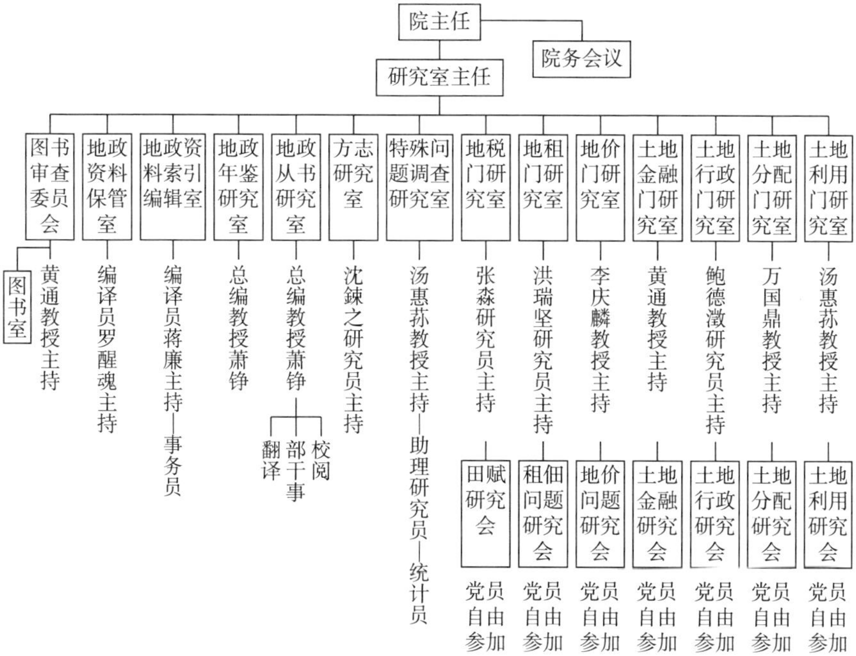

图 1　地政学院研究组织系统

资料来源：中央政治学校地政学院编印《地政学院研究概况》，1937，第 2 页。

早在平湖正式成为实验县以前，诸如土地陈报、丘地编查、土地查报及土地清丈等名目繁多的土地整理活动已在浙江省政府的名义下先后得到试验，但由于计划不周、方法不善，耗费了大量的人力物力，结果不尽如人意。[①] 进入 30 年代以后，地政组织相继成立而地政学科亦得到发展，恰逢浙江省主政人士调换，为实验研究之成果，也为渐次实现国民党之土地政策、解决土地问题，地政学院乃与浙江省政府约定于 1935 年将平湖正式划为地政实验县，以学院研究员汪浩任县长率领毕业同学若干人，以地政

① 汪浩：《平湖县地政实验概况》，《地政月刊》1936 年第 11 期，第 33 页。

为中心从事县政改革。[1]

平湖县的改革共分为三期进行，第一期“以完成县行政组织，整理庶政为中心工作”。从1935年10月中旬开始，行政方面调整政府组织以提高效率；民政方面编组各乡镇保甲，训练乡镇保长及壮丁公民，改革警务，按区完成积谷、禁烟、卫生等诸政务；财政方面则确立县预算会计制度，整理田赋杂税之收入，一面整理往年随粮带征之测绘半费，得两万余元，一面严追田赋，在解足省方比额外之追起欠赋项下蒙省拨借三万元；[2] 地政方面结束整理前期之清丈并发给执照，拟订实施航测登记之各种计划及预算；教育则整理积欠，训练师资；建设则治虫、造林、推行合作，统共历时不到四个月完成第一期之工作。

第二期工作从1936年3月开始，“以完成地籍整理，举行土地经济调查为中心工作”。彻底的地籍整理乃是平湖县改革最为突出之处。所谓土地陈报主要以查实粮户之姓名住址与田地之实在亩数为目的，故只能为田赋的征收提供依据，而无益于租佃关系的改良、土地的分配利用等深层次问题的解决。相反，地籍整理的最终目的既要完成土地登记，还要能够绘制出所整理地区的完整测绘图，为将来的土地改革提供重要依据。土地测量从方式上可以分为人工测量和航空测量两种，平湖县的人工测量早在1932年即已展开，持续到1935年，工作成效不过十万亩，而花销已不下四万元。[3] 航测虽受地形限制较大，不适用于隐蔽物较多的山区及城镇，且需以三角测量为基础，不足之处仍需人工补测，其费用亦因区域面积、地形状况和人员素质而异，但航测在平湖的实施条件良好，这些想必都是改革人员在选定平湖作为地政实验县之初就已经考虑到了的。[4] 他们决心使平湖成为国民党土地政策实施之“理想国”。实际的结果也令人满意，据称所有整理地籍之航测调绘制图计算登记等程序，仅费时9个月，每亩所费不足9分，精度在99%以上——其正确、迅速、经济，均破全国之纪录。[5]

---

① 萧序：《介绍地政实验县——平湖》，中央政治学校地政学院与平湖县政府编印《平湖之土地经济》，1937，第12页。

② 汪浩：《平湖县地政实验概况》，《地政月刊》1936年第11期，第35页。

③ 《平湖地政实验县整理土地经过情形》，《地政月刊》1936年第9期，第106页。

④ 赵茜：《民国时期浙江地政研究（1927—1949）》，硕士学位论文，浙江大学，2014，第75页。

⑤ 萧序：《介绍地政实验县——平湖》，中央政治学校地政学院与平湖县政府编印《平湖之土地经济》，第15页。

彻底的土地经济调查亦是第二期工作的中心之一。平湖县的土地经济调查采取与土地登记同时进行的办法，不仅节约时间，且以实地调查催告登记，亦可翔实。在具体办法上，采用了分区段登记与分期登记相结合的办法。城区、乍浦区、新仓区与新棣区为四个大区，区以下之乡镇则为一登记地段单位，计全县 43 乡镇，即为 43 个登记地段。[①] 与此同时，登记方法也有所改善，过去各地办理土地登记，多设立登记分处，通知业户自行前来申请登记，而政府反居被动地位，致进行迟缓，经费增多。平湖做法则委派经训练之登记员，分别前往各乡镇按保名召集业户登记，在一定时间内，负责办理一定地段内之土地登记事宜，同时运用保甲力量协助之，并不设立登记分处。如此每一登记地段用登记员一至二人，至办理完竣，计登记员生活费及办公费，不过百元左右。[②] 除此之外，登记员还身兼调查员的职责，负责搜集有关农村经济的各种资料，而后经地政学院之整理分析，最终结集为《平湖县之土地经济》一书出版，供实施县政时之参考。

第三期工作“以改革地税租佃制度，促进地利，调剂分配”为中心。[③] 田赋问题的解决及与之相关的租佃关系的改良是民国土地问题的重心，而国民党地政改革派在孙中山指导下所提出的解决方案是通过开征地价税平衡负担与收益。要知道，早在平湖县试行地价税之前或同时期，杭州、广州、上海、青岛、南京等城市也在筹备开征地价税。各地的实际效果各不相同，但大多面临地籍整理、地价评估以及地政与财政纠葛等方面的问题，同样的问题也在平湖有所体现。[④] 由于第二期工作相对彻底，平湖在开征地价税过程中最主要的阻力来自财政方面：在官方支持下，改革者们在地籍整理乃至通报地价方面并没有遇到太大阻碍，可是一旦涉及征收赋税，财政方面的税务机关便出面阻止进一步的行动。[⑤]

从某种程度来讲，平湖的实验是成功的，以地政为中心的调查与实验，为后来国民党土地政策的实施、地政学科的进一步发展提供了具体经验。

---

① 汪浩：《平湖县二十五年度地政实验工作计划》，《地政月刊》1936 年第 9 期，第 88—89 页。

② 汪浩：《平湖县之地政实验》，《地政月刊》1936 年第 4、5 期，第 263—264 页。

③ 萧序：《介绍地政实验县——平湖》，中央政治学校地政学院与平湖县政府编印《平湖之土地经济》，第 14、15 页。

④ 王瑞庆：《论南京国民政府开征地价税过程中地方财政与地政的纠葛》，《中国社会经济史研究》2015 年第 1 期，第 8—9 页。

⑤ 〔荷〕L. M. 多伍：《中国社会科学的制度化——对比第二次世界大战前后发展起来的地政学会与中国农村经济研究会》，南开大学历史系编《中外学者论抗日根据地——南开大学第二届中国抗日根据地史国际学术讨论会论文集》，第 583 页。

然而这种经验又有着极大的特殊性与不可复制性，平湖实验的成功很大程度上依赖官方的支持，没有官方的支撑很难想象诸如组织的调整、资金的筹措能够进行得如此顺利，而背靠地政学院这一得天独厚的人才条件，也是其他县份所难以企及的。这也是为什么同样是处理土地问题，江宁采取土地陈报，兰溪利用旧鱼鳞图册重新编造丘地图册，而平湖则采取地籍测量。当然从效果上看，三地都取得了显著的效果，不能简单地认为平湖的实验一定优于前两县，只是侧重不同因地制宜而已。只能说平湖的地政实验提供了一种可能性，但不具备推广意义。

更何况，尽管拥有众多助力，平湖实际的改革过程中也并非表面看上去的一帆风顺。从现代化的角度出发，平湖地政改革是国家自上而下推行的社会变革中的一环，其间遇到的种种问题，在某种程度上，也正是这一时期“现代国家建构”过程中所面临的困境：一方面受西化生活方式的影响，作为推进现代国家建构主力的城市知识分子，已经很难对乡村生活感到熟悉和向往，自然也就更难自始至终怀抱着同情及理解的心态来改革乡村。对乡村陋习的鄙视性描述在诸多乡村建设派的文字中屡见不鲜，地政学院的学生也大多未能避免，在他们看来，平湖原本地方富庶，但由于接近上海，南北通达，奢侈之风颇为炽烈，以妇女之服装为例便是其紧跟上海之时尚。[①] 此外民风不勤且崇尚迷信，一般农民皆好每日在附近乡村之茶馆啜茗，“朝晚一次，闲谈乡村琐事，或品评邻居短长，间有赌博情事”。由于教育程度低下，“农民知识浅薄，迷信心理甚深，如遇家人有病，必先求神问卜，非至病重，不延医诊治，其他一切建筑，婚丧等事，亦必于事前向星相家问休咎。春秋两季，迎神赛会之举，尚不能免。亲友间之酬酢，耗费不资，往往有多方借贷以应付者，因之农民经济，更陷于枯窘”。[②] 受30年代复兴农村大潮影响而涌入乡村寻找生活新方向的城市青年不计其数，他们起初尚能自视为现代文明的传播者而充满热情，但到后来则往往陷入农村层层难题的包裹，只能站在优越或者进步者的立场来批评，却提不出实际的解决办法，最终发现仅靠自己所学远远不能应付，唯有融入乡村才

① 段荫寿：《平湖实习调查日记》，萧铮主编《民国二十年代中国大陆土地问题资料》，台北，成文出版社、（美国）中文资料公司，1977，第75489—75490页。

② 中央政治学校地政学院与平湖县政府编印《平湖之土地经济》，第245页。

是可能的出路。[①]

另一方面也与地政事业的本质有关。地政事业在本质上是学术与政治的共谋，地政学科的创始人萧铮在40年代的一篇文章中写道："我国地政科学之特色，即在于适应今日之实际需要。"的确，受诸多因素的影响，进入20世纪30年代以后，无论官方还是民间对农村问题都投入了越来越多的关注，尽管农村问题包罗甚广，但如何解决土地问题无疑是农村复兴的关键所在。对执政的国民党而言，孙中山早在民生主义中即将平均地权提出，作为党国土地政策的最终目标，只是一直苦于不知如何达此目的；而对关心土地问题的知识分子来说，尽管研究范围一致，与土地问题有关之学科仍分属于其他学科，未成一"独特之体系"，亦无益于自身才学的施展。因此，对双方而言都需要这样一门能够一揽子解决土地问题的学科，故地政学的出现于民国政治而言是合情合理的。[②]

与政治的共谋既为地政事业的发展提供了大量的资源，也使其失去了学术本身的独立色彩：地政事业始终同政府官僚机构以及国民党内的CC系政治势力保持的密切联系，这样一来"它一方面掉进了国民党官僚机构的罗网，同时在本质上又同其他官僚既得利益集团发生矛盾。财政部作为地政事业的主要对手，绝不允许那些土地行政官员们侵犯本该是自己纵横驰骋加以经管的领域：赋税征管"。同样，由于与CC系关系密切，不管动机如何，地政方面的任何举动都容易被视为CC系的举动，而收到党内其他派系的排挤，更何况在实际地位上地政确实也是CC系用以将自己的权势拓展到农村最低级层面的重要手段，土地改革即是实现该目的最有效的办法，陈果夫主政之下的江苏便是极好的例子，也正是在江苏，地政事业得到了最好的发展。除了来自对手方的压力，将事业融入既有政治框架的做法反过来也使得它的提倡者们很难发动自身所期望的持久而广泛的政治运动——土地改革运动。[③]

① 汪正晟：《中央政治学校公共行政教育的困境与出路》，《中央研究院近代史研究所集刊》第102期，2018年，第37—82页。

② 萧铮：《地政教育之回顾与前瞻》，《人与地》1941年第9、10期，第172、173页。

③ 〔荷〕L. M. 多伍：《中国社会科学的制度化——对比第二次世界大战前后发展起来的地政学会与中国农村经济研究会》，南开大学历史系编《中外学者论抗日根据地——南开大学第二届中国抗日根据地史国际学术讨论会论文集》，第581—585页。

四　结语

地政学虽有强烈的西学背景，但真正成为一门学科却是民国人的创造。国民政府迫切需要推行孙中山民生主义的土地政策，以及以萧铮、万国鼎为代表的两派知识分子在时代之下的个人诉求，共同促成了地政学在20世纪30年代的兴起。随后，地政学院、地政学会及地政月刊社三大制度性媒介先后成立，彼此之间亦不断展开互动，共同推动民国地政学向前发展。之后受抗日战争的影响，地政研究一度趋于停滞，但研究者们很快以大西南、西北各省为中心，积极展开新的地政调查，地政学的研究也得以在抗战后期进入鼎盛。[①] 而今，虽然作为一个整体的地政学已不再占据主流，但地政学所包含的诸多下属学科，如土地经济学、土地法学等仍得到发展，并持续为当代土地问题提供新的指导。[②] 地政学作为一门有着强烈政治背景的实用型学术，在20世纪中国从兴起到式微的整个过程，为我们提供了学术与政治互动的又一分析样本。

（作者单位：复旦大学历史系）

① 详见萧铮主编《民国二十年代中国大陆土地问题资料》；南京图书馆编《二十世纪三十年代国情调查报告》，凤凰出版社，2012；李文海主编《民国时期社会调查丛编》，福建教育出版社，2014。

② 地政学系于1961年在台北政治大学重新开设。

· 近代中国宗教社会史 ·

主持人语（刘迅）

本期专栏刊载两篇论文分别讨论近代宗教史研究中的两个重要主题：一个探究围绕白云观东钟西鼓的独特建筑格局演变发展而来的清代全真道教与佛教争锋的仙话语系，另一个研究近代来华基督教本色化的问题。

秦国帅博士的论文以北京全真道丛林白云观钟楼建筑格局为切入点，追溯了白云观钟鼓楼建筑演变的历史过程，用证据说明，与以往学界广为接受的认识即寺庙宫观自古以来多为东钟西鼓的常规建筑格局不同，白云观东鼓西钟的特殊建筑格局是在明代正德年间才初步形成的，而此建筑格局的成因可能是多方面的：其一，白云观屡受明朝皇家眷顾，因此其钟鼓楼建筑极力仿摹皇家宫殿格局；其二，也是更深层的原因，可能与佛道寺观竞争的传统有关。秦文还向我们揭示，源自明代正德时期的白云观东鼓西钟的建筑格局，或许启迪并延续了清代、近代道教俗文学以及民间宝卷话语传统中通过讲述丘处机智调换常规钟鼓位置而挫败佛僧摧毁白云观的故事，进而达到扬道抑佛及弘扬自身优越教理和神圣教史的目的。

谌畅博士的论文着眼于近代中国基督教会的本土化历史，其文首先自追述了基督教 1807 年入华之始由外国人掌教传教近一个世纪，由最初与中国文化冲突受到中国民众排斥和反对而开始调节与改变自身教义和掌教传教方式，展开了基督教与中国地方文化和民众协调因应的本土化进程，直到 1906 年以华人牧师俞国桢成立耶稣教自立会为标志，基本达成了基督教会牧教队伍和教义神学本土化、服务中国民众以及适应中国文化的本色化宗旨。但是谌畅的研究也表明，民国时期基督教本色化过程中遭遇了众多来自教会内部和外部所造成的体制和结构方面的挑战与困难，如民族主义影响之下的全国反基督教运动、各地教会上下层级组织之间围绕钱财和权利问题的矛盾和纷争、乡村教会经济收入和信众捐奉日益减少等问题。正是由于这样的种种困难，基督教会融入中国社会和文化的本色化进程远非全面和完整。

西风吹散白云飞：北京白云观钟鼓楼与近代佛道之争[*]

秦国帅

内容提要 与一般“晨（东）钟暮（西）鼓”宗教认知不同，北京白云观的钟楼、鼓楼采用的是完全相反的“东鼓西钟”建筑布局。通过围绕此一建筑布局而产生的一则与佛道之争相关的故事，我们可以看出，“东鼓西钟”其实是先秦以降中国城市建筑通行的布局样式，而“东钟西鼓”相对而立的寺庙建筑布局则直到元末明初才正式确立下来；至于以火烧白云观为故事高潮的佛道之争，则本质上是近代民间宗教与全真教以文学创作为工具进行的自我理论宣扬与身份调适，与中国历史传统上的佛道之争并不相同。

关键词 白云观 钟鼓楼 全真教 民间宗教 佛教之争

作为全真宗师丘处机的瘗骨之所，北京白云观是全真道教研究中不可忽视的重要宫观之一。事实上，围绕北京白云观，学术界已经做出了非常细致的探讨，尤其是关于清中期以后直至民国时期的著名道士、传戒历史及其自我改革运动。① 应该说，这些研究的出现，极大地加深了我们对于北

---

* 本文系国家社科基金重点项目“近代中国寺庙概况量化研究”（项目号：20201180042）、教育部重点研究基地重大课题“近代中国宗教的转型与发展”（项目号：17JJD770006）阶段性成果。

① Vincent Goossaert, *The Taoists of Peking, 1800 - 1949: A Social History of Urban Clerics*, Cambridge and London: Harvard University Asia Center, 2007. 中央民族大学尹志华教授围绕北京白云观从王常月传戒开始直到清中期以来的传戒历史、北京白云观藏《龙门传戒谱系》、历代律师方丈监院画像等资料，先后发表了不下10篇文章，如《民国时期的全真道传戒活动考述》，《中国道教》2016年第5期；《清代全真道传戒若干史实再考察》，赵卫东主编《全真道研究》第5辑，齐鲁书社，2016。关于北京白云观民国时期的自我改革运动，华中师范大学的付海晏有极为精彩的研究，参见付海晏《安世霖与1940年代北京白云观的宫观改革——以〈白云观全真道范〉为中心的探讨》，《华中师范大学学报》2013年第1期；

京白云观的了解。在这些研究中，对于白云观的宫观建置及沿革历史，诸位学者虽不专门讨论，但也偶有涉及；至于专门的宫观历史研究，学术界也绝非鲜见，自民国时期的日本学者小柳司气太、吉岗义丰，直至当代学者李养正、张广保、程越等，都对白云观的宫观历史及建筑布局进行过考察。[①]

现今白云观的玉皇殿前，其东南侧为鼓楼，西南侧为钟楼。与当下一般所认为寺庙的“晨（东）钟暮（西）鼓”布局不同，白云观这样一种东侧鼓楼、西侧钟楼的建筑布局就显得比较特殊。无独有偶，对于白云观“东鼓西钟”的对称布局，日本学者吉岗义丰提过一则与之相关的佛（西风寺）、道（白云观）二教相争的传说故事，而中国学者李养正、邓夏等人则从建筑学的角度进行过分析。[②]不过，就笔者而言，与建筑学意义相比，吉岗义丰所提及的传说似乎从清末民国时期的全真教研究角度来说更为有趣。准此，笔者以吉岗义丰的佛道之争传说为切入点，首先从建筑学角度考察北京白云观“东鼓西钟”布局的现实原因，其次分析这则传说故事的编纂起源及影响，最后借由故事编纂者立场的不同来展示佛道之争背后全真教的自我认知与调适。

一　东鼓西钟与东钟西鼓

关于钟、鼓的历史起源及其作用，学术界已经进行了相对详尽的考证，认为它们作为乐器，被广泛地应用于中国古代社会的宗庙祭祀、宫室宴享以及古代战争等重要的场合。不仅如此，作为能够播放“八音”中金和革两种声音的乐器，钟、鼓还能与八卦以及八方配合在一起（参见表 1）。

《1930 年代北平白云观的住持危机》，《近代史研究》2010 年第 2 期；《安世霖的悲剧：1946 年北平白云观火烧住持案研究》，《中央研究院近代史研究所集刊》第 62 辑，2008 年。在此基础上，付海晏以白云观为中心，形成了一部专著，参见付海晏《北京白云观与近代中国社会》，中国社会科学出版社，2018。

① 小柳司气太：《白云观志（附东岳庙志）》，东京，东方文化学院东京研究所，1934；吉岗义丰：《白云观の道教》，新民印书馆，1945；李养正：《新编北京白云观志》，宗教文化出版社，2003；张广保：《祖庭与堂下：全真教各宗系的整合》，《金元全真教史新研究》，香港，青松出版社，2008，第 21—112 页；程越：《全真祖庭白云观在金元时期的沿革》，陈鼓应编《道家文化研究》第 23 辑，三联书店，2008。

② 邓夏：《北京白云观源流考与建筑研究》，硕士学位论文，北京建筑工程学院，2008。

表 1　钟、鼓与八卦、八方的关系

八音	埙	管	鼓	笙	琴	磬	钟	柷敔
八音之材	土	竹	革	匏	丝	石	金	木
八卦	坎	艮	震	巽	离	坤	兑	乾
八方	北	东北	东	东南	南	西南	西	西北

资料来源：徐传武《八卦与八音如何相配》，《文献》1996 年第 1 期。

依照表 1 中钟、鼓与八卦的对应关系，钟为兑，属阴卦，鼓为震，属阳卦。或许正是由于对钟、鼓各自的阴阳卦象和原理有所了解，至少从《诗经》开始，击鼓进攻成为军事战争中一种的传统："钲人伐鼓，陈师鞠旅。"① 至于鸣金，则相应地成为收兵止战的信号，如《荀子·议兵》所说："闻鼓声而进，闻钟声而退。"② 到东汉时期，规模较大的城市如洛阳已经使用钟声作为宵禁的信号，如崔寔《政论》所说："钟鸣漏尽，洛阳城中不得有行者。"③ 至于如此规定的原因，还在于钟、鼓在军事战争中的作用："鼓以动众，钟以止众。夜漏尽，鼓鸣即起；昼漏尽，钟鸣则息也。"④ 总而言之，经过细致的考证后，玄胜旭认为："在中国古代传统观念中，钟和鼓具有明确而丰富的象征意义及文化内涵，即钟是西、秋、金、兑、阴、退、息、止等的象征；鼓是东、春、革、震、阳、进、起、动等的象征。"⑤

若上述分析无误的话，按照中国古代的传统观念，如一座城市中分别设有钟楼和鼓楼，钟楼应该位于西方，其功能是司夜，鼓楼应该位于东方，其功能是司晨，即建筑布局是东鼓西钟，功能区分则是晨鼓暮钟。然而，在实际的发展过程中，直到隋唐时期，中国的宫殿建筑中才真正出现东西对称分布的钟楼与鼓楼，至于其布局，则正是之前所说的"东鼓西钟"。⑥ 直到元朝时，宫殿建筑当中"东鼓西钟"的布局才发生根本改变，如元大都大明殿前钟楼和鼓楼的位置变成了"东钟西鼓"。不过，到明清时期，宫殿中的钟鼓楼设置逐渐废止，取而代之的是城市中的钟鼓楼对设制度。然

① 程俊英：《诗经译注》，上海古籍出版社，2012，第 187 页。

② 荀况：《荀子》，方勇、李波译注，中华书局，2011，第 237 页。

③ 崔寔撰，孙启治校注《政论校注》，中华书局，2012，第 187 页。

④ 蔡邕：《独断》，中华书局，1985，第 24 页。

⑤ 玄胜旭：《中国佛教寺院钟鼓楼的形成背景与建筑形制及布局研究》，博士学位论文，清华大学，2013，第 10 页。

⑥ 玄胜旭：《中国佛教寺院钟鼓楼的形成背景与建筑形制及布局研究》，第 16 页；辛德勇：《隋唐两京丛考》，三秦出版社，2006，第 110 页。

而，或许是受到元朝“东钟西鼓”布局的影响，“就城市钟鼓楼的东西方位而言，除了元大都、明清北京的‘南鼓北钟’布局以外，其他城市中‘东钟西鼓’和‘东鼓西钟’布局都可以见到”。[①] 换言之，至少对明清时期的一般居民来说，无论是在城市中，还是在宫殿中，“东钟西鼓”或“东鼓西钟”并非一定如此的建筑布局。

然而，与皇家宫殿以及城市的建筑布局不同，到唐武宗时期，中国佛教已经形成了钟楼在东的建筑制度，只不过与钟楼相对而设的并非鼓楼，而多为经藏，即“东钟西经”的布局，如泉州的开元寺、长安的保寿寺以及西明寺等。[②] 直到元末明初，中国的佛寺中才开始出现“东钟西鼓”的对称格局，而到明成祖朱棣迁都北京之后，伴随着大规模寺观修建活动，“东钟西鼓”成为佛寺中固定的建筑布局和制度。[③]

作为现今北京白云观的前身，天长观在金大定十四年（1174）被诏重修，并得赐名“十方大天长观”。至于其重修后的建筑布局，郑子聃所撰《中都十方大天长观重修碑》称：

> 前三门榜曰十方大天长观。中三门曰玉虚之门，设虚皇醮坛三级，中大殿曰玉虚，以奉三清，次有阁曰通明，以奉昊天上帝，次有殿曰延庆，以奉元辰众像。翼于东者，有殿曰澄神，翼于西者，有殿曰生真，以奉六位元辰。东有钟阁曰灵音，兼奉玉皇上帝、虚无玉帝，次有阁曰大明，以奉太阳帝君，次有殿曰五岳，以奉诸岳帝暨长白山兴国灵应王。西阁曰飞玄，以秘《道藏》，兼奉三天宝君，次有阁曰清辉，以奉太阴皇君，次有殿曰四渎，以奉江河淮济之神。[④]

从上文中可以发现两个事实：第一，作为皇家敕修的道教宫观，天长观的建筑布局遵循了与传统佛教寺庙相同的原则，即“东钟西经”，而非我们现在所通常以为的“东钟西鼓”；第二，天长观的钟阁与经阁，并非纯为报时或藏经之用，还肩负着祭祀的功能，因为它们里面供奉着神像。

关于此时天长观的布局，日本学者吉岗义丰在20世纪初访问北京白云

① 玄胜旭：《中国佛教寺院钟鼓楼的形成背景与建筑形制及布局研究》，第27页。
② 玄胜旭：《中国佛教寺院钟鼓楼的形成背景与建筑形制及布局研究》，第33页。
③ 玄胜旭：《中国佛教寺院钟鼓楼的形成背景与建筑形制及布局研究》，第65—68页。
④ 李养正：《新编北京白云观志》，第741—742页。波浪线为笔者所加，下同。

观时，依据上述资料对其进行过推定复原（见图 1）。从复原图中，我们能够清晰地看到天长观的钟阁与经阁分立于东方与西方。[①] 不过，当 1227 年丘处机去世之后，尹志平在天长观（其时受成吉思汗之命改称长春宫）东侧建立了白云观，我们从复原图中亦可以找到它的位置。然而，关于此时白云观的建筑布局，限于史料缺乏，我们不得而知。元明易代之后，天长观废坏为墟，而白云观则由于明朝前期诸多帝王而保留下来。明正德十三

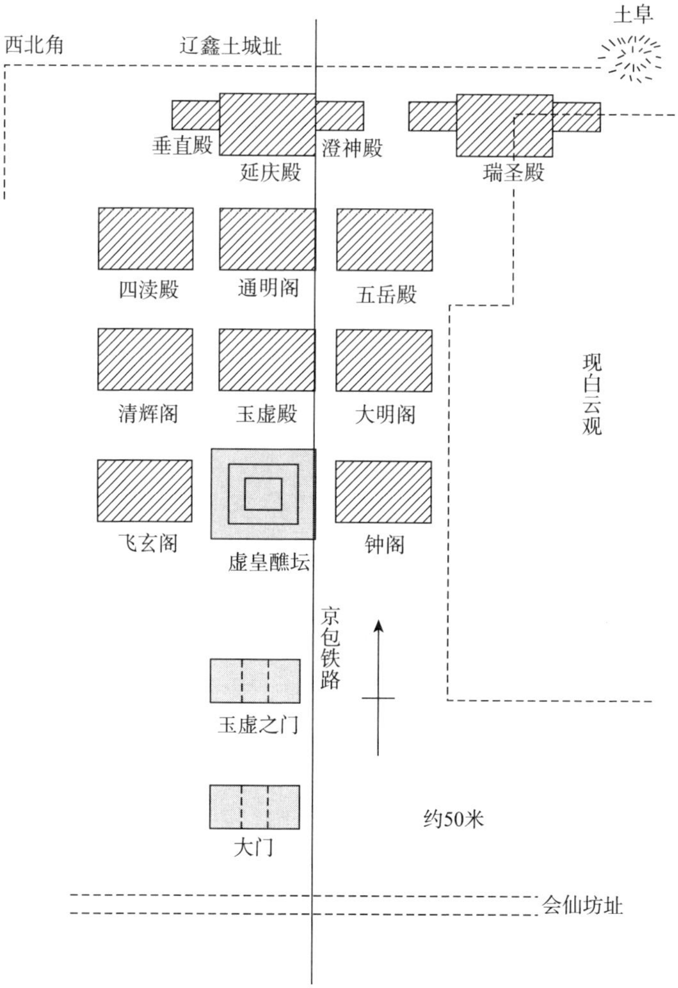

图 1　金十方天长观复原

① 〔日〕吉岗义丰：《白云观访信录》，汪帅东译，北京联合出版公司，2016，第 163 页。

年（1518），白云观在朝廷的支持下得以重修，而恰恰是在此次重修过程中，白云观出现了钟楼与鼓楼的配置：

几饰旧者，如殿庑若干楹；而移建者，则长生堂、施斋堂；新增者，则钟鼓楼，配于方丈也。[①]

尽管此次的重修碑文并没有明确提及钟楼、鼓楼的位置，然而，借助于现今北京白云观钟楼、鼓楼俱为明清寺庙中常见的重檐歇山顶二层楼阁式形制，[②] 我们有理由相信，今天北京白云观的钟楼和鼓楼应为明正德重修后的遗产。[③] 换言之，明正德十三年重修时，白云观钟楼与鼓楼的建筑布局就已经是“东鼓西钟”了。

鼓楼（东）

钟楼（西）

图 2　现白云观钟鼓楼

对于白云观“东鼓西钟”的布局，李养正在其《新编北京白云观志》介绍配祀建筑时予以了关注，称鼓楼始建于明英宗正统八年（1443），“从

① 李养正：《新编北京白云观志》，第 703 页。

② 关于明清时期中国寺庙中钟鼓楼的建筑形制及布局特征，参见玄胜旭《中国佛教寺院钟鼓楼的形成背景与建筑形制及布局研究》，第 93—113 页。

③ 邓夏：《北京白云观源流考与建筑研究》，第 84—85 页。

建置时起便位于玉皇殿前东侧”。[1] 至于钟楼，则始建于明太祖洪武二十七年（1394），燕王朱棣再建毁于战火时的长春宫时重新建置了钟楼与鼓楼：

> 燕王朱棣命再建长春宫（位今白云观西侧），建置钟楼（位长春宫东侧）、鼓楼（位长春宫西侧）。[2]

李养正还进一步解释了为何现今白云观是“东鼓西钟”的建筑布局：

> 关于钟鼓楼的位置，按古规制，一般毕是在坐北朝南宫观的东侧建置钟楼，在其西侧建置鼓楼，可是现在白云观却未沿惯例，而是鼓楼位东，钟楼位西，为什么会这样呢？因现存钟楼乃原长春宫建置，长春宫毁于火，但其东侧的钟楼幸免，明代正统年间在此钟楼之东营造白云观，钟楼也就在了白云观中路殿堂的西侧，尔后在中路殿堂东侧建置与钟楼相对立之鼓楼，于是也就变成东鼓而西钟了。这既表明了由长春宫到白云观位置的变迁（东移）；也表明因大钟既悬楼内，搬迁不易，故只得权便而破例建置，并无宗教方面的用意。[3]

对于这番介绍，首先，我们从现有碑刻史料中找不到明确记载称鼓楼建于正统八年以及燕王朱棣重新建置了钟楼、鼓楼等事，尽管朱棣为藩王时确实重建长春宫，英宗皇帝朱祁镇也确实重修过白云观；其次，长春宫毁于火以及钟楼幸免等事，我们也未找到任何明确的史料记载；最后，因钟楼搬迁不易而新建鼓楼于东的说法，从重修的规格即皇家工程以及现实的建筑布局来说，也实难以成立。[4]

与李养正的看法相反，如前所述，笔者认为，现今白云观“东鼓西钟”的建筑布局实际上是明正德十三年新建时方确立的。之所以如此，一方面是出于当时重修碑刻所遗留下来的明确记载，另一方面是出于明永乐迁都北京之后“东钟西鼓”或“东鼓西钟”的城市建筑布局并无一定之规的现

---

① 李养正：《新编北京白云观志》，第 98 页。

② 李养正：《新编北京白云观志》，第 99 页。

③ 李养正：《新编北京白云观志》，第 99 页。

④ 可参见李养正的自述碑文以及当前从建筑学角度所开展的研究，如李养正《新编北京白云观志》，第 735—737 页；邓夏：《北京白云观源流考与建筑研究》，第 84—85 页。

实状况。尽管李养正在说明“东钟西楼”的建筑布局时称“按古规制”，但正如我们之前所述，寺庙建筑中“东钟西鼓”建筑布局的形成并没有那么久远，其确立于永乐皇帝迁都北京之后，而恰恰也正是在此时期，“东鼓西钟”的城市布局时常出现在普通民众的视线当中。因而，北京白云观之于当前或许颇为让人惊奇的“东鼓西钟”布局，在明正德时期或许并不让人感到奇怪。

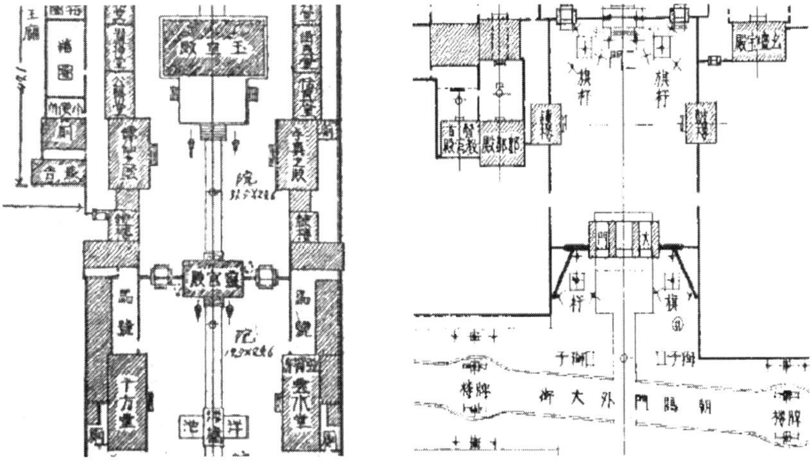

图 3　白云观（左）与东岳庙（右）钟鼓楼位置

资料来源：小柳司气太《白云观志（附东岳庙志）》，第 629—630 页。

除此之外，可以作为侧面证据的是，与白云观相似，同样是道教宫观的北京东岳庙，其钟楼、鼓楼的建筑布局也是“东鼓西钟”。[①]

① 在现存有关东岳庙建筑布局的记载中，笔者只找到一份康熙四十三年的《东岳庙碑文》，称东岳庙曾于康熙三十七年遭焚毁，康熙三十九年至四十一年重修完毕。在这次重修过程中，钟楼和鼓楼得以建立，不过对于两者的具体位置并没有提及。参见北京市朝阳区文化委员会编《北京东岳庙与北京泰山信仰碑刻辑录》，中国书店，2004，第 117 页；清高宗敕撰《清朝文献通考》，王云五主编《十通》第九种，商务印书馆，1936，第 57751—57752 页。

到民国时期，有两份关于东岳庙结构的平面图，一份来自日本学者小柳司气太，其中钟楼与鼓楼的位置为东鼓西钟，另一份来自美国学者富善（Anne Goodrich），其中钟楼与鼓楼的位置为东钟西鼓。参见小柳司气太《白云观志（附朱岳庙志）》，第 629 页；〔美〕安・丝婉・富善：《东岳庙》，李锦萍译，清华大学出版社，2018，第 257 页。在富善的书中，她称这幅东岳庙的平面图由坦恩・布洛克（Janet Rinaker Ten Broeck）提供，而据布洛克自述，这幅平面图的真正创作者是“不知姓名的艺术家和詹姆斯・卡什（James Cash）”。不仅如此，布洛克在《1927 年的北京东岳庙》一文中还明确称“从山门进到第一进院，两侧边墙内筑有重檐钟鼓楼，左边是鼓楼，刻有鼍声；右边是钟楼，刻有鲸音”，即前述“东钟西鼓”布局。参见〔美〕安・丝婉・富善《东岳庙》，第 231、202 页。

二　火烧白云观的故事与传说

借助上述对建筑历史的考察，可以确定，与中国佛教寺庙自唐时便已确立钟楼在东布局的制度不同，北京白云观“东鼓西钟”的建筑布局最晚从明正德十三年便如此了，至于背后的原因，可能是北京白云观作为屡受朝廷眷顾的皇家道观，其建筑布局与当时的宫殿和城市建设需表现出一种同步性。至于更深刻的宗教原因，我们并未找到与此相关的任何记载。

然而，1940 年代，日本学者吉岗义丰继小柳司气太调查北京白云观时，在钟楼与鼓楼的位置问题上提供了一则与佛道之争相关的故事：

> 很久以前，在白云观的西侧有座佛寺，叫作西风寺。这座寺庙的和尚与白云观的道士冰炭不投，他们之间的斗牙拌齿也从未平息。不知不觉间，白云观的势力越来越大，并逐渐压过西风寺，和尚们因不堪忍受屈辱而四散，于是寺庙就被白云观所合并。据说自那里起，这座寺庙的钟楼就作为道观的钟楼所用，故形成了今日所见之格局。[①]

对于这则故事，吉岗义丰也有自己的看法，即认为“这只是一个传说，所以无论如何也不足以使人信服。况且，还有其他像白云观这样来排列钟鼓楼位置的道观”。不过，对于这则传说产生的原因，吉岗义丰还是有所推测：

> 从长居于白云观附近的年长者的口中听到这个传说时，我觉得它

尽管富善对在她之前出版的小柳司气太的《白云观志（附东岳庙志）》一书有所了解和引用，但她书中所载东岳庙的平面图以及布洛克所记载的钟楼与鼓楼位置应该是错误的。作为泰山东岳庙即现今岱庙的复制建筑，布洛克引用了法国学者沙畹（édouard Chavannes）的《泰山》一书，称北京东岳庙的建筑布局与泰山东岳庙相似，但在沙畹所提供的泰山东岳庙布局图中，钟楼与鼓楼的位置是“东鼓西钟”，而且，笔者认为，至少从明末查志隆的《岱史》开始，泰山东岳庙的建筑布局便已如此。参见 édouard Chavannes: *Le T'ai chan: essai de monographie d'un culte chinois*, Paris: Ernest Leroux, 1910, p. 130；查志隆：《岱史》，明万历戴相尧刻本，笔者私藏，1. 15b－16a。

准此，与富善以及布洛克的记载相反，小柳司气太所说北京东岳庙“东鼓西钟”的建筑布局应该是正确的实地调查资料，并且，重檐式的建筑结构是明清的通例，极有可能是康熙敕修的重建过程进而更早（尽管并无明确的历史记载）就已经如此布局了。

① 〔日〕吉岗义丰：《白云观访信录》，第 16—17 页。

应该来自于元朝的《佛道论衡》。元代期间，佛道的论争异常激烈，主要是白云观的道士与佛僧之间的论争，最后道士彻底败论，论争的结果导致了悯忠寺（今北京外城的法源寺）的《道藏》焚毁事件。那个虚构出来凸显白云观强盛的传说，或者是由对佛僧的横暴感到悲愤的道士，或者是由同情道士遭遇的民众所编造的吧。因为佛教毕竟是外来宗教，而道教则是中国人的传统信仰，所以道教虽在实际的佛道论证中失败了，但却被三人成虎地演绎成取得了完胜，如果将其作为民族排外心理的案例表现，这绝对是颇具价值的资料。[①]

吉岗义丰认为这则故事来自元代的佛道之争，此为合理的推断，不过他将故事的起源归于“对佛僧的横暴感到悲愤的道士，或者是由同情道士遭遇的民众所编造的”，则因文献涉猎不足而有失偏颇。据元代《佛祖历代通载》和《至元辩伪录》载，全真教在宪宗朝佛道论辩失败之后，除要焚毁伪经45部外，还应将之前非法侵占的佛寺237所归还，但全真道士甘志泉仍据吉祥院而不还，“至元十七年夏四月，僧人复为征理，长春宫道流谋害僧录广渊，聚徒持梃，殴击僧众，自焚廪舍，诬广渊遣僧人纵火，且声言焚米三千九百余石”。[②] 事实上，正是长春宫道士自焚廪舍而反诬僧人的举动，导致了随后的第二次佛道论辩以及全真教的进一步失败。[③] 或许，佛教当中关于双方直接冲突的这则记载，才是吉岗义丰所听闻传说故事的原型和灵感来源。不过，就目前所掌握的资料来看，与之相似的传说直到清朝中期方产生，即明正德十三年重建钟鼓楼的三百年之后。

据车锡伦的《中国宝卷总目》，清道光元年（1821），北京地区出现了一部以王重阳和全真七子故事为主题的仙传，名为《七真天仙宝传》。[④] 在这部典型的民间宗教宝卷中，丘处机凭借高超的道法击退了进犯的番王，宋朝皇帝因此龙心大悦，封他为国师，并命他在清静寺养静参禅。不过，丘处机的获封遭到了同为国师且受皇后宠幸的白云禅师的嫉妒。是时恰逢皇后有孕在身，皇帝便命二人预测皇后所怀是男是女，白云禅师算定是女，

① 吉岗义丰：《白云观访信录》，第17页。

② 释念常：《佛祖历代通载》，《景印文渊阁四库全书》第1054册，第716页；释祥迈：《至元辩伪录》，《续修四库全书》第1289册，第460页。

③ Kenneth Ch'en, *Buddhism in China: A Historical Survey*, Princeton: Princeton University Press, 1964, p. 425.

④ 车锡伦：《中国宝卷总目》，北京燕山出版社，2000，第203页。

丘处机亦算定是女，不过为显道法高超，便针锋相对地猜测是男。两人立下赌约，丘处机若输的话将头割于白云禅师，白云禅师若输的话将双眼剜于丘处机，并将他所居住的白云寺腾让出来。结果，皇后生产之时，丘处机令六丁六甲将外邦的男婴与皇后所生的女婴调换，白云禅师因此输掉了白云寺：

> 宋帝登了九五殿，宣诏二人来朝参。叫声国师你失算，你算是女偏生男。
>
> 二人赌帖孤为见，失算要把眼睛挽。国师闻言吓破胆，三呼万岁把恩宽。
>
> 贬职以免挽双眼，遂出京外不入帘。邱祖讲情职休贬，看在小臣脸面前。
>
> 宋帝准情看卿面，僧职不贬位要迁。从今休住白云观，另寻庙宇把身安。
>
> 陀僧遵旨下金殿，清静小寺去参禅。陀僧忧气且不叹，再说圣上封邱仙。
>
> 真人八卦是妙算，不由孤王心喜欢。加封妙化真君官，受享天爵在帝前。
>
> 从今请住白云观，半付鸾驾助威严。邱祖谢恩回庙转，白云寺中去炼丹。

丘处机占据白云观之后，白云禅师又几次三番企图羞辱丘处机，却被丘处机一一化解。眼见扳不倒丘处机，便听从一位精通堪舆之术的弟子的建议，在白云观西边修建了一座名为西风亭的寺院，取“钟鼓响，吹西风，白云吹尽；云从龙，虎从风，庙倒人倾”之意，要把白云观夷为平地。对于白云禅师的举动，丘处机早已知晓，并做出了应对：

> 却说陀僧在西风寺右边修一西风亭，悬起钟鼓。邱祖门人知觉，报与邱祖，言道：“把左边钟倒挂鼓楼，右边鼓倒挂钟楼。”门人细问来历，邱祖道：“过了三日，自然明白。”
>
> 邱祖念，早已知，计法两定；钟移东，鼓移西，风来倒行。
>
> 西风亭，击钟鼓，果然风应；白云寺，敲钟鼓，反吹吼声。

> 不倒那，九日内，风狂太胜；西风亭，遭天火，竟化灰尘。
> 这正是，想害人，人反吉庆；把自己，必害得，莫处安身。
> 陀禅师，怪徒弟，地理不应；怨桐油，那风鉴，未曾学精。

借由上述对故事的简述，可以得出两点明确的认识：第一，白云观原为白云禅师居住的佛寺，是丘处机凭借自身高人一筹的道法强行夺取而来；第二，面对白云禅师等佛教僧人的回夺之举，丘处机最终凭借钟鼓倒置的高超道法彻底将他们打垮，西风寺被焚为平地，而白云禅师也被发配云南。准此，“东鼓西钟”成为丘处机取得最终胜利的纪念和象征，尽管他的夺观和毁寺等行为似乎并不是那么光彩。

与《七真天仙宝传》相似，清同治十二年（1873），湖北汉阳府皇殿刊印了由全真教龙门派弟子王诚章作序的《七真祖师列仙传》。在这部作品当中，丘处机因为巨大的战功而获得了元顺帝的赏识，得封护国军师长春真人。心生妒意的白云禅师便与丘处机赌算皇后所生为男为女，丘处机最终因道法高超而取得了胜利，并在获得白云禅师原住的大庙之后，将之改名为白云观。至于随后发生的事情，《七真祖师列仙传》似乎是用白话文的形式重新讲述了一遍北京白云观“东鼓西钟”的来历：

> 那白云禅师的门人，又遇了皇后缘法，皇后许修一座寺院。众僧人领了千万两银子，就在白云观西边造寺。当家的和尚名叫李善，能通阴阳地理、五行生克之法，取名西风寺。众僧问曰：“为何叫做西风寺？请问缘故！”李善道：“我原有心事在内，咱的大庙与邱祖住了，我心不服。咱明阴阳，按五行之法，他住的叫白云观，我取名西风寺，西风吹去，白云必散，邱祖门人必然散去，这庙仍是我们的。”众和尚听言称妙，都说：“师兄高见。”邱祖的门人闻说此言，告于邱祖，说西风寺的缘故。邱祖吩咐道：“把左边的钟挂到鼓楼上，右边的鼓架到钟楼上，互相掉换。”门人问故，邱祖道：“过了三日，自然明白。”后到第三日，西风吹起，大钟不打自鸣，打西风顶回，反在厨房内吹起火来。众僧忙提水泼火，泼他不灭，一时满寺通红。众僧都跑出来躲过，就把西风寺烧了个干净。这正是“主意不正害别人，谁知反被损自身；劝君须要行公道，报应来时难脱身。”

不过，与《七真天仙宝传》不同的是，《七真祖师列仙传》在讲述完这个故事之后添加了评论，即引文最后画浪线的部分。而恰恰是这四句类似七言律诗的评论，表明故事的编纂者完全站在全真教一方，因为白云禅师及其门人建造西风寺是“主意不正害别人”的表现，而丘处机“东鼓西钟”的应对策略则是“报应来时难脱身”的象征。

或许是意识到之前两部仙传虽然并未对丘处机持批判态度，但白云观的来历实属并不光明正大，所以，清光绪十九年（1893），另一位龙门派道士黄永亮重新编纂了一部《七真因果传》，并修改了丘处机与白云禅师之间的恩怨。对于丘处机凭借高超的道法赢得了原属白云禅师的白云寺，《七真因果传》借“地利”之说进行了一番合法化的解释，并特意注明丘处机并非强占白云寺：

> 你道邱真人为何定要这白云寺？因北京地方王气正盛，知是久都之地，欲借此盛地开一开坛，演一演教，二者白云禅师应在南边发迹（南僧北道——引者注），开阐三江一带地方，若久在京都守着这白云寺，终难开阐，故此竟将这寺院占了，使他好向南去普渡众生，故而天地生人，各有其所（说明邱祖不是强占其寺院——引者注），或利于此而不利于彼，或利于彼而不利于此，上士修真，必取其相生相应者而居，其于相克相妨者则避之，此谓得其地利也。

随后，白云禅师屡施计谋，如饮毒酒、戴金冠等事，但被丘处机一一识破，并次次退让，自归其咎。在丘处机的感化之下，白云禅师亦自悔用意差失，两家重归于好。元顺帝眼见如此，正式将白云寺改名白云观，令丘处机居住，而白云禅师则移居他寺：

> 朕已发皇饷，与国师新建寺院，待工程圆满，可将白云寺佛像移于新修寺院内，另取寺名，将白云寺改为白云观，重塑道祖神像，以别僧道，各有所宗，为千秋香火，作万世观瞻，素不负二师保朕之功也。

准此，顺天时而得地利，行忍让而息纷争，假王命而正名分，丘处机占领白云观成为顺天意、承王命而得人心的正义举动。不仅如此，对于之前两部仙传都记载的火烧白云观一事，《七真因果传》也进行了技术化处理，称白云禅师的门人不满丘处机的夺寺之举，于是谋求反攻：

> 内有一位好事的僧人，自言懂风鉴："若依我主意，在白云寺前面修一座西风寺，管教白云寺大败。"众僧问致败之由，那多事的和尚曰："岂不闻风水怕人破？以我西风吹彼白云，何愁不败？何愁不散？"

当众僧人将募修西风寺的缘簿拿到白云禅师面前时，白云禅师却否定了他们的计划："邱真人与我原无怨恨，这白云寺是我输与他的，又非他来强夺。昨日天子曾御赐皇饷，另修寺院，汝今捏造这些言语，滋生事端，倘天子知道，降下罪来，老僧担带不起，你要修你去修罢。"众僧闻言便放弃了这个计划，只有起意修建西风寺的僧人心中不服，逢人便宣扬他的计划，以恐吓白云观的道士："我化得有几千银子，要在白云寺前面修座西风寺，我这西风一起，将他白云定然吹散，管教他们那些道人，一个也住不成。"白云观的道士在听闻此事之后，也散播出去一些流言：

> 他以为说些大话，将白云观道友们吓一吓，殊不知道友们十个就有九个会说大话，听得这些言语，也散些流言出去，说是："叫他只管修，等他修起，我们在前面筑起一垛高墙，如扇子一样，等他风来，我一扇扇去，名为返风，自吹自散。"忽一人大喊曰："你们能返风，我便去放火。"

事实上，依《七真因果传》所说，佛教复夺白云寺的举动也就到此为止了，佛道双方只是产生了一些言语上的冲突，并未进入实质阶段：佛教僧人的建寺之举仅为逢张对李的流言，而白云观道士的返风放火也以"大家笑了一阵"而告终。然而，对于之前两部仙传言之凿凿的火烧白云观之事，《七真因果传》做出了自己独特的解释：

> 谁知就有那好事的道人，把那些言语传将出去，也是逢张对李胡说一番，年代久了，话柄还在，相传不实，以为真有此事，说和尚修一座西风寺，要吹散白云观，被道人用个破法，回风返火，把西风寺烧了。其实并无此事，不过那边出了一个多事的和尚，这边出了一个讲大话的道人，你说过来，我说过去，惹动了那喜欢生事的人，编成

话柄，有许多老修行在京地土生土长，都把这庄事情摸不清白，今依古书校正无讹，庶使后世门人不争强论弱，则于因果有光辉也。

若按此说，北京白云观“东鼓西钟”的建筑布局实际上与佛道之争没有任何关联，但《七真因果传》维护白云观及全真教形象的意图也十分明显。

上文按刊印时间之先后依次介绍了三部仙传的最初版本及其中与白云观“东鼓西钟”相关的故事，但每种仙传在清中期直到民国时期不仅有多个版本，而且流传的地域非常广泛。光绪三十三年（1907），同善社信徒云山烟波氏在《七真天仙宝传》的基础上，缩编了一部《七真宝卷》，几乎原文重述了火烧白云观传说。丘处机因军功获封国师之后，同为国师的陀僧心怀不满，加之因赌输皇后所生为男为女而将白云寺让于丘处机，便在他弟子的建议之下修建西风寺，最终却引火烧身：

说陀僧，这场事，忧气不平；细思想，怎教我，有脸见人？
有命我，去白云，让与道人；清静寺，一小庙，怎么安身？
千思想，这件事，如何计定；金想到，广智徒，地理高明。
要破他，白云观，风水可定；广智言，甚容易，一败而净。
白云观，白虎头，造一庙庭；钟鼓响，起西风，白云吹尽。
命魏相，上金殿，奏了一本；清静寺，和尚多，无处安身。
白云观，地基宽，右边修整；王准奏，造一个，西风寺名。
邱祖爹，早已知，安排制镇；钟移东，鼓移西，风来到行。
西风寺，击钟鼓，果有西风；白云观，敲钟鼓，西风反吟。
不到那，一百日，风火齐临；西风寺，一霎时，化为灰尘。
这正是，想害人，反害自身；陀国师，怪广智，地理不明。
虽然是，做国师，无人奉敬；悔不该，与妖道，斗智逞能。
到今日，想破了，修己安分；时不际，运不泰，听天由命。

鉴于《七真天仙宝传》与《七真宝卷》之间的文本连续性，云山烟波氏的缩编虽然并没有太多的新意，但还是进一步强化了北京白云观“东鼓西钟”建筑布局背后的宗教含义，即佛教与道教之间的庙产之争。

与《七真宝卷》相似，1919年，万国道德会刊印了由全真居士养真子改编的《重阳七真演义传》，而这部仙传的文本来源，则是《七真祖师列仙传》。据养真子的改编，丘处机因为军功获封国师之后，与皇后供奉的国师白云禅师进行了一场生男生女的比赛，丘处机虽然凭借道法高超而赢得了比赛，却并未占取白云禅师的大佛寺，而是返回了太极宫。后来，丘处机为完成玉皇大帝开坛衍教七十二处的命令，请求元朝皇帝的帮助，于是，元帝敕令建造白云观，并为之亲书匾额。白云禅师赌算失败被发配云南之后，他的弟子们心怀不满，于是起意在白云观西修建西风寺，冀求火烧白云观：

> 白云禅师的门人又结了皇后大缘，许修大寺。众僧领银十万两，就在白云观西边修寺，当家和尚名叫理善，能通阴阳五行、生克制化之法，题名西风寺。众僧问其缘故，理善说："我有妙法在内。俺们的寺被邱神仙住了，我心不服，按法修理，盖西风吹起，白云必散。"众僧听言，个个称妙，都说："方丈高明。"邱神仙早已默知，偶见梧桐落下一叶，即命晓事门人，把左边的金钟取挂鼓楼上，右边的大鼓移架钟楼头上，门人问何故，邱神仙道："过了三日，自然明白。"立秋后四日，西风吹起，钟不打自鸣，把西风顶回，反在和尚厨房吹起火来。众僧慌忙提水救火，泼他不灭，一时满寺通红，众僧都跑出躲祸，把西风寺烧个干净。这正是"主意不善害别人，谁知反害自己身；劝君个个行公道，报应来时难脱身。"

由此可见，《重阳七真演义传》的基本立场与《七真祖师列仙传》相同，即丘处机是"行公道"而获胜，而与《七真祖师列仙传》稍有不同的是，北京白云观在《重阳七真演义传》中是受皇帝敕命而建，并非夺佛教庙产而来。当然，更为重要的是，养真子如此重述这则故事，合理地解释了北京白云观为何是"东鼓西钟"的建筑布局。

综合以上五部仙传，我们可以看出它们的基本态度和倾向：首先，《七真天仙宝传》和《七真宝卷》作为两部具有明显文本继承性和民间宗教背景的仙传，都认为白云观是丘处机强占白云禅师的寺庙而来，且"东鼓西钟"的建筑布局来源于全真教与佛教的庙产之争；其次，《七真祖师列仙传》和《重阳七真演义传》因为都有全真道士的参与拥有着相似的观点，即北京白云观"东鼓西钟"是丘处机"行公道"的象征，只是《七真祖师列仙传》认为白云观原为佛寺，是由丘处机凭道法赢来的，《重阳七真演义传》则认为丘处机虽然凭高超的道法赢得了赌局，白云观却是由皇帝敕命另建；最后，《七真因果传》认为丘处机虽然凭高超的道法赢得了赌局以及作为赌资的白云观，却顺天意、承王命而得人心，甚至赌输的白云禅师也认为两方之间不存在纠纷，至于火烧白云观之事，则仅止于流言，并未成为事实，进而，北京白云观的“东鼓西钟”布局与佛道之争并无关联。

如果说从建筑史角度来考察北京白云观“东鼓西钟”的建筑布局，可以确定这种规制是明清时期城市和宫殿建筑的常见样式的话，那么，清中期以来的七真文学作品则揭示了“东鼓西钟”背后全真教与佛教之间的纷争。由于现有资料的限制，我们并不能通过文本获知此一宗教叙事的源头，但毫无疑问的是，这些文学作品的存在及流通，事实上已经影响到人们的宗教认知。1935 年，马芷庠撰写《北平旅行指南》，提及北京白云观中作为景点之一的窝风桥：“相传早年有西风僧与邱真人斗宝，西风僧在观之西建一庙名西风寺，取‘西风吹散白云飞’之义相克制，邱真人因在观中建一窝桥以御之。”①

图 4　现白云观窝风桥

此一说法尽管与白云观“东鼓西钟”的布局无关，它们共同的来源却

① 马芷庠：《北平旅行指南》，经济新闻社，1935，第 195 页。

是清中期以来七真文学作品中的佛道之争。至于前述吉岗义丰的传说，则是在共同的佛道之争母题之下，用“东鼓西钟”的建筑布局来进行填白和解说。

三 佛道之争与仙传编纂

关于佛教与道教之间的矛盾，事实上在王重阳和全真七子驻世之年并没有发生过，相反，我们从他们的著作中看到的是他们与佛教僧人的和谐相处以及对于“三教合一”反复强调。① 然而，自丘处机去世之后，以耶律楚材为代表的佛教居士首先发难，对丘处机进行了公开指责。此时全真道教一方并没有明确回应，秦志安《金莲正宗记》记载谭处端被打落牙齿一事时称是禅师所为，或许这可以看作佛教指责在全真道士内部引起的波澜。至于元宪宗以及元世祖时期所发生的两次佛道辩论，全真教虽然是道教方面当中的教派之一，却承担了最严重的损失，部分全真道士申志应等甚至遭受了脱冠落发、改道为僧的羞辱。②

虽然没有直接证据表明清中期以来的七真文学作品与全真教在元初的这段悲惨经历有文本关联，但考虑到佛道之争的巨大影响力，吉岗义丰将北京白云观“东鼓西钟”的传说与此事联系在一起，也属情理之中。与此同时，吉岗义丰之所以能在1940年代的北京听闻此传说，极有可能与上述五部七真作品多版本、大范围流传有关。据笔者调查，自清中期直至民国末年，《七真天仙宝传》等五部仙传共计至少产生了43个版本，传播到18个省份。在所有这些版本中，以丘处机为代表的全真宗教力量都实现了对佛教势力的逆袭：北京白云观不仅原本就是佛教的产业，其“东鼓西钟”的建筑布局更是代表对佛教力量的最后一击和完全胜利。

不过，与元初的佛道之争主要由佛教方面记载不同，正如前文约略提到的那样，这些七真文学作品中的佛道之争，或者是出于民间宗教家之手，或是出于全真道士之手。正是因为编纂者自身不同的宗教认同，清中期以来七真文学作品中的佛道之争表现出了一些不同以往的特点，即在佛教完

① 尽管全真教与当时以万松行秀为代表的佛教在三教合一的方向上有所不同，但这尚不足以引发争论。参见〔日〕窪德忠《金代的新道教与佛教》，刘俊文主编《日本学者研究中国史论著选译》第7卷，中华书局，1993，第478—496页。

② 张广保：《金元全真教史新研究》，香港，青松出版社，2008，第382—382页。

全失声的情况下，民间宗教虽然借用了佛道之争的戏剧性故事，但其目的在于一视同仁地借取佛道两家的优势与长处；而全真道士则完全站在了道教的立场上，在强调全真教优越性的同时，尽量缓和与佛教之间的紧张和冲突关系。

表 2　清中期以来五种七真仙传的版本及刊刻地点统计

名称	版本及数量	藏版或刊刻地	小计
《七真祖师列仙传》	清同治十二年汉阳府皇殿本（1）	湖北	9
	清光绪十七年甲戌坊兴泰厚本（1）	江西	
	清光绪十八年王金友堂重刊本（1）	湖南	
	清光绪十八年金陵一得斋善书坊本（1）	江苏	
	清光绪十九年三教坛本（1）		
	清光绪二十一年罗浮山朝元洞本（1）	广东	
	清光绪二十九年序刊本（1）		
	民国六年黄邑镂云斋本（1）	山东	
	民国十九年慧空经房本（1）	浙江	
《七真天仙宝传》	清宣统三年养真仙苑本（5）		22
	清宣统元年叙府一洞天黄聚贤堂本（1）		
	清道光元年北京刊本（1）	北京	
	清咸丰十年长清河西段家滩广化坛本（1）	山东	
	清光绪二十九年肃泰昌重刊本（1）	甘肃	
	民国十五年蕲春长安寺本（1）	湖北	
	民国十年大洞浑源县中和堂刊本（1）	山西	
	民国八年蒙化县甸尾里白云寺本（1）	云南	
	民国五年腾冲县曲石乡江苴明善堂本（1）	云南	
	清光绪三十四年南阳经元堂本（1）	河南	
	清光绪十八年仁寿书屋本（1）		
	民国五年松竹山房本（3）		
	民国十年虹溪善化坛本（1）	云南	
	民国三年化龙岩本（1）	福建	
	磁邑明善堂本（1）	河北	
	上海图书馆藏本（1）	四川	

续表

名称	版本及数量	藏版或刊刻地	小计
《七真因果传》	清光绪三十二年文在兹善书坊本（1）	广东	9
	民国二十一年明善书局本（1）	上海	
	民国十二年宏大善书局本（1）	上海	
	伪满洲国大同二年福文盛印书局本（1）	吉林	
	民国三十年崇华堂重印本（1）	北京	
	民国三年治古堂本（1）	重庆	
	习善堂石印本（1）	福建	
	《道藏精华》本（1）		
	《藏外道书》本（1）		
《七真宝卷》	清光绪三十三年慧空经房本（2）	浙江	2
《重阳七真演义传》	民国八年万国道德会刊本（1）	山东	1

首先，就《七真天仙宝传》及其缩编本《七真宝卷》而言，据清宣统三年的养真仙苑刊本，《七真天仙宝传》问世是由于王重阳和全真七子的仙迹“流芳年远，而丹书之更易未免无讹；遗后岁深，而道情之添改更多虚杳”。全真教祖师钟离权和吕洞宾有鉴于此，降鸾开化演绎了三十二回的《七真天仙宝传》，“阐明七真修行奥妙，引证三教悟道格言”，最终的目的则是希望“钟吕二祖造法船，诸仙七真指云路，愿人人而上天堂，望个个以离地狱”。对于自署康熙壬辰年（1712）造作于北京北皋双龙寺礼义堂的乩文《七真天仙传序》，由于背景资料的缺乏，我们没有任何关于其真正创作者的信息。然而，到宣统元年（1909）青阳山人易南子作《序刊文》时，我们可以明确地知道，易南子为一贯道十七祖路中一的弟子，甚至出资助刊的李正旺等人也都是一贯道的信徒。[①] 至于《七真宝卷》，据现有的研究，它的改编者云山烟波氏是清末民国时期另一个重要的民间宗教教派同善社的信徒。[②] 事实上，无论是一贯道还是同善社，从现有的研究资料来看，它们对于儒、释、道都持开放的态度，不论是它们著名的历史人物，还是各自独特的修行方法，一贯道和同善社都予以认同和接纳，并以之为自身的先天

① 秦国帅：《〈七真天仙宝传〉的版本、内容及使用初探》，赵卫东主编《全真道研究》第7辑，第139—141页。

② 秦国帅：《明清民国时期七真度化故事的流传及版本研究》，赵卫东主编《全真道研究》第6辑，第66—67页。

大道或一贯之道服务。或许正是基于这样一种考虑，在描述丘处机斗法白云禅师时，《七真天仙宝传》和《七真宝卷》一方面直言道教的法术比较高超，另一方面对于丘处机诈赢白云观的行为也并未避讳，此中情由，主要在于无论是道法还是佛法，都远不及一贯道和同善社推崇的先天道。

其次，就《七真祖师列仙传》和《重阳七真演义传》而言，我们看到，《七真祖师列仙传》对于全真七子的态度并不友善，不仅大量使用"贱人"、"孽障"、"牛鼻子道教"等鄙俚粗语，而且借用托名张三丰的《无根树》细致描写刘处玄于妓院行采战双修之术，一度使刘处玄成为近代娼妓行业的祖师爷和保护神。① 此一仙传现今可查的最早编纂者全真道士王诚章却依旧认为《七真祖师列仙传》"字挟风霜，非芸编瓠史之可比；声成金石，岂宋艳班香之能同。万缘俱净，八垢皆空。读百回之不厌兮，舌本生莲；览一字之莫减兮，头点顽石"。与之相似，《重阳七真演义传》的编纂者全真道士养真子也高度推崇王重阳与全真七子的仙迹，认为"重阳七真本记，必有功世道，有益人心"。但因为担心《七真祖师列仙传》此类仙传存在误导民众的可能性，所以养真子又依照《道藏》等书，"凡伤风败俗之言，邪术异端之说，左道旁门之谬，概不容以杂入"，删正了旧有的七真传记。之所以如此，正如笔者在他处所言，王诚章和养真子的全真道士身份发挥了不可忽视的作用：正是基于自身的宗教认同，他们才在宗教感情上明显地偏向了全真教，进而在描写丘处机与白云禅师斗法以及白云观的来源问题上，一改之前民间宗教家的做法，有意识地美化了丘处机的形象，并合情、合理、合法地解释了白云观的由来。

至于《七真因果传》，其编纂者黄永亮也是一位全真道士。他之所以起意重新编纂王重阳与全真七子的故事，主要是因为旧有的七真仙传"文不足以达其辞，趣不足以辅其理"，不仅如此，在最终目的上，他与王诚章和养真子也并无二致，"以通俗语言，鼓吹前传，以人情世态，接引愚顽，以罪福醒悟人心，以道妙开化后世，其于劝善惩过，不为无助"。不过，在具体的仙传编纂策略上，黄永亮却不以"借法力而为卫道"、"托仙佛以作引诱"的做法为可取，既不认可丘处机与白云禅师因庙产之争而存在根本性

① 依笔者拙见，刘处玄"插花刘真人"的称呼应是从此一仙传开始使用的。或许是由于《七真祖师列仙传》的广泛流传，加之其中刘处玄与妓女采战双修的描写，"插花老祖"逐渐变成近代以来娼妓行业的祖师爷和保护神。参见刘平《近代娼妓的信仰及其神灵》，李长莉、左玉河主编《近代中国社会与民间文化》，社会科学文献出版社，2006，第 469—482 页。

的矛盾，更是从根本上否认了“火烧白云观”一事可能性，只不过将之淡然处理为以讹传讹的流言而已，一如我们在前述引文中所看到的那样。

总之，作为中国宗教历史上产生时间最早的两个教派，佛教与道教关系尽管绝非全然和谐相处，全真教与佛教的关系也并非一直相安无事，但在近代以来的全真仙传当中，丘处机与白云禅师的斗法以及火烧白云观等事，却成为不同仙传编纂者阐述自身宗教教义的文学武器或工具：民间宗教如一贯道和同善社着力描写了两者之间的冲突，同时无意于照顾道教或佛教的形象，而是以之反衬先天大道的优越性；全真道士则在高调宣扬丘处机道法高超的同时，着力淡化丘处机作弊取胜的不义之举，至于火烧白云观之事，则因不同编纂者采用不同的编纂策略而有无两可，但无论如何，全真教相比于佛教的宗教优越性是无可置疑的。[①] 换言之，在近代民间宗教大量兴起的社会背景下，全真仙传中的佛道之争，已经不再是历史上佛教与道教之间的争斗了。

四　结论

上文以北京白云观“东鼓西钟”的建筑布局为切入点，首先讨论了钟、鼓本来所具有的方位含义及其在城市和寺庙的不同应用，其次从清中期以来的全真仙传考察了白云观如此布局的文献记载及各仙传不同的态度，最后分析各种不同态度形成的原因及其背后各自的宗教考量。准此，可以得出以下三个基本结论：

第一，我们通常所认为的“晨钟暮鼓”及其背后所隐含的“东钟西鼓”建筑布局其实并不符合先秦以来的文化传统。相反，从《诗经》开始，直到帝制晚期，中国城市建筑的布局一直遵循的是“东鼓西钟”样式。至于寺庙中“东钟西鼓”相对而立的建筑布局，直到元末明初才出现，并在永乐皇帝迁都北京后成为中国寺庙固定的布局样式。

第二，现今北京白云观“东鼓西钟”的建筑布局，对于明清时期的城市居民来说，并非罕见之事。这主要还是由于其自身特殊的宗教地位，即

---

① 事实上，以全真教著名的祖师以及他们的故事作为宗教争论的工具，如吕洞宾飞剑斩黄龙等，并非清代才有的创新之举，而是元代就已经产生了。参见吴光正《八仙故事系统考论——内丹道宗教神话的建构及其流变》，中华书局，2006，第 73—109 页；Joshua Capitanio, “Buddhist Tales of Lü Dongbin,” *T'oung Pao*, Vol. 102 (2016), pp. 448 - 502。

白云观在明清时期屡受皇室照拂，因此，与同样地位特殊的北京东岳庙相似，它们“东鼓西钟”的布局应该是遵循当时的城市建筑布局，含有浓重的政治含义，却与宗教争斗无关。

第三，清中期以来相继成书并广泛流传的全真仙传，以佛道之间的宗教争斗解释白云观“东鼓西钟”建筑布局的成因，虽然似乎与全真教在元朝佛道之争中失利有关，实际上却只不过是民间宗教家的文学创造而已，表明自身借取但又显然优越于佛道二教的宗教教义和地位。相反，全真道士则同样诉诸文字的力量，或解释了白云观宫观来源的正当性与合法性，“东鼓西钟”的建筑布局正是其与佛教相比宗教优越性的明证，或抛弃了这样一种叙事传统，表明佛道两教之间并不存在冲突，火烧白云观之事更是子虚乌有，力图消解这一广泛流传的故事背后所隐含的挑起宗教冲突的可能性。

总之，宗教历史无疑是宗教文学创作的源泉，但同时，宗教文学创作反过来重塑了人们对宗教历史的认识，一如火烧白云观这则原本极有可能是清代中期才虚构出来的故事，却直到现在都流传于教门内外，并影响着人们对于北京白云观的看法。

［作者单位：齐鲁工业大学（山东省科学院）马克思主义学院］

近代中国基督教会的本色化运动*

——以中华基督教会为中心的考察

谌　畅

内容提要　基督教传入中国后，为了更好地达成广泛传教的目的，基督教会试图采用各种方式减少中国社会各阶层的抵牾，努力融入本土社会。在近代中国民族主义兴起的背景下，基督教会以自立为目标的本色化进程迭经不同阶段，孕育出不一的成果，并产生了中华基督教会等较具代表性的自立教会。总体而论，近代中国基督教会的本色化运动存在较大的路径困难和局限性，但凭借自身努力仍在一定程度上实现了与中国社会交融的目的。

关键词　基督教　本色化运动　中华基督教会

作为舶来品的基督教会①是中国近代诸多重要历史事件的目击者和参与者，在近代中国的发展和变化历程中居于十分重要的地位。为了更好地融入中国社会，取得社会民众的认可，中国基督教会试图通过本色化运动，努力与中国传统文化相适应，以达成自立目标，植根于中国社会。基督教本色化运动的发展变迁是中国基督教史研究的重要组成部分，已有不少学人做了探析。② 然而，

---

* 本文系国家社科基金重点项目“近代中国寺庙概况量化研究”（项目号：20201180042）、教育部重点研究基地重大课题“近代中国宗教的转型与发展”（项目号：17JJD770006）阶段性研究成果。

① 在汉语语境里，基督教一词有广义与狭义之分，广义是对信奉耶稣基督为救世主的各教派的统称，狭义则特指基督新教。本文取其狭义。

② 海内外学人围绕中国基督教本色化运动展开了一系列研究并取得了较大进展。参见 Wallace C. Merwin, *Adventure in Unity: The Church of Christ in China*, *Grand Rapids*, Wm. B, Eerdmans Publishing Company, 1974；王治心：《中国基督教史纲》，台北，基督教文艺出版社，1993；章开沅：《离异与回归：传统文化与近代化关系试析》，中国人民大学出版社，2010；吴义雄：《民族主义运动与华南基督教会的本色化》，《学术研究》2004 年第 12 期；邢福增：《本色化与民国基督教教会史研究》，《冲突与融合：近代中国基督教史研究论集》，台北，宇宙光出版社，2006。

学界对于教会本色化的内涵并未取得一致。① 同时，由于在华基督教会宗派林立，支脉众多，观测点难以选择。基于此，笔者拟在宏观把握中国近代基督教会发展的前提下，选取中华基督教会这一最大的华人本土合一教会作为研究对象，② 试图根据相关一手文献资料，在前人研究的基础上进一步探究中国基督教会如何将基督教的思想与中国本土文化相调和，实现自立的本色化。

一 基督教会的早期本色化运动

1807年马礼逊东来，基督新教传入中国，并伴随着欧美列强的枪炮声，借由条约体系的形成而不断壮大，逐渐成为中国社会生活中颇具影响的一支力量。为了实现将基督教真正植根于中国社会的目标，西方教会和传教士采用各种方法，努力争取中国公众好感，试图得到中国社会的理解与支持。其中，兴办慈善事业、推动地方卫生和教育事业发展成为其选择施行的重要手段。

然而，基督教毕竟是西方列强凭借多次中外战争的胜利逼迫中国政府

---

① 对于基督教会本色化，民国时期教会内部即对其定义有过讨论。其中，得到大部分教会人士认同的观点是："一、本色教会须由中国人组织及维持；二、本色教会的形式须中国化；三、本色教会须含有中国文化的因素；四、本色教会须适合中华民族的民族性。"参见《基督教在中国的演进及其趋势》，《中华归主》第68期，1927年。其后，对教会本色化的讨论范围扩大到学术界。其中，吴义雄在综合缕析学界不同意见的基础上，指出教会本色化是在近代中国基督教史的具体环境下，教会脱离外国差会和传教士的供养与控制而走向独立的进程。此种定义大体能够反映学界一般意见。参见吴义雄《华南循道会的本色化之路——以二十世纪前期为中心的考察》，《宗教学研究》2006年第3期。邢福增则认为"教会本色化"并不局限于文化层面，而是涵盖了社会、政治及经济等方方面面。参见邢福增《本色化与民国基督教教会史研究》，《冲突与融合：近代中国基督教史研究论集》。大陆学界关于中国本色教会的讨论参见刘家峰编著《离异与融合：中国基督徒与本色教会的兴起》，上海人民出版社，2005。

② 关于中华基督教会的研究，学界已有不少成果。代表性著作参见杨天宏《救赎与自救：中华基督教会边疆服务研究》，三联书店，2010；陈智衡：《合一非一律——中华基督教会历史》，香港，建道神学院，2013；Marina Xiaojing Wang，"Cheng Jingyi and the Church of Christ in China"，*Ching Feng*，n. s.，13（2014）。笔者则围绕民国时期中华基督教会的发展趋势和运营实态做了较为细致系统的研究。参见谌畅《自营与外援之间：抗战时期中华基督教会自立路径研究》，《福建师范大学学报》（哲学社会科学版）2018年第2期；《取舍之间：中华基督教会财政运作中的西方教会影响》，《基督宗教研究》第23辑，2018年9月；《劫后求生：抗战之后中华基督教会的复员运动》，《暨南史学》第17辑，暨南大学出版社，2018。

承认和接受的，其合法地位也是借由不平等条约的不断累积方得以确立。此种情形下，基督教先天上即作为入侵者的附庸站在与中国社会对立的一面，招致普通民众反感，在诸多方面遭到抵制。

面对基督教东来夹杂的枪炮和文化上的侵入，中国社会各阶层最初均持抵制态度。中国政府的调处不力和士绅阶层的诱导，加剧了民教之间的紧张形势，产生了为数不少的教案，而义和团运动的爆发则直接形成了中国社会排外、反对基督教的一个高潮。

不惟如此，较之中国文化传统，基督教毕竟是一种异质文化和外来事物，对中国社会而言显然属于他者。因此，基督教想要融入有着深厚历史传统和拥有自身逻辑体系的中国社会显非易事，有时甚至因传教方法失当招致大众抵牾和排拒。同时，在中国传统社会呈崩溃之势时，基督教更在很多方面成为西方对中国社会传统最直接的挑战。譬如，西方传教士来华是以传播基督教教义为目的，而非单纯获取经济利益，而这对中国儒家传统、社会秩序、民众思想产生了很大的刺激作用。[①] 总体而言，基督教虽然为了获得中国民众的普遍认可，一直致力于提升在中国社会中的影响力，但该教早期的努力并未取得预想的结果。

在此种情况下，基督教会内部和传教士进行反思和调整，试图通过改变传教方法融入中国社会。简言之，在基督教本身兼具“普世性”和“本土性”特点的情况下，为了在中国更好地传播教义，基督教会必须走上“本土化”的道路，使自身与中国传统文化相适应，融入中国社会，以实现基督教在中国社会的普遍传播。

那么，如何才能使基督教会走上“本土化”道路呢？西方教会和传教士针对教案频发以及义和团运动爆发的现实情形，尤其注意加强对中国精英阶层的争取，以期以点带面，带动整个社会对基督教观感的改变。为达此目标，基督教会声称对士绅信奉的儒家文化表示理解，对中国传统文化表现出尊重，努力调和基督教与中国文化之间的分歧，进而争取知识阶层的支持。同时，为了增强教会内部华人信徒的凝聚力，调动其积极性，西方传教士开始将一些权力移交给中国职员，对教会进行自主管理。遗憾的是，一些西方传教士和中国本土牧师虽然据此做出了不少尝试，但并未取

---

① 〔美〕杰西·格·卢茨：《中国教会大学史（1850—1950）》，曾钜生译，浙江教育出版社，1987，第465页。

得预期成效。[①] 即便如此，中国信徒仍逐渐在教会体系中取得了一定地位，越来越多的华人基督徒开始在基督教会担任牧师、布道员等神职，参与宣教、日常运作等具体事宜的决策。经过不断努力，俞国桢于1906年在上海创建了第一个真正意义上的华人自立教会——中国耶稣教自立会，中国基督教本色化运动终于从规划走向实践。[②]

之后，中国基督徒和西方传教士一起朝着使基督教中国化、将基督教融入中国社会的共同目标努力工作。此间，华人基督徒逐渐改变西方传教士助手或雇工的身份成为其同事，中外教牧之间的关系在形式上更加平等。与此同时，在西方教会的默许下，中国自立教会数量不断壮大。敬奠瀛建立的耶稣家庭，王明道设置的基督徒会堂，倪柝声组织的聚会所（小群），张灵生、张巴拿巴与魏保罗等成立的真耶稣会等纷纷得到中国信徒信任，并取得了一定社会影响，成为践行教会本色化的成功案例。[③] 不过，推进中国基督教会的本色化和自立虽是中国本土教徒努力的结果，但更是西方教会和传教士采用的一种发展策略。对传教士而言，此举不仅可以在中国民族主义逐渐觉醒的背景下将中国教牧和基督徒推向前台，减轻中国社会和政府对源出西方的基督教的疑虑和抵触，规避政治风险和道义责任，[④] 还能凭借其相对优势的组织架构和经济实力，继续在与所谓自立教会的交往过程中保持优势地位，使其工作仍置于西方教会制定的框架内。

此外，基督教会是一个依靠思想维系的宗教组织，基督徒最为关心的是精神信仰。因此，若没有适合中国本土教会的本色神学作为理论支撑，使基督徒在精神上得到指引，中国基督教的自立与本色化运动就会缺乏持续发展的内生性动力。[⑤] 是以，如何将中国文化与基督教教义结合起来，使基督教教义符合中国社会现实成为中国自立教会需要解决的问题。在此情形下，王治心、赵紫宸、吴雷川、刘廷芳等教会领袖结合自身实践，努力建构适应中国伦理话语的本土神学。因着华人基督教思想家的不懈努力，

① 福汉会的郭士立、福州美以美会的宝灵、美南浸信会的陈梦南、华人教徒席胜魔等人均对教会组织人事改革、教会内部权力结构、教会具体运作等提出见解并努力实践。参见李志刚《郭士立牧师在港之历史及其所遗中文资料》，香港，道声出版社，1987，第70页。

② 张化：《中国耶稣教自立会述评》，《史林》1998年第1期。

③ 刘家峰：《“中外新教合作建制”与近代基督教中国化研究》，《史学月刊》2013年第10期。

④ Missions and Wesrstrn Expansion, *The Economic Basis of the Church*, International Missionary Council, New York, 1939, p. 41.

⑤ 胡卫清：《汕头新中华基督教会研究》，《韩山师范学院学报》2013年第4期。

中国基督教本土神学体系初具规模，为中国教会的自立与本色化奠定了思想和理论基础。

不过，基督新教有别于其他宗教，其教派分支多达百余，而且分支间教义迥异、互有抵斥。各教派进入中国之后，彼此之间仍存在纷争和竞夺，并保持各自内部特性，而这往往会带来内耗，影响教会事业的发展与壮大。为了减少不必要的消耗，也为了适应中国教会本色化的需求，更为了响应1910年爱丁堡世界传教大会的号召，中国基督教会逐步在一些具体活动领域中进行组织团结，展开联合协作。同时，为了使中国教会能够做到合一，提高运作效率，节省运营经费，基督教各教派之间的合作逐渐加强，教会经济基础得到夯实。[①] 简言之，在中外教会和信徒的共同努力下，义和团运动之后的二十年成为中国基督教会的高速发展时期，教会自立和本色化色彩日趋浓厚。

二　中华基督教会的本色化努力与成效

20世纪20年代，“非基督教运动”伴随着中国民族主义运动高涨，呈风起云涌之势。此种情况下，尽管西方教会和传教士仍试图揭橥宗教自由的旗帜，力图对中国基督徒中的民族主义情绪加以限定，维持所谓的“宗教自由”，但面对中国民众坚决反帝的社会大环境，计划流于空谈。

由于西方教会和传教士无力应对中国民族主义思潮的兴起，也无法对抗中国社会的理性思潮和反教情绪，[②] 中国教牧主动将责任承担下来，试图真正提升自身地位。具体实践中，他们充分关注中国政治形势的发展，并对教会发展中遭遇的困境进行反思，以期为中国教会本色化运动进一步展开提出针对性意见。

在反思和检讨中，以中国基督徒为主体的教内人士围绕为何基督教在中国传播、基督教会在中国的发展和贡献为何没有达到预期效果进行讨论。

经过讨论，他们认为以往中国教牧对以西人占主导地位的基督教会的

① 施云英：《中国教会应当合一的理由》，《金陵神学志》第16卷第2期，1934年，上海市档案馆藏，U124-0-113。

② 其时，胡适、蔡元培、陈独秀、梁漱溟等人围绕基督教等宗教进行了深入探讨。参见张晓林《众说纷纭话宗教——20世纪20年代关于宗教本质和定义的争论》，《兰州大学学报》（社会科学版）2007年第6期。

归属感并不强烈，为教会服务的积极性和主动性并不显著。不过，考虑到教会的组织、产业、规程等对当下的中国自立教会和基督徒而言仍显得过于复杂，自立教会尚无法切实展开接收西方教会产业工作的现实状况，这些教牧呼吁全体中国基督徒应不分畛域、不分中外地去建设中国本土教会，规避宗派主义，推进教会的联合工作，促进包括慈善、卫生、教育在内的基督教会事工的全面发展，实现教会的自立。①

不惟如此，还有不少中国基督徒认为，中国基督教会之所以难以真正建立起自立教会，是因为华人牧师缺乏足够的责任感和主人翁意识："中国人之所以反对基督教是因为中国教会西洋化太重，反对的目标是外国教士居多，所以中国的基督教当自谋独立，成为中华基督教。外国办理教会的人，应当将担子给中国人了。"②

此外，在国家主义和民族意识觉醒的背景下，还有教会人士指出必须努力在精神意识层面对教会进行全方位的改造，由中国基督徒承担更多的宣传责任，向中国社会大众说明基督教是一个逐步走向自立的本色化宗教。③

为了更好地改变中国普通民众对基督教会的观感，大批华人基督徒在反思与检讨之余，积极探讨实现基督教会本色化的具体途径和方法，以期达到扩大基督新教在华影响的目的，并使普通民众相信基督教会并不与中国社会为敌，而是扎根于中国社会、为社会大众服务的。为达此目标，如何排除中国社会敌意，追求基督教会进一步发展，使教会进一步本土化，则成为教会和教徒亟待解决的问题。

实践过程中，中国基督徒在已建立自立教会的基础上正式发起了以"自治、自养、自传"为目标的本色教会运动。在此潮流中，教会内部以实现教会本土化和真正的自立自强为目标，积极探讨教会本色化的途径并积极献计献策，以期达到建成本色化教会的目标。④

① Address by Mr. T. Z. KOO at Conference on Church and Mission Administration, 1927. 3. 1, Archives of the United Board for Christian Higher Education in Asia, RG011 - 237 - 3927.

② 汪廷弼：《基督教与中国》，《真光杂志》第 24 卷第 11、12 合刊，1926 年，第 22—23 页。

③ Rev. F. J. White, D. D., Annual Report of Shanghai College for the Year 1925, Archives of the United Board for Christian Higher Education in Asia, RG011 - 240 - 3949.

④ 在中国基督教界颇孚众望的华中大学校长韦卓民即表示："本色教会的成员一定是中国人，领导人物也设想是中国人，支援它的活动和机构的财源，也大半来自中国。"参见马敏《韦卓民的基督教观》，《道风：汉语神学学刊》1995 年第 3 期。

基督教会要实现“三自”[①] 目标的本色化，最终达到本土化和自立，实现经费收支自主是前提和基础。经济是一切行动的基石，经济不能自立，教会行政运作便无法维系，“自立”也就变成了高调。教会要实现“三自”目标的本色化，“自养”是其首当要务，脱离“自养”谈自立皆成空话。因此，自立教会必须做到经费自筹，经济自养，履行与权利相应的财政责任才能成为真正意义上的本色化教会。对此，作为中国基督教会领袖的诚静怡设计了从“差会”到“中国教会”的过渡模式。诚氏主张西方差会应当有计划地向中国教会移交财产和治权，由中国教牧逐步承担起教会教务领导工作等全部责任。[②] 不过，诚静怡的设想只是顶层设计，落实到实践中还需自立教会针对现实状况逐次展开。实践过程中，有教会人士认为要真正促进本色化教会，形成真正意义的教会自立，必须从中国固有的传统文化中汲取养分，以本土的人才、经济建设中国人自己的教会。[③] 同时，灵性生活和物质捐输之间有着深切的关联，教徒拥有丰富的灵性生活，才对教会产生密切的感情，而只有教徒诚意捐输，教会才能实现自养、自立，完成本色化。[④]

在中国基督徒追求教会自立的过程中，形式与内涵均必不可少。在教会逐步本色化的过程中，各教会逐步取消其名称上带有的西方色彩称号，多冠以中华基督教会的名号，争取中国社会的理解与支持。[⑤] 同时，在教会本土化过程中，华人基督徒多次向西方教会表达接收教会产业的诉求，希望来华各差会能够将教会产业交给中国人自己处理。[⑥] 为达此目标，各地华人基督徒纷纷将自立教会改组为中华基督教会组织，并于 1927 年在上海正式成立全国总会，形成了全国性的教会组织。中华基督教会成立后，特别注重改善内部结构和组织，强调会内的上下级从属关系，其组织行政由全国总会、协会（大会）、区会、堂会四个层级组成，形成了一套完整的、由

① 目前，学术界对于“三自”的概念并无统一见解，笔者认为自治、自养、自传是互为表里、互相制约的关系，教会自养是自治与自传的基础，而自治与自传反过来也推进教会的自养进程。只有真正达成“三自”，教会本色化方可以实现。

② 刘家峰：《从差会到教会：诚静怡基督教本色化思想解析》，《世界宗教研究》2006 年第 2 期。

③ 邓述堃：《中华教会的自养》，《中华归主》第 172 期，1937 年。

④ 俞晓峰：《本色教会经济问题——自养》，《闽中会刊》第 1 卷第 3 期，1929 年。

⑤ 陈筠：《基督教在中国之前途》，《中华归主》第 192 期，1938 年。

⑥ 关于西方教会向本土教会移交产业的具体案例可参见谌畅《取舍之间：中华基督教会财政运作中的西方教会影响》，《基督宗教研究》第 23 辑，宗教文化出版社，2018。

上而下的行政架构。[①]

形成完备的组织框架后，中华基督教会在行政自主、财政独立等方面开展了形式不一的工作，并通过设立专业性机构、完善预决算制度、提高经费利用效率、学习西方教会经济管理经验、接收差会在华产业、接受中国政府监管、争取合法法人身份等途径努力夯实教会自立基础，实现本色化目标。[②]中华基督教会的成立与壮大对中国基督教事业的发展产生了巨大的影响。

中华基督教会不断推动经费运行规范化，采用各种手段推动收支平衡，均是为了提高自身经济实力，尽可能摆脱对西方宣教会的依赖，不仰人鼻息，做到经济自立。全国总会为了解自身的经费状况，要求会计制成详细的经济报告，完成决算编审，交总会执委会留存。在此基础上，总会再对内部经费调度做统一安排。简言之，总会通过制定严密的决算制度，将教会经费统计责任落实到位，实现监管教会经费运行状况的目的。同时，由于全国总会是中华基督教会的中枢机构，其经济状况的好坏直接对下属教会产生影响，并为地方（基层）教会组织提高经费运转效率、谋求经济自立做了良好示范。

中华基督教会在不断壮大自身的同时，试图获得合法身份，取得中国官方和社会民众的认可。早在中华基督教会全国总会成立之初，即拟向中央政府呈请备案，但因故未能如愿。不过，中华基督教会并未放弃，继续积极为国民政府献言献策，参与国民政府组织、推行的各种活动。[③] 全面抗战爆发前夜，中华基督教会终于得到国民政府中央党部民众训练部核准，获颁组织许可证书，在中央政府处取得了合法身份，[④] 成为当时受中国法律

① 参见《中华基督教会典章及细则》（全国总会第三届常会修正通过），《中华基督教会广协各项章则汇编》，广东省档案馆藏，92-1-81。

② 对于中华基督教会追求自立的路径，在争取经费本土化与维系自身发展之间如何权衡，详见谌畅《自营与外援之间：抗战时期中华基督教会自立路径研究》，《福建师范大学学报》（哲学社会科学版）2018年第2期。

③ 中华基督教会内部的美国传教士就曾积极参与国民政府新生活运动的设计和实行。参见James C. Thomas Jr.，*While China Faced West: American Reformers in Nationalist China, 1928-1937*，Cambridge，MA：Harvard University Press，1969。

④ 国民政府虽然给予中华基督教会合法身份，但重申了《指导传教士团体具体办法》，即"传教团体必须接受党的领导，并受政府监管，包括其建立的教堂、办理的学校和医院事业等，各团体除例会外，举行大会时，当地高级党部得派员参加。任何团体有违法行为，政府可以取缔有关团体"，将其中华基督教会置于官方监管之下。参见麦炳坤《中国基督教会与社会主义运动：基督教知识分子的反应与调试之路，1945—1954》，博士学位论文，香港中文大学，1996。

保护的唯一教会团体。[1]

如前所述，中华基督教会为了实现自立和本色化做了大量工作并取得了一定成效。正如吴义雄教授所言，中华基督教会的成立与发展是20世纪前期中国基督教本色化运动由口号走向实践的具体代表。[2]

三 中华基督教会本色化运动的路径困难

中华基督教会总会及各级属会的成立和发展是贯彻教会自立与本色化的具体体现。实践中，中华基督教会以财政自立为目标，在经费支出和各项事业的投入分配上，均有较为完善的计划。在具体支出上，有专人负责并有严格的监管，在经费调配上，各级教会各司其职，相互配合。[3] 不过，即令中华基督教会组织严密，工作严谨，在经济运行过程中，也仍受到诸多因素的制约，遭遇了不少困难。从外力因素论，在遭遇天灾或者国内形势动乱时，基层教会因教堂受损、教友离散而产生经济困难，动摇自立基础，不仅难以从教徒处募集经费，还要想方设法募集资金，重建教堂并帮助教徒渡过难关。[4] 这就使中华基督教教会本不牢固的自立基础更加动摇。

外部因素的影响虽然重要，但教会内部的一些结构性矛盾加剧了中华基督教会的经济困难，产生了本色化困境。事实上，虽然中华基督教会一直以一个合一、紧密的自立教会组织自居，但其内部并不是没有摩擦和矛盾，尤其在经费的支配上，即使会内章程已经明文规定了各级教会的责任和义务，强调了中华基督教会以实现经济自立、教会本色化为纲领，[5] 但上下级教会之间、不同区域教会之间，各有盘算，存在纠纷。

按照教会制定的章程，上级教会对下级教会承担的经济责任是有限度的。故当下级教会因某些缘故向上级教会请求补助和支援时，上级教会一

① 《为完成在政府立案事功调整本会内部案》，《总会干事部提案》，上海市档案馆藏，U-102-0-14。

② 吴义雄：《中华基督教会广东协会与本色教会运动》，《世界宗教研究》2002年第2期。

③ 教会工作开展状况及经费支出情况必须经过查账员审批、签字，在指定时间内，具报相关委员会。参见《促进各堂会事业自养案》，《中华基督教会全国总会第三届常会提案及各大会报告书》，广东省档案馆藏，92-1-6。

④ 《中华基督教会典章及细则》，《中华基督教会广协各项章则汇编》，广东省档案馆藏，92-1-81。

⑤ 参见《中华基督教会典章及细则》（全国总会第三届常会修正通过），广东省档案馆藏，92-1-81。亦可见《中华基督教会广协各项章则汇编》，广东省档案馆藏，92-1-81。

般选择综合考虑自身经济状况以及下级教会的实际处境进行处理，而大多数时候会选择拒绝。为什么会出现此种情形呢？一方面，上级教会担心若轻易答应下级教会请款要求，其他属会纷纷效法，而自身又无法顾此失彼，只会增加自身经费紧张程度；另一方面，掐住了财政大权，才能真正控制下级属会，因此上级教会往往以截留补助、掐断财源作为控制属会的手段。

同时，在中华基督教会体系中，一级教会只对上下级会负责，因此在任务派发上，一般是自上而下摊派。为了减轻本层级教会的负担，该级会将自身责任交由下属教会。同理，当下级教会向上请款时，也一定经过很多个环节。环节一多，可能遇到的障碍也随之增多。因此，整个教会的财政运作远没有表明上看起来那么和谐。

从上往下看，上级教会（高层级会）特别注重对下级教会的监管。以闽中大会为例，该会除在大会内部聘用一名主管会计外，还在下属区处分设副会计。此外，闽中大会还委任总稽核及稽核委员，按期对各区会乃至基层堂会进行巡查，在区会的协助下办理区会和堂的稽核事宜。不惟如此，闽中大会还要求大会下属的教堂、学校、医院及协和各机关均层层上报，将年度预决算交由主管会计与副会计核实。[①] 由此可见，闽中大会试图加强对自身和下级教会经费的监管力度，以更好了解下级教会的经济状况，从而把握好整个大会的发展趋势，实现教会经济的正常运转。

闽中大会的情形并非个例，事实上中华基督教会全国总会和各大（协）会制定和颁布的一系列规章制度都是深思熟虑后的结果。不过政策的制定与落实之间存有张力，下级堂会虽然服从上级教会管理，但在执行过程中会为了维护自身利益有所抵牾，时有排拒。

由于下级教会并不能完整执行上级教会制定的政策，上级教会采用各种手段对属会经济状况进行监管，摸清属会经济实力，以更好地了解下级教会的自立和本色化状况。面对上级教会加强经济监察、加大控制力度的尝试，属会表面上十分恭敬，声称愿意配合上级工作，表现特别积极。唱高调容易，交出自身权力却很难。涉及自身权益时，下级教会并不愿意受到上级教会干涉，经常采取反制手段，努力维护自身利益。具体实践中，下级教会（属会）往往想尽办法夸大自身困难，并以自然灾害等外部因素

① 《闽中会刊》第 1 卷第 6 期，1930 年，上海市档案馆藏，U102－0－112－525。

为理由，拖欠本应缴纳的各种款项，规避责任。[①]

当然，受限于教会章程，下级教会一般不会与上级教会起正面冲突，尽力做到谨守规程，按流程办事。

有堂有牧，乃成教会，建筑和翻新教堂是基层教会极为重要的事工。广东协会第五区会阳春堂修筑教堂即是显例。该堂会原有的礼拜堂破旧，难以满足当地教徒的宗教生活。基于此，该堂会试图修建新的礼拜堂，以让所属近二十万教徒更好地了解基督精神。然而，修筑教堂需要大量经费，仅靠阳春堂自筹显然无法完成既定的修筑方案。为此，阳春堂在举办募捐活动向当地教徒募集经费的同时，将筑堂计划上报上级区会，试图通过其向广东协会请求拨付一千元大洋的津贴。收到阳春堂的请求后，区会并不愿意介入此类事宜，答复称该堂会可直接向协会请求津贴补助。据此，阳春堂只得向广东协会去函请求援助。[②] 以上反映出中华基督教会组织是一个密不可分的整体，基层教会在遭遇经费困难等问题时往往需要层层向上通报，争取上级教会的首肯与帮助。

中华基督教会内部组织中教会层次越高，其掌握的资源也越多，基层堂会如能越级请求协（大）会经费支持，显然可以得到更多实利。此外，虽然按照规定区会不能规避其应尽的责任，但作为中间纽带，往往陷于两边不讨好的局面。是以处在中间层级的区会有意识地避开中间人身份，可以规避自身风险，减轻担负的责任。正如吴义雄教授的研究所表明的，中华基督教会组织往往通过内部改组，弱化区会作用，使堂会与大（协）会事实上形成垂直的上下级关系，协会—堂会成为地方教会内部的基本结构，区会则成为辅助性的机构。[③] 由此可见，教会的制度设计虽然有其规范，但仍需根据具体情形的变化进行调整。

既然中华基督教会内部已经在事实上逐步形成了协会—堂会的组织架构，其在追求教会自立与本色化的过程中，基层堂会与协（大）会之间的交往就显得格外重要。

九洲基福音堂是中山当地一所重要的教堂，教友众多。为了更好地吸

---

① 按照要求，下级教会有责任向上级教会缴纳经费以供教会正常运转。若会费遭到大面积拖欠，整个教会的财政运转会受到极大影响。参见王福梅《莆田基督教会（新教）之研究（1863—1949）》，硕士学位论文，福建师范大学，2002。

② 《第五区会阳春堂汤颂和等致方约翰》（1930 年），广东省档案馆藏，92－1－55。

③ 吴义雄：《中华基督教会广东协会与本色教会运动》，《世界宗教研究》2002 年第 2 期。

引教众，吸引更多当地居民加入教会，九洲基教会打算建筑新教堂。为此，驻堂牧师致信时任广东协会执行干事的方约翰称：“殷思道牧师曾在美国贮有千余美金为本堂建筑礼拜堂所需……窃本堂近年来教务日益发达，信道日众，然以原有旧址地方狭窄每感座位不敷本堂兄妹引以为憾……因兄妹中多务农业，多贫乏，此情况实属有愿难偿，今忽闻殷牧师有此巨款拨作本堂建筑之费，聆言之下雀跃欣慰……特先组织建堂筹备委员会磋商进行事宜……该堂改建后可设座位数百并可附设学校，计该屋估价银约两千六百大元，另改建筑费需银五百元，倘措来之款不敷则由本堂兄妹负责维持，冀能达到目的而已。”① 九洲基福音堂方面首先向广东协会表示其已凭借殷思道牧师的前期工作有了一定的筑馆经费，并表达了独立完成建堂工作的决心。乍看之下，这是一份作为下级教会的地方堂会对作为上级教会的广东协会的保证书。其保证自身能设法筹集经费，完成建筑任务。不过，仔细推敲，可发现不同意境，倘若该堂会真能自己完成建筑，在教堂完工后向协会报告即可。然而，信中该堂会只是描述新堂落成之后的美好前景，使广东协会了解建堂之于堂会扩大宣教的重要性，并说明建堂款项缺口极大，仅凭堂会自身显然无法负担。既然其无力筹措此笔经费，而筑堂又极为重要，因此堂会希望协会主动予以经费贴补的算盘跃然纸上。

此种需要协（大）会揣摩意图的求款案例并不多见，更多的基层堂会选择直接向上级教会请求帮助。例如，江门北街堂始终以寻求教会自立为目标，但因经费紧张无法拥有自己的礼拜堂，只得租楼办公，每年须缴纳房租三百余元。对此情况，该堂希望建立属于自己的礼拜堂。他们从加拿大宣教会处免费获得了建堂用地，解决了用地难题。不过，筹建礼拜堂至少需要八千元经费，远远超出了该会的承担能力，因而该会能够获得广东协会支持，在整个协会内部募捐，借助他处教会的帮助完成礼拜堂建设。② 面对该会的请求，广协会回复称愿意给予一定资助，但是并不同意在广东协会这一框架下从其他堂会处筹款，防止形成不充分内部挖潜即依赖外援的不良风气。③

---

① 《中山香山县榄镇九洲基福音堂致方约翰》（1930年6月20日），《中华基督教会来往函件》，广东省档案馆藏，92－1－53。

② 《江门北街筹建礼拜堂委员会叶爱慈等致广协会执行委员会》（1930年5月25日），广东省档案馆藏，92－1－55。

③ 《方约翰致江门北街筹建礼拜堂委员会》（1930年5月28日），广东省档案馆藏，92－1－55。

建筑礼拜堂引发的经费纷争和对自立的讨论并不是中华基督教会内部唯一存在的问题。上下级教会之间还会因其他经费问题产生争论和摩擦。新塘福音堂曾致信广东协会称："今年主任之薪金敝堂只有尽力，亦得二百壹拾元无能再筹，不足之数不得不乞请贵协会额外恩怜支足。"[①] 自主负担教会牧师和传道薪金是教会自立与本色化的重要表现，新塘福音堂在如此重要的事情上声称无能为力，无疑是承认自己的本色化进程并不顺利。不惟如此，新塘福音堂还因无力承担欠款请求广东协会予以帮助："接奉9月8日大函，以敝堂租欠七年，允由贵协会支付，新租则由敝堂负责担承……既蒙贵协会允愿清偿旧欠租七年，敝堂应即承认当经议决一致通过，租金由1932年起由敝堂担责支纳也。"[②] 虽然基层教会存在各种问题，但广东协会作为中华基督教会在广东地区的领导者，对于属会负有管理、扶助的责任。不过，协会的援助并非没有限度，方约翰在回信中表示该堂只能从以下两种扶助方式中选择一种：第一，协会津贴该堂会三百元全年经费并偿还债务，以后主任牧师薪金等均由该堂自行负责；第二，该堂会缴纳八百元给协会，则由协会承担主任薪金并清偿以前债务，但堂租以后仍由堂会自己负责。[③] 由此可见，方氏明确表示广东协会并不相信新塘教会一面之词，对该堂会经济情况有着自己的评估。在此基础上，方氏还代表广东协会为该堂会提出了具体方案。

在广东协会方面看来，这已是做出妥协和让步的举动，充分展现了诚意。不过在堂会看来，广东协会的补助相当有限。此种情况下，新塘福音堂于1931年10月29日回复广东协会再次强调自身处境的艰辛，称该堂已在内部挖潜方面做了最大努力，却依然无力负担薪资和偿还债务，牧师索薪和铺主索租之势愈演愈烈，堂会无从招架。据此，其堂会干事威胁称，若广东协会再不按其要求如期拨发援助款，堂会将向协会提出总辞职。[④]

基层堂会面对广东协会的资助，竟以总辞职作为威胁手段，一方面表

---

① 《新塘中华基督教福音堂致方约翰》（1931年9月17日），《中华基督教会来往函件》，广东省档案馆藏，92－1－53。

② 《新塘中华基督教福音堂致方约翰》（1931年10月2日），《中华基督教会来往函件》，广东省档案馆藏，92－1－53。

③ 笔者查阅此信件时，因该信件有部分破损，无法看清日期，但该信发出后，新塘福音堂于10月29日又有回信，故此信的寄发时间应在10月2日到10月29日这段时间内。参见《方约翰致新塘中华基督教福音堂》，《中华基督教会来往函件》，广东省档案馆藏，92－1－53。

④ 《新塘中华基督教福音堂致方约翰》（1931年10月29日），《中华基督教会来往函件》，广东省档案馆藏，92－1－53。

明基层堂会经济状况确实欠佳，另一方面也说明基层堂会极力夸大自身处境的艰辛情形，在争取经费补助时寸步不让，并以激烈手段逼迫上级教会就范。面对胁迫，上级教会虽会做出适当让步，却也不会一再退让。半年之后，当该堂会致信广东协会总干事谭沃心，再度表示难以负担主任牧师每年310元的薪水，需要广东协会作为中间人向同寅差会请求补助时，遭到了谭氏的坚决回绝。① 教会自立和本色化虽然是中华基督教会全体组织的共同目标，但上下级教会之间在经济交往上仍应保持一种和谐的关系，如果一方行为太出位，会影响另一方的观感，对彼此的合作产生负面影响。

由上述可见，即便是在基督教会发展较好的广东地区，其基层堂会的经济仍经常陷入困境。教会无力担负教牧薪资甚至需要举债维持运作，其所谓的自立与本色化自然流于空谈。

基层教会不仅在遭遇资金困境时寻求上级教会资助，还经常规避自身责任，拖欠需要上缴上级教会的会费，并用各种理由要求上级教会减免拖欠之款。② 在全国总会自身遭遇经费短缺时，要求各大（协）会与区会从各自行政经费中指定一项为总会行政经费，上缴总会，没有得到积极响应。③ 既然会费难以征集，总会又试图每年举行教会礼拜日捐一次，使全会上下以及全体教徒加强对总会赞助，要求各级教会在接收捐款后统一由大（协）会寄往总会，由总会会计接收并开具收据。④ 总的来讲，全国总会恳请各级教会努力合作，补充总会经费，减轻总会负担的努力因地方教会的排拒难见成效。⑤

中华基督教会虽然组织严密、架构完整，但实际上仍是一个组织繁杂、工区庞大的合一教会，其内部不可避免地存在很多摩擦和矛盾。面对这些情况，诚静怡认为必须努力调整中华基督教会的机构和组织，使各级教会

---

① 《新塘中华基督教福音堂致谭沃心》（1932年3月28日），广东省档案馆藏，92-1-55。

② 《中华基督教会全国总会执行委员会第七届会议记录》，附件九，《总会1935—1936年预算案大纲》，广东省档案馆藏，92-1-47。

③ 《中华基督教会全国总会第四届续行委员部年会记录》（1931年），上海市档案馆藏，U102-0-243-153。

④ 谭沃心、诚静怡：《订期举行教会礼拜日为总会收受教友乐捐致本会各地堂会》，《公报》第7卷第5期，上海市档案馆藏，U102-0-70-125。

⑤ 自1929年始，总会发起的总会礼拜日捐款、各级教会收入百分之二奉献总会、募足十万基金运动等各种活动均因地方教会的敷衍难以成功。参见《关于总会经费事项》，《总会事工调整案》，《总会第四届总议会议录》，上海市档案馆藏，U102-0-12。

彼此间的关系和做事的效率更合理化。[1] 不过，即使有诚氏等教会领袖给予充分的注意和关怀，在事关切身利益的情况下，各级教会都有各自的想法，并不会真正贯彻和落实总会制定的计划。虽然中华基督教会内部存有这样或那样的问题，上下级教会之间也存在隔阂和纷争，但明面上均会遵守教会章程。至于实际运营则免不了一番明争暗斗。

民国时期教会的自立和本色化难以完全实现除了教会自身原因外，还与当时中国严峻的经济形势有关。同时，频仍的经济危机和自然灾害使农产品价格浮动极大，作为社会主要组成部分的农户收入大为减少，而地租负担也因为家庭总收入的减少而变得更加沉重。[2] 由于中国社会是农业社会，农业人口比重极大，基督教徒以农民为主，教堂也大多分布在乡村，基层教会的主要经济来源是教徒的各项捐输。此种情况下，农民信徒经济实力下滑，生活困乏，在经济上无法奉献教会，导致了教会经济的萎靡，使教会的自立目标难以实现。

此外，西方教会和传教士始终不肯真正将教会经济权力和治理权让渡给中国教会和华人教徒，也是中华基督教会难以做到完全自立与本色化的重要原因。[3]

最后，在贯穿民国时期民族国家建构和民族主义高扬的历史进程中，包括中华基督教会在内的中国基督教教会一直以本色化为口号，以实现教会自立、宗教自传、经济自养为目标。然而，中国社会文化中并无宗教传统，加上基督教基层堂会数量有限、基督徒人数不足、基督教会社会参与度不够等现实条件的制约，基督教始终难以真正植根于中国社会。[4] 事实上，直到国民党政权崩溃，即使有部分教会组织在一定程度上实现了自立

① 诚静怡：《努力面前》，《曙光杂志》，1937 年 7 月，上海市档案馆藏，U102 - 0 - 14。

② 科大卫：《中国解放前的农村经济》，香港牛津大学，1989，第 133 页。

③ 参见谌畅《取舍之间：中华基督教会财政运作中的西方教会影响》，《基督宗教研究》第 23 辑。

④ 全面抗战期间尤其是太平洋战争爆发后，在华西方传教士人数大为减少，传教士人数的减少虽然一定程度上加剧了中国教会教牧短缺的困难，但在客观上使华人基督徒承担起更多责任、享有更多话语权，也使中国教会的本色化进程得以更好地推进。可惜的是，由于经济困顿、组织凋零、教会残破、教徒离散，中国教会没有抓住这一机会，推进本色化进程，实现自立目标。参见 Bates to Doctor Reeves，1943. 1. 20，Archives of Miner Searle Bates Papers of Yale Divinity School，RG10 - 9 - 159。

目标，[①] 但能够真正完全做到自治、自传、自养的教会仍不多见，中国基督教本色化运动没有达到预期效果。

四　结语

近代中国出现过的各式各样的现代化思想和政治运动，其能掀动人心于一时，大抵皆以民族主义为出发点，并基本上假借着民族主义的动力。[②] 在此种情形下，基督教会想要真正融入中国社会，取得中国民众的认可，必须顺应民族主义蓬勃发展的潮流，将基督教教义与中国社会现实有机结合起来，解除社会各阶层的犹疑与戒心，形成有中国特色的本土性自立教会。而基督教本色化恰恰就是一场以将基督教会完全独立于西方教会为旨归的宗教改革运动。

总体而论，虽然近代中国的基督教本色化运动因受教会内部和外界环境的限制，在路径上存有先天性的不足，无法真正实现使基督教为社会各阶层所接受的目标，但还是一定程度上改变了中国社会对基督教的观感，使基督教得以部分地融入了中国社会，并对近代中国的社会转型起了一定的推动作用。

首先，由于中国基督教会和基督徒力求贴近中国社会，逐步放弃条约体系下的种种特权，并将自身主张不断在报刊上公开发表，中国社会民众得以深入了解基督教会的主张。同时，中国基督教会和基督徒并不局限于泛泛而论的口头表达，而是在近代中国民族主义高涨的历史进程中坚定地站在中国一方，反对外来侵略。据曾在中华基督教协进会任职、后任教于沪江大学的鲍哲庆（T. C. Bau）博士透露，中国基督教会通过在北伐和抗日战争等重大历史事件中坚定站在支持本民族发展的立场，使基督教在中国普通民众心目中形象逐渐发生改变。社会大众不再认为基督教是一个极端排外、自私自利的宗教，而基督教会也逐步成为中国自己的教会。[③]

其次，虽然在以中华基督教会为代表的基督教会追求本色化进程中，

---

① 胡卫清：《未竟之业：20 世纪 40 年代汕头教会的自立问题》，《韩山师范学院学报》2010 年第 2 期。

② 余英时：《中国现代的民族主义和知识分子》，《联合报》（副刊）1975 年 5 月 1 日。

③ Minutes of the Meeting of the Executive Committee of the Board of Directors of the University of Shanghai, 1940. 5. 25, Archives of the United Board for Christian Higher Education in Asia, RG011 - 240 - 3948.

其内部各级组织有时因内部利益分配不均、权责不明等问题产生龃龉，但都能把着力点放在实现教会本色化和教会自立这一共同目标之上，[①] 将矛盾和纠纷控制在一定范围之内。

最后，虽然中国的近代化属于后发外生型，[②] 但中国社会内部的变迁与改造仍是促成国家近代化转型的主要因素。在这一主线下，以中华基督教会为代表的中国基督教会在追求自立与本色化的过程中，努力将教会诉求与社会需要相结合，使基督教会成为改造中国社会的一股力量。

（作者单位：江汉大学历史系）

① 需要指出的是，教会自立是教会本色化的重要表现形式，但教会自立又包含于教会本色化。

② 孙立平：《后发外生型现代化模式剖析》，《中国社会科学》1991 年第 2 期。

胡适疑古思想再探讨

——兼论20世纪30年代的胡、顾关系

王学进

内容提要 疑古辨伪是胡适学术思想的重要特征。顾颉刚在《我是怎样编写古史辨的》中称，胡适曾于1929年对他说其不疑古而要信古。受顾颉刚的历史叙述影响，大多数研究者认为胡适在1929年之后疑古思想发生转变，将此视为胡适与顾颉刚及古史辨派分道扬镳的肇端。二者疏离固为事实，然别有隐情，学术观点的差异并不表明胡适疑古思想发生了变化。从胡适在30年代前后的学术研究情况尤其是禅宗史研究来看，其疑古思想一以贯之，甚至较之前有过之而无不及。

关键词 胡适　疑古思想　顾颉刚　禅宗史

20世纪早期，疑古思潮催生了以顾颉刚为代表的古史辨派。作为胡适的学生，顾颉刚的疑古思想受胡适的影响颇大，也可以说是胡适引导他走上疑古辨伪之路。顾颉刚所言“层累地造成的中国古史”与胡适提倡的“历史的观念”如出一辙。顾颉刚的疑古思想又反过来影响了胡适，胡适的“滚雪球说”与顾颉刚的“层累说”所表达的意思几乎完全一致。两人在整理国故中对古书古史的怀疑和考辨可谓心有灵犀，相对于他人对胡适整理国故的误解和批评，顾颉刚对胡适的意图心领神会，与胡适步调高度一致。后因局势的发展，两人“南辕北辙”。顾颉刚在《我是怎样编写古史辨的》一文中称：“到了一九二九年，我从广州中山大学脱离出来，那时胡适是上海中国公学的校长，我去看他，他对我说：‘现在我的思想变了，我不疑古，要信古了！’我听了这话，出了一身冷汗，想不出他的思想为什么会突然改变的原因。”①

① 顾颉刚：《我是怎样编写古史辨的》，《顾颉刚全集》（1），中华书局，2010，第160页。

受顾颉刚的历史叙述影响，大多数研究者认为胡适在 1929 年之后疑古思想发生了转变。刘起釪在《顾颉刚先生学述》中根据顾颉刚所说，认为胡适后来不再疑古，从此两人分道扬镳。[①] 路新生认为随着疑古运动的发展，胡适的思想也发生了变化，"从二十年代末到三十年代初胡适发表的对于考信辨伪的方法论检讨的系列论文，我们实际上也就可以将其视为'疑古派'分化的标志"。[②] 此外，如赵润海、王学典、李政君等均认为胡适的疑古思想后来发生了转变。[③] 然而通过对顾颉刚和胡适的日记和书信，特别是 1930 年前后两人之间的关系，以及胡适学术研究情况的考察，可以发现事实并非如此，胡适的疑古思想是否发生转变仍有探讨之必要。

一　日记折射下的胡顾关系

1929 年 2 月，顾颉刚以请假之名辞别中山大学，转道香港，于 3 月 1 日抵达上海。在离开广州之前，顾颉刚给胡适写信告知："大约是三星期内到沪，届时当和内子等赴谒。"[④] 顾颉刚抵沪次日，即"到适之处，并晤梁实秋等"。[⑤] 此为顾颉刚第一次拜访胡适。之后，顾颉刚为购书和探亲之事往来苏沪杭等地。3 月 20 日，顾颉刚再次拜访胡适："到伯详处，同到名达家，予与名达访适之先生。"[⑥] 顾颉刚日记对自己的行程和探亲访友均有详细记载，从日记可以看出，他在 3 月拜访胡适只此两次，所记极简，没有涉及具体谈话内容。

顾颉刚来访期间，胡适刚从北平回到上海，察其日记，对顾颉刚拜访之事并无记录，只在 3 月 3 日提到："顾颉刚得着一册抄本《二馀集》，是崔东壁的夫人成静兰的诗集，我与顾颉刚求之多年未见，今年由大名王守

① 刘起釪：《顾颉刚先生学述》，中华书局，1986，第 262—263 页；

② 路新生：《诸子学研究与胡适的疑古辨伪学》，《华东师范大学学报》（哲学社会科学版）2000 年第 4 期。

③ 参见赵润海《胡适与〈老子〉的时代问题——一段学术史的考察》，刘青峰编《胡适与中国现代文化转型》，香港中文大学出版社，1994，第 397 页；王学典：《顾颉刚和他的弟子们》，中华书局，2011，第 149 页；陈勇：《试论钱穆与胡适的交谊及其学术论争》，《史学史研究》2011 年第 3 期；李政君：《1930 年前后顾颉刚学术理念的变与不变》，《史学月刊》2014 年第 6 期。

④ 顾颉刚：《致胡适》，《顾颉刚全集》（39），第 463 页。

⑤ 顾颉刚：《顾颉刚日记》，《顾颉刚全集》（45），第 255—258 页。

⑥ 顾颉刚：《顾颉刚日记》，《顾颉刚全集》（45），第 264 页。

真先生抄来送他，他又转送给我。”[①] 此书很可能是顾颉刚 3 月 2 日拜访时所送。

3 月 23 日，顾颉刚回到苏州老家，连日奔波，舟车劳顿，使他感到身心俱疲。“几乎日在轮毂之中，精神身体两皆劳顿矣。此数日中始得在家稍息。”[②] 25 日，顾颉刚致信胡适，邀游苏州。28 日，顾颉刚再次致信胡适，询问能否来苏，由于大战在即，“时局紧张，因封船故到角直不方便矣”。[③] 4 月 24 日，顾颉刚在信中称：“先生上月来信，说十天内一定到苏州，但现在已经过了两个十天了，还不见来，而我也要到北平了，我们只得在暑中再见了。”[④] 可知胡适对顾颉刚的邀请应有回信，可惜在胡适往来书信中未见此信，日记亦无记载。

6 月底，顾颉刚回苏州为父亲筹备六十大寿，适逢胡适在苏州参加振华女校的毕业典礼，两人再次晤面，并同游狮子林等处。据顾颉刚 7 月 3 日记：“适之先生来电话。适之先生应振华女校毕业式之招，偕师母两儿到苏州，今日偕丁庶为夫妇游天平山，晚乃来一电话。”[⑤] 4 日，顾颉刚冒雨“到苏州饭店，访适之先生及其眷属”。即日，“适之师母偕祖望来。适之先生偕丁庶为夫妇来。同到狮子林及耕荫义庄游玩”。[⑥] 7 月 12 日为顾父六十大寿，胡适此时登门应有顺便贺寿之意。因工作关系，加之长子在苏州读书，胡适经常往来沪苏两地，两人晤面机会较多。8 月 16 日，胡适应苏州青年会之邀，再次来到苏州，顾颉刚“到苏州饭店访适之先生”。[⑦] 8 月 31 日，顾颉刚离苏北上，途经上海，在上海逗留一周，于 9 月 8 日赴京。其中，9 月 7 日，顾颉刚“到适之先生处，并晤林语堂”。[⑧] 胡适此日日记只记录了带祖望到沪江大学访问詹森教授，请其检测祖望的英文学习情况，并无顾颉刚到访记录。[⑨]

从顾颉刚的行程来看，从 3 月到 9 月，他先后共五次拜访胡适，分别为 3 月 2 日、3 月 20 日、7 月 4 日、8 月 16 日和 9 月 7 日，其中三次在上海，

① 胡适：《胡适全集》（31），安徽教育出版社，2003，第 327 页。

② 顾潮编著《顾颉刚年谱》，中华书局，2011，第 193 页。

③ 顾颉刚：《致胡适》，《顾颉刚全集》（39），第 464 页。

④ 顾颉刚：《致胡适》，《顾颉刚全集》（39），第 464 页。

⑤ 顾颉刚：《顾颉刚日记》，《顾颉刚全集》（45），第 299 页。

⑥ 顾颉刚：《顾颉刚日记》，《顾颉刚全集》（45），第 299—300 页。

⑦ 顾颉刚：《顾颉刚日记》，《顾颉刚全集》（45），第 313 页。

⑧ 顾颉刚：《顾颉刚日记》，《顾颉刚全集》（45），第 321 页。

⑨ 胡适：《胡适全集》（31），第 453—454 页。

两次在苏州。此段时间，顾颉刚的日记从未间断，对自己的行程和日常事务，从会客访友到家务琐碎，悉有记载。顾颉刚生性敏感，谨小慎微，不善处理人际关系，无论家庭或亲朋，稍有矛盾和纠纷都会令他紧张不安，这也是其日记重点着墨之处。顾颉刚日记与胡适日记不同，完全是私人性的，故其情感思绪，甚至家庭矛盾和个人隐私，均可以从中察出。如果胡适真对他说过其不疑古而要信古，把他吓出一身冷汗的话，此等“大事”，理应在其日记中出现。另外，此时胡适因“诋毁”国民党成为打压对象，日记极简，且多为剪报。胡适对7月3日在苏州游览天平山的印象颇深，在日记中记录了天平山的历史风光，而对顾颉刚拜访之事没做任何记录。[①] 从日记来看，此时两人关系仍十分融洽，并非像顾颉刚晚年回忆所说开始产生裂痕。由于历史原因，顾颉刚晚年所述很可能是为了撇清与胡适的关系。

对此，我们还需要进一步观察两人1929年之后的关系。1929年9月，顾颉刚的学生何定生编了《关于胡适之与顾颉刚》一书，颇有抑胡扬顾之意，“一时引得北平学界议论纷纷”。[②] 这使顾颉刚甚感不安，生怕影响了他与胡适之间的关系。他一面斥责何定生，将其逐出师门，一面通知朴社停止发行该书，并写信向胡适说明情况。同时邀请胡适到北平去他家小住，试图消除胡适的疑虑。[③] 可见，顾颉刚在处理与胡适的关系时非常谨慎。

1930年1月，顾颉刚致信胡适称，“二个月前接来书，敬悉。那时盼望先生来北平，故未复。哪知到现在还未来”，并向胡适报告在燕大的情况。[④] 4月，顾颉刚再次致信胡适，解释前几次没有回信的原因：“所以然之故，一因讨论《易传》事，胸中颇有些意见，要写出至少须费半天功夫，而半天功夫着实不易找到。二因《清华学报》嘱我做一篇文字，那时拟定的题目是《五德始终说的历史和政治》，当时想想，有一两万字也尽够了，一个寒假也写得完了。但一落笔之后，三万四万还写不完，现在写到了六万字还不完，怕要十万字了。这两个月来的时间差不多全耗费在这研究上，很有可喜的发见。”[⑤] 6月初，胡适到北平，“先后在北大、北师大等处讲演”。[⑥] 由

---

① 胡适：《胡适全集》（31），第411—414页。胡适此日日记时间为“十八，七，三”，疑为7月4日之误，因前一篇是7月3日，后一篇为7月5日。

② 王学典：《顾颉刚和他的弟子们》，第109页。

③ 顾颉刚：《致胡适》，《顾颉刚全集》（39），第466—467页。

④ 顾颉刚：《致胡适》，《顾颉刚全集》（39），第467页。

⑤ 顾颉刚：《致胡适》，《顾颉刚全集》（39），第468页。

⑥ 耿云志：《胡适年谱》，福建教育出版社，2012，第151页。

于燕京大学地处郊外，离城区较远，顾颉刚得知后，写信给胡适："昨日钱玄同先生来，始知先生已到平四五日了。我很想立刻进城奉访，可是今日有课，明日必送讲义稿若干页，这两天无法进城。想拟星期六上午坐八点汽车到先生处，不知道那天先生有没有空？请告我。"[①] 相信胡适看到此信应能理解，对顾颉刚的忙碌感到欣慰，曾经辛勤诱掖的学生今已逐渐成熟，独当一面。至于有人认为顾颉刚的成名掩盖了胡适的光芒，而引起胡适不快，致使两人产生罅隙，恐属臆断。

由于胡适声望正隆，俨然青年之导师，顾颉刚多次应学生之请，致信胡适请求接见指导。1930 年 7 月 3 日，顾颉刚在信中称："北大同学余讓之兄，今年在史学系毕业，兹就返湘之便，晋谒先生，特为介绍，请赐接见为幸。"并报告"《东壁遗书》序已着手，在暑假内必可寄沪，乞告汪孟邹先生是感"。感谢胡适所赠朝鲜本《五伦行实》，"承嘱勿过怀疑，自当书之座右"。同时，请求胡适为《燕京学报》赐稿，"只希望从《哲学史》稿中抽出一章就好了"。[②]

1930 年 11 月底，胡适重返北京大学，任文学院院长。12 月 7 日，北京大学研究所请顾颉刚为胡适四十岁生日作一篇寿文，顾颉刚因病无法应命。为此，顾颉刚特意写信向胡适致歉："前日研究所同人嘱我作先生寿序，这是义不容辞的事，只为疾病所困，无法应命，歉仄之怀，如何可言。"并称今后将加强"锻炼身体"，"只要此后起居稍有节制，则先生五十寿辰时之论文及寿序，自当由我包办也。先生布置新房，当需灯盏，兹谨送奉纱灯一堂，以应需要，乞哂收为感"。[③] 从上可知，两人关系在 1930 年前后仍十分融洽。

二　学术观点的差异与罅隙的产生

顾颉刚称其与胡适之间产生裂痕，是因为在"观象制器"和"《老子》成书年代"问题上观点相左，使胡适"大为生气"。然细察之下，此说很有疑问。1929 年秋，顾颉刚作《周易卦卜爻辞中的故事》（《燕京学报》第 6 期），认为《易经》与《易传》中的历史观念处于完全相反的地位，"《易

---

① 顾颉刚：《致胡适》，《顾颉刚全集》（39），第 469 页。

② 顾颉刚：《致胡适》，《顾颉刚全集》（39），第 470—471 页。

③ 顾颉刚：《致胡适》，《顾颉刚全集》（39），第 471 页。

经》中是片断的故事，是近时代的几件故事；而《易传》中的故事都是有系统的，从邃古说起的，和这个秦汉以来所承认的这几个人在历史中所占有的地位完全一致"。所以，"我们要把时代意识不同，古史观念不同的两部书——《周易》和《易传》分开"。[①] 此后，他在《中国上古史研究讲义》中再次讨论此问题，认为《易传》"原来只是一部占卜的书，没有圣人的大道理在内"，其作者绝不是孔子，也绝非出于一人之手。《系辞传》中所说伏羲、神农、黄帝、尧舜等圣人"观象制器"，即一切的物质文明都发源于《易卦》是错误的，"制器"时看的"象"乃是自然界的"象"，而不是"卦爻的象"，是后人把"制器"归到了圣人伏羲、神农等头上。因此，他得出："那发挥自然主义的《易传》的著作时代，最早不能过战国之末，最迟也不能过西汉之末"；"《系辞传》中这一章是京房或是京房的后学们所作的，它的时代不能早于汉元帝"。[②]

1930 年 2 月 1 日，胡适读了顾文之后，作了一封长信，与顾颉刚讨论"观象制器"问题。胡适在信中称："顷读你的《周易卦卜爻辞中的故事》，高兴极了。这一篇是极有价值之作。不但是那几个故事极有趣，你考订《系辞传》的著作年代也很有意思，引起我的兴趣。"他认为《系辞》出现甚早，"至少在楚汉之间人已知有此书"，"观象制器"是一种文化起源的学说，"所谓观象只是象而已，并不专指卦象，卦象只是象之一种符号而已"。胡适认为顾颉刚的看法不免苛责，"卦象只是物象的符号，见物而起意象，触类而长之，'见乃谓之象，形乃谓之器'。此学说侧重人的心思智慧，虽有偏处，然大体未可抹杀。你的驳论太不依据历史上器物发明的程序，乃责数千年前人见了'火上水下'的卦象何以不发明汽船，似非史学家应取的态度"。他批评顾颉刚是"受了崔述的暗示，迁怒及于《系辞》，也不是公平的判断。至于你的讲义中说制器尚象之说作于京房一流人，其说更无根据。京房死于西历前三十七年，刘歆死于纪元后二十二年，时代相去太近，况且西汉易学无论是那一家，都是术数小道，已无复有'制器尚象'一类的重要学说"。最后，胡适强调："以上所说，于尊作本文毫不相犯，我所指摘皆是后半的余论。至于本文的价值，此函开始已说过。我不愿此文本论因余论的小疵而掩大瑜，故草此长函讨论。久不作长书，新年中稍

① 顾颉刚：《周易卦卜爻辞中的故事》，《燕京学报》1929 年第 6 期，第 1006 页。
② 顾颉刚：《中国上古史讲义》，《顾颉刚全集》（3），第 233—251 页。

有余暇，遂写了几千字，千万请指教。”①

从信中可以看出胡适对顾文的肯定和赞赏，但并非完全赞同他的观点。胡适此日日记载：“晚间读顾颉刚的新作《周易卦爻中的故事》（《燕京学报》6），其中有论《系辞传》中‘制器取象’的一段，引起我的注意，作长函和他讨论，约二千多字。”② 不难看出，胡适乃本着研究的兴趣和学术批评的态度，与顾颉刚商榷，表达他在这个问题上的看法，顾颉刚亦坦然接受批评。此后，顾颉刚将讲义连同与胡适、钱玄同的讨论书信刊于《燕大月刊》（1930 年第 6 卷第 3 期），并收入《古史辨》（第 3 册）中。据顾颉刚记述：“去年秋间作《周易卦卜爻辞中的故事》一文，刊入《燕京学报》第六期。作完了之后又发生了些新见解，因就编讲义的方便，编入《中国上古史研究讲义》里去。适之玄同两先生见之，皆有函讨论。今以《月刊》索稿，即以讲义原文及两先生函件发表。”③ 此即顾后来所称：“这篇文章在《燕大月刊》上发表后，我收到了钱玄同和胡适的来信，两个人的态度完全不一样，钱玄同认为‘精确不刊’，胡适则反对，说观象制器是易学里的重要学说，不该推翻。前面说过，他从一九二九年起就不疑古了，这就是一个很好的具体例证，也是我和他在学术史上发生分歧的开始。”④ 事实上，胡适与之讨论的是发表在《燕京学报》上的《周易卦卜爻辞中的故事》，而非《燕大月刊》之文。

另一问题是关于老子及《老子》成书年代，顾颉刚的观点亦与胡适相左。此前，在老子和《老子》成书年代问题上，胡适与梁启超、冯友兰等有过讨论。胡适认为老子在孔子之前，“老子当生于周灵王初年，当西历前五七〇年左右”；而孔子约“生于周灵王二十一年（西历纪元前 551）”。⑤ 梁启超认为老子在孔子之后，《老子》很可能是战国末期作品。⑥ 1930 年 12 月，钱穆作《关于老子成书年代之一种考察》，认为孔子在老子之前。1931 年 3 月 22 日，顾颉刚偕钱穆拜访胡适，与胡适讨论这一问题。胡适认为老

① 胡适：《致顾颉刚》，《胡适全集》（24），第 31—35 页。
② 胡适：《胡适全集》（32），第 598 页。
③ 顾颉刚：《论易系卜辞传中观象制器的故事》，《燕大月刊》1930 年第 6 卷第 3 期，第 1 页。
④ 顾颉刚：《我是怎样编写古史辨的》，《顾颉刚全集》（1），第 169 页。
⑤ 胡适：《中国古代哲学史》，《胡适全集》（5），第 233、252 页。
⑥ 梁启超：《评胡适之中国哲学史大纲》，《饮冰室合集·文集之三十八》，中华书局，1996，第 57—58 页。

子在孔子之前，《老子》早出；钱穆认为老子在孔子之后，《老子》晚出。[①]顾颉刚与钱穆观点一致，认为孔子在老子之前。1932 年 4 月，顾颉刚作《从吕氏春秋推测老子之成书年代》，刊于燕京大学《史学年报》。1933 年 1 月，胡适作《评论近人考据〈老子〉年代的方法》，批评梁启超、钱穆和顾颉刚等人的观点，认为他们提出的证据难以证明《老子》晚出。尤其是顾颉刚的文章，他认为考证还不够严谨，存在“断章取义”、“强为牵合”等问题，以构造“时代意识”来证明《老子》晚出的方法是很危险的。胡适称自己“并不反对这种怀疑的态度；我只盼望怀疑的人能举出充分的证据来，使我们心悦诚服的把老子移后，或把《老子》书移后”。他强调自己的辩驳是充当“魔的辩护士”，“我攻击他们的方法，是希望他们的方法更精密；我批评他们的证据，是希望他们提出更有力的证据来”。[②]

学术批评者，指其正，辨其谬，商榷异同。民国时期学术批评风气甚浓，这正是当时思想文化勃兴的原因之一。如胡适与蔡元培私交甚笃，但并不认同他的《红楼梦》研究。“当年蔡先生的《红楼梦索隐》，我曾说了许多批评的话。那时蔡先生当校长，我当教授，但他并不生气，他有这种雅量。”[③] 两人在探讨和争论中将《红楼梦》研究推向纵深。陈垣称：“文成必须有不客气之诤友指摘之，惜胡、陈、伦诸先生均离平，吾文遂无可请教之人矣。”[④] 此“诤友”显然是指胡适，两人作文常请对方批评“指摘”。胡适有“好争”之名，在学术上有股较真劲，凡事要争个水落石出。多年后，他在《中国古代哲学史》修订后记中仍然坚持自己的观点，认为直到今天，还没有人“提出什么可以叫我心服的证据”，“把老子这个人和《老子》这部书挪移到战国后期去”。[⑤] 后来长沙马王堆汉墓出土的《老子》和《黄帝书》则进一步证实了胡适的观点。

胡适主张思想和言论自由，其所论乃正常的学术批评，并非如顾颉刚所称“不加考虑，一口拒绝”，把他“痛驳一番”，“从此以后，他就很明显地对我不满起来”。[⑥] 此系顾颉刚后来的说辞，不足为凭。另据钱穆晚年回忆，胡适之文并非针对顾颉刚，“适之后为文一篇，专论老子年代先后，举

① 胡适：《胡适全集》（32），第 92—93 页。
② 胡适：《评论近人考据〈老子〉年代的方法》，《胡适全集》（4），第 114—139 页。
③ 胡颂平编著《胡适之先生年谱长编初稿》，台北，联经出版事业公司，1984，第 3509 页。
④ 陈垣：《致陈乐素》，陈智超编《陈垣往来书信集》，三联书店，2010，第 1109 页。
⑤ 胡适：《〈中国古代哲学史〉台北版自记》，《胡适全集》（5），第 540 页。
⑥ 顾颉刚：《我是怎样编写古史辨的》，《顾颉刚全集》（1），第 170 页。

芝生颉刚与余三人。于芝生颉刚则详，于余则略。因芝生颉刚皆主老子在庄子前，余独主老子书出庄子后。芝生颉刚说既不成立，则余说自可无辩。然余所举证据则与芝生颉刚复相异，似亦不当存而不论耳。但余与芝生颉刚相晤，则从未在此上争辩过。梁任公曾首驳适之老子在孔子前之主张。在当时似老子出孔子后已成定论。适之坚持己说，岂犹于任公意有未释耶”。[①]

但两人的关系在 1931 年之后确实发生了微妙的变化。1931 年 5—8 月，顾颉刚多次致信胡适，均未得到回复。9 月 7 日，顾颉刚再次致信胡适询问是否有“开罪之处”，因“连上数函，迄未得复，甚为惶恐。未知是我有开罪先生呢，还是有人为我飞短流长，致使先生起疑呢？如有所开罪先生，请直加斥责，勿放在肚里”。[②] 从两人书信中未见胡适对此信做出回应，顾颉刚所说的“裂痕”很可能是指此事。但从胡适致钱玄同信来看，两人之间似乎又不存芥蒂。1932 年 5 月 10 日，胡适在致钱玄同的信中称：“颉刚的信使我很高兴，姚立方的遗著的发现，是近代学术思想史上的一件重要事，不单是因为姚氏的主张有自身的价值，并且这事可以表示近年中国学术界的一个明显的倾向。这倾向是‘正统’的崩坏，‘异军’的复活。在思想方面，李觏、王安石、颜元、崔述、姚际恒等人的抬头，与文学方面的曹雪芹、吴敬梓的时髦是有同一意义的。”并询问“颉刚何时回来？杭州住址何处？”请求钱玄同告知。[③] 1933 年 4 月 26 日，胡适到燕京大学演讲，顾颉刚陪同，并为之主持。[④] 但此后两人关系确有“遇冷”现象。12 月 17 日是胡适的生日，只要条件允许，他都会接受拜访并宴客，宾客中自然少不了顾颉刚。1933 年 12 月 17 日，胡适日记写道：“朋友来贺生日者，上下午都有人；我每年都备酒饭，但不发帖请客；朋友上午来的，则住留吃面；下午来的，则留住吃晚饭。今天来的约有五十人。”[⑤] 而此日顾颉刚在家中“校《古史辨》”，[⑥] 没有参加胡适生日宴会，这是极不正常的现象。但是，12 月 30 日，燕京大学国文系同学会举行年终聚餐，托顾颉刚邀请胡适参加，胡适应约。[⑦]

---

① 钱穆：《八十忆双亲·师友杂忆》，三联书店，2010，第 152 页。

② 顾颉刚：《致胡适》，《顾颉刚全集》（45），第 560 页。

③ 胡适：《致钱玄同》，《胡适全集》（24），第 118 页。

④ 顾颉刚：《顾颉刚全集》（46），第 38 页。

⑤ 胡适：《胡适全集》（32），第 247 页。

⑥ 顾颉刚：《顾颉刚全集》（46），第 123 页。

⑦ 胡适：《胡适全集》（32），第 247 页。

从两人日记和书信来看，很可能是胡适对顾颉刚疏远，但原因不一定是学术观点的差异。胡适提倡思想言论自由，主张容忍异见，从当年与梅光迪、任鸿隽等争论到“剑拔弩张”时关系尚未破裂，如因学术观点不同而对顾颉刚和钱穆“怀恨在心”，则厚诬了胡适的度量。顾颉刚晚年回忆显然夸大了他与胡适之间的分歧，刻意制造了两人的“矛盾”，给人造成一种印象，好像因为学术观点的不同，两人早在1929年之后便已分道扬镳。究其个中原委，故是时代使然，但我们不应将此视为两人产生裂痕的原因，更不能以此认为胡适的疑古思想发生了转变。有人以胡适在老子问题上的态度作为他信古的证据，事实上胡适的疑古并非推翻全部历史，而是疑其不实之处。同样的例子还体现在《四十二章经》和《牟子理惑论》真伪之争上，胡适与梁启超等人观点相反，认为两经系真。对此，有学者认为：“往往被人们认为倾向于‘疑古’的胡适，在早期佛教史的研究领域中，却是相当‘信古’。”[①] 其实，胡适在早期佛教史研究中并不“信古”，只是不全疑古而已。

胡适对顾颉刚的疏远另有隐情，虽然具体原因无从得知，但有一点或许有助于了解两人的疏离。顾颉刚在成名前追随胡适，无论是学术还是生活上，胡适均给予极大帮助。后来，随着名气的扩大和经济的独立，尤其是因《古史辨》声名鹊起后，顾颉刚逐渐摆脱对胡适的依赖，开始出现骄傲情绪。胡适曾劝他不要有骄傲之心，但他并没有意识到问题的严重性。顾颉刚自我意识较强，其“到一处闹一处”的性格更是声名在外，当洪业与他谈起此事时，顾颉刚认为那是别人诋毁自己。[②] 顾颉刚无论在北京大学，还是在厦门大学和中山大学，以及后来到燕京大学，不仅对傅斯年，甚至对性情温和的陈垣也颇有微词。成名后的顾颉刚确实表现出骄傲之情，这从他的日记中可以明显察出。虽然顾颉刚知道别人对自己“飞短流长”，但并没有认真反思，每当感到胡适对他表现冷淡或疏远时，便认为有人在背后捣鬼，蓄意破坏。

1937年，胡适赴美出任驻美大使，两人联系一度中断。1946年7月，胡适使美归来，在教育部、中央研究院及史学会举行的欢迎会上，顾颉刚逢场必到，并欲编纂《胡适文存》续集，筹备胡适六十大寿纪念文集。

① 葛兆光：《“聊为友谊的比赛”——从陈垣与胡适的争论说到早期中国佛教史研究的现代典范》，《历史研究》2013年第1期。

② 顾颉刚：《顾颉刚全集》（45），第505—506页。

1949 年，国民党大势已去。4 月 6 日，顾颉刚“到上海银行，送适之先生西行”。他在日记中不无伤感地称：“适之先生来沪两月，对我曾无一亲切之语，知见外矣。北大同学在彼后面破坏我者必多，宜有此结果也。此次赴美，莫卜归期，不知此后尚能相见，使彼改变其印象否。”① 顾颉刚的忧虑不幸言中，从此两人再也没有相见。多年后，当胡适在美国看到顾颉刚的批判文章时，非但没有指责，反表现出理解和同情。②

顾颉刚晚年因环境所迫，不得不与胡适划清界限。从《〈古史辨〉第一册自序》（1926）到《我的治学计划》（1950），再到《我是怎样编写古史辨的》（1979），可看出其对胡适由尊崇到省略的过程。顾颉刚称引导他走上疑古道路的是姚际恒、崔述和郑樵，而矢口不提胡适，并言当代学者中他最佩服的、真正引为学术上的导师是王国维，而非胡适。③ 虽然顾颉刚多次向王国维表达仰慕之情，请求“许附于弟子之列”，④ 但并未得到回应。王国维并不认同当时的疑古思潮，顾颉刚“心仪于王国维”，其实只是自己的一厢情愿。无论是思想观念，还是研究方法，顾颉刚早期的治学方法和路径都与王国维相去甚远，而近于胡适。特别是在胡适大批判中，顾颉刚精神高度紧张，常“赖药而眠”，⑤ 足见其内心的痛苦和恐慌。《我是怎样编写古史辨的》在很大程度上是受此影响。

三　从禅宗史研究看胡适疑古思想的一贯性

1930 年前后，胡适学术研究主要集中在佛教禅宗史方面，如《菩提达摩考》（1927）、《论禅宗史的纲领》（1928）、《〈坛经〉考之一》（1930）、《菏泽大师神会传》（1930）、《神会和尚遗集》（1931）、《禅宗在中国之发展》（1932）、《〈四十二章经〉考》（1933）、《〈坛经〉考之二》（1934）、《楞伽宗考》（1935）等。胡适的疑古思想突出表现在对佛教疑伪经以及由

---

① 顾颉刚：《顾颉刚全集》（48），第 440 页。

② 1952 年 1 月 3 日，胡适在香港《大公报》上看到顾颉刚的《从我自己看胡适》，将其作为剪报收藏在日记中，并在“一九二六年以后，我做什么，他就反对什么。……我本是跟着他走的，想不到结果他竟变成反对我”下面加上着重号。胡适：《胡适全集》（34），第 158 页。

③ 顾颉刚：《我是怎样编写古史辨的》，《顾颉刚全集》（1），第 157—162 页。

④ 顾颉刚：《致王国维》，马奔腾辑注《王国维未刊来往书信集》，清华大学出版社，2010，第 55—56 页。

⑤ 顾颉刚：《顾颉刚全集》（50），第 662—666 页。

伪经建构起来的伪史的质疑和考辨，也即顾颉刚所说的“辨伪书”和“辨伪事”。他从源头上考证“西天二十八祖”的真伪、菩提达摩神话传说故事的来源和发展演变过程、神秀与慧能的法统地位，以及神会的历史作用等，认为从《楞伽师资记》到《付法藏因缘传》，以及《坛经》、《宝林传》、《曹溪大师别传》、《五灯会元》等，均存在不同程度的伪造和作假，净觉开了恶例，神会大造，后人续之，从而“层累地”造成了佛教禅宗史。

1924年，胡适在禅宗史研究之初，即因对传统灯史的怀疑而停止撰写禅宗史，认为现存的禅宗史料大多数经过了后来和尚的窜改和伪造，故不可信。若要作一部可靠的禅宗信史，必须先搜求佛教早期史料，如唐朝的原料，而非五代以后被改造过的材料。1926年，胡适利用庚款会议之机，赴巴黎和伦敦查阅敦煌文献，搜集到了大量佛教早期史料，基本证实了此前对禅宗史作伪的怀疑，从而提出了“捉妖”、“打鬼”说。[①] 1927年，胡适根据在巴黎和伦敦所搜集到的敦煌佛教早期史料，对比国内所存的佛教史料，特别是唐代以后的佛教史料，梳理和考证菩提达摩如何从简单的历史记载演变成复杂的传说故事，逐渐被神化。他以菩提达摩会见梁武帝为例说明传说故事由简单到复杂、由模糊到清晰的演变过程，指出“传说如同滚雪球，越滚越大，其实禁不住史学方法的日光，一照便销溶净尽了”。[②] 通过胡适对菩提达摩的考证，我们可以看到菩提达摩被神化的过程：由起自荒裔的波斯国胡人到南天竺婆罗门种，再到南天竺国王第三子，菩提达摩的身份越来越尊贵；从“初达宋境南越”到会见梁武帝，再到与梁武帝见面的具体时间和玄妙的对话内容，菩提达摩的教义越来越深奥；从折苇渡江到六次遇毒，再到只履西归，菩提达摩的形象越来越神化。他认为菩提达摩的神话传说故事“起于八世纪晚期以后，越到后来，越说越详细了，枝叶情节越多了，这可见这个神话是逐渐添造完成的”。[③] 胡适对史料和证据的选择“以古为尚”，取敦煌佛教早期史料论证后期禅宗史的作伪，认为菩提达摩传说故事是后人伪造的。

同样的事情还体现在慧可传说故事上。道宣《续高僧传》中对慧可的

① 胡适在《整理国故与打鬼——致浩徐先生信》中把整理国故解释成“捉妖”、“打鬼”。胡适关于整理国故前后不同的说法，曾引起研究者的颇多关注和讨论。从此信的内容、时间以及胡适的前后活动上看，此时他对整理国故的态度突然转变，把整理国故说成“打鬼”，很可能是因为敦煌佛教早期史料的发现，基本上印证了此前他对佛教禅宗史作伪的怀疑。

② 胡适：《菩提达摩考——中国中古哲学史的一章》，《胡适全集》（3），第326—329页。

③ 胡适：《楞伽宗考》，《胡适全集》（4），第215页。

记载较为简略，仅说慧可在邺传教时，“深遭邺下禅师道恒的嫉妒”，而《传灯录》、《慧可传》中却增添了许多故事情节。胡适认为：“《传灯录》全抄袭《宝林传》（卷八）伪书，《宝林传》改窜《续僧传》的道恒为辩和，改邺下为莞城县，又加上‘匡救寺三门下’，‘邑宰翟仲侃’，‘百七岁’，‘开皇十三年三月十六日’等等详细节目，看上去‘像煞有介事’，其实全是闭眼捏造。七世纪中叶的道宣明说慧可不曾被害死，明说‘可乃从容顺俗，时惠清猷，乍托吟谣’，然而几百年后的《宝林传》却硬说他被害死了！七世纪中叶的道宣不能详举慧可的年岁，而几百年后的《宝林传》却能详说他死的年月日和死时的岁数，这真是崔述说的‘世愈后而事愈详’了！”[①] 此即顾颉刚提出的“层累说”，所谓世愈后而事愈详，传说中的人物愈放愈大。

以此类推，胡适对禅宗的传法世系、慧能的法统，以及《坛经》的作者等均提出了质疑和考证。他认为神会是一个善于编造谎言的专家，为了争法统编造了许多故事，事实上，弘忍并没有将“法衣”传给慧能。“他是一位善于辞令的传道家，又会编造生动的故事。许多关于达摩传道的故事，如与梁武帝见面和二祖断臂求道等，起初皆系由他编造，而后加以润色，才混入中国禅宗史的整个传统历史之中。”[②] 胡适在与汤用彤讨论“禅宗史纲领”的信中指出：“九世纪禅宗所认之二十八祖，与宋僧契嵩以后所认之二十八祖又多有不相同，尤其是师子以下的四人。其作伪之迹显然，其中有许多笑柄。”[③] 从他所拟的十三条禅宗史纲领中，可以看出其欲撰写的“禅宗史”，实际就是一部疑经辨伪史。他认为不只是佛教经典存在伪造和作假，道教亦是如此，《道藏》几乎完全是“贼赃”。陶弘景本人就是一个“大骗子”，《真诰》便存在有意作伪，“四十二章之中，有二十章整个儿被偷到《真诰》里来了”。[④]

禅宗史研究是胡适整理国故的一部分，受新文化运动和整理国故的影响，他把佛教禅宗列为整理国故的对象，认为佛教的迷信思想和出世观念是中国社会发展进步的思想障碍，旨在“打破枷锁，吐弃国渣”，实现“再

① 胡适：《楞伽宗考》，《胡适全集》（4），第 220—223 页。

② 胡适：《禅宗在中国：它的历史和方法》，《胡适全集》（9），第 311 页。

③ 胡适：《论禅宗史的纲领》，姜义华主编《胡适学术文集·中国佛学史》，中华书局，1997，第 35—38 页。

④ 胡适：《陶弘景的〈真诰〉考》，《胡适全集》（4），第 176—177 页。

造文明”的根本目的。而整理国故又与民国疑古思潮相关联，整理国故本身就含有很深的疑古辨伪成分。根据胡适的解释，整理国故是“以汉还汉”、“以宋还宋”，[①] “各家都还他一个本来真面目，各家都还他一个真价值”。[②] 那么，他对禅宗史的整理也是要还其“真面目”和“真价值”。在剔除了神化和传说，还其本来面目之后，他得出禅宗的传法世系是后人伪造的、菩提达摩传说故事是后人编造的、慧能的法统是篡夺的、《坛经》是神会的伪作、佛教经典是故弄玄虚的骗人的“文字障”。撕掉了神秘的面纱，一切神奇和玄妙归于平常。诚如梁启超所论：“凡事物之含有宗教性者，例不许作为学问上研究之问题。一作为问题，其神圣之地位固已摇动矣。今不唯成为问题而已，而研究之结果，乃知畴昔所共奉为神圣者，其中一部分实粪土也，则人心之受刺激起惊愕而生变化，宜何如者？”[③] 如此，我们便不难理解他把整理国故说成“捉妖”、“打鬼”的原因，声称整理国故可以“化黑暗为光明，化神奇为臭腐，化玄妙为平常，化神圣为凡庸：这才是‘重新估定一切价值’。他的功用可以解放人心，可以保护人们不受鬼怪迷惑”。[④]

1937 年，胡适受命出任驻美大使，在禅宗史研究的黄金时期，战争打断了原本的研究进程。[⑤] 胡适原想“牺牲一两年的学术生涯”，“至战事一了，仍回到学校去”。[⑥] 但事实并非如他所料，胡适此去禅宗史研究中断了十五年之久。1952 年，胡适重新回到禅宗史研究上，其对禅宗史的怀疑和批判依然没有改变。他在《口述自传》中称：“我个人虽然对了解禅宗，也曾做过若干贡献，但对我一直所坚持的立场却不稍动摇：那就是禅宗佛教里百分之九十，甚或百分之九十五，都是一团胡说、伪造、诈骗、矫饰和装腔作势。我这些话是说得很重了，但是这却是我的老实话。”他把自己的禅宗史研究称作“粑粪工作”，声称要“把这种中国文化里的垃圾粑出来”，“大体上说来，我对我所持的禅宗佛教严厉批评的态度——甚至有些或多或少的横蛮理论，认为禅宗文献有百分之九十五以上是欺人的伪作——这一点，我是义无反顾的。在很多（公开讨论）的场合里我都迫不得已，非挺身而出，

① 胡适：《〈国学季刊〉发刊宣言》，《胡适全集》（2），第 8 页。

② 胡适：《新思潮的意义》，《胡适全集》（1），第 699 页。

③ 梁启超：《清代学术概论》，江苏文艺出版社，2007，第 19 页。

④ 胡适：《整理国故与打鬼》，《胡适全集》（3），第 146—147 页。

⑤ 胡适：《致顾维钧》，《胡适全集》（24），第 380 页。

⑥ 胡适：《致傅斯年》，《胡适全集》（24），第 381 页。

来充当个反面角色，做个破坏的批判家不可！”[①] 足见其态度之坚决。

学术实践是学术思想的反映，两者具有一致性。以往研究多根据顾颉刚的历史叙述，从胡适方面出发寻找其疑古思想转变的蛛丝马迹，而忽视了顾颉刚叙述的历史语境。考察胡适疑古思想转变与否不仅要根据他人记述，更应根据胡适学术研究的具体实践。根据 20 世纪 30 年代前后胡适学术研究情况，特别是禅宗史研究来看，其疑古思想并没有发生改变。疑古不是对历史的全部否定，胡适在一些问题上“信古”，不等于整体不疑古。怀疑和批判是胡适学术思想的主要特征，伴随他学术研究的始终。

（作者单位：浙江中医药大学马克思主义学院）

① 胡适：《口述自传》，《胡适全集》（18），第 386、422—423 页。

三权协调与三权制衡：政府与民间视野下的立宪之路*

——以清末责任内阁为中心的探讨

李凤凤

内容提要 自清廷宣布预备立宪开始，清政府与民间舆论对立宪的理解就出现了偏差，清政府选择的是国权统一、三权协调的立宪路径，民间则呼吁三权分立、互相制衡的立宪路径。二者在同一“立宪”命题下，进行着不同立宪路径的规划和思考，思维角度和立论依据都不处在同一出发点，其内容和结果也大不相同。可以说，清政府与民间舆论就立宪问题自始至终没有达成一致，二者只是在各自的思维模式中各行其是，矛盾和冲突自然不可避免。

关键词 清政府 社会舆论 责任内阁 三权制衡 三权协调

关于清末的预备立宪活动，学界已经进行了充分研究，但大多是从以立宪派为代表的在野一方，或者以清政府决策者为代表的在朝一方进行单方面的论述，缺乏对二者的对比研究。① 本文试图从清政府与社会舆论两个角度进行比较分析，找出二者对立宪认识的异同之处，以期加深对清末新

* 本文系国家社科基金后期资助项目“清末民初责任内阁制研究（1906—1928）”（项目号：19FZSB012）的阶段性成果。

① 关于清末政府和民间立宪主张的研究主要有张锡勤《论立宪派与清政府在“立宪”问题上的分歧》，《求是学刊》1989 年第 5 期；王开玺：《清统治集团的君主立宪论与晚清政局》，《北京师范大学学报》1990 年第 5 期；孔祥吉：《张之洞与清末立宪别论》，《历史研究》1993 年第 1 期；邓红洲：《张之洞“从缓”“从速”立宪论》，《近代史研究》1998 年第 3 期；迟云飞：《清季主张立宪的官员对宪政的体认》，《清史研究》2000 年第 1 期；王开玺：《论资政院中的立宪派议员》，《史学集刊》2003 年第 3 期；祖金玉：《清末驻外公使的宪政主张》，《南京社会科学》2005 年第 4 期；王晓秋：《试论清末京城立宪派》，《北京社会科学》2009 年第 3 期。

政的研究。由于立宪活动涉及内容广泛，本文选取国人广泛关注的责任内阁为个案，分析政府与民间对立宪的不同理解。

经过庚子事件和日俄战争，立宪救国已经成为一种社会思潮，不仅有在野人士的呼吁，也有在朝官员和地方督抚的催促。在这股思潮的推动下，清廷于 1905 年派五大臣出洋考察政治，并于 1906 年颁布预备立宪上谕，预备立宪进入了实践层面。虽然朝野上下在“立宪”这一主题上达成了一致，但面对如何立宪，又有不同的主张：首先，在立宪的方式上，是效仿英国，还是模仿日本，中央官员、地方督抚、在野立宪派等都有不同的主张；其次，在立宪的程序上，各方力量也围绕先改官制还是先定宪法，先设内阁还是先开国会等问题进行了激烈争论。因此，在政治改革启动之后，各种困扰也纷至沓来，各种政治力量纷纷提出自己的意见和主张，企图影响政府决策。

一　清朝统治集团内部的立宪主张

清政府于 1906 年 9 月 1 日（光绪三十二年七月十三日）发布的预备立宪上谕，指出“我国政令积久相仍，日处阽危，忧患迫切，非广求智识，更订法制，上无以承祖宗缔造之心，下无以慰臣庶治平之望”，而西方各国富强之由，在于实行宪法，诸事取决公论，所以君民一体，“时处今日，惟有及时详析甄核，仿行宪政，大权统于朝廷，庶政公诸舆论，以立国家万年有道之基”，但规制未备、民智未开，“故廓清积弊，明定责成，必从官制入手，亟应先将官制分别议定，次第更张”。[1] 该上谕核心内容有二：一是确定了预备立宪的改革方向；二是从改革官制入手。责任内阁制问题则是官制改革中的中心议题，成为朝野议论的焦点。

戴鸿慈、端方在出洋考察政治归国后编纂了《欧美政治要义》一书，该书详细介绍了责任内阁，称在立宪国，君主神圣不可侵犯，国务大臣代君主行使职权，若行政有失误之处，国务大臣即须辞职，成立一新内阁，君主则安然如故，超然于全国政治之上，世袭罔替。当君主的命令遭到民众反对或者违背宪法时，大臣就不执行，如果君主强制执行，大臣应以辞

① 《宣布预备立宪先行厘定官制谕》（光绪三十二年七月十三日），故宫博物院明清档案部编《清末筹备立宪档案史料》上册，中华书局，1979，第 43—44 页。

职相抗，如果大臣辞职后成立的新内阁仍不执行，直到君主收回成命，违宪之事即无从发生。如果大臣明知君主的旨意违宪而仍执行，则该大臣应受到议会的弹劾。如此“违背宪法之制令自不行而止矣，终无损于君主之所以为君主也”。[①] 端方还指出：“所以必以阁臣负其责者，一则使之忠于职任，无敢诿卸以误国；一则虽有缺失，有阁臣任之，则天下不敢致怨于君主，所谓神圣不可干犯者，此也。”[②]

戴、端二人制订的责任内阁方案是以日本为榜样，仿效西方责任内阁之制，以统一中央行政，“责任内阁者，合首相及各部之国务大臣组织一合议制之政府，代君主负责任者也。盖中央政府实一国行政之总汇，一切政策从兹出焉，各部漠不相谋，则政策万难统一。故各国每由君主自擢首相，由首相荐举阁臣，一切施政之方，由阁臣全体议定，然后施行，而得失功罪，在阁臣全体同负其责”。[③] 袁世凯也积极主张设立责任内阁，他指出：“东西立宪各国，皆用责任内阁之义，使其君主超然为不可侵犯之神圣，故万年共戴一尊，盖立宪国之宪法，恒使国务大臣代任君主之责。”[④]

由此可见，主张立宪的大臣对责任内阁分析和理解的最终落脚点都是责任内阁与君权的关系问题，而对其在行政效率的提高、全国政务统一等方面起到的作用则弃之不问。总之，责任内阁可以更易，而君主神圣不可侵犯，这一点对他们而言已经是可行立宪的最大理由。正如时人对出洋考察五大臣归国是否能洞窥立宪本源表示怀疑，“立宪二字，非一言一语所能详，亦非一年数月所能举，诸大臣游历五月之久，即知其为富强之本，可谓洞窥核要。然立宪政体，各国之组织如何，其性质如何，其由来之历史如何，其施行与中国见势之相关如何，其施行后之效果如何，恐未能加详也”。[⑤]

1910 年 4 月，李家驹制订了改革官制方案大纲的《行政纲目》后，由宪政编查馆交由各衙门酌核，各衙门“乃各潦草塞责，成二三页短章”，最后宪政编查馆汇总后发现“各部院千篇一律，求其能明达大体，统盘筹画

---

① 戴鸿慈、端方：《欧美政治要义》，清光绪三十三年（1907）石印本，第 44—46 页。

② 《请改定官制以为立宪预备折》，《端忠敏公奏稿》卷六，沈云龙主编《近代中国史料丛刊》第 10 辑第 94 册，台北，文海出版社，1967，第 722 页。

③ 《出使各国考察政治大臣戴鸿慈等奏请改定全国官制以为立宪预备折》（光绪三十二年七月初六日），故宫博物院明清档案部编《清末筹备立宪档案史料》上册，第 367—383 页。

④ 《直隶总督袁世凯密陈管见十条清单》，中国第一历史档案馆藏立宪档，第 144 页。

⑤ 《论立宪先改官制之方针》，《时报》1906 年 8 月 28 日。

者，殆无其人”，“此亦足见现今政治界之消息矣”。[①] 1910 年，云贵总督李经羲在奏请设立责任内阁时，说“有责任内阁以取决舆论，尚可渐趋于有益之竞争，无责任内阁以总挈政纲，势必终归于无形之溃裂”，“查各国内阁制度，凡各部之行政长官皆为内阁之国务大臣，国家政事，每年由阁臣先期规划，若者宜因，若者宜革，若者宜全力经营，若者宜先立基础，一一参酌国势，权量财力，担任利害，熟计统筹，预为宣示，宣示以后即须按途循辙，计日程功，若或中止变更，凡属阁臣，均受其咎，责任内阁之名，取义即由于此”。[②] 李经羲是促成督抚联衔电奏设立责任内阁的发起人和联络人，他对责任内阁的理解也是仅看到了责任内阁统筹政务的表层现象，对其深层机理并无涉及。

1911 年 3 月 20 日（宣统三年二月二十日），出使美国、墨西哥、秘鲁、古巴等国的使臣张荫堂奏请设立责任内阁，“以总司全国政纲”，指出中国秦汉时代有丞相之制，自明代废除丞相，“自后中枢之权乃不得不移于内阁大学士，虽无丞相之名，而有丞相之实。今日各国之有总理大臣，即吾国昔代立相之制也，但其规制之优美远过于昔时，即在于统各部而负责任之一事”。[③] 可见驻外公使对责任内阁的认识也将此等同于中国古代的宰相。

立宪国的基本原则是实行行政、立法、司法三权分立，责任内阁即是限制君权、扩张民权的结果。但是考察宪政大臣不从学理角度探讨宪政的制度设计，而从事实层面注重君权与内阁的关系，认为皇权与内阁可以并存而不相害，并行而不相悖。这其中必定不免有大臣为了催促清廷立宪而只讲立宪对君权及皇室的好处，而隐瞒了立宪会削弱君权的结果，因为官僚在向上级传达信息时，“都倾向于夸张地反映对其有利的信息，极力掩盖对其不利的信息”。[④] 但这也反映了朝臣仍是在旧的专制体制思维模式下，对立宪进行片面的解释，按照自己想当然的理解对立宪进行筛选嫁接，这种新旧杂糅的理解传达到清廷那里，就成了立宪的指导思想和中心原则，即在绝对确保君权的前提下进行立宪。所以朝臣主张设立的责任内阁，只是皇帝的辅助机构。

---

① 《时报》1910 年 6 月 3 日。

② 《滇督李经羲请设责任内阁折》，《国风报》1910 年 6 月 1 日。

③ 《出使美墨秘古国大臣张荫堂奏陈设责任内阁裁巡抚等六项文职官制折》，故宫博物院明清档案部编《清末筹备立宪档案史料》上册，第 550 页。

④ 〔美〕安东尼·唐斯：《官僚制内幕》，郭小聪译，中国人民大学出版社，2006，第 82 页。

根据这种指导思想，清廷决策层经过长时间的商议，最终在 1911 年 5 月 8 日（宣统三年四月初十日）颁布《内阁官制》和《内阁办事暂行章程》，称“现在各种政治机关皆未完备，而设立内阁又属万不可缓，亟应先立基础，沟通新旧，以利推行，而免窒碍”，故“拟内阁官制十九条，以立经邦大本，宪政始基”。[①]《内阁官制》可谓清廷立宪思想的集中体现，通过分析《内阁官制》及《内阁办事暂行章程》，可以看出它具有以下几个鲜明的特点。

第一，责任内阁对皇帝负责。

立宪国家的内阁制度中最为重要的一条即内阁对谁负责的问题，这直接关系到内阁的性质。在典型的立宪国中有两种类型：以英国为代表的立宪国，是内阁由议会产生，并对议会负责；以德、日为代表的立宪国，则由君主任命内阁总理大臣，内阁对皇帝负责。清廷颁布的内阁官制模仿了德、日的内阁方案，内阁总理由皇帝任命，对皇帝负责。而且，按此规定设立的内阁，即便与德国、日本的内阁相比，权力也大为缩小。因为在正常的内阁制度下，国务大臣由内阁总理提名、君主批准，国务大臣具有很大的独立性，除一些特别事务须请示君主外，其他一般政务都可以独立处理。但清廷内阁官制不仅规定内阁总理大臣、协理大臣“候旨特简”，还规定其他国务大臣“均候特旨简任”，国务大臣的职责是“辅弼皇帝，担负责任”。总理大臣、协理大臣“每日入对”，与之前的军机处每日入对的形式相同，并且针对种种事项规定“奏请圣裁”，如内阁总理大臣认为各部大臣之命令或处分有不妥当者，“得暂令停止，奏请圣裁”。此外，内阁总理大臣就其所管事务，对于各省长官及各藩属长官，“得发训令”，如果认为各省长官及各藩属长官的命令或处分有违背法律或逾越权限的，“得暂令停止，奏请圣裁”。[②] 由此可见，内阁在处理政务上受到君主的制约，其实只是在君主旨意下处理政务。

第二，以权力平衡为原则，设协理大臣以分总理大臣之权。

《内阁办事暂行章程》规定了除设总理大臣一人外，还设有协理大臣一至二人。参与编订该草案的汪荣宝对此极为反对，曾就设置协理大臣一事

① 《宪政编查馆会议政务处会奏拟定内阁官制并办事暂行章程折》（宣统三年四月初十日），故宫博物院明清档案部编《清末筹备立宪档案史料》上册，第 559—560 页。

② 《宪政编查馆会议政务处会奏拟定内阁官制并办事暂行章程折》（宣统三年四月初十日），故宫博物院明清档案部编《清末筹备立宪档案史料》上册，第 561—564 页。

“于肃邸前力陈其非”，[①] 并作一说帖说明此制之流弊，但会议政务处王大臣商议后并未采纳汪荣宝的建议，仍坚持设立协理大臣，以掣肘总理大臣，分割总理大臣的权力。这其实还是中国君主专制社会官僚体系中，以设官分职以相互制衡、相互掣肘为原则，以达到君主集权目的的延续。设协理大臣也是新内阁官制与其他各国内阁制相比最为独特之处。所以协理大臣从开始出现就引起舆论的广泛关注与批评，也是新内阁官制备受指责的原因之一。

《大公报》指出，按照中国官制旧例，“每一长官必设二三副职以陪，亲王之上，自宰相下逮州县，靡不皆然，一若有正必有副，实为天经地义、不可变革之公例也”，但亦因此造成“权限不分，徒多枝赘”。而责任内阁之总理大臣“辅弼元首，出纳政令，对于国民负一切之责任”，如果再设置副大臣，在权限分配上存在问题，“适以开大臣推诿之门，而并妻匹嫡之副大臣，非盲从大臣，即掣肘大臣，而国是于焉大紊”，如果不切实改革，“则异日之新内阁，犹是变相之旧军机，而总理大臣仍不过承上启下之机关，于事实上有专擅之权，于法律上无负责之义，副大臣则循循然，屡进屡退，不必有丝毫之建树，是不啻以旧有之留声机器、写字机器，不适于用撤而去之，而于大廷之上特设一总速记员，附之以二三应声虫”。[②] 《时报》也指出，责任内阁设总理大臣一人、协理大臣二人，“是不啻三头政治”，“两协理既非各部之长官，而又立于行政最高机关之地位，将来非梗阻部务，即有视各部为一内阁之补助机关者，是以最良之合议阁制，将变为独裁阁制矣”。[③]

第三，军事事务独立于内阁之外。

《内阁官制》第十四条规定军事事件不归内阁管辖，“关系军机军令事件，除特旨交阁议外，由陆军大臣、海军大臣自行具奏，承旨办理后，报告于内阁总理大臣”。[④] 《内阁办事暂行章程》第七条重申了这一原则，“按照内阁官制十四条，由陆军大臣、海军大臣自行具奏事件，应由该衙门

① 《汪荣宝日记》，沈云龙主编《近代中国史料丛刊三编》第 63 辑第 623 册，台北，文海出版社，1990，第 821 页。

② 《论新内阁不必设副大臣之理由》，《大公报》1911 年 3 月 5 日。

③ 《读设立内阁上谕感言》，《时报》1911 年 5 月 10 日。

④ 《宪政编查馆会议政务处会奏拟定内阁官制并办事暂行章程折》（宣统三年四月初十日），故宫博物院明清档案部编《清末筹备立宪档案史料》上册，第 562 页。

自行具折呈递，毋庸送交内阁”。[①] 可见，作为全国行政统一机关的责任内阁却无军权，这是效仿日本的做法，将军事独立于内阁之外，受皇帝直接指挥。

第四，皇帝有种种特旨召见之权。

《内阁官制》指出，“内阁总理大臣一人，为国务大臣之领袖，秉承宸谟，定政治之方针，保持行政之统一”，内阁总理大臣就其所管事务，对于各省长官及各藩属长官，“得发训令”，[②] 但是《内阁办事暂行章程》又规定了在内外新官制一律施行以前，“按照向例，得蒙召见人员于国务有所陈述者，由内阁总理大臣或协理大臣带领入对。其御前大臣、领侍卫内大臣、军谘处、海军司令部、宗人府、内务府各大臣、弼德院院长、资政院总裁及其他蒙特旨召见，或法令有特别指定者，如八旗都统，前锋、护军、步军各统领，或办理旗营，或宿卫宫禁，不负国务上之责任等官皆是，不在此限”。各省督抚除特旨召见外，其于陈述国事者，“应先商明内阁总理大臣、协理大臣或主管各该部大臣，会同入对”。[③] 可见，负责军事的重要部门和不负国务责任的机关有特旨召见之权，尤其是作为地方行政长官的督抚也有特旨召见之权，这就与责任内阁对督抚的直接领导发生了矛盾，既然皇帝可以特旨召见督抚，督抚就可以越过内阁直接向皇帝陈述政见，如果与国务大臣意见不合，则会影响责任内阁的运作。

由此可见，清末设立的内阁官制虽然是以日本、德国为模仿对象，但制定出来的内阁官制与日、德内阁有很大不同，皇帝的权力比日本天皇、德国皇帝大得多；虽以统一行政为目的，但仍沿用了权力平衡的原则，在设立责任内阁的同时，设弼德院以辅助皇帝，制衡阁臣。弼德院的设立即在于“恐新内阁权限过专，因定弼德院与内阁平权”，[④] “弼德院可以近依帝座，朝夕论思，凡上下应达之机缄，与操纵内治外交之扃钥，股肱元首，

---

① 《宪政编查馆会议政务处会奏拟定内阁官制并办事暂行章程折》（宣统三年四月初十日），故宫博物院明清档案部编《清末筹备立宪档案史料》上册，第564页。

② 《宪政编查馆会议政务处会奏拟定内阁官制并办事暂行章程折》（宣统三年四月初十日），故宫博物院明清档案部编《清末筹备立宪档案史料》上册，第561页。

③ 《宪政编查馆会议政务处会奏拟定内阁官制并办事暂行章程折》（宣统三年四月初十日），故宫博物院明清档案部编《清末筹备立宪档案史料》上册，第563—565页。

④ 《专电》，《时报》1911年2月18日。

左右阁臣，皆于该院寄之”。[①] 同时设军谘府“秉承诏令，赞襄军谟”，[②] 把军权独立出去以削弱责任内阁的权力，“军谘府之权力大可与内阁、弼德院鼎足而三也”。[③] 因此，清政府公布的内阁官制是在确保君权至上的前提下制订的，与较为保守的考察政治大臣的陈述相比，更趋保守和倒退。

二 社会舆论呼吁的立宪主张

民间社会舆论呼吁立宪时，把宪法、国会、责任内阁视为立宪的三要素。清政府 1908 年颁布《钦定宪法大纲》后，国人将关注焦点放在召开国会上，而清政府决定先立内阁后开国会，责任内阁这个以往被国人忽视的问题因先予付诸实践而备受关注。

责任内阁为一国行政总汇之地，改革官制而不先立责任内阁，犹如“衣之无领，水之无源，即使百变其名，亦终无逾治乱之数”，责任内阁的实质即在于“总理大臣奏举同一政见之人，分任各部长官，以共尽责任于政府”，“必如是，而后可谓之责任政府，必如是，而后可谓组织责任政府，苟反斯道以行之，虽有管葛加俾之才，可决其无丝毫之裨补也”。[④] 要使责任内阁尽到责任，必须有监督机关。所以清政府做出先设立责任内阁的决定后，社会舆论普遍关注的是责任内阁与国会的关系问题。

第一，责任内阁与国会应同时成立。

立宪派指出，国会与内阁应同时成立，“二者如车两轮，如鸟两翼，组织可分先后，功用断难偏废”，有内阁无国会，则无监察机构，“内阁不为跋扈，即为疲靡”；有国会无内阁，则无执行机关，“国会徒成哄市之争，反树朝廷之敌”，只有“以内阁纲纪百官，以国会消纳群言，各有会归，主义本非放任”，使“老成富于经验，新进锐于理想，两相调剂，国步益见和平”，所以应以阁会并请。[⑤] 资政院议员牟琳分析了内阁与国会的关系，称“国会不独于人民有利益，于政府亦有利益”。因为中国与外国情形不同，

① 《宪政编查馆会议政务处会奏拟定弼德院官制折》（宣统三年四月初十日），故宫博物院明清档案部编《清末筹备立宪档案史料》上册，第 568 页。

② 《设立军谘府谕》（宣统三年四月初十日），故宫博物院明清档案部编《清末筹备立宪档案史料》上册，第 571 页。

③ 《内阁翻新记》，《时报》1911 年 5 月 17 日。

④ 《论组织责任内阁之必要》，《时报》1911 年 12 月 8 日。

⑤ 《滇督李经羲恳请速设内阁国会详加解释折》，《国风报》1910 年 10 月 21 日。

外国的内阁与国会起冲突时，第一次国会可以解散，第二次内阁必须解职。而中国，则是“政府与督抚各部大臣立于同等之地位，与各国地方长官归中央政府管辖者不同，就是内阁大臣与国会冲突至于辞职，此非人民所得参与，则移内阁大臣作各省督抚，于内阁大臣亦毫无所损”。所以速开国会一事，上至政府，下至人民，都要全体赞成。[①] 梁启超也指出，责任内阁固然是“今日救中国之不二法门”，但“必有纠问责任之机关，与之对待，然后能成立者也”，所以有国会则有责任内阁，无国会则无责任内阁，“责任内阁与国会相依为命”。[②]

报刊舆论也特别注重国会与责任内阁的关系，指出二者应同时并举。《汉口中西报》分析了责任内阁的运行机制，指出中国处于预备立宪时代，预备必从改良政府开始，应组织负责任的政府取代不负责的政府，再组织上下议会监督政府，君主超然其上，“于是国权之中心点乃注集于国家，夫国权既注集于国家矣，则政府之行动亦即国家之行动，合全国人民之行动”。[③] 有了负责任的政府，又有议会监督，使政府行动成为全国人民的行动，这就是责任内阁的意义所在。由此可见，要使责任内阁体现人民意志，必须有议会监督，因此《汉口中西报》称“国会不成立，则所谓立宪者，非真立宪；所谓变法者，非真变法”。[④]

第二，责任内阁对国会负责。

《申报》也指出，“国会既与责任内阁相对峙，则国会之开设，尤为立宪国实行完全监督之一机关，缺此则民意终无由表现，不能除专制而伸民权”，[⑤] “无国会，则无以为监督政府之机关；无责任内阁，则亦无以为确定大政之机关。此两机关有不可相离之关系，系如车之两轮，鸟之两翼，缺其一而即不能善其用”。并分析了责任内阁的两种形态，其一为政党内阁，阁员对于议会负责，组合内阁必须经过议会多数人之同意方可，如英、法、奥、意等国即实行政党内阁；其二为帝国内阁，阁员对君主负责，由君主掌握组织内阁之权，如德、日等国。二者虽然组织的方法不同，“而其为一国总揽政治之机关，而负完全独一无二之责任则一”。[⑥]《时报》曾对清政府

① 李启成点校《资政院议场会议速记录》，上海三联书店，2011，第 76 页。

② 张品兴主编《梁启超全集》第 7 卷，北京出版社，1999，第 2045 页。

③ 缄三：《论中国将来之国权》，《汉口中西报》第 1358 号，1910 年 1 月 27 日。

④ 蠼蝯：《言论之中国——关于国会之问题》，《汉口中西报》第 782 号，1908 年 6 月 21 日。

⑤ 《国会与责任内阁之真诠》，《申报》1910 年 10 月 20 日。

⑥ 《论今日之军机处与将来之责任内阁》，《申报》1910 年 10 月 20 日。

先立内阁一事表示不解，称先设责任内阁，而国会未开，所谓责任内阁“究谁与之责任?”虽然军机大臣效仿各国副署之制，但不负责任如故，即使“将来即组织新内阁，以十一部大臣均为副署，其效亦可睹，盖吾国堂廉之严，阁部大臣苟无人民督促其后，谁肯批鳞逆爪，自蠲弃其利禄之私，猝蹈内阁解散之风潮，而不悔旅进旅退画诺而已，此而可承认为责任政府，恐再阅百年，吾国政治现象可决其绝无寸进”。① 因此，国会之召集应与责任政府之建设同时并进。《神州日报》也指出，“中国若不实行立宪则已，若实行立宪，必自监督机关与执行机关峙立于对等地位始，即必自开国会始”。②

可见，当时社会舆论认为责任内阁与国会应该同时成立，责任内阁应对国会负责，受其监督。

第三，以责任内阁为全国行政总汇。

社会舆论主张速开国会的深层原因则是对当时的行政体制不满，对当时的官僚不信任，因此必须开国会制定新法律，按照法律更新各行政机关，并以国会独立于行政之外，监督行政，使政府为善。国会请愿运动代表孙洪伊就指出，“各立宪国之所以尊重国会，与国会之所以能维持国家者，首在国会之握有立法权以编纂一切法律法规也”，人民之所以要求开国会，“必因目前极厌恶此种专制政体，极不信任此种官僚，故必欲参与立法，使之独立于行政部之外”。如果政府不授予人民立法权，则人民即无遵守法律之义务，并警告政府“日后人民虽酿成大变，虽仇视政府，虽显有不法之举动，代表等亦无力可以导喻之，惟有束手以坐视宗社之墟”。③ 资政院议员于邦华将当时政治上的种种弊端都归因于未开国会。他指出，“现今各省谘议局与督抚冲突事件，不能说是民气嚣张而归咎于各省谘议局”，也不能归咎于各省督抚，“我国行政机关有种种掣肘，况近日民间搜刮殆尽，财政无着，又有中央集权之说，使督抚不能办事，是以对议决之事，往往不能执行，甘受人民唾骂”，所以督抚自有难处。过亦不尽在中央各部大臣，因“中央亦无统一机关，各部各自为谋，此部有钱或用不得宜，彼部钱无则事不能办，彼此各不相顾，以致事出两歧，种种困难因之而生”，“凡此皆系

---

① 《读袁督论中央集权折有感》，《时报》1910 年 6 月 12 日。

② 佚名：《论开国会先于地方自治》，《神州日报》1907 年 9 月 11 日。

③ 《国会请愿代表第二次呈都察院代奏书汇录》，中国社会科学院近代史研究所图书馆藏刊本，第 51—52 页。

国会未开之故”。[①] 资政院议员江谦就指出，“国家譬如一个制造厂，一切行政是制造品，官制即是机器，内阁即是引擎，国会即是锅炉，机器未设备而先求制造品之精良，断无是理。现在立宪政体与从前不同，所以官制亦应改定”，所以“今日要事第一是速开国会，第二是设责任内阁，第三是速定官制，第四才是清理财政”。[②]

可见，社会舆论更注重责任内阁的运作机制，主张内阁与国会同时成立，以内阁为行政总汇，制定国家的大政方针；以国会监督内阁，使责任落到实处。如此，才能收到责任内阁制的实效，而不落于空名。

三　三权制衡与三权协调：立宪的两条路径

《时报》在 1907 年 4 月对国权统一问题发表评论，认为政体的区别根源于国体的不同，“君主立宪国之最高机关，其统一之权多属君主；共和立宪国之最高机关，其统一之权多在议会”。国权统一流起自孟德斯鸠提倡的三权分立学说，其后法国践行此学说，但议会与政府往往起激烈冲突，在国家的政务上不见其利，而见其害，此后加以矫正，为各国所效仿。三权分立的弊端在于，“立法机关与政府判为两途，于政务上多窒碍难行之处”，因此，“政府不得议会之赞助”，“议会自议会，政府自政府，各任其意思自由活动，政务上之隔阂多”。此外，“议会无监督政府之权”，“今日立宪国家，议会不但有完全之立法权，且能参入行政之一部，故能实行监督政府。若双方对峙，议会权限以内之事，政府不得而干预；政府权限以内之事，议会不得而过问，则政府于执行政务时虽有差失，议会无从而行使其监督权也，皆缘于权限太分明，而不能互相调和，以致生此不良之现象也”。三权绝对分立会导致三种机关相互对立，或互相抵触，或互相漠视，并不能取得良好效果。因此《时报》主张以“三权分立为基础，而使之互相调和，而又不失国权统一之性质，此所以为近世最良之政体也”。[③]

这种政体有三点好处：其一，变分立为统一。三权分立，各不相下，则一国分为三国，君主立宪国的最高机关为君主，因此应以君主为统一机

---

① 《资政院第一次常年会第九号议场速记录》，李启成点校《资政院议场会议速记录》，第 76 页。

② 李启成点校《资政院议场会议速记录》，第 92 页。

③ 《论近日国权统一之趋势》，《时报》1907 年 4 月 23 日、4 月 25 日、4 月 26 日。

关，“有最高机关，然后能统一国家之权力，然后能活动。而自无鼎峙角立两不相下之弊也”。其二，执行机关能参入立法机关。各国立法权固然在于议会，但在一定范围内，执行机关可以参入立法机关，如政府对议会有法律提议权、法律裁可权。在共和立宪国，政府虽然没有裁可权和否认权，但国务大臣对议会有发言权，因此政府与议会关系密切，“而无各自独立，互相漠视之弊，而国家之处理政务，常收良效果矣”，当议会与政府有冲突时，“政府可以解散下议院，而从新组织之，若从新组织以后，新议员仍与政府反对，则内阁不得不辞职，此亦所以调和之，使互相让步，虽冲突而仍有救济之术也”。其三，立法机关能参入行政机关。行政机关虽然属于政府，但议会有时也可以干预，如募集公债、敷设铁路、国家不动产买卖、制定预算案等，“皆纯然行政上之作用，而亦必经议会之协赞乃生效力，此立法机关入行政机关，其事止多也”，如果行政长官有不正当之行为，议会可以弹劾。因此，“议会与政府互相维系，断不至分道背驰，各相歧视矣”。总之，“非三权分立，则权限不明，而政治易流于专制；非国权统一，则相峙鼎立，而机关不能调和，近世文明国家权限虽分，而互相维系、互相监督”。①

《时报》的分析可谓道出了立宪的两条路径，即三权分立，相互制衡；三权渗透，互相协调。当时立宪派所宣传和主张的是三权分立的立宪路径，清政府选择的正是三权协调、国权统一的立宪路径。清廷预备立宪时，朝臣大多倾向于效仿君主仍有很大权力的日本模式，这就确立了预备立宪的基本方针是以日本为模范的“大权政治”。而社会舆论所呼吁的立宪路径则是三权分立、相互制衡的立宪路径。

三权分立的理论来源于孟德斯鸠，将国家权力划分为立法权、行政权、司法权，但孟德斯鸠在相互制衡上，更倾向于由行政权制约立法权，这是他分权学说的核心内容，② 然而“这种突出行政权的政治结构，不可能实现国家诸权力之间的平衡”。③ 因此，三权分立思想后来也受到质疑和修正。如美国以汉密尔顿为代表的联邦党人就提出，三权不能绝对地分立，而应该局部混合，使它们互相制约。这里所说的局部混合就是三权互相渗透，即立法机关有权弹劾行政首长和法官，并有权否决行政首长提名的官员人

① 《论近日国权统一之趋势》，《时报》1907年4月23日、4月25日、4月26日。
② 徐祥民、刘惠荣等：《政体学说史》，北京大学出版社，2002，第168页。
③ 应克复等：《西方民主史》，中国社会科学出版社，1997，第176页。

选；行政首长有赦免权，有权否决立法机关通过的法案；司法机关有权否决违反宪法的法律或行政行为。麦迪逊认为，“如果在纸面上对各部门做出政制区分就足以安全地保证他们互不侵蚀权力的话，那么所有其他进一步的规定就确实多余了。但经验已经告诉我们不要相信这种安全保证；它告诉我们必须引入各种权力和各种利益的平衡，才能保证纸面上的规定”。[①]所谓平衡就是：立法权太强，应从内部和外部予以约束以削弱立法权；行政权太弱，应允许总统连选连任等措施以增强行政权；司法权最弱，应特别保障其独立性。[②]

19 世纪法国自由主义思想家孔斯坦也指出孟德斯鸠的三权分立原则不足以防止集权专制，提出五权分立制衡的主张。他认为一个良好的政体应有王权、行政权、长期代议权、舆论代议权、司法权，这五权分立且互相制衡。其中，王权是指国家元首的权力，“它为保卫秩序和自由而协调其他四权的冲突并使之呈合作取向的平衡状态”。[③] 行政权由向议会负责的大臣行使，长期代议权归贵族院，舆论代议权给民选的立法院，司法权仍归法院。[④] 孔斯坦的思想主张有以下几个特点：第一，将王权定性为一种积极和实在的协调权，“国王不再是被赋予了执行权的、与立法机关同等的和积极的一个部门，而只是一个立宪的君主，他超脱于政治，既与立法机关分离也与执行机关分离”。第二，大臣的执行权与议会的立法权分立，但又允许大臣兼任议员，“通过把个人重新联系起来，同时又仍然区分各权力，一个和谐的政府就建立起来了，而不是造成了两个武装的阵营”。[⑤] 第三，肯定了行使行政权的大臣应向议会负责。

在国家政体的实际建构中，各国都根据自身实际情况，对三权分立原则做了不同程度的修改，当代没有哪个国家实行“纯粹分权学说”。[⑥] 如英国政体的实质是熔权制，“行政权与立法权的紧密结合，近乎彻底的熔合”，而二者的结合器就是内阁，[⑦] 内阁不仅行使行政权，还统领议会的立法工

① 〔英〕M. J. C. 维尔：《宪政与分权》，苏力译，三联书店，1997，第 143 页。

② 徐祥民、刘惠荣等：《政体学说史》，第 255 页。

③ 黄基泉：《西方宪政思想史略》，山东人民出版社，2004，第 417 页。

④ 黄基泉：《西方宪政思想史略》，第 417—418 页。

⑤ 〔英〕M. J. C. 维尔：《宪政与分权》，第 192 页。

⑥ 〔英〕M. J. C. 维尔：《宪政与分权》，第 13 页。

⑦ Bagehot, *The English Constitution*, Edited by Paul Smisth, Cambridge University Press, 2001, pp. 8 - 9.

作，打破了立法权与行政权的分割，国王、内阁、政府各部共同构成行政机关。美国政体之实质是分权制，奉行分权、制约、制衡原则，行政机关指总统一人。法国政体的实质是监督—仲裁—保障制，总统拥有很大权力，不仅独立于立法权、行政权、司法权之外，还高于它们，统领它们，但总统不属于行政机关，行政机关由总理和各部构成。①

由此可见，责任政府的形式各有不同，"不同的国家可以在权力的分割和配置方面采取不同的具体形态，因而根据权力结构的重心所在有'立法国家（如英国）、'司法国家'（如美国）以及'行政国家'（如法国、德国、日本）等不同类型"，② 但三权分立制衡与三权渗透协调是其两条基本路径。从清政府与民间舆论对立宪的理解和宣传来看，政府与民间其实是采用各自不同的立宪路径，中央政府采用了国权统一的路径，主张在三权之上由君主统一国权，相互协调，所以注重中央集权，注重在保护君权的前提下进行立宪；而民间舆论则主张采取三权分立、相互制衡的立宪模式，所以更注重三权中的行政权与立法权的对立，尤其是国会对内阁的监督机制的确立和完善。

自清廷宣布立宪开始，政府与民间舆论对立宪的理解就出现了偏差，在同一"立宪"命题下，进行着不同立宪路径的规划和思考，思维角度和立论依据都不处在同一出发点，因此其内容和结果也大不相同。可以说，政府与民间舆论就立宪问题自始至终没有达成一致，二者只是在各自的思维模式中各行其是，矛盾和冲突自然不可避免。后来，清廷的政治改革被社会舆论批评为"以立宪之名行专制之实"，在很大程度上也是这种指导思想支配下的必然结果。

清政府实行预备立宪是朝野经过长期探索最终确定的救亡之策，是一项长期而艰巨的改革活动，在内忧外患的严峻形势下，必须充分调动国人的积极性，凝聚整个国家的力量，朝野一心、举国一致，才能举得成功。但是由于清政府与民间对立宪的理解和认识不同，选择的立宪路径也不同，政府与民间的立宪势力最终分道扬镳，清廷按照自己的规划和设计，在保护君权的前提下进行立宪，使政治改革偏离了宪政改革的轨道，退回到专制体制内的官制改革道路上，并将官制改革缩小到行政机构改革，虽然也设立了资政院和谘议局，但这并不能改变仍是在传统范围内进行的有限的

---

① 蒋劲松：《责任政府新论》，社会科学文献出版社，2005，第 29 页。

② 季卫东：《宪政新论——全球化时代的法与社会变迁》，北京大学出版社，2002，第 11 页。

政治改革的局面，不能适应中枢机构从传统走向现代的社会发展需要，也与人民要求民主、要求权力制衡的民心大势相背离，最终在革命的浪潮中迅速覆亡。

（作者单位：江西财经大学马克思主义学院）

民国时期的湖北水利行政与政府职能扩充

蒋　渊

内容提要　民国时期，政府的行政职能不断扩充。以湖北水利行政而言，晚清时期湖北省政府开始设置专门的水利管理机构，负责部分堤防的建设，其职员往往不能专任其事。民国建立以后，省水利局的设置开始成为惯例。到南京国民政府建立后，省水利局一直隶属于省建设厅，地位不高。虽然一度直属于省政府，但到 1931 年水灾后机构却被撤销，原有事务完全交由隶属中央的江汉工程局负责。在这一过程中，由省水利局和江汉工程局直接负责的堤段范围逐步扩大，其派出机构也改为常设。可以说，民国时期湖北水利行政的变迁，既是政府职能不断扩充的过程，也是中央与地方不断博弈的过程。但水利机构在参与水灾后的以工代赈时，需与专管机构协同工作，其权力仍受到限制。

关键词　民国时期　湖北　水利　省政府

清朝初期，黄河的河道总督乃是专任官员。从雍正朝开始，河道总督由总督或巡抚兼任，不兼任时督抚也需要参与相应事务。因此，从清代黄河治理机构的演变情况来看，水利专管机关逐步与其他行政机关出现事务合作和职能重叠。[①] 不过，这一演变并未完全实现，如东河总督一直兼理山东、河南两省河务，南河总督也需要办理江苏、安徽两省的水利建设。[②] 直到晚清河道总督逐步裁撤后，黄河事务才完全转归各省自理。但与黄河流域不同，长江流域历来并无流域性的水利建设机构，甚至各省也无专管机构。相反，在清朝统治结束之后，长江流域的治水机构却一度倒行了清代

① 刘凤云：《权力运行的轨迹：17—18 世纪中国的官僚政治》，党建读物出版社，2013。

② 江晓成：《清前期河道总督的权力及其演变》，《求是学刊》2015 年第 5 期。

黄河水利机构的演变过程，即随着各省水利行政机构的组建，开始出现流域性的水利机构。

对水利行政历史的研究大致有两条路径：一是关注较大范围内政府水利行政的宏观演化，二是受地方研究影响而对小范围区域内的水利事务进行研究。湖北地区的水利研究也是如此，尤其是后者更是形成了以“垸”为视角的研究取向。[①] 不过这些研究多集中在明清时期，对此后湖北水利事务的变化关注并不算多。本文以民国时期的湖北省为中心，考察清末新政时期至1938年湖北水利行政体制的演变过程，主要关注水利机关及其派出机构的组织情形。堤防以建设经费来源不同，分为由政府投资的干堤（官堤）和由民众自筹资金修筑的民堤。以往研究者对于民国时期黄河流域的民堤建设情形有过介绍，[②] 本文的叙述则集中于长江和汉江两岸的干堤部分。

一　清末的堤工局和工赈局

清代前中期，在省政府层面，湖北并无常设的水利专管机关，一般由督抚衙门负责处理，具体事务常交由府县官员和地方士绅负责。1908年，为了避免士绅办理堤工的弊端，在湖北布政使李珉琛（？—1912）的建议下，湖北于省城武昌成立堤工总局，由布政使任督办，“专以调查各属堤垸工程经费等事，以期事有专责，款不虚糜”。[③] 为了提倡堤防建设，该局计划拟订官修堤工奖惩章程，并号召全省绅民建言献策。[④] 1909年，堤工总局除负责干堤的修建外，并负责江、汉防汛事务。[⑤]

① 〔法〕魏丕信：《中国的水利周期：以16—19世纪的湖北省为例》，《法兰西远东学院学报》第68卷《水利设施管理中的国家干预——以中华帝国晚期的湖北省为例》，魏幼红译，鲁西奇校，陈锋主编《明清以来长江流域社会发展史论》，武汉大学出版社，2006；〔美〕罗·威廉：《治水与清政府决策程序——樊口大坝之争》，王先亭节译，欧阳跃峰校，《安徽史学》1996年第3期；鲁西奇：《“水利社会”的形成——以明清时期江汉平原的围垸为中心》，《中国经济史研究》2013年第2期；杨国安：《国家、堤防与社会：明清两湖水利事业中的国家介入与区域协作——以四邑公堤为中心的考察》，《人文论丛》（2012年卷），中国社会科学出版社，2012。

② 〔美〕彭慕兰：《腹地的构建：华北内地的国家、社会和经济（1853—1937）》，马俊亚译，社会科学文献出版社，2005；张岩：《从“各修各境”到“通力合作”——20世纪20—30年代山东黄河旧运河以西河段民埝治权统一问题刍议》，《中国历史地理论丛》2018年第3期。

③ 《筹设堤工总局》，《申报》1908年6月3日，第10版。

④ 《堤工总局征求条陈》，《申报》1908年6月29日，第10版。

⑤ 《饬属认真保护堤防》，《申报》1909年4月28日，第10版。

1909 年 11 月，经湖北谘议局审议通过，计划在荆州府和安陆府分别设立专局，由堤工总局选派“谙工程劳苦之府厅，专任督率筹备之责”，并配备属员，就近办理江、汉流域岁修和防汛事务。专局以下，各设上、中、下三个分局，襄河专局下并附设东荆河、西荆河两分局，“选择年富力强之州县及地方公正绅士于工程有阅历者专任”，遇事则会同地方州县官员，请示专局办理。这时，省府试图成立固定机构，将堤工事务从兼任的地方官身上剥离开来，以示对水利事务的重视。同时，在总局内设立堤工研究所，人员由“官绅之于工程有阅历者充之”，有成绩者则委派给堤工修筑任务。专局、分局既经设立，各州县民众设立之堤工分局之类均应裁撤。①

对此，另有一些议员则认为，除设立各专局外，还应在每个州县设立一个分局，才能完全保证堤防事务不出疏漏。由专局负责工程勘估，分局负责修堤和防汛。如果在各县征收土费，那么应该设立专门机关负责管理，遇到险工，不分畛域均可动用。② 但从相关资料来看，专局和分局至少在 1910 年 11 月之前均未建立。谘议局认为这是堤工总局有意阻挠延宕所致，但湖广总督瑞澂认为主要是因为土费征收不及，专局和分局缺乏开办经费。③ 但在省局以外酌设分局的思路，成为民国时期湖北设计水利机构的指导思想，虽然一直未能达到在各县设局的程度。

1910 年，湖广总督瑞澂一度计划在鄂城县建立工备道一职，将堤工局的所有事务合并其中。④ 最后，瑞澂将堤工局和湖北筹赈局合并，改名为工赈局，以布政使高凌霨为总办，候补道袁励桢为坐办，原堤工局总办候补道杨觐圭调离。⑤ 瑞澂将两局合并，其意在精简机构。堤工局经费每年为 15000 两，度支部一度计划将其核减为 6000 两。在谘议局的提议下，工赈局得以搬出布政使衙门，单独办公。

因着堤防建设与水灾善后的密切关系，清末湖北的堤工经费主要来自专门举办的工赈捐款，而政府的贷款次数则在逐步减少。⑥ 如光绪二十一年

① 《讲求宣防以除水患案》（1909 年 11 月 28 日呈），吴剑杰主编《湖北咨议局文献资料汇编》（上），武汉大学出版社，2017，第 194—197 页。

② 《补助堤工案》（1909 年 11 月 28 日呈），吴剑杰主编《湖北咨议局文献资料汇编》（上），第 200、205 页。

③ 《请批答水利议决案质问案》（1910 年 11 月 21 日），吴剑杰主编《湖北咨议局文献资料汇编》（下），第 718—721 页。

④ 《鄂督拟改堤工局为工备道之政见》，《申报》1910 年 8 月 27 日，第 11 版。

⑤ 《工赈并为一局之原因》，《申报》1910 年 11 月 23 日，第 11 版。

⑥ 见刘文远《清代水利借项研究》，厦门大学出版社，2011，第 112—125 页。

(1895) 水灾后湖北就曾开办赈捐，由湖北布政使负责的湖北筹赈局先后举办了两年（其间有暂停），共收银146万两。[①] 赈捐展限后，到光绪二十六年（1900）时，又支出赈银474万两。张之洞其后修筑汉口后湖堤工的经费，也是借自平粜米捐项下。筹赈局和工赈局的设立，使堤工经费得到一定保障。

虽然省级机构在晚清出现了这样大的变动，但其派出机构方面并无太大的变化。总体来看，由于此时省府经费不多，所以大多数县份的防汛任务仍由府县各级官员完全负责，堤工总局多是在溃口后方派员抢修。[②] 堤工局一般派遣候补官员分别前往各县，设局招雇灾民修筑，完工后机构即行裁撤。如果工程浩大，湖广总督也会到堤视察；工程较小就由各县自行修筑，堤工局酌量补贴款项。[③]

如张之洞修筑汉口堤防时，即成立后湖堤工局专管其事，委任汉黄德道桑宝、新军第一镇统领张彪分别为堤工局总办、会办，但实际到工督办的则是候补知府郑葆琛。郑此前负责过武昌东湖的河港疏浚工程，有一定的工作经验。该工程采取委员分段雇工修筑的方式，各段负责官员多是候补官员和新军各营军官。1909年灾后，堤工局所派督修官员，多者负责四县，少者负责一县。[④] 但督办官员很多时候还需主办各府赈济事宜，因此督办之下，堤工局又委派专门候补官员具体负责各工程，少者一县，多者三县。[⑤]

虽然办理水利事务的多是候补官员群体，但如候补知府彭觉先、桑宝等人，确有较为丰富的堤工工作经验。[⑥] 彭觉先原署理安陆府知府，1897年京山县唐心口堤溃决后曾负责堵复，汉口后湖堤工一度也是彭负责查勘估计的，1903年水灾后彭还主持了潜江县的溃口修建。1909年湖北水灾后，彭觉先调任堤工局提调。如彭觉先这类官员的加入，说明堤工局开始委派一些有经验的专职官员负责水利建设事务。但官员承办工程，也时常从中渔利。如奉令分段督修汉口后湖堤工的署中营都司长升就曾被举报克扣土

① 《奏报节年工赈收支各数折》（光绪二十四年三月二十三日），赵德馨主编《张之洞全集》第3册，武汉出版社，2008，第473页。

② 《鄂省水灾近状》，《申报》1908年7月12日，第5版。

③ 陈夔龙：《筹修溃堤暨办理工赈折》（宣统元年正月二十日），《庸庵尚书奏议》卷九，第18页。

④ 《鄂督筹办灾赈善后办法》，《申报》1909年11月10日，第12版。

⑤ 《鄂省奏陈修复江襄溃口情形》，《申报》1909年12月26日，第10版。

⑥ 《鄂督筹办灾振善后办法》，《申报》1909年11月10日，第12版；《京报汇录》，《申报》1906年11月13日，第16版。

工、挑夫方价和方数，贪墨补贴给挑夫的席棚、蓑笠和医药费。[①] 1907 年奉令督修潜江县棉条湾堤工的候补知县成槐，以其子充当夫头，也因工程草率一度被当地士绅控告。[②]

荆门州沙洋堤工是清末湖北举办的最后工程。该堤于 1910 年大水中溃决后，工赈局曾派彭觉先、袁励桢等人兴修。但这种差遣并不是专职，时常还有临时差委，袁励桢一度被委任为财政局会办，办理财政清理事务，而无法赴工。[③] 1911 年 7 月襄河大水，沙洋堤再次溃决，受此影响，坐办委员彭觉先、堤工局坐办袁励桢等均受到处罚。[④] 该堤的堵复正值晚春水涨之时，堵口工程遇到极大障碍，瑞澂一度打算停工至当年秋季。但鉴于当地灾民颇多，青黄不接之际全靠在堤工作谋生，不得不继续拨款修筑。[⑤] 这一工程直到民国初年才得以完成。

由此可见，除了汉口张公堤的建设外，清末湖北的堤工建设显然和水灾及其善后赈济密切联系在一起，并折射到水利机构的设置上。这多少与晚清至民国时期的防洪理念有关，这一时期一直以江河疏浚为防治水灾的治本方案。因此，堤防建设只是作为治标方案，主要在水灾发生后进行组织，并未设置专门机构负责日常管理。

二　自上而下：北洋政府时期的水利分局

1913 年，北京政府决定成立全国水利局，以张謇为总裁，并要求各省成立水利分局。1914 年 1 月 18 日，袁世凯出台《全国水利局官制》，决定在湖北等 12 省成立水利分局，分局经费由各省自筹，工程经费由借用内、外债的方式进行筹集。1914 年 3 月 7 日，湖北巡按使吕调元（安徽太湖县人）决定组织湖北省水利分局，任命吕贤笙为局长。[⑥] 吕生年不详，1893—1899 年呈为清政府驻日本横滨总领事，[⑦] 并办理赴日留学事务，回国后历任

① 《堤工委员侵私困工》，《申报》1905 年 7 月 21 日，第 4 版。

② 《修堤委员被控》，《申报》1907 年 6 月 19 日，第 12 版。

③ 《袁励桢苦无分身术》，《申报》1911 年 4 月 14 日，第 12 版。

④ 《宣统政纪》卷 55，第 5 页。

⑤ 《沙洋堤工困难之情形》，《申报》1911 年 4 月 21 日，第 11 版。

⑥ 湖北省水利志编纂委员会编《湖北水利志》，中国水利水电出版社，2000，第 395 页。

⑦ 故宫博物院明清档案部、福建师范大学历史系编《清季中外使领年表》，中华书局，1985，第 76 页。

京山县县丞等职，任职水利局局长时年龄已然不小。当年7月，由于经费不足，湖北水利分局被归并入湖北巡按使署内务科，吕改任该科水利调查长。

1915年初，新任湖北巡按使段书云废除水利调查长一职，改设水利调查处，负责全省江河疏浚事务，以王为毅为处长。3月，段书云认为虽然“综持处务，虽收赞助之益，究非久远之谋”，遂依照《各省组织水利分局条例》之规定，将调查处改组为水利分局，仍由王任局长，认为此举必将使“以农立国之特色益可见重于全球”。① 1917年3月，王为毅辞职，水利局局长由湖北政务厅厅长胡俊采兼任。② 胡为清末江西巡抚胡廷干之子，河南省潢川县人，颇受徐世昌信任，受命管理湖北财政。1916年7月王占元主政湖北之后，任命贺纪鸿为水利分局局长。贺任职时间较长，至1921年8月王占元被迫下野时，方提出辞职。③ 此时水利局除负责干堤外，还兼负河流调查之责。

王占元辞职后，萧耀南被委任为湖北督军。在萧任内（1921—1926），湖北水利事业取得了较大的进展。1921年11月，经全国水利局总裁和湖北省省长刘承恩呈请，屈德泽（1876—1940）被任命为湖北水利分局局长。屈为湖北宜昌县人，曾就学于两湖书院，1899年赴日本东京帝国大学农科学习，回国后历任湖北高等农业学堂坐办和四川奉节县知县。民国建立后，返回湖北任实业司司长。1925年，屈转任湖北省立农业高级中学校校长。④ 1922年，为了监督水利行政，湖北省长公署决定以荆宜、江汉、襄阳三道道尹，兼任堤工总督。⑤ 监察机构的出现，表明水利行政领域出现了新的变化。

经费方面，湖北除了向中央申请款项外，此时期的款项多源于自筹。自筹的渠道分为省政府拨发和举借内外债两种。政府拨款除了由湖北官钱局拨发外，政府还举办各类赈灾捐款或发售奖券。捐款方面，除了设立筹赈处负责募集外，也采取和华洋义赈会合作举办工程的方式进行，双方一

---

① 《湖北新增之三机关》，《申报》1915年1月30日，第6版；《湖北巡按使段书云呈沥陈整理堤防拟设水利分局情形请训示文并批令》，《政府公报》1915年第1026期，第22页。

② 《命令》，《申报》1917年3月10日，第2版。

③ 《鄂政界最近变化之索隐》，《申报》1921年8月27日，第10版。

④ 湖北省地方志编纂委员会编《湖北省志·人物志稿》，光明日报出版社，1989，第1492—1493页。

⑤ 《湖北省志·水利志》编辑室编印《湖北省水利工作大事记（约公元前2550—1949）》，1986，第114页。

般各负一半工款。例如，1922 年修复钟祥三四工堤时，共需款钱 60 万串，省府承担的 30 万串中，直接拨款的为 21 万串。1923 年修筑武昌西北湖堤时，省府承担的部分则是从湖北官钱局借用的。[①]

省水利分局建立后，为了统一事权，对于干堤和官督民修的堤段，凡是政府委派有专员督修的，如当时的江陵县万城堤工局、襄阳县老龙堤工局和钟祥堤工局，均由堤工局长会同各县知事负责办理，但各县绅董往往会借词干预。[②] 据南京国民政府时期的水利局官员言道，“往昔以堤工为调剂闲员之举，有所谓督办，有所谓总办，或为退伍军官，或为居闲政客，而验收工作又或委托各该县县长或委托各属道尹”，不仅工程施工质量难以保证，所谓验收也难收实效。[③] 不过，这类以官督民办方式建立起来的颇具地方自治意味的水利专局，可以说是辛亥革命留给湖北水利建设最重要的制度遗产。它们都有固定的经费来源，万城堤工局主要依靠江陵县土费和沙市盐捐，钟祥堤工局有赖钟祥船厘。显然，这些常设机构仍是位于少部分堤段的。

但在组织水利建设方面，湖北省政府的水利机构基本恢复到晚清时的状态，遇有工程，水利分局仍是委派专员驻工督修，所委官员仍以候补官员为主。[④] 遇有大工，由主持工赈的官员负责。以京山县王家营堵口工程为例，1919 年和 1921 年，王家营堤段两次发生溃决，1921 年时溃口更是长达 10 里。汉江下游左岸的京山、天门、潜江、汉川等县均遭水淹。为了堵溃筑堤，萧耀南委派李开侁为湖北省工赈督办，总揽该堤堵复事宜。李为黄冈县人，与萧同乡。[⑤] 同时，省府由屈德泽等人为监察员，并派定工程、庶务、会计主任和工程坐办等职员。[⑥] 所有职员总数未有统计，但合龙后被奖励者，共计 53 人。整体看来，由于是由省工赈督办亲自驻工办理的，王家营督修处权限较为完整而自主，李开侁也仅就总体方针同督军萧耀南、省长刘承恩进行商议，若需临时办理辅助工程，并不需要向省府请示，可直接做出决定。

---

① 《湖北省水利工作大事记（约公元前 2550—1949）》，第 115、116 页。

② 《湖北省水利工作大事记（约公元前 2550—1949）》，第 107—108 页。

③ 《过去堤工积弊调查报告书》，《湖北水利行政纪要》，“调查”，第 29—30 页，湖北省档案馆藏，LS1－5－657。

④ 《续志湘鄂大水灾》，《申报》1917 年 8 月 10 日，第 6、7 版。

⑤ 《湖北省志·人物志稿》，第 34—35 页。

⑥ 李开侁：《王家营堤工随笔》上卷，1924，第 18 页。

由此可见，工赈事务仍游离于水利行政机构之外。据当时人称，湖北省政府所设置的钟祥堤工局，在汉江沿岸委派有官绅，负责巡查堤防，每月领取薪金，但他们在堤工建设时并不派有重要职务。[①] 据李开侁言，当时钟祥堤工局检查堤防时，一度不愿负责王家营附近堤段。不难发现，当时堤岸的修防机构之间的关系颇不协调。

虽然民国前期湖北省水利事务与清末新政时期多有类似，但机构的设置和权力格局演变还是有其自身特点。清末时期省政府有更大的主动权，如张公堤的建设，虽有防备汉江水患之意，但起意于发展汉口商业繁荣经济。民国前期虽然军阀割据，但水利行政的变化仍难超出中央政府自上而下的制度设计。不过，从荆江堤工局等机构的出现也可发现地方自治思想对水利机构设置的影响，荆江堤工局、襄阳老龙堤工局还基本限于一县之内，钟祥堤工局则为汉水北岸四个县份负责。这些专局的设立说明政府对于江汉沿岸重要堤段的日益重视，逐步扩大其关注的堤段范围，将其纳入政府行政中，并注意防止地方绅董的消极影响。不过，水利机构与工赈机关的关系还有待改善。

三　省管时期：1926—1932 年水利局的裁而复设

（一）组织机构的演变

与民国前期不同，1926 年，国民政府由广州迁至武汉，而其对于湖北水利事业又有特别关注，因此民国后期的湖北水利事业，从一开始就纠葛于中央与地方的关系之中，并最终导致湖北水利局的裁撤。

按照 1926 年 12 月 1 日公布的《湖北水利局暂行条例》，湖北省水利局隶属于湖北政务委员会，水利局局长受其委任，“总理全省水利事宜，督率本局及所属各分局员司，并得指挥与地方水利有关系之各县县长，执行职务”。局长以下设总务、工程、考核三股，其职员由局长遴选富有学识经验者予以委任，并呈报政务委员会备案。“但冬春两季兴筑堤工，必须增加人员时，得由局长按工程大小，酌量增设临时股员若干人，其数不得过全额三分之二。”[②] 首任水利局局长为王祺，在汉口办公。

① 卓康成：《治汉策（续一六九期）》，《申报》1923 年 1 月 14 日，第 20 版。

② 《湖北水利局暂行条例》（1926 年 12 月 1 日），《湖北建设月刊》1928 年第 1 卷第 1 期，第 34—35 页。

1927 年 11 月，胡忠民接替王祺任水利局局长。鉴于此前的水利局组织条例并不符合实际情形，加之经过当年防汛的证明，水利局认为水利分局的设置多有叠床架屋之嫌，因此重新拟订了《修正湖北水利局暂行条例》。按照胡忠民的计划，水利局虽然不采取总工程师负责制，但应该加强技术人员的力量。因此，除将原有的总务、工程、考核三股改为总务、堤防、考核、测绘四股之外，并请湖北省政府委任技正一名，由国内外水利工程大学毕业者充任，另配备三名技士。分局裁撤以后，“本省有堤各县，得于每县设一堤工修防局，办理一切岁修防汛事宜，其局长由各县县长呈请本局加委”。[①] 显然，胡建议将水利行政和各级地方行政完全结合起来。

就此，整个水利局，其人员应为“局长一、秘书一、技正一、股长四、监察委员三、文牍一、编辑一、股员十九、防修委员二、技士三、事务员五、书记一〇”，共 51 人。[②] 到 1928 年时，仍在水利局任职的北洋政府时期的省水利分局职员已经很少了。职员籍贯方面，就当年水利局 42 名职员的情况看，其中只有 5 名外省人，其余均为湖北本省人。[③] 监察委员的职责是“掌理监察纠正各处水利工程人员事宜”，但由于担心其职权过大，将其改称视察员。[④] 可以说，虽然其后水利局一度划归建设厅，但在 1932 年水利局最终裁撤前，其组织系统就此奠定。

1928 年 12 月，湖北省政府决定撤销水利局，工程事务交由建设厅内附设的水利工程处负责，由建设厅聘请的挪威水利专家安立森（Sigurd Eliassen）任工程师，负责办理江、汉流域水利勘测和工程规划事宜，以为河道疏浚做准备，水利行政则交由建设厅第二科办理。[⑤] 安立森到任后，主持成立了三个测量队，分赴江、汉流域开展测量，并在襄阳、沙洋、泽口、武穴、监利、汉口设立六个水文站。[⑥]

① 《呈拟修正湖北水利局暂行条例暨组织系统草案请鉴核文》（1928 年 2 月 5 日），《湖北水利行政纪要》，第 2—6 页，湖北省档案馆藏，LS1 - 5 - 657。

② 《湖北水利局组织系统草案》，《湖北水利行政纪要》，第 7 页，湖北省档案馆藏，LS1 - 5 - 657。

③ 《呈报委任本局各职员姓名清册其祈鉴核备案文》（1928 年 2 月 21 日），《湖北水利行政纪要》，“登庸”，第 1—5 页，湖北省档案馆藏，LS1 - 5 - 657。

④ 《呈复拟具修正湖北水利局最终暂行条例一案并摘出其中尚待核议各节祈鉴核示遵文》（1928 年 3 月 28 日），《湖北水利行政纪要》，第 8 页，湖北省档案馆藏，LS1 - 5 - 657。

⑤ 《呈省政府请将爱利森签名合同备案由》，《湖北建设月刊》1928 年第 1 卷第 6 期，“公牍”，第 11 页。

⑥ 《湖北省水利工作大事记（约公元前 2550—1949）》，第 131 页。

1929 年 9 月，因水利事务繁重，湖北省政府决定重新设立水利局，直隶于省政府。水利局局长由省委委员彭介石担任，为湖北省主席何成濬的亲信。在他看来，此前历任局长及建设厅过于强调节省堤工经费，无论何等规模的工程，均要求在三个月左右完成，以致影响工程质量。为扭转这种局面，彭要求“嗣后工程，务责其工坚料实，足以力捍水荒，稍不坚实即予严惩，其复估视察验收考核诸端，皆当根据此意以计功，纵有超过原估之案，但须先时呈报，或派员莅勘，如果事理确切，仍当酌量追认”。①

除了水利局裁而复设之外，这一时期另一个发生争议的地方，在于堤工经费的保管问题。1926 年 12 月 13 日，国民政府在武汉成立临时联席会议，代行国民政府最高职权。该联席会议曾多次开会讨论湖北的水利问题，认为水利事业的恢复“与农民利益有莫大关系”，要求湖北水利局和各堤工局尽快开展堤防修复工作。② 在筹款措施上，中央财政部计划从海关总税务司安格联（Francis Arthur Aglen）处提取庚子赔款的退款。虽然安格联拒绝了国民政府提取庚款的请求，但 1927 年他最终同意征收堤工附加税，即由“湖北、湖南、江西三省海关征收河堤工附加税，按出入口货价值抽百分之一”，作“为修筑湖北堤工之用”。③ 由此，在中央政府的支持下，湖北堤工经费有了较为稳定的来源，当时即有“湖北水利经费之丰裕为各省最”的说法。④ 1926 年以前，湖北“仅江陵万城堤、沔阳刘家码头大上地田宏恩等字号江堤，武昌武泰堤江岸武丰堤，黄梅七口堤同仁堤马华堤，襄阳老龙堤，钟祥各弓段堤，荆门沙洋堤，京山王家营等堤号为官堤，而实际由省库拨款兴修者，仅武昌江岸、武丰、同仁、马华、七口等堤”。此次关税附加之后，省政府主持兴修的堤段开始逐渐增加。⑤

由于省水利专管机关与省政府内部机构设置不一，湖北水利局的位置一度稍显尴尬，尤其是在与建设厅的关系上。按照当时“建设”一词所含

---

① 《省政府指令水利局呈报接任经过暨拟具工作计划并恳追还提借堤款》，《湖北省政府公报》1930 年第 123 期，“命令”，第 13 页。

② 《湖北政务报告》（1926 年 12 月 17 日），郑自来、徐莉君主编《武汉临时联席会议资料选编（1926.12.13—1927.2.21）》（以下简称《联席会议资料选编》），武汉出版社，2004，第 55 页。

③ 《征收堤工附加税案》（1927 年 1 月 21 日），《联席会议资料选编》，第 258 页。

④ 《水利建设与今后努力之标准》，《湖北水利月刊》1930 年第 8 期，“附录”，第 1 页。

⑤ 《呈湖北省政府为缕陈本局工作困难经费支绌情形暨目下堤防危机不可不妥谋善后理由及拟派员催办江汉干堤修防事宜一并具文附赍呈请鉴核施行并令示》（1932 年 2 月 10 日），《湖北水利月刊》1932 年第 2 卷第 7 期，“公牍”，第 20—21 页。

之内容，水利是包括在内的。依据最初的规定，湖北水利局直接隶属于湖北政务委员会。但湖北政务委员会起初只设有秘书处和民政、教育、建设三科，水利事务交由建设科负责，并未设立水利专科。[①] 此外，上项堤工经费，乃全数存于湖北省银行，在1928年以前由堤工经费保管处负责管理，而管理处是直属于建设厅的。所以若建设厅认为堤工工程耗费太多，即会要求水利局裁撤所属各工程处人员，并限令工程处如期完工。[②] 更主要的是，按照1927年的堤工勘估验收方法，建设厅不仅会同参与工程勘估，也是工程验收时的主导机关，而其经费一般在堤工经费项下支出。[③] 因此，堤工行政事务和经费问题，均应首先呈请建设厅办理。

但是关于堤工保管委员会的组织方式，并不是一直局限在这个小范围内讨论。1927年3月，在省政府委员兼财政厅厅长詹大悲的建议下，国民党中央执行委员会政治委员会决定由湖北省党部、武汉市党部、省政府、省农民协会、堤工委员会、水利局的代表组织成立堤工经费保管机关，由詹大悲负责组织施行。[④] 由于詹大悲当年在“七一五”政变中被杀害，所以堤工经费改由建设厅负责保管。1928年5月，在建设厅的提议下，湖北省将堤工经费保管处改为湖北堤工经费保管委员会，以民政、财政、建设三厅厅长为委员。[⑤]

1929年12月，新任湖北省政府委员兼财政厅厅长李基鸿[⑥]对这一体制提出异议。在湖北省政府委员会第四十八次会议上，李基鸿提出临时动议，要求裁撤水利局，改设堤工局，并将堤工经费保管委员会改为堤工委员会，

---

① 《修正湖北政务委员会条例》（1926年10月），田子渝主编《武汉国民政府史料》，武汉出版社，2005，第61页。

② 《建设厅令第四五三号》（1927年10月16日），《湖北建设月刊》1928年第1卷第1期，“公牍”。

③ 《湖北省水利工作大事记（约公元前2550—1949）》，第126—127页。

④ 《中国国民党中执会政治委员会会议速记录》（1927年3月30日—8月15日），《中国国民党第一、二次全国代表大会会议史料》，第1000页。

⑤ 《湖北堤工经费保管委员严重等接受堤工经费保管处呈报备案》，《湖北省政府公报》1928年第3期，“公牍”，第44—45页。

⑥ 李基鸿（1882—1973），字子宽，湖北应城人。清末时加入湖北新军，为共进会成员，后在东京加入同盟会。武昌起义后，任湖北军政府秘书。1914年加入中华革命党，历任广东筹饷局局长、财厅厅长。1926年任武汉国民政府财委会委员。1928年任南京特别市财政局局长，1929年调任湖北省财政厅厅长，兼権运局局长和缉私局局长。1931年调任财政部裁厘办公厅主任，起草全国裁厘方案。1949年去往台湾。见《湖北省志·人物志稿》，第128—129页。

当即获得通过。[①] 虽并无提案原文，但按照彭介石后来的回应，李的主要目的是改革堤工经费保管委员会的职能，使之成为一个集经费保管和工程监理于一体的机构。[②]

作为直接受到冲击的水利局局长兼堤工经费保管委员会委员彭介石，对此十分不满。由于当时李基鸿是在彭介石离开后才提出的议案，彭介石即先行提出辞职，以示“公正”。针对李基鸿的提议，彭曾多次提出议案，逐项进行批驳。如关于堤工监理委员会，李基鸿的提议与前述詹大悲的提议有类似之处，除由省党部参加监理委员会外，还提议应将商会纳入，共设置九名委员。在李基鸿看来，以“建设厅、水利局一方为用款者，一方为管款者为核款者，是为自管自用自核”，难收监督款项的效用。进行这样的机构改革后，堤工经费的拨用需要经过所有委员签字。彭介石则认为，商会和党部无法履行职权，“久之会中实权仍操诸一二厅长之手，虽以委员九人制敷衍民众，仍于保管无益，况监理工程耶”。而且在堤工经费保管委员会专管经费的情况下，都难以避免经费被挪用，显然并不会再有精力来监理工程。此外，遇到防汛等紧急情况时，若待所有委员签字，再到银行办理拨款手续，显然是缓不济急。不过，虽然双方对于堤工经费保管委员会的权限争执不休，对于如何确保堤工经费不被挪用却无办法，因为挪用堤款的机关本就包括作为委员会委员的民政、财政、建设三厅。[③]

1930 年 2 月 19 日，湖北省政府委员会同意了彭介石的辞职请求，但水利局得以保留，局长一职改由省政府委员方达智兼任。水利局办公地点由汉口迁往武昌。相应的，堤工经费保管委员会委员也进行换届，原委员方本仁[④]辞职，委员会委员改由民政厅厅长吴醒亚、财政厅厅长张贯时、建设厅厅长黄昌谷、方达智担任，四人均是省政府委员。当年 9 月，在何成濬的

① 《省政府委员会第四十六次至第四十八次会议议事录》（1929 年 12 月 17 日—12 月 20 日），《湖北省政府公报》1929 年第 76 期，“议案”，第 44 页。

② 《省政府委员会第五十一次会议议事录》，《湖北省政府公报》1930 年第 81 期，“议案”，第 79 页；《水利局彭局长为堤工经费保管会之提案》，《湖北省政府公报》1930 年第 81 期，“丛录”，第 74 页。

③ 《省政府据堤工经费管理委员会、水利局呈复内政部视察员所拟堤工堤款改进计划请分别施行等情转呈行政院鉴核》（1932 年 3 月 2 日），《湖北省政府公报》1932 年第 185 期，“公牍”，第 18 页。

④ 方本仁为方达智的父亲，时任国民政府军事委员会委员，曾代理湖北省主席兼民政厅厅长。《湖北省志・人物志稿》，第 101—102 页。

支持下，彭介石再次兼任水利局局长，方达智则转任建设厅厅长。[①] 随着彭介石的回归，水利局和建设厅的关系也有细微的变化，水利局声称若“事事与该厅商酌，文牍往返，势必稽延时日，于工程进行影响匪细”，即使方本人任局长时也多不知会建设厅。[②] 因此，当年的《修改湖北省政府水利局组织规程》将水利局改为“直隶湖北省政府”。[③]

1931年6月汉口特别市撤销后，原汉口特别市工务局局长陈克明调任湖北省水利局局长，彭介石转任省政府秘书长。由于此前堤工经费保管委员会委员均为省府委员，所以陈克明是否兼任保管委员会委员，一度引发疑问。[④] 到12月，由于当年水灾浩大，陈克明不得不引咎辞职，水利局局长改由姜明经（1889—1936）接任。姜出身于湖北新军，此前一直在军队任职。[⑤] 1932年8月，姜明经辞职，水利局局长改由蓝文蔚担任。据蓝文蔚回忆，姜明经辞职后，何成濬曾提议由陈克明接任水利局局长，但被夏斗寅否定。但在何的支持下，省堤工局得以成立，由陈克明任局长，专管堤工，经费如旧，水利局因此形同虚设。[⑥] 1932年10月，陈克明因被控浮报防汛经费14万元的罪名而被逮捕，一度由蓝文蔚担保，得以取保候审。11月江汉工程局设立后，水利、堤工两局均被撤销。水灾后发生的这一机构调整，难免不让人想到前述民国前期水利局与工赈机关并置的局面，而这次中央也乘机参与进来。

（二）分局与工程处

1926年省水利局成立时，“武汉附近各堤闸工程及各县灾区溃堤暨特殊险要工程，由局派员分途勘估筹修”，在江、汉沿岸则设立三个分局，“在黄冈者曰湖北汉黄水利分局，在沙洋者曰湖北襄河水利分局，在郝穴者曰荆河水利分局”。在分局设立以前，“荆河之万城堤局，襄河原有之老龙堤、

---

① 《省政府委员会第五十四次、五十五次会议议事录》（1930年9月20日），《湖北省政府公报》1930年第110期，“议案”，第51页。

② 《省政府为水利局修改组织规程呈请行政院鉴核备案（1931年5月15日）《湖北省政府公报》1931年第144期，“命令”，第36页。

③ 《修改湖北省政府水利局组织规程》，《湖北省政府公报》1931年第144期，“法规”，第1页。

④ 《湖北省政府关于现任水利局长非省府委员仍否兼任堤工经费保管委员会当然委员及修改组织大纲第一条条文的指令及堤工经费保管委员会的呈文》（1931年11月12日），湖北省档案馆藏，LS1-5-46。

⑤ 《湖北省志·人物志稿》，第1308—1309页。

⑥ 蓝文蔚：《我所知道的夏斗寅》，《湖北文史资料》1988年第4辑，第56页。

钟祥等堤局，以及各县原有之县立区立各堤局，仍暂照旧办理，统归水利局指导监督”。此外，在分局所在地，“由各该县地方，公举乡望素孚富有堤工经验者一人或二人组织堤工协会，襄助办理各该地方堤闸修防暨筹款各事项”。①

水利分局的职责，为“管理各所辖境所有堤闸岁修防汛各工程事宜。但水利局对于各溃口特殊险要工程兴筑时，认为应归该分局承修者，得呈明政务委员会指委该分局长兼充之，并得暂时移驻局所就近执行职务”。为了协助分局工作，“各分局得就所辖堤防分别区段，呈报水利局另委段长负责协防，仍由该管分局监督指导之。各段长并得依工程繁简，酌设职员若干人，呈报水利局核委”。同时，对于应该筹修的工程，分局应在霜降后十日内拟具工程计划，报请水利局派员复核，并对所办工程承担保固责任。②

对于各处需要修筑的堤段，水利局则设立工程处负责承修。以 1927 年的情况看，除了三个水利分局和武泰、武丰闸防守局之外，水利局在江、汉流域共设立了 14 个工程处。但现在并不清楚 1927 年工程处的组织情况，下面以 1928 年的情况试析之。工程处的职员类别有专员、帮办、工程师、段长、工程员、会计员、文牍员、庶务员、监工员、事务员。“各工程处遇有特殊事项，应由专员开临时职员会议议决之，其议决事项随时报局查核”，“职员会议由专员召集之，凡帮办、工程师、段长、文牍、会计、庶务、工程各职员均得列席”。1929 年建设厅组织的工程处大体类似，只是在职员中增加出纳员一职，负责协助会计专员。专员、帮办和会计专员均由厅长任命，其余职员由专员委任。③

按照规定，水利局所委派的工程处专员、工程师、工程员和监工等人员，均应参加相应的资格考试，通过者方能参与工程。考试由建设厅派员主持，考试科目分为笔试和口试。笔试方面，投考专员、工程师和工程员者为党义、工程测算、工程处行政问题、工程材料的鉴别与选购等，投考监工者为党义问答和工程常识。口试除了上述科目外，须考察生平经历并测绘仪器的使用等。④

① 《湖北水利局暂行条例》（1926 年 12 月 1 日），《湖北建设月刊》1928 年第 1 卷第 1 期，第 35 页。

② 《湖北水利分局暂行条例》（1926 年），《湖北建设月刊》1928 年第 1 卷第 1 期，第 36—38 页。

③ 《湖北建设厅所属各路堤工工程处组织章程》，《湖北建设月刊》1929 年第 1 卷第 10 期，第 13—15 页。

④ 《本省水利局堤工职员考试暂行章程》，《湖北省政府公报》1928 年第 26 期，第 32—34 页。

关于专员的任用情况，虽然“以经验操守兼全者为首选，万不得已时，则偏重操守廉洁职员，而辅以有学识经验之工程师”。就1928年的情况看，17个堤工专员或监修委员中，除一人年龄不详外，最小者28岁，最大者61岁，平均40.5岁。籍贯上除2人为湖南人外，其余均为湖北人，且多来自江、汉沿岸县份。学历上，除4人情况不明外，余均毕业于新式学校，其中4人有留学经历。在任专员之前，多数有过水利建设或工程建设经验，但其中3人此前一直在财政机构工作，并无工程建设经验。[①]

有时，一届工程之中会发生工程处专员的频繁更换。由于每换一任专员即须清理财务，在当时极为注重经费管理的情形下，清理财务费时耗力，工程进度往往因此耽误。[②] 不过结合前后材料可以发现，堤工处专员群体也是有相当稳定性的。如丁云翔就长期在钟祥堤工处任职，杨焜先后担任车湾堤工处和潜京堤工处专员，吴焕章也先后担任车湾堤工处和嘉鱼堤工处专员。[③]

工程处的人员任用情况，尤其是专员所委任的人员，限于资料难以详述，不过似乎很难摆脱私人关系的作用。以1928年钟祥三四工堤工程处情况而言，专员丁云翔为湖北荆门人，出生于1894年，毕业于南京河海工科大学，曾任湖北官钱局股员，1927年1月入局工作。任职该堤工程处专员后，丁即迁居钟祥县。高崇兰在北洋政府时期就在政府机构工作，其父在丁云翔家任家庭教师，其兄高紫藩为丁云翔同学，当时在王家营堤附近任段长。高本人1927年时任三四工堤工程处监工，1928年又在马良镇负责为昔渊口堤工程采办器材。[④] 监利车湾堤工程处专员程子良，也曾任用侄子为出纳、妹夫为庶务员。[⑤]

---

① 《录呈湖北水利局所辖各堤工处专员暨监修委员姓名履历一览表》，《湖北水利行政纪要》，“登庸”，第6—8页，湖北省档案馆藏，LS1－5－657。

② 《指令潜天堤工程处专员杨鸿勋据呈为呈明特别障碍恳准从宽展限俾得完竣要工指令遵照本局第二次局务会议议决案六月十五日以前之展限报竣》（1930年6月2日），《湖北水利月刊》1930年第9期，“命令”，第10页。

③ 《二十年度各堤工程处长主任会计专员姓名表》，《湖北水利月刊》1931年第2卷第5期，“统计”，第106页。

④ 《呈报查明钟祥三四工堤青石矶崩坏原因暨补救方法抄估表情核示文》（1928年9月25日），《湖北水利行政纪要》，“考核”，第13页，湖北省档案馆藏，LS1－5－657。

⑤ 《训令塔市驿督采蛮石专员何涤琴据前车湾堤工专员黄子良呈请令饬监利堤工督采蛮石处呈复后再行补发船户杨长炳等运费等情令仰将关于运费六折处罚究竟是否属实据实呈复核夺》（1930年10月13日），《湖北水利月刊》1930年第2卷第1期，“命令”，第36页。

虽然规定专员、帮办和会计专员之外的职员，均由专员遴选委派，但无论是建设厅兼管时期，还是水利局复设之后，省府都很注意水利技术人员的培养。如1930年，省政府就计划开办水利工程讲习所，招收50名学员，以六个月为期，毕业后将其派往各堤工处，充任工程员和监工员。[①]

不过，由于水利局内外职员薪俸、等级相差太大，局内很多工作人员并不愿意承担外派工作。[②] 除了薪资原因外，人身安全问题也会影响水利局职员外出工作的积极性。由于当时治安不靖，水利局工作人员时常遭到土匪的袭击。1927年汉口张公堤的工程机构就被土匪抢掠过。整个水利局时期因土匪袭击身亡者中，最高等级的职员是襄阳老龙堤工局局长易震芳，他于1931年回襄阳途中遇害。[③] 此外，中国共产党湘鄂西苏区的建立和工农红军的壮大，一定程度上也使水利局职员畏难不前。

方达智就任局长后，决定改革各堤工处的设置。1930年，湖北全省共设置24个堤工处。在方看来，由于历任专员以其为临时差使，多不认真工作。同时，设处太多，也不是节省经费之途。他于当年6月提议将长江划分为七段、襄河划分为三段，每段设工程师一人，负责主持该段工程事务，“修理期间则负工程责任，伏汛期间则负防守责任，水落期间则负查勘责任”。[④] 但等9月彭介石复任后，就以内战期间治安不靖为由，搁置了方的建议，工程处的设置一仍其旧。但彭限制了工程处处长的人事权力，“各堤工程处处长以下各职员，均由水利局长委派，惟文牍员、出纳员、庶务员、监工员、事务员得由处长遴选委用”。[⑤] 可见，在运行过程中逐步出现了精简机构的要求。

每个工程处一般负责承办一至数项工程，如果工程较小就改派监修委

---

① 《湖北省政府方委员提议开办水利工程讲习所请公决案》，《湖北水利月刊》1930年第8期，“议案”，第4—5页。

② 《呈复奉令裁撤汉黄荆河襄河三水利分局及武泰武丰防守局并规定内外职员薪俸文》（1928年2月17日），《湖北水利行政纪要》，第14页，湖北省档案馆藏，LS1－5－657。

③ 《呈湖北省政府呈报襄阳老龙堤工局局长易震芳回省公竣赴局中途遇匪戕害拟请照章即予恤金并该局长所领该局局用既被抢劫拟请准予核销以示体恤祈核示只遵》（1931年2月20日），《湖北水利月刊》1931年第2卷第5期，“公牍”，第18页。

④ 《湖北省政府水利局总工程师职务规程》，《湖北水利月刊》1930年第2卷第1期，“法规”，第14页。

⑤ 《水利局为各堤工程改组办法呈省政府文》，《湖北省政府公报》1930年第122期，“公牍”，第22—25页。

员负责，以进一步节省经费。1930年，全省共有应修堤段114处，分别交由24个工程处负责办理。因此，有一县设有三个堤工处者，也有一个堤工处兼办两县堤工者。堤工处有在河流一岸者，也有地跨河流两岸者，[①] 以距离不过远为原则。堤工处的命名，有的以所负责堤段名之，如车湾堤工程处；有的则以各县简称合并称之，如嘉蒲咸武堤工程处负责的，就是嘉鱼县的四县协修堤段。1931年，水利局开始对各堤工处进行分等，各堤工处职员的薪资也进行分等发放。[②] 由此，这一时期的堤工处似乎有了些常设机构的性质。

四　中央直辖：江汉工程局时期的湖北水利事业

（一）江汉工程局的设立与组织变迁

对于1931年水灾以后的堤防修复问题，湖北省最早是计划由省自办的。为了筹集经费，省政府向行政院提议应由“海关进出口货物，按照新加正税，一并附征堤捐20%”，又“请于五种统税项下，附征堤捐一成”，但两案均被救济水灾委员会驳回。最终当年中央政府决定灾后堤工一并交由救济水灾委员办理，以购买的美国面粉作为赈粮。但早期的工程勘估是由水灾委员会请扬子江水道整理委员会和湖北省水利局代为进行的，然后由技术委员会根据勘估结果，经过与湖北省建设厅和水利局的商讨，拟订最终的工程计划。[③] 由于国民政府将灾后以工代赈交由救济水灾委员会统一办理，受此影响，水利局局长陈克明曾受聘为汉江工程师，兼第八区工赈局局长，水利局其他职员也各有任用。[④] 按照湖北省与救济水灾委员会的分工，由后者设立工赈区域负责区内的土工，前者负责工赈区域内的石工。工赈区域的设置详见表1。

---

① 《湖北省政府水利局十九年一月份行政报告》，《湖北水利月刊》1930年第8期，“报告”，第1—2页。

② 《各堤工程处分等拟定员役薪饷及公费数目表》，《湖北水利月刊》1931年第2卷第4期，“公牍”，第290页。

③ 《行政院训令》（1931年11月25日），湖北省水利厅、湖北省档案馆编印《湖北省一九三一年水灾档案选编》，1999，第140页。

④ 《省政府据水利局呈报该局长等经国府救济水灾委员会聘任为工程师等职指令准予兼任并将工程进度随时具报》（1931年11月29日），《湖北省政府公报》1931年第172期，“命令”。

表 1　30 年代湖北境内各工赈局情况一览

区别	第五区	第六区	第七区	第八区	第九区
河道	长江	长江	长江	汉水	汉水
界址	武穴、金口	金口至城陵矶	城陵矶至拖茅埠	汉口至仙桃	仙桃至岳口
长度（公里）	421	321	371	255	287
设局地点	汉口	新堤	城陵矶	仙桃镇	岳口

资料来源：陈均等主编《湖北农业开发史》，中国文史出版社，1992，第 242 页。

由此可见，工赈区域在长江流域限于江陵县拖茅埠以下，也即荆江堤工局所辖堤段以下；汉江流域则限于天门岳口镇以下。其他如长江流域的荆江堤工局、公安和石首等县的堤防，汉江流域京山、钟祥、沙洋等县的堤防，则仍由省水利局工程处负责堵复。① 总计水利局在长江流域设立公安等堤工处 10 个，汉江流域有钟祥等堤工处 3 个。②

为了配合救济水灾委员会的工作，水利局在湖北境内的五个工赈区内，每区派驻工委员一人、技士一人、技佐一人、文牍一人。但由于驻工委员办事处办事人员不多，遇有较大工程，就力有不逮了。③ 此外，救济水灾委员会也颁布《鄂省地方堤董协办工赈章程》，将各工赈局一部分工程交由地方堤董负责，分期发给美麦。各堤堤董受所属局段工程师监督指导，除负责干堤外，还需负责与干堤相连民堤的修筑。④

为了协调工作，水利局和工赈局于 1931 年 12 月 31 日在水利局召开总工程师、各区工赈局局长、区工程师联席会议。⑤ 但情形仍不容乐观，如监利县“丁段长云翔、江监修员署生，对该溃口工程，互相推诿，各不负责，

① 《省政府为水利局请助荆江堤工款六万七千元一案业由本府委员会决议拨给令财政厅知照》（1932 年 2 月 25 日），《湖北省政府公报》1932 年第 183 期，“命令”，第 16 页。

② 《省政府据水利局续呈武昌等堤工程处工程地点种类工款数目表暨各该堤员役名额薪饷公费数目表转令财政厅、堤工经费管理委员会知照》（1932 年 3 月 1 日），《湖北省政府公报》1932 年第 184 期，“命令”，第 8 页。

③ 《省政府据水利局呈报各区段万元以上之工款其报销拟由监修员造报等情转饬堤工经费保管委员会、财政厅知照》（1932 年 1 月 15 日），《湖北省政府公报》1932 年第 179 期，“命令”，第 1 页。

④ 《鄂省地方堤董协办工赈章程》（1932 年 2 月 21 日），《湖北水利月刊》1932 年第 2 卷第 7 期，第 5—6 页。

⑤ 《训令各工赈区驻工委员技士为检发本局召集各赈区联席会议提案及纪录令仰遵照办理》（1932 年 1 月 9 日），《湖北水利月刊》1932 年第 2 卷第 7 期，“命令”，第 32 页。

延至现在不但并未兴工，抑且均无办法”。[①] 水利局因此建议“拟定土工附属工程互助办法，除材料由本局供给，下桩工程由局派监修员办理，仍由第七工赈局全权主持，催促进行，期免推诿外，关于起淤、填沙暨他项工程，概由工赈局负责修理”。[②] 对于堤防堵复计划，水利局虽然也会派员勘估，并将勘估报告送交救济水灾委员会，但由于行政上毫无隶属关系，也只能作为参考而已。[③] 1931 年水灾后，省政府一度计划依照当年最该洪水位，将沿江、汉两岸干堤均加高 3 市尺。[④] 但工赈则是按照加高到与 1931 年水位持平为标准进行修筑的。

1932 年 11 月，以工代赈基本结束后，蒋介石决定整顿湖北行政。在统一全国水利行政的名义下，将湖北堤防水利事业移归全国经济委员会统筹办理，由该会所属之江汉工程局专门负责。工程局局长由原第五区工赈局局长杨思廉担任。杨生平不详，似曾留学美国。从江汉工程局局长一职离任后，曾任湖北省政府水利专员、湖北省水灾救济总会工赈组副主任等职。[⑤] 此外杨还兼任交通部扬子江水道整理委员会驻湖北测量队办事处主任，可见其中央背景。江汉工程局接收湖北水利局和堤工局后，所办湖北境内的工程事务，仍受湖北省政府监督指导。同时，工程局在行政上还受到“豫鄂皖三省剿匪总司令部”的监督，[⑥] 局址位于汉口南京路。

工程局建立后，先后在局内进行机构架设，计有工程股、事务股、会计股，以及蛮石采运处、秘书主任和材料购办委员会等。工程局派出机构初始情况如下：

> 本局成立伊始，即于黄石港、武昌、嘉鱼、监利、汉川、岳口等

① 《省政府为监利朱三弓等处溃口水灾救济会及水利局所派督修员各不负责函请水灾救济会转饬工赈局督促进行》（1932 年 2 月 26 日），《湖北省政府公报》1932 年第 187 期，“公牍”，第 17 页。

② 《指令监利县县长据电报朱三弓工程互相推诿情形指令知照》（1932 年 3 月 24 日），《湖北水利月刊》1932 年第 2 卷第 7 期，“命令”，第 58—59 页。

③ 《批两圻茅山堤修防处主任郑南薰等呈要往不修全工俱废恳速饬承修第六段段长朱文藻立即行工以防水汛等情批示知照》（1932 年 5 月 10 日），《湖北水利月刊》1932 年第 2 卷第 8 期，“命令”，第 40 页。

④ 《省政府据水利局呈赍江汉干堤加高培厚工程规范书指令该局按照堤工奖惩规则分别处理》（1931 年 10 月 9 日），《湖北省政府公报》1931 年第 164 期，“命令”，第 12 页。

⑤ 《金水流域国营农场招待武汉各参观》，《申报》1936 年 8 月 21 日，第 9 版。

⑥ 《豫鄂皖三省剿匪总司令部监督修筑湖北堤防办法》（1933 年 3 月 20 日送到），全国经济委员会编印《全国经济委员会章则汇编》第 2 集，1933，第 23—24 页。

> 处，分设第一、第二、第三、第四、第五、第六各工务所，需办各区未完各工程。嗣接管湖北水利堤工事务，管辖堤线加长，工务加繁，因即呈准增设新堤、沙洋两临时工务所，将前水利、堤工两局所辖荆门、汉川、阳夏、监利、塔市驿各蛮石采办处，及武泰、武丰两闸防守处一律裁撤，分交附近各工务所兼办。所有各水文测量及地形测量，则暂托扬子江水道整理委员会代办。关于湖北各县雨量观测，及荆江堤工局事务，仍沿旧案，赓续进行。迨二十二年岁修工程完竣，防汛期满后，奉会令裁撤两临时工务所，惟以沙洋临时工务所原辖堤线甚长，险工林立，经呈请就原沙洋临时工务所，改设第七工务所，将第一、第二两工务所堤线，酌予延长，挨次划移管辖，并将新堤临时工务所事务，划交第三工务所兼办，此即本局所属各机关分别裁并该组之概况也。

可见，原水利局所有机构全部被江汉堤工局接收。到1933年，江汉工程局以下共设有七个工务所和荆江堤工局。此外，1935年水灾后，钟祥一度设有襄堤临时工务所一处，负责钟祥遥堤等处的修防工作。每个工务所置主任一人，并有工程员、办事员、监修员数人。显然工务所机构较之水利局的工程处，还显得较为单薄。[①] 但工务所正式改为常年设置，这是与水利局工程处不同的重要地方。

与水利局、堤工局一并裁撤的，还有湖北省堤工经费管理委员会。时任1932年成立的“豫鄂皖三省剿匪总司令部”党政委员会委员兼监察处主任的张难先，曾在1931年水灾后主持清查此前的堤工款项问题。作为湖北人的张难先反对将堤款提归中央管理，但未能成功，反被蒋介石任命为清理移交委员会主任。张以辞职为由拒不赴任，蒋介石不得不收回成命。[②] 最后，堤工经费改由湖北堤工专款保管委员会负责保管。在人员组成上，由行政水利委员、财政部、湖北省政府、汉口商会派代表构成，由湖北省政府代表设主任委员。此外，设会计主任一人，由国民政府主计处遴选派任。[③] 此后委员

① 江汉工程局：《江汉工程局业务报告》，1933，第2—3页。

② 张难先：《义痴六十自述》，章开沅主编《张难先文集》，华中师范大学出版社，2005，第523—524页。

③ 《湖北堤工专款保管委员会规程》（1932年12月行政院令准修正备案），国民政府经济部编印《经济法规汇编》第1集，1938，第72页。另外一些版本与此内容不同，暂不论。见《全国经济委员会湖北堤工专款保管委员会章程》，《湖北地方政务研究周刊》1933年第1卷第2期，第41页。

会虽改隶经济部，但基本架构并未改变。与此前相比，虽然委员会仍由湖北省政府职员任主任委员，但党部人员撤出，中央官员加入。结合测量事务的分割以及无法兼管堤工经费，建立初期的江汉工程局的职权范围，实际上是要小于水利局的。不过随着机构的变化，湖北堤防事业的经费来源也发生了变化。由于江汉工程局隶属全国经济委员会，所以此后湖北堤工除由专项经费承担外，也从中央政府得到部分经费补助。

江汉工程局自建立后直到抗战前，除了负责江汉防汛事务外，其负责主持修建的主要工程，在 1933 年所办的东荆河工赈之外，主要是金水闸的修建和 1936 年的钟祥遥堤工程。其中，金水闸主要由杨思廉负责，钟祥遥堤由其继任者席德炯完成。

由于在 1935 年汉江水灾中防汛不力，杨思廉被免职，由席德炯（1894—?）接任。席德炯生于江苏吴县，曾获美国麻省理工学院矿业学士和哥伦比亚大学矿业硕士学位，回国前后主要在矿业领域工作。1931 年被聘为国民政府救济水灾委员会委员兼工赈处处长、技术委员会主席委员。1933 年，被委任为全国经济委员会工程处主任。[①] 可见，席与杨思廉一样，都属于熟谙水利工程事务的官员。但由于堵口工程施工进度缓慢，到 1936 年 5 月襄河水位上涨时仍未完工，遥堤再次发生溃决。受此影响，席德炯被免职并停止任用六年。[②]

为了完成遥堤工程，经济委员会决定改由湖北省政府组织遥堤善后防汛委员会，以省府委员范熙绩（1884—1942）为主任委员，席德炯、石毓灵副之。范为湖北黄陂人，毕业于日本陆军士官学校，1923 年任广东大元帅府参谋处高级参谋，1929 年任山东省政府委员。1932 年任驻鄂绥靖主任公署参谋长，1933 年任湖北省政府委员兼保安处处长。[③] 虽然范于 1935 年任钟祥遥堤督工专员，但他显然并无多少办理水利工程的相关经验。据称，防汛委员会“以军令行之，怠工贻误者严惩”，不过这与当时有兵工参与抢险有一定关系。[④] 堵口在当年汛期发生第三次溃决，不得不暂停施工，到 11 月下旬堵口工程才宣告完成。1937 年 3 月底，席德炯以钟祥遥堤善后工程结束，向全国经济委员会提出辞职，并荐举范熙绩接任，得到经济委员会同意。

---

① 刘国铭主编《中国国民党百年人物全书》下册，团结出版社，2005，第 1855 页。

② 《湖北省水利工作大事记（约公元前 2550—1949）》，第 185 页。

③ 刘国铭主编《中国国民党百年人物全书》下册，第 1478 页。

④ 《遥堤准备堵口》，《申报》1936 年 6 月 5 日，第 8 版。

1937年是江汉工程局隶属关系变化的重要一年。湖北省政府和全国经济委员会商议后，决定“嗣后江汉工程局工程计划、工款支配以及重要之用人行政事项，应呈由省政府核转，其局内及工务所人员，省府应有切实考核之权。即以经济委员会为最高管辖机关，省政府为直接秉承机关，江汉工程局对省政府负责”。[①] 由此，省政府确立了对江汉工程局的直接领导权，工程局一定程度上成为省政府的下属机构，改由全国经济委员会和湖北省政府共管。因此，1937年可以视为湖北省政府对此前水利行政体制的某种反动。此前工赈机关对水利行政机构的影响颇大，并最终促成江汉工程局的成立。当然这种变化也不可高估，毕竟江汉工程局仍是隶属于全国经济委员会。

这一时期，江汉工程局和省政府在一些具体问题上出现了分歧。乾隆朝以后，由政府出资或者贷款修筑的堤防工程，均须实施保固。比如荆州万城大堤，即须保固十年。清代晚期以来，保固期限逐渐缩短，张之洞修筑汉口后湖堤防时，其保固期限已缩短至两年。堤闸保固期限稍长，为期五年。[②] 如果发生溃决，则先行堵复再饬原承修官员赔缴。如果在堵复过程中再次发生溃决，则由两任承修官员按比例分摊费用，或七三，或八二。[③] 国民政府建立之后，由于采用承包制，不仅负责工程的水利局工程处主任等须出具保结，具体承担工程的建筑公司也须出具保结，保固期限一般都是三年。[④] 但保固制度也有问题，比如1928年修筑钟祥三四工堤时，新筑石矶在当年汛期被冲溃，水利局当即责成原堤工专员丁云翔负责赔修，但丁在赔修过程中一度拒绝钟祥县派员协助，为此受到水利局的申斥。[⑤] 这种由承担保固责任的堤工人员负责赔修的个案证明，保固制度反而限制了水利局的人员使用，对于出现事故的堤工人员很难做出重于赔修的惩罚。

这次分歧的具体双方是江汉工程局和省建设厅。先是1937年底，江汉工程局提出的加高江堤四市尺的计划，省府不仅未予认可，还明令禁止各县擅自加高。到1938年初，省建设厅建议江汉工程局在验收规则中，加入

---

① 《湖北省水利工作大事记（约公元前2550—1949）》，第193页。

② 《承修闸工委员之恐慌》，《申报》1909年2月11日，第10版。

③ 瑞澂：《特参修堤不力各员请旨分别革职追赔折》，《申报》1910年12月26日，第18版。

④ 《湖北沿江沿襄堤工验收暂行条例》（省政府十五次会议议决九月十五日本厅公布），《湖北建设月刊》1928年第1卷第1期，“法规”，第62页。

⑤ 《令水利局据钟祥县县长呈报钟堤专员丁云翔拒绝派员前往协助仰该局迅即严令该专员以后不得任意拒绝由》，《湖北建设月刊》1928年第1卷第6期，“命令”，第7—8页。

土石工程保固两年的内容。其时在 1933 年江汉工程局的《验收工程办法》中，江汉工程局是有保固内容的，但并未规定具体期限，此后一直如此。[①]此时江汉工程局以土工属于征工范围，仍反对加入保固条例。但在省政府的支持下，保固条例得以加入。按照 1945 年 7 月 21 日修正通过的《江汉工程局验收堤工规则》，土工和闸工的保固期限均被定为两年，较之水利局时期保固期限又缩短了一年。[②]

（二）荆江堤工局的设立与撤并

以荆江堤工局的变迁为例，我们可以看到整合省内水利行政机构的艰难，当然这可能也是因为实际需要。从体制上看，民国前期的水利行政体系变迁并非只有走向官办一途。以江陵县万城大堤为例，乾隆五十三年（1788）荆州大水以后，该堤一直归荆州知府管辖，下设九个分局分段负责。民国建立后，省政府派徐国彬到该县总理堤工，成立万城堤工总局，改为官民合办，以杜绝此前知府书吏侵蚀克扣的弊端。1915 年，徐国彬曾希望改革体制，成立专局转为官办，改“总理”为“局长”，改绅士“协理”为“襄助”，以提升堤工总局的行政等级，但被湖北省政府驳回。[③] 到 1918 年，万城堤工总局改为荆江堤工局，但体制未曾变动，仍以徐国彬为局长。1926 年，湖北政务委员会极为注意保证堤工局在政权鼎革之际的稳定，决定“在官堤无把握以前，如万城堤之类，故仍其旧，暂缓接收，仍由分局长考察实地情形，分别拟具办法，呈局核办”。[④]

荆江堤工局能持续存在，得益于其稳定的经费来源。乾隆朝以后，万城堤的岁修经费一般先由省库借给，之后再按亩征还。省库借支结束后，岁修工程改由荆州知府承修，经费由新设之土费局征收土费而来。民国建立后，土费征收事务改由江陵县负责，征收人员均由县署委任，各土局主任则由该县绅民举荐地方头面人物担任。土费收齐后，均由县署按照需要拨发堤工局使用。因此，堤工局无法控制土费的使用，经费常被挪借于其他行政事务。1927 年，经荆江堤工局建议，局员改由县、局会同委任，土

① 《江汉工程局业务报告》，1933，第 27—28 页。

② 《江汉工程局验收堤工规则》（1945 年 7 月 21 日），水利委员会编《水利法规汇编》第 2 集，1946，第 101 页。

③ 徐国彬编《万城堤防辑要》下卷，1916，第 2—3 页。

④ 《湖北水利局第一次堤工会议纪录》（1927 年 11 月 24 日），《湖北建设月刊》1928 年第 1 卷第 1 期，“附录”，第 17 页。

费收齐后直接交给堤工局运用。[①] 但此次改革未能完全解决土费被挪用的问题。此外，各土局不仅浮收与欠缴土费，还存在卖鬻职位等情形，每年选定土局主任往往因相互竞争而耗时耗力，影响土费征收。此外堤局还从沙市盐商征收盐捐，设盐捐主任、佐理员、襄助员等职位。

1931 年水灾前，鉴于荆江堤工局存在的问题，省府决定对荆江堤工局加以改革。当年水灾后，省政府决定由堤工经费管理委员会直接派员，会同江陵县政府和荆江堤工局监征土费；废除土局和盐捐职位，拟订土费随粮附征办法。至于堤工局局长徐国瑞，原由沙市水警厅厅长转任，因为当年大水中防汛得力，省府认为虽然有一些个人嗜好，但并不存在漠视堤防、损公肥私等问题，不宜撤职，仍继续留用。[②] 江陵县一些民众也以土费、盐捐和钱粮附加均由本地民众缴纳，“以地方之款办地方之堤，当然由地方人之监督”，反对裁撤堤工局盐捐佐理一职。[③] 最后，原盐捐主任贺法前仍作为该局监征员助理得以留用。原先土费分三期征收，此后按照上、下忙时间，改为两期征收。[④] 江陵县政府仍可以提取 5% 的土费作为办公经费，这也是沿袭之前的惯例。[⑤]

1932 年，省政府进一步规定，“凡关系堤务者，可迳商堤董堤保办理，不得另设其他类似修防处组织，致乱系统，纵令对于堤务有切要意见，须向县政府与本局或钧府民政厅等处陈述，亦只应用某某县某某段干堤公民名义，不得验收堤工局局长，或经理，暨堤工协会，并其他名称，否则，概不受理”，[⑥] 以统一省内的水利行政机构。但荆江堤工局等机构仍得以保留下来。

---

① 《省政府据水利局呈复荆江堤土费暂时碍难免除转呈行政院鉴核请予销案》（1932 年 2 月 16 日），《湖北省政府公报》1932 年第 183 期，“公牍”，第 37—38 页；《省政府据水利局呈复荆江堤工局长被控各节指令该局遵照府批办理》（1931 年 9 月 21 日），《湖北省政府公报》1931 年第 162 期，“命令”，第 6 页。

② 《省政府据水利局呈复荆江堤工局长被控各节指令该局遵照府批办理》（1931 年 9 月 21 日），《湖北省政府公报》1931 年第 162 期，“命令”，第 2—13 页。

③ 《江陵郝穴商会呈堤防关系重要文》（1931 年 12 月 2 日），《水灾档案选编》，第 409 页。这一呈文受到省府申斥后，江陵县郝穴商会呈称此文系旁人冒名而作，不愿对此负责。《江陵郝穴商会呈查究阻挠堤政文》（1931 年 12 月 23 日），《水灾档案选编》，第 410 页。

④ 《省政府据水利局呈赍江陵县附征荆江堤工土费简章业由本府委员会议决照准指令该局遵照》（1931 年 12 月 10 日），《湖北省政府公报》1931 年第 174 期，“命令”，第 21—24 页。

⑤ 《修正江陵县政府附征土费简章》，《湖北水利月刊》1932 年第 2 卷第 8 期。

⑥ 《省政府据水利局呈请将干堤岁修责由县长等办理并改组原设各堤工机关等由指令以准予备案》（1932 年 3 月 26 日），《湖北省政府公报》1932 年第 187 期，“命令”，第 8 页。

1932 年江汉工程局接收湖北水利事务后，对荆江堤工局进行了改组。1935 年颁布的《湖北荆江堤工局组织章则》仍规定“本局设局长一人，总理全局事务，对于所属各职员有任免监督指挥之权”。因此，江汉工程局对其的管辖权，除了委派一名负责工程设计指导的副工程师外，仍较有限。荆江堤工局的土费仍存于湖北省银行沙市办事处，经费预算等也仅向江汉工程局存转备查。此外，由于荆江堤工局兼办荆江南岸堤工，人员还稍有增多。[①] 直到 1937 年，荆江堤工局才改为江汉工程局第八工务所，但徐国瑞仍得担任主任至 1943 年 5 月。

五　结语

本文以湖北为例，大致描绘出了晚清至 1938 年间省级政府水利行政职能的变迁过程。整体来看，虽然在晚清时期，湖北堤防修筑领域就一度出现全省性的总揽机构，但其人员仍是候补官员群体，职责也未予固定。这种情况在北洋政府时期奉中央命令建立水利分局后也未完全改变，省政府直接负责的堤段极为有限。直到 1926 年国民革命兴起，在中央政府的支持下，湖北堤防建设才有了较为稳定的经费来源。由此，省政府直接负责的堤段范围逐步扩大。但中央显然对湖北省政府能有效使用堤工经费持保留意见。到 1931 年水灾后，在统一全国水利行政的名义下，江汉工程局作为直属于中央的机构，取代了之前的湖北水利局，成为湖北堤防修筑的主导力量。

在建立之初，江汉工程局一度较能独立于湖北省政府的干预。但由于 1935 年水灾中的堤防溃决，尤其是钟祥遥堤修建失败等因素的影响，湖北省政府开始加强对江汉工程局所办事务的监督和管理。这一趋势在抗战时期得到加强，其高峰应该是省建设厅厅长兼任江汉工程局局长，以及堤工经费保管委员会由省接收。到抗战胜利后，水利部一度计划将湖北水利事务交回湖北省。可以说，早先所谓的“统一全国水利行政”基本宣告失败，虽然湖北属于当时中央控制较好的省份，但其行政成本和财政负担已是中央所不能承受的了。不过这种带有分权模式的组织形式，显然也有一定的现时合理性。可以发现，这一时期各级政府正在逐步扩充其施政范围，但

① 《湖北荆江堤工局组织章则》（1935 年 6 月），湖北省政府编印《湖北省法令汇编·官制》（56），1935，第 1—4 页。

水利事业的“国家化”趋势尚在过程之中，究竟采取何种行政体制处理水利事务，还有待之后的政府继续探索。

省内水利行政机构的整合，也经历了相当长的时间。虽然历届政府都试图将水利行政与地方行政完全整合起来，在各级政府均行设立堤防主管机构，但一直停留在蓝图阶段。不过，随着18世纪以来水利治理体制的结束，政府开始成为江汉沿岸堤防建设的主导力量，省水利局和江汉工程局都派有大量机构长驻各堤。在这一过程中，地方士绅逐步被排挤出各类基层水利行政机构。

笔者在开篇提及水利历史研究的两种取向问题，并言道湖北水利研究中以“垸”为基础的研究方法。从这个角度讲，笔者多少是接续魏丕信等前辈的研究路径，希望通过对更大范围区域内问题的研究跳出“垸”的视角，从而丰富人们对湖北水利历史的认识。总体来看，从明清时代到1940年代，这种以“垸”为基础的基层水利运作一直是湖北堤防建设的重要组成部分。但从清末开始，随着政府职能的扩充及中央财政投入的加大，水利行政事务呈现出一个自上而下逐步铺展开来的面貌。不过至少在本文论述范围内，这两种模式仍是并行不悖的。

（作者单位：华东师范大学历史学系）

近代河南铁路工人工作及生活述论

贾　勇

内容提要　自清末以来，铁路交通逐渐成为整个社会经济发展与文化交流的大动脉，举足轻重。而铁路工人在铁路事业的发展中扮演着关键角色。河南铁路工人分工明确，工作稳定，不仅工资较高，而且有年终奖金、津贴、包工等其他收入，与河南省内其他工人相比，其收入相对丰厚。此外，从日常生活开支与休闲方式而言，近代河南铁路工人生活丰富多彩，质量较高。正因为如此，铁路工人成为近代河南产业工人的杰出代表，影响深远。

关键词　近代河南　铁路工人　工作状况　生活水平

铁路为运输业中的重要部门，其被利用的效果，就在于使人和货物随运输机关而移转，各达其所欲达的目的地。而这种效果的发挥，“固有赖于完善的合理的运输机关之设备。但是从而运转、看管，使进退迟速，各得其宜的铁路工人，尤其占重要的地位”。[①] 铁路工人这一群体的重要作用可见一斑。学者对铁路工人的研究，视角多集中在铁路工人运动方面，尤其是对“二七”大罢工及各地工人运动，[②] 探索铁路工人运动的缘由及影响，突出其革命性与进步性。但关于铁路工人工作环境、收入状况及生活水平等的研究，缺乏关注，涉猎较少，仅有个别学者重视。[③] 河南地处中原，陇

---

① 张秉义：《我国国营铁路之劳工待遇与设施》，《中国经济》1935 年第 3 卷第 10 期，第 2 页。

② 林德龙：《试论京汉铁路工人大罢工》，《郑州大学学报》（社会科学版）1980 年第 1 期；杨鹏、陈素秀：《中共领导的早期京汉铁路工人运动》，《北京党史研究》1995 年第 2 期；孙自俭：《“二七”大罢工时期的京汉铁路工人述论》，《历史教学》2015 年第 12 期；刘莉：《京汉铁路工人大罢工的社会后果》，《沈阳大学学报》（社会科学版）2016 年第 5 期。

③ 孙自俭：《民国时期铁路工人群体研究——以国有铁路工人为中心（1912—1937）》，郑州大学出版社，2013。

海铁路、平汉铁路作为近代中国交通的大干线，均贯穿省内，其交通地位至关重要。而河南境内铁路工人人数众多，影响巨大，但关于他们的研究尚十分薄弱，有待进一步挖掘和深化。

一 铁路工人的工作状况

1. 工作部门及分类

民国时期，绝大多数铁路为国营企业，所以其内部组织等颇为相似，大致分为总务处、工务处、机务处、车务处、会计处等五部分，其中总务处、会计处因多为员司负责具体工作，铁路工人较少。如道清铁路会计处仅有印刷工人、夫役、推线箱夫役三种，陇海铁路会计处更是仅有工役、职工两种。拥有一万五千余名工人的京汉铁路，其会计处也仅有听差、刻字匠、排字匠、穿票、机工五种而已。因为行车及维修等所需工人甚多，故铁路工人大多集中在机务、工务、车务三处。

机务处主要掌管机车的行驶及机厂、修理厂的一切事宜，事务繁忙，该处工人主要在各机务分段及机厂、修理厂工作。如平汉铁路于1907年设立了郑州机务修理厂，铁路工人有220人左右。陇海铁路设立了洛阳机厂、洛阳机车厂及开封机车厂，道清铁路设立了焦作机厂。据《中华民国廿二年国有铁路劳工统计》记载，平汉铁路机务处的各种工人种类多达120种，道清铁路也有38种，[①] 均为该路最多的工人种类。机务处的工人主要有司机、升火、镶配匠、锅炉匠、验车匠、铁匠、机器匠、翻砂匠、模型匠、油漆匠、修车匠、浇油夫、擦车夫、打锤夫、小工等。

车务处主管该路道路、桥梁、隧道的维护及保养，因此需要大量的工人来维持运转。该处工人主要有道棚棚工、镶配匠、镟床匠、刨床匠、钻匠、螺纹匠、翻砂匠、模型匠、油漆匠、泥瓦匠、看棚夫、看守夫、清道夫、巡夜夫、押运夫、摇车夫、飞班工人及各类小工、杂役等。

车务处工人的工作多与车辆的行驶有关，其种类主要有调车夫目、钟表匠、电匠、灯匠、电信夫、号志夫、司旗夫、行李包件夫、看车夫、信差等。

还有部分工人在铁路附设的林场、试验场等地工作。

此外，铁道部在统计铁路工人时，又将铁路工人分为技能工人、半技

---

① 参见铁道部总务司劳工科编《中华民国廿二年国有铁路劳工统计（第一种）》，京华印书馆，1934，第41—45、104—105页。

能工人和夫役三大类。“凡工人经过学徒而成工匠者，为技能工人；一种职务，须受工头指导，并须经过相当时间之练习，始能操作者，谓之半技能工人，如车务、工务、机务工人不称工匠者，皆属此类；所有杂役，听差，与及靠苦力而工作之工人，谓之夫役。”[①] 根据以上描述，技能工人主要包括各类匠首（目）、副匠首（目）、司机、工匠类，如司机匠首、镶配匠首、合龙匠首、铁匠首、电灯匠首、司机及铁匠、翻砂匠、模型匠、螺纹匠、泥瓦匠、大木匠等各种工匠。半技术工人已具备一定的技术，但需要匠首、工头等的指点，他们主要包括各种帮工匠，如帮刨床匠、帮镶配匠、帮合龙匠、帮锅炉匠、升火等。在各工厂中，存在大量的学徒，他们跟随工匠学习技艺，也算作半技术工人。夫役种类繁多，较为复杂，可以说，除了技术工人、半技术工人外，其他工人统称为夫役，如打扫夫、茶炉夫、擦车夫、押货夫、洗车夫、更夫、抬煤夫、听差、信差等。

2. 工作时间

铁路作为重要的运输性质的企业，由于所属工作地点不同，其具体的工作时间也有所差异。如车站工作人员，因为旅客众多，事情烦琐，他们的工作时间相对较长。随车的司机、升火、押车夫等人员，由于火车昼夜行驶，其工作时间亦较长。机车厂、维修厂的工人，一般工作时间最短，且较为稳定。铁路工人尤其是国营铁路工人的工作时间，在当时的社会中算是比较合理的。如1922年京汉铁路工人发起了声势浩大的罢工运动，其向该路局提出的19条要求中，没有一项涉及缩减工作时间，可见铁路工人对自己的工作时间也并无不满。但倘若遇到战争时期，其工作时间往往被延长。据章龙对北方铁路工人的研究，“在战前一般的铁路工人生活：大抵工作时间为九时半至十二小时，星期日休息或间星期一休息，此外年假、节假俱有一定标准，平均每年约三星期”。但遇有战事，“此时工人的工作时间打破从前一切的规定，工作自十二小时至十四小时，并要为军阀加造炮弹及铁甲车，当军师紧迫时多数司机升火及车务各种工人俱延长工作至廿四小时，昼夜不息地在枪林弹雨中工作”。[②]

1930年，南京国民政府进一步规范了铁路工人的工作时间，“铁路工人在厂内工作，其有连续性质者，除休息及预备时间外，每日操作净工八小时，其在厂外工作行车员工及分班轮值者，每日操作不得超过十二小时，

① 铁道部业务司劳工科编《铁路工人统计专刊第一种：工人人数及工资统计》，1931，“凡例”。
② 章龙：《北方铁路工人生浩之困状及自救》，《向导周报》1926年第165期，第1646页。

但间歇时间较多者，得延长至十六小时”。此外，“铁路工人在厂内工作者，于规定工作时间实行操作外，如因工作上之必要，须延长工作时，每加工一小时作两小时计算。其在厂外工作行车员工及分班轮值者，每日照规定工作时间实行操作外，加工在三小时以内者，作半工论。超过三小时者，作一工论”。[①] 无论加班时间长短，都会给予加工薪资。

3. 工作奖惩及风险

路局对于铁路工人的管理有着完备的规章制度，尤以1930年制定的《铁路员工服务条例》最为详尽。该条例详列了员工因工作成绩优良而应得到的各种奖励，以及员工因工作懈怠及其他严重行为时，应受到的相关处罚。其奖励包括：对于铁路技术上有特殊贡献或发明者、记大功三次者、遇特别事故能奋勇救护保存本路利益者，可以酌量升级、加薪；对于铁路技术上有相当贡献者、记功三次者，可以记大功一次；办事勤慎、恪尽职守、品行端正、成绩良好，且工作满一年以上者，可以记功一次。

相反，工作不良者、品行不端者、迟到或早退迭经申诫仍不知改悛者、工作时不着制服者、其他违背路局或路公司规章者，则记过一次；未曾请假或未经照准擅离工作者、故意损耗或擅自借拨物料者、记过三次者，则记大过一次；不听命令、违反规则、屡教不改、不能胜任职务者，怠于工作不知悔改者，记大过三次者，则会被降级或革除；意图倾覆火车或破坏行车交通者、造作谣言煽动工潮者、私运或储藏违禁物品者、营私舞弊有据者、盗窃或故意毁坏公物者，不仅会被革除，甚至会被送由法院惩处。

铁路工人亦会遇到各种危险。如战争时期，铁路沿线往往成为兵家必争之地，作为重要的战略物资，铁路时常为军队把持，铁路工人也变为军阀的工兵队，“他们一切的生活俱受军事严重的压迫，绝对服从军律，不容稍有异议，否则便以军法从事。至于工作以外的一般所受兵士的辱骂、殴打、劫掠、诬害等也和普通人民一样，益陷于水深火热之境”。不仅如此，“他们有的被敌人杀伤，有的因疲倦而被军士毒打，枪毙，牺牲不可计数。直到战事已平，工作时间仍继续增加，从事修理战争之损失”。[②] 更甚者，“当他们希望开车时，则用枪逼迫司机，每隔几天射杀一司机，以警惕他人。结果一有军事行动，铁路上的工作人员尽可能的抛弃职务，技术上的工作由被抓回来的人做，他们工作时经常担心他们的性命安全，没有人敢

① 《铁路员工服务条例》，《交通公报》1930年第125期，第36—37页。

② 章龙：《北方铁路工人生活之困状及自救》，《向导周报》1926年第165期，第1646页。

自作主张做某事”。[1] 可见军队等对铁路工人的迫害之深。

此外，铁路各处工人在工作中尤其是在行车过程中，会遇到各种各样的危险。如脱轨、撞车等事故一旦发生，将造成难以想象的重大灾难。铁路工人在这样的情况下工作，难免有擦伤、撞伤等，有时甚至丢掉性命。如止轮夫工作的危险性就很高，因为当时的车辆一般不安装通风闸，主要依靠止轮夫用手紧闸。“由于很多车辆年久失修，刹车时他们只好用木棍插到闸盘才能扭紧。车厢上的很多刹车不能使用，司止轮夫在车辆行驶下坡时，往往要翻越多节车厢，才能找到能用的刹车紧闸，这样的作业方法是非常危险的。漯河车站止轮夫万斗山，就是在列车驶进黄山坡车站，翻越车辆找刹车紧闸时，从两个车厢间的空隙坠落到道轨上，头被轧掉，腰肢截为两段。”[2] 状况极为惨烈。行车中的事故比比皆是，道清铁路虽然全程不足 200 公里，但 1919—1922 年四年间，行车事故导致的死亡人数分别为 12 人、23 人、15 人、11 人，[3] 其行车事故较为频繁。

二　近代河南铁路工人的收入状况

1. 工资

工资是铁路工人最主要的收入，几乎占据其总收入的 90% 以上。有学者对 1912—1924 年国有铁路工人的年工资进行了统计，从中我们可以了解到当时河南铁路工人的年工资状况（见表 1）。

由表 1 可知，北洋时期京汉、道清铁路工人的年工资几乎都在 100 元以上，即日工资在 0.27 元以上。以当时的情况来看，其工资尚属可观。当然，由于铁路工人从事的工作岗位不同，其内部工资也存在较大差异。如陇海铁路开封站铁路工人，“行车人员每月工资为 26—46 元，大工为 19.5—30 元，小工为 7.5—9 元，木工、铁工和升火大都为 12—20 元”。[4] 1926 年河南各地铁路工厂职工的每日工资，也足可反映当时河南铁路工人的工资状况（见表 2）。

---

① 张瑞德：《中国近代铁路事业管理的研究：政治层面的分析（1905—1937）》，台北，中研院近代史研究所，1981，第 67 页。

② 许昌市总工会编《许昌工人运动史（1897—1992）》，河南人民出版社，1993，第 69—70 页。

③ 道清铁路管理局编《道清铁路卅周纪念刊》，汉口光明印刷商店，1933，第 180 页。

④ 孙自俭：《民国时期铁路工人群体研究——以国有铁路工人为中心（1912—1937）》，第 91 页。

表 1　1912—1924 年京汉、道清铁路工人年平均工资

单位：元

年份	京汉铁路	道清铁路	年份	京汉铁路	道清铁路
1912	134.40	98.85	1919	137.40	102.44
1913	134.31	117.25	1920	138.00	100.28
1914	135.60	113.79	1921	138.00	101.68
1915	135.60	111.74	1922	139.20	105.13
1916	144.08	105.09	1923	140.41	113.83
1917	133.28	106.41	1924	141.60	114.57
1918	136.80	99.29			

资料来源：孙自俭《民国时期铁路工人群体研究——以国有铁路工人为中心（1912—1937）》，第 89—90 页。

表 2　1926 年河南各地铁路工厂工人每日工资

单位：元

厂名	厂址	最高	最低
京汉修理厂及车辆厂	郑州	1.65	0.35
汴洛机器厂	开封	1.95	0.18
汴洛机器厂	洛阳	1.95	0.18
陇海机器厂	洛阳	1.75	0.18
道清机厂	修武	1.85	0.25
京汉工务修理厂	黄河南岸	1.25	0.30
京汉机务电务厂	黄河南岸	1.20	0.45

资料来源：《全国铁路工厂及职工最近生活状况》，《晨报》1926 年 7 月 2 日，第 3 版。

1926 年河南铁路各工厂工人最低工资为每日 0.18 元，最高工资为每日 1.95 元，各厂工资最高的工人月薪都在 36 元以上。而陇海铁路沿线的工厂铁路工人的最低工资普遍低于京汉、道清铁路，可能是由于该路有的路段还在施工筹建，并未实现全路贯通，经济效益受限，为节约开支，不得已而为之。

铁路部门在统计铁路劳工工资时，有时会将工人分为技能工人、半技能工人和夫役三种。从相关统计中，不难发现他们工资的差异。在进行统计时，调查部门还采用将工资分为几个工资组的方式，更能直观地反映各个工资水平的具体人数及相关比例。以 1930 年国有铁路工人工资的统计为例：

表 3　1930 年平汉、陇海、道清铁路工人工资

	日工资（元）	技能工人		半技能工人		夫役		共计	
		人数	百分比（%）	人数	百分比（%）	人数	百分比（%）	人数	百分比（%）
平汉铁路	0. 20—0. 74	1932	13. 10	4846	32. 80	3305	22. 23	10083	68. 13
	0. 75—0. 99	1545	10. 50	1176	8. 00	383	3. 20	3104	21. 70
	1. 00—1. 34	847	5. 70	32	0. 21	14	0. 09	893	6. 00
	1. 35—1. 94	471	3. 24	5	0. 03			476	3. 27
	1. 95 以上	133	0. 90					133	0. 90
	共计	4928	33. 44	6059	41. 04	3702	25. 52	14689	100. 00
	日工资（元）	技能工人		半技能工人		夫役		共计	
		人数	百分比（%）	人数	百分比（%）	人数	百分比（%）	人数	百分比（%）
陇海铁路	0. 10—0. 74	716	14. 90	2961	61. 73	595	12. 40	4272	89. 03
	0. 75—0. 99	291	5. 70	8	0. 20	2	0. 04	301	5. 94
	1. 00—1. 34	194	4. 03	1	0. 02			195	4. 05
	1. 35—1. 94	41	0. 90					41	0. 90
	1. 95 以上	4	0. 08					4	0. 08
	共计	1246	25. 61	2970	61. 95	597	12. 44	4813	100. 00
	日工资（元）	技能工人		半技能工人		夫役		共计	
		人数	百分比（%）	人数	百分比（%）	人数	百分比（%）	人数	百分比（%）
道清铁路	0. 10—0. 74	162	14. 15	710	61. 60	179	15. 68	1051	91. 43
	0. 75—0. 99	26	2. 37					26	2. 37
	1. 00—1. 34	36	3. 25	1	0. 09			37	3. 34
	1. 35—1. 94	32	2. 86					32	2. 86
	共计	256	22. 63	711	61. 69	179	15. 68	1146	100. 00

资料来源：铁道部业务司劳工科编《铁路工人统计专刊第一种：工人人数及工资统计》，第 59、64、69 页。

由表 3 可知，平汉路技能工人占该路全部铁路工人的 33. 44%，半技能工人占 41. 04%，夫役占 25. 52%；陇海铁路技能工人占该路全部铁路工人的 25. 61%，半技能工人占 61. 95%，夫役占 12. 44%；道清铁路技能工人占该路全部铁路工人的 22. 63%，半技能工人占 61. 69%，夫役占 15. 68%。以技能工人人数而论，平汉铁路所占比例约为全路工人的三分之一，而陇海铁路所占比例约为四分之一，道清铁路的比例不足四分之一；以半技能工人人数而论，平汉铁路所占比例约为40%，而陇海、道清两路的各自比例都在60%以上；以夫役人数而论，平汉铁路所占比例约为四分之一，而陇海、道清两路都在六分之一以下。由此可以推断，平汉铁路工人的技能水平更高一些，而陇海、道清两路在实际工作中，半技能工人则发挥着重要作用。日工资在0.74元以下，即月薪在22元以下的铁路工人所占比例，平汉铁路为68.13%，陇海铁路为89.03%，道清铁路甚至高达91.43%。日工资在0.75—0.99元，即月薪22—30元的铁路工人占比，平汉铁路为21.70%，而陇海、道清两路都不足6%。月薪在40元以上的铁路工人占比，平汉路为4%，陇海路不足1%，道清路为2.86%，微乎其微了。月薪22元以下的工人，占据三路铁路工人的绝大多数，这也反映了当时河南省内铁路工人的普遍工资状况。由于路线较长，经营较好，在平汉铁路工作的铁路工人工资收入较陇海、道清两路相对丰厚一些。

国民政府时期，为改善铁路工人的生活状况，铁路工人的工资普遍有所增加。如1930年的铁路工人平均月工资，平汉铁路为20.70元，陇海铁路为14.40元，道清铁路为14.40元。而到了1933年，平汉铁路涨到22.80元，陇海铁路涨到17.84元，道清铁路涨到20.40元。1934年，铁路工人的平均月工资又有所增加，平汉铁路为28.14元，陇海铁路为17.84元，道清铁路为23.57元。[①] 几年间铁路工人的工资均有大幅度的增加，尤其是道清铁路工人，其平均月工资增加了9.17元，与1930年相比，涨幅高达63.68%，可见工人的工资确实增加不少。

不仅平均工资反映了铁路工人工资的增长，即使从铁路工人每日最低工资、最高工资也可以看出其工资的提高。据1930—1934年平汉、陇海、道清三路铁路工人最高与最低日工资的统计显示，最高日工资，平汉铁路几年间变化不大，维持在3.10元左右，陇海铁路由2.10元增加到3.00元，道清铁路由1.94元增加到2.50元。三路工人的最高日工资，最少达每月75元，十分可观。最低日工资，平汉铁路同样变化不大，但道清铁路从0.20元增加到0.27元，[②] 即每月增加了2元。对于工资较高的铁路工人，即使每月工资增加十元，也只能算是锦上添花。但对于工资较低的铁路工人，哪怕每月增

① 张秉义：《我国国营铁路之劳工待遇与设施》，《中国经济》1935年第3卷第10期，第3—4页。

② 张秉义：《我国国营铁路之劳工待遇与设施》，《中国经济》1935年第3卷第10期，第5页。

加两三元钱，也是雪中送炭，对他们的日常生活都有较大的裨益。

一份1934年的调查统计，不仅说明三路铁路工人工资的增长，从中也可以看出铁路工人内部工人的工资结构日趋合理（见表4）。

表4　1934年平汉、陇海、道清铁路工人日工资薪级比较

单位：人

工资组	平汉铁路	陇海铁路	道清铁路	共计	百分比（%）
0.20元以内	136	4	1	141	0.59
0.21—0.60元	4075	4889	294	9158	38.90
0.61—1.00元	8959	1618	937	11564	48.38
1.01—1.40元	1750	325	57	2132	8.96
1.41—1.80元	400	111	43	554	2.33
1.81—2.20元	102	17	19	138	0.58
2.21—2.60元	38	6	4	48	0.20
2.61—3.00元	7	1		8	0.03
3.01—3.40元	4			4	0.02
共计	15471	6971	1355	23797	100

资料来源：张秉义《我国国营铁路之劳工待遇与设施》，《中国经济》1935年第3卷第10期，第6—7页。

平汉、陇海、道清三路，日工资在0.2元以内，即月工资在6元以内的，只占0.59%，不足百分之一；而日工资自0.21至0.60元，即月工资在6至18元的，占38.90%；日工资自0.61至1元的，即月工资在18至30元的，占48.38%；日工资自1.01至1.40元，即月工资在30至42元的，占8.96%；日工资自1.41至1.80元，即月工资在42至54元的，占2.33%；日工资在1.81元以上的四个工资组，即月工资在54至102元的，仅占0.83%。

平汉、陇海、道清三路月工资在6元以内及在54元以上的工人，均不足总数的百分之一，占比微不足道。而月工资在18至30元、30至42元的工人比例，都在38%以上，而后者更是达到48.38%，几占工人总数的一半。这两部分工人的人数占总人数的87.28%，比例非常之高。道清铁路全线均在河南境内，更能具体反映河南境内铁路工人的工资状况。道清铁路工人月工资在6至30元的人数，占总人数的90%以上，其中月工资在6至18元的占21.70%，月工资在18至30元的人数更是高达69.15%，这与上文所述道清铁路1934年12月工人月工资为23.57元十分吻合。

2. 其他收入

铁路工人的收入除了工资以外，还有年终奖金、津贴、加班费等。

无论是北洋政府时期，还是南京国民政府时期，铁路管理部门都规定其员工只要遵守规章，恪尽职守，并服务一定年限，都会提取所得余利给予员工一定的年终奖金，“大抵服务满六个月者给予全份，满三个月者半份，未满三个月及曾受惩戒处分者免给。但因历年习惯，无论行车进款有无余利，每年年终奖金均须付给，无款发付时竟须归入欠薪之内，或发支付券暂替。各路所发数目各不相同，历年亦有出入”。[①]《铁路员工服务条例》也规定，“铁路营业每届年度终获有盈余，得酌提若干作为员工奖金，依照员工一年所得薪资额比例分配，由路局呈铁道部核定之”，[②] 而且员工服务每满三年，给予一个月工资的酬劳金。

铁路工人的津贴主要有随车津贴与灯油津贴等。随车津贴是各铁路发给随车人员的生活补助，以保障他们因外出而造成的各种花费。灯油津贴是给部分需要夜间工作的人员的补偿。如豫北地区的道清铁路，自 1922 年至 1932 年都有给该路工人发放津贴。而且，1929 年以后，每年发放的津贴数都在 1 万元以上。“工人共得津贴费分别为 15537. 48、16372. 93 和 18416. 98 元，平均每人可得 9. 11、9. 32 和 10. 16 元”，[③] 已属不少。

由于工作的需要，部分铁路工人有时会加班，而加班都会有相应的加班费。如《铁路员工服务条例》规定，“铁路工人在厂内工作者，于规定工作时间实行操作外，如因工作上之必要，须延长工作时，每加工一小时作两小时计算。其在厂外工作行车员工及分班轮值者，每日照规定工作时间实行操作外，加工在三小时以内者，作半工论。超过三小时者，作一工论，按照薪资计算，给予加工薪资”。[④] 如根据学者的统计，平汉铁路“加工最多者首推民十七年（1928）的技能工人，平均每人在一个月中加工几及 7 日，其次为十八年（1929）的无技能工人，平均加工每人 6 日有奇”。[⑤] 道清铁路在 1930—1932 年，“工人共得加班费分别为 46288. 95，46432. 72 和 46702. 2 元，平均每人每年可得 27. 13，26. 43 和 25. 27 元，1930 年的加班

① 刘心铨：《华北铁路工人工资统计》，《社会科学杂志》1933 年第 4 卷第 3 期，第 338 页。

② 《铁路员工服务条例》，《交通公报》1930 年第 125 期，第 39 页。

③ 转引自孙自俭《民国时期铁路工人群体研究——以国有铁路工人为中心（1912—1937）》，第 98 页。

④ 《铁路员工服务条例》，《交通公报》1930 年第 125 期，第 36—37 页。

⑤ 刘心铨：《华北铁路工人工资统计》，《社会科学杂志》1933 年第 4 卷第 3 期，第 328 页。

费相当于全路工资总数（286604.07 元）的 16.15%”。[①] 加班费占了总工资的六分之一，可见铁路工人因加班而获得的经济收益也不容小觑。

包工也是铁路工人获取收入的一种方式。包工分为“里工包活”和“大包活”两种。“所谓里工包活，就是路方把某一部分工作，用若干工资包于某一部分工人，有赢余，归工人平均分配，如亏损，仍由路方负责。譬如路方以十日工资把某部分工作包于某一部分工人，如七日竣工，其余三日工资，由工人分得；如十二日才竣工，这两天的工资仍由路方发给。这种办法，固然使工作速度增加，可是免不了有偷工潦草的弊病。所谓大包活，就是路方把某一部分工作包于工头，赔赢路方不负其责。”[②] 里工包活的方式所完成的工作相对比大包活的工程质量更高，因此成为主要的包工形式。

3. 与其他工人收入比较

铁路工人的收入，当时的社会大众认为是比较高的，铁路工人有着优裕的生活。“一般人谈到中国劳工的生活，大家都羡慕着铁路工人，以为铁路是国家富有的机关，铁路工人，一定享受着优裕的生活。盖我们从表面上看，铁路工人的生活，好像是比较任何其他生产部门的工人生活为稳定，为安适。”[③] 我们通过铁路工人工资与其他人工资的对比，就可以发现确实如此。

近代河南煤矿事业发展较快，由于规模大、销路广、效益好，煤矿工人的收入也相当可观（见表 5）。

表 5　1933 年河南矿工日工资统计

单位：元

公司	工别	里工			外工		
	日工资	最高	普通	最低	最高	普通	最低
六河沟煤矿		0.80		0.45	0.60		0.40
观音堂民生煤矿	机匠		0.43		0.60	0.30	
正谊煤矿	水泥		0.33				
	杂工		0.17				

① 转引自孙自俭《民国时期铁路工人群体研究——以国有铁路工人为中心（1912—1937）》，第 99 页。

② 李文海主编《民国时期社会调查丛编二编：城市（劳工）生活卷》（上），福建教育出版社，2014，第 719—720 页。

③ 郭曙南：《铁路职工生活状况之一斑》，《劳工月刊》1933 年第 2 卷第 3 期，第 41 页。

续表

公司	工别	里工			外工		
	日工资	最高	普通	最低	最高	普通	最低
义马煤矿	机工		0.40			0.13	
	金木工		0.60				
中福第一矿厂	平均	1.76	0.48	0.30			
中福第二矿厂	平均	2.25	0.80	0.18			

资料来源：《劳工生活状况》，《申报年鉴（1936年）》，申报年鉴社，1936，第1061页。

1933年河南各矿厂矿工的日工资中，中福矿厂是最高的。其第二矿厂的矿工最高日工资为2.25元，第一矿厂矿工的最高日工资为1.76元，但该厂的最低工资也较低，分别为0.30元、0.18元。其平均日工资多介于0.40元和0.60元之间，即月薪12—18元。

而反观1933年平汉、陇海和道清三路的铁路工人日工资，平汉铁路最高达到3.33元，道清铁路的最少，也达到2.16元。三路最低日工资相差不大，分别为0.30、0.30、0.28元。其平均日工资，平汉铁路最高，为0.76元，陇海铁路最低，为0.58元。由于道清铁路全线均在河南境内，其更能代表河南铁路工人的具体工资状况。其平均日工资为0.68元，[①] 即平均月薪在20元以上，与其他行业工人相比，已算丰厚。

由于收入较多，许多人千方百计想成为一名铁路员工，“路外工人欲得京汉路之一位置者，比肩相望。由此而言，工人有相当之报酬，优渥待遇”。由于某些特殊职位的存在，甚至出现许多人甘愿放弃员司的机会，成为铁路工人群体中的一员，“铁路中有厂首一职，非开车、升火工人升擢不可，有许多员司，甘弃员司不为，而为开车升火工人，以其极有后望故也”。[②] 某些岗位的铁路工人收入之高，可以想见。

三　近代河南铁路工人生活状况

1. 日常生活开支

由于目力有限，暂时并未见到关于近代河南铁路工人日常经济生活的

① 张秉义：《我国国营铁路之劳动待遇与设施》，《中国经济》1935年第3卷第10期，第3—5页。

② 灵鹊：《共产党在京汉路活动之情形》，《国闻周报》1926年第3卷第6期，第11—12页。

具体描述。但是平汉铁路一位叫毛盘发的工人的自述，可以作为参考坐标，用于揭示河南铁路工人群体生活的常态。1933年，毛盘发在《我的家庭生活》一文中讲道："我的工资每月虽有廿四元之多，可是家里有老父老母，有弱妻幼女；计有五六个人吃饭，单单靠这些微薄的工资，当然不够开销。所以我很节省的，毫不浪用的，一月的开销，总要欠下几元账。"毛盘发的工资为每月24元，即0.8元/天，高于平汉铁路工人的平均工资，收入还算不错。但是由于要承担全家五六口人的日常开销，即使他本人省吃俭用，但仍感觉生活窘迫，甚至需要借债度日。他的每月家庭开销如下："米八斗，七元；柴炭二元，房租二元半，油一元，盐六角，糖二角，菜六元，衣服费四元，报费一元二角，义务费五角，杂费二元半，应酬费一元，酱油一元，计共二十九元半。"①

统计部门在调查工人生活费时，一般将其分为食品、衣服、房租、燃料、杂项5类。其中食物包含米面类、豆及蔬菜类、鱼肉类、调味类、水果糖、杂食等；衣服包含布匹、成衣、被褥、鞋帽等；燃料包括火油、柴薪、硬煤、木炭、煤球、火柴等；杂项通常指用于嗜好、娱乐、教育、用具等支出，较为复杂，大致分为七项："（1）医药卫生，包括医药、理发、沐浴、肥皂、草纸等费用；（2）教育，包括书报、学费、文具等；（3）嗜好、交际、娱乐，包括烟、酒、茶、赌博、饰物、时节送礼、听戏、看电影等；（4）宗教，包括祭祀、敬神等所用之香烛费；（5）特别费，包括生育、婚假、丧葬等；（6）用具，包括家具、厨房用具、卫生、化妆及其他费用；（7）其他，包括上列六项所未包含者，如水费、修理、捐税、利息、交通、寄家、储蓄、保险、小孩零食等零星费用。"② 依照此种分类，则毛盘发的家庭生活费分别为食物15.8元、衣服4元、房租2.5元、燃料2元、杂项5.2元。对数千家劳工收入支出、衣食住行等具体情况，经过64次共计223个调查考察后，《中国劳工阶级生活费之分析》认为当时食物、衣服、房租、燃料及杂项在劳工家庭支出中所占比例分别为60.5%、8.8%、7.7%、8.6%、14.4%。③ 毛盘发家庭这五项支出的比例则分别为53.6%、13.6%、8.5%、6.8%、17.6%。该铁路工人房租、燃料的支出与大部分劳工无甚差别，而食物支出比例则降低了6.9%，衣服支出比例增加4.8%。其杂项支出比例

① 郭曙南：《铁路职工生活状况之一般》，《劳工月刊》1933年第2卷第3期，第49页。

② 《中国劳工阶级生活费之分析》，《国际劳工通讯》1938年第5卷第11期，第102页。

③ 《中国劳工阶级生活费之分析》，《国际劳工通讯》1938年第5卷第11期，第113页。

高达 17.6%，足见其生活质量较高，因为“杂项费用系衣食住行等必需生活费外，为求生活舒适与满足其他欲望之费用。家庭杂项费用在全部生活费中所占之百分比若增高，为家庭生活程度优越之表征”。[①] 食物支出比例的降低，衣服及杂项支出比例的增加，表明尽管存在负债的情况，但不能否认毛盘发家庭的生活质量与一般劳工家庭相比较高。

《中国劳工阶级生活费之分析》一文还指出，当时劳工的家庭收入，以工厂工人最多，在 200—400 元之间；其次为矿工，在 200—300 元之间；再次为手工业工人及农民，在 100—300 元之间；最后为苦力，在 100—200 元之间。家庭支出方面，同样工厂工人最多，为 200—400 元；其次为农民及矿工，为 200—300 元；再次为苦力，为 100—300 元，最后为手工业工人，为 100—200 元。而以铁路工人毛盘发而论，月薪在 24 元左右，即年薪在 288 元左右，再加上其他的收入，如奖金、津贴等，总收入达到 300 元难度不大；家庭年支出在 350 元左右，与普通劳工相比，应该属于高收入、高消费群体。

2. 娱乐休闲生活

由于平时工作繁忙，容易身心疲惫，铁路工人大都非常珍惜自己的休息时间，积极进行各种娱乐活动。

他们有的充分利用闲暇时间购物，“铁路工人比别处工人有一点优待的地方，便是每逢星期日与纪念日休假。老实一点的工人，便利用假日购买应用物品”。[②] 或者去剃头，去澡堂泡泡澡，打理一下个人卫生。

有的选择去旅游或到俱乐部，如道清铁路机车工人，“每逢星期日或例假日，工厂是要给他们放假的。他们趁了闲暇日，或乘着铁路火车到各处游玩，或到俱乐部作种种消遣”。[③] 俱乐部、交谊会确实给员工的娱乐生活提供诸多便利，如道清铁路俱乐部，“该部共分技术、旧剧、艺术、新剧、体育、杂耍等组织，在工余之暇，前往娱乐者颇形拥挤”。[④] 陇海铁路的同人交谊会，设有智育、体育、游艺等三科。“（一）智育方面，设有阅报室，内遍贴国耻挂图，借以警惕阅报之员工，并常请名人在大礼堂讲演，激发员工志趣，增助员工学识。（二）体育方面，有国术、足球队、乒乓、滑冰

① 《中国劳工阶级生活费之分析》，《国际劳工通讯》1938 年第 5 卷第 11 期，第 101 页。

② 赵志澄：《一个铁路工生活的自述》，《教育与民众》1937 年第 8 卷第 5 期，第 830 页。

③ 《焦作镇铁路工人生活状况》，《国际劳工通讯》1937 年第 4 卷第 7 期，第 43 页。

④ 李文海主编《民国时期社会调查丛编二编：社会组织卷》，第 442 页。

等项，员工参加球队者，时往开封、洛阳各处应各学校或团体作友谊比赛，成绩优良，颇得好评。（三）游艺方面，有电影、平剧、音乐、象棋、弹子房、灯谜等，其中以平剧成绩最著，在郑州尤为驰名。”① 铁路工人由于大多来自乡村，对戏曲有着特殊的情结，一场精彩的戏曲表演往往使他们心旷神怡，格外满足。

某些年轻的、受过一定教育的铁路工人，则会选择打球、看电影等。“还有一些少数知识青年的假期生活呢？他们有的便打打篮球，或者去过一天图书馆生活，低廉的电影院与公园是他们唯一的娱乐处。”② 这类人的生活是健康阳光的。而他们之所以有这样良好的生活习惯，主要归功于他们受过相当的教育。

当然，有些铁路工人由于自身意志不坚定、贪图声色，容易误入歧途，步入堕落的生活。如工作压力得不到正当娱乐方式的缓解，他们有些沾染上酗酒、赌博、嫖娼甚至吸食鸦片等恶习。这些不良嗜好，往往磨灭了他们积极向上的意志，摧残了他们原本强壮的身体，也加重了他们的家庭负担。

四　结语

综上所述，近代河南铁路工人的工作分工明确，工作环境虽然偶有风险，但整体而言比较稳定、舒适。他们工资较高，不仅技能工人的工资非常丰厚，即使一般岗位的工人，工资也为数不少。此外，他们还通过年终奖金、津贴、包工等多种形式获得其他收入。铁路工人的总收入与其他产业工人相比，已算丰厚，铁路工作也成为人人争羡的行业之一。铁路工人的收入占据全家总收入的绝大部分，因此全家生活的开销，几乎全靠他们承担。尽管如此，通过对铁路工人生活开支的量化分析可以发现，其日常开销和生活质量，都较一般的工人为高，属于高收入、高消费群体。

铁道部与各路局改善铁路工人工作环境、提高铁路工人综合收入、改善铁路工人生活状况的种种举措，起到了良好的效果。

第一，铁路工人对当前工作比较认可，有利于提高其工作积极性。

由于工作环境良好，收入不仅稳定，而且相对较高，大部分铁路工人对于他们的工作颇感满意。又加上扶轮学校、员工子弟学校的开设，其子女初

① 中国国民党陇海铁路特别党部编印《陇海铁路调查报告》，1936，第 26 页。

② 赵志澄：《一个铁路工生活的自述》，《教育与民众》1937 年第 8 卷第 5 期，第 830—831 页。

级阶段的教育问题基本解决，使他们无后顾之忧。此外，各路局积极开办消费合作社，筹集了大量资金，再通过免费或半价的运输优惠，大量采购员工日常生活所必需的米、面、杂粮、煤炭等，这些物品在出售时，价格低廉，社员也深得其惠。消费合作社还实行盈余分配，“每届年终为一会计年度，应造具营业报告书，除应有开支及支付股息外，如有盈余，以百分之二十为公积金，百分之十为员工酬劳金，百分之二十为公益基金，其余百分之五十为社员消费红利”。[①] 各路局还提倡储蓄保险，通过薪金低的员工缴纳较少的储蓄金，得到路局较高的补助金，而薪金高的员工缴纳较高的储蓄金，路局发给较低的补助金这一方式，对铁路工人内部薪资差异进行调剂，以增加工资相对较低工人的收入，改善其生活。此外，各铁路员工享有一定条件下的免费医疗、因工导致死伤或者引起疾病的相应抚恤，以及退休养老金等福利，这些都提高了铁路工人对自身工作的认可度，获得感增强，调动了他们的工作积极性，这不仅有助于铁路运输事业的发展，也促进了河南铁路沿线地区经济的发展，甚至对整个河南省的经济发展都有所裨益。

第二，工人运动减少，有利于社会秩序的稳定。

自南京国民政府成立以后，铁道部及各路局加强对铁路工人工作及生活的关注，几次提高他们的工资水平，增加其收入。积极创办各种公益事业，如筹建员工宿舍，不仅节约了部分铁路工人的住房成本，也在一定程度上提高了他们的卫生水平，改善了他们的健康状况。凡此种种，不胜枚举。综合而论，与其他产业工人相比，铁路工人的收入尚属丰厚，生活亦较为稳定。正因如此，此后鲜有像1921年陇海铁路、1923年京汉铁路那样声势浩大的铁路工人大罢工，这不仅有利于铁路工人内部的团结，对整个社会秩序的稳定，也有一定的帮助和促进。

简言之，稳定的工作、丰厚的收入、安定的生活，使得铁路工人珍视自己的工作机会，竭尽全力地做好工作，成为河南近代产业工人的杰出代表，在经济发展甚至整个社会的进步中，起到不可低估的重要作用，影响深远。

（作者单位：武汉大学历史学院）

① 道清铁路管理局编《道清铁路卅周纪念刊》，汉口光明印刷商店，1933，第258页。

一部整体研究中国资产阶级的拓新之作

——评虞和平《资产阶级与中国近代社会转型》

董清平

资产阶级是中国社会发展到近代所产生的新兴阶级，其产生与成长对近代中国的经济、社会和政治产生了十分重要的影响。由此，对中国资产阶级的研究，备受海内外史学界的关注与重视。早在1923年，瞿秋白以笔名“屈维它”发表《中国之资产阶级的发展》一文，掀起研究“中国资产阶级”的序幕。其后，陈独秀、毛泽东、陈伯达、许涤新等共产党人在专文或相关论著中对中国各类资产阶级的政治属性进行了分析与讨论。从1949年新中国成立到1980年改革开放之前，大陆学者对资产阶级的研究，由于受毛泽东有关论著和阶级斗争意识形态的影响，多以“革命史观”视角进行研究，着眼点主要集中在资产阶级的政治属性上，对资产阶级两面性的揭露、批判多于客观评价。

改革开放之后，中国结束了“以阶级斗争为纲”的政策，将工作重心转移到经济建设上来，史学界对中国资产阶级的研究相应也有转向，从之前的重点考察政治属性，逐渐转向主要探讨经济属性和社会属性。研究视角不断开拓，现代化、市民社会、社会与国家、新文化史等理论或分析框架应用到对中国资产阶级的研究之中。在研究时段上，突破了之前集中关注南京国民政府成立之前的时期，开始向全面抗战爆发前和战时、战后延伸。在20世纪八九十年代，中国学界对资产阶级的研究蔚然成风，推出了许多论著，举办过多次学术研讨会，对资产阶级的产生、成长、组织形态、政治参与、社会活动、历史作用等进行了热烈的探讨，在研究结论上趋向多元化和客观化。

进入21世纪，中国史学界对资产阶级的研究开始出现分化，并逐渐冷却下来。有的学者为避免“资产阶级”的界限不明，或躲避“阶级斗争”以及先入为主政治判断的嫌疑，不再坚持用“资产阶级”称谓进行研究，而用“商人”称谓来替代，并用“各地击破”的方式研究各地商人，如冯筱才研究“江浙商人”、罗群探讨“云南商人”、庞玉洁研讨“天津商人”、黄鉴晖研究“山西商人”等。有些学者转向商人与近代中国社会的研究，如朱英、唐力行等。还有些学者从商人精神或商人团体的角度进行研究，如马敏、彭南生等。因此，进入21世纪以来，中国史学界在“去资产阶级化”的态势中，坚持用“资产阶级”称谓研究“资产阶级本体”的学者屈指可数。而虞和平就是其中极具代表性的一位。特别是他花了十几年心血完成出版的《资产阶级与中国近代社会转型》三卷本（100万字，《中国近代资产阶级的产生和形成》、《资产阶级与中国近代经济及社会》、《资产阶级与中国近代政治运动》，中华工商联合出版社，2015），将中国资产阶级本体的研究推向新高度。

之所以如此说，是因为以往研究，包括邱彭生、张恒忠、赵祐志、李达嘉等港台学者，和海外学者如小柯布尔、赫延平、白吉尔、傅士博、陈忠平、曾小萍等，虽对中国资产阶级研究起到了推动作用，对认识中国资产阶级的特点、来源、组织形态、历史作用以及与政府的关系取得了许多突破性进展，但大多数成果趋于某一专题或某一方面，比较起来，特别缺乏对中国资产阶级进行整体研究的论著，更为缺乏资产阶级与中国近代社会转型这种宏大研究的成果。虞和平以宏阔整体的学术视野、深厚的学术功底，独撰该书，以此展示资产阶级与中国近代社会转型之间复杂而又特殊的关系。

学术论著贵在出新，出新的一个重要因素在于扎实的学术铺垫，即对以往研究进行全面梳理和总结，以期达到“温故拓新”之效。虞著在细致剖析近百年国内外已有研究成果的基础上，运用丰富翔实的史料，借鉴和整合已有成果，拾遗补阙，开拓创新，为我们理解中国近代社会转型提供了一幅较为清晰而又独到的历史图景。

第一，该书是一部整体研究资产阶级与中国近代社会转型的成果，有助于科学性地认识中国资产阶级。章开沅先生在20世纪80年代就指出，关于资产阶级研究，应从资产阶级的整体着眼，认真考察社会生活的各个方面。[①] 由于资产阶级涉及的面广且复杂，以往研究虽涉及整体性内容，但基

① 朱英：《筚路蓝缕　推陈出新——章开沅先生与中国近代资产阶级研究》，《华中师范大学学报》1995年第5期。

本止步于资产阶级的某一方面或某一时段。虞和平的新著显然摆脱了以往研究视野的藩篱，将资产阶级放到整个近代中国社会变迁的整体视野之下，将资产阶级的产生、发展、形成、各时期的结构状况、社会作用转变等，紧紧地与中国社会转型和社会经济发展密切联系起来。

第一，全面系统地探讨了中国资产阶级从产生到全面抗战时期的表现，充分细致地讨论了它的形成条件，用很大篇幅全面梳理其组织形态自我完善和演变进程及其本身的作用和功能，厘清了中国资产阶级产生和最终形成的脉络。其次，全景式地论述了资产阶级参与国家商政的状况。“在商言商”是传统商人为商的一种信条或口头禅，但到了近代，商人不仅在追逐经济利益的最大化，而且在不断参与国家的商业行政。该书对资产阶级参与实业救国、经济法规的制定、政府经济决策、商事仲裁制度建设、战时工厂内迁等方面进行了仔细的观察和精细的论述，以细节的再现显示商人从单纯的“在商言商”到“言商”与“言政”互补的变化。在论述上不限于对参与状况、立场、态度这种表象性的叙述，而是深层次地探讨了表象背后的原因，全面解析了参与过程、参与目的、参政能力、参政方式，并深入揭示参政过程与政府利益的关系，以及对政治、经济方针政策的形成所产生的影响，较为全面系统地剖析了资产阶级在近代中国资本主义和新民主主义民主政治斗争中的地位、立场、作用和能量，突破了以往研究对资产阶级参与国家商政的探讨较为表面和忽视的内容，系统地解答了资产阶级作为利益集团发挥了怎样的政治助力和压力作用。再次，总体性地研究了中国资产阶级推动中国社会进步方面所持有的主张和所做的努力。为发展经济，资产阶级尽力创造有利于经济发展的外部条件，自觉地投入发展公益事业之中，如推动新式教育、培育新式人才、传播科技信息、设立慈善机构等。除此之外，客观全面地评价了资产阶级在中国早期现代化进程中的作用。该书将资产阶级组织——商会组织功能的变化放在现代化的理论框架中考察，认为“商会的产生和发展，既是资产阶级为适应对外经济竞争而作出的自我组织的调整，也是资产阶级组织形态逐渐突破传统形式而走向现代化团体的重要标志”（第1卷，第189页）。中国资产阶级，“尤其民族资产阶级是近代中国资本主义化的中坚力量，是争取民族独立和民主制度的一个支持力量”（前言，第20页），但资产阶级亦有不成熟性，主要表现在力量的软弱性和政治文化素质相对低下。

第二，该书的中心议题围绕资产阶级与中国近代社会转型之间关系而展开，有助于我们进一步认识中国近代社会的状况和性质。中国近代是怎样的社会状况和社会性质，学界在20世纪八九十年代做过热烈的讨论，这些讨论无疑对中国近代史的研究有着重大的理论前提意义，虽达成一定的共识，但也有分歧，有些问题有待进一步厘清。虞著从资产阶级与中国近代社会转型的角度，以“实证求真相”的研究方法来重新剖析中国近代社会状况和社会性质。为此，该书辩证地分析了二者的关系，认为资产阶级的产生、成长与中国近代社会性质变化和社会转型有着千丝万缕的联系。同时，资产阶级的成长和社会作用的发挥又推动了中国近代社会的演变与进步。

该书在分析中国资产阶级的产生和发展、商人群体地位的变化，传统商人组织向现代性变化等方面的原因和途径时，既重视“西方冲击”对中国近代社会变革的影响，又重视中国“自身内生”的作用，将两者的分析框架有效地结合起来，使得出的结论更加客观与公允。例如，关于中国资产阶级产生和发展的原因，该书从“西方冲击”与中国“自身内生”两方面进行了论述，认为鸦片战争之后，外国资本主义经济的侵入与扩张，以及本国资本主义经济的发生和发展，两者共同作用，使中国产生了资产阶级。其途径一是外资影响下由传统商人转化而来，二是随本国资本主义经济的新生而来。在顺序上，前者先于后者而发生（第1卷，第1页）。也如马敏所认为的，“中国进入近代的一个主要契机就是西潮的冲击，西潮冲击始终是近代中国社会大变动、大转型的逻辑起点”。[①] 中国商人在近代以前被视为“四民之末”，到了近代，随着经济伦理的变化和工商立国的确立，经济体制上出现“官商易位”趋向，商人地位向着四民平等甚或四民向商的方向发展。商人组织如商帮、行会等，亦随社会形势的发展，不得不进行改进和调整，以建立一种能统摄全体工商界的规模较大的新式工商团体，后在清政府商部的劝办和商人自觉的推动下，商会应运而生。与此同时，商人的社会作用之前相对有限、狭隘，受地域限制的局面，也发生翻天覆地的变化。商人在商会的领导和组织下，表现出较强的政治参与意识，“在商言商”亦不是他们唯一的表现形态，其社会功能扩展到政治、外交、教育、科技、公益事业、地方建设等各个方面，并与中国近代社会的形态保持高度一致，随时代潮流而动，积极参与争取民族独立和民主政治斗争，并尽力发挥作用。当然，商人社会作用的改变是应时势而生，不会超越时

① 马敏：《放宽中国近代史研究的事业——评介〈近世中国之传统与蜕变〉》，《历史研究》1999年第5期。

代而展示出“超前性”，其表现形态亦是时代的产物。总之，上述诸方面的转变，只有在对其整体考察的基础上，才能深切感受到中国近代社会演变的力度和深度，明晰中国近代社会的时代特征和社会性质。

第三，该书开拓和引领了资产阶级研究的新领域，有助于加深和更加全面地认识中国资产阶级的社会功能。资产阶级在近代作为“新兴”阶级，其区别传统商人在于承担的社会功能发生了前所未有的变化。这种“新兴阶级”是随着工业化的进程而发展的，表现出现代性，即资产阶级随着宗法社会的崩溃和资本主义经济的产生发展而发生发展，资产阶级在思想观念上逐渐有了“民族国家”的概念，追求民主制度和国家独立亦成了绝大多数资产阶级的基本政治态度，他们主动或被动地参与了不少民主运动和反帝爱国运动。在外交上他们主动参与和推动民间经济外交，力图国际经济地位的平等，表达了中国经济走向世界、开拓世界的愿望。已有研究虽对上述内容有所涉及，但由于受研究者研究志趣、视野和史料的影响，一些重要内容仍缺乏专门系统的研究。如对资产阶级的民族主义观念、外交意识、外交活动的研究。以往研究，在探讨1905年反美爱国运动、1915年反对“民四条约”运动、1919年五四运动、1925年五卅运动等活动时，涉及了资产阶级参与的内容，但研究的重心毕竟不是在探讨资产阶级的民族主义观念和“商人外交”意识产生形成与发展变化上。因此，这里涉及的资产阶级民族主义观念、外交意识及其与近代中国外交关系的问题仍未得到有效的解答，尚需进一步探析。作者在广泛搜集史料的基础上，对这些过去尚未专门论述或论述不多的地方，进行了开创性和整体性的探讨，揭开了中国资产阶级一些鲜为人知的面相。

虞和平从20世纪80年代就注意和涉及中外商会的交往。此后，陆续发表有关“商人外交”的文章。该书不仅对他以往这方面的研究做了系统全面的总结，而且扩充系统地解析了资产阶级民族主义观念、“商人外交”意识的产生形成和发展过程，全面考察了资本家阶级的外交活动状况，并客观地评价了其参与外交活动所产生的作用，认为中国资产阶级开展独立的外交活动，为争取中国的民主和独立做出了一定的努力和贡献，也发挥过一定的积极作用，但由于他们自身的局限性，他们的活动较少达到既定目标，甚或被侵略者所利用。该书在对上述内容进行宏观着眼、整体把握的基础上，亦重视史实的细节和过程。如在描述世博会发挥民间经济外交的功能时，不仅从社会大背景出发进行探讨，而且重视细节和过程的再现，以细节的再现显示微妙的变化，从中反映复杂的历史面相。以1910年南洋劝业会为开端，细致分析了1910年至1915年中国参加世博会的状况，由此表明近代中国的商人外交开始兴起，工商界的外交观念也由被动转向主动，并寻求平等互利的国际政治和经贸关系，以改善中国经济发展的国际环境。此外，该书对以往较少关注和未曾专门研究的领域也进行了较为全面的探讨，如商会与废督裁兵运动、资产阶级与战时工厂内迁等，对这些方面的来龙去脉、发展变化的全过程和社会政治原因进行了详细的考察，并给予了较为切实的评价。同时，该书在进行史实重建时，亦想进行精准的理论概括，提出了一些新的概念，如经济伦理的资本主义化、工业化的空间传动等。可以说，这些新概念不仅仅是一个概念提出问题，更是在概念的背后蕴含着许多新议题，包含着作者多年来对中国资产阶级研究深入的理论思考，亦需进一步挖掘，为今后的研究者拓展了思考空间，开辟了新的研究方向。

虞著以整体研究资产阶级与中国近代社会转型为主要特征，无论在时段上还是内容上都推进和充实了中国资产阶级研究。但如深究和吹毛求疵的话，该书对抗战后资产阶级消亡的情况未能展开论述。区域性来说，该书的视域主要集中在中国中东部地区，如汉口、苏州、天津、广州、上海等大城市资产阶级的方面，对西部地区和边疆地区的资产阶级表现的论述略显单薄，或多或少影响了对资产阶级与中国近代社会转型的整体判断。总体而言，该书较为清晰地阐释了资产阶级与中国近代社会转型的关系，为史学界提供了一个进一步理论探索的平台，亦不失为近些年来中国资产阶级研究的一部拓新之作，立论严谨、视角广阔，为进一步推动中国近代政治、经济、社会、文化的研究奠定了一个新的基础。

（作者单位：西华师范大学历史文化学院）

成与败：清末的州县体制变革与地方治理*

——刘伟《清季州县改制与地方社会》一书述评

万海荞

关于清代州县体制，学界众多名人有出色的研究。瞿同祖分析了清代县官、州县衙署四类助员（书史、衙役、长随、幕友）的职能，认为清代州县为“一人政府”。[①] 在此基础上，魏光奇叙述了州县行政的治理结构、衙署组织及其各种职能，他从清代州县财政的制度设计、实际运作情况认为州县财政具有家产制性质。[②] 他的另一本著作《官治与自治——20世纪上半期的中国县制》则将重点放在北洋时期、国民政府前期及新县制时期的县体制。[③] 萧公权从乡村地区组织、基层行政组织、乡村的治安、税收、饥荒、思想控制等方面探讨19世纪的州县地方治理。[④] 关晓红从“内外相维”探讨近代政体转型，认为内外官改制失序是新政失败的重要原因。由于她认为外官制改革的重要成果在省制方面，对州县改制着墨不多。[⑤] 由于研究对象及论述视角的差异，以上学者没有对晚清州县改制进行详细的论述。而最近，刘伟教授出版了《清季州县改制与地方社会》[⑥]（以下简称“刘著”）一书，以各种政书报告、报刊、地方志及地方档案为基础，结合中央制度规定及地方运作实态，从宏观上介绍了各地州县体制变革情况，对清末州

* 本文为国家社科基金重大项目“近代中国乡村建设资料编年整理与研究（1901—1949）”（项目号：17ZDA198）的阶段性成果之一。

① 瞿同祖：《清代地方政府》，范忠信、晏锋译，法律出版社，2011。

② 魏光奇：《有法与无法——清代的州县制度及其运作》，商务印书馆，2010。

③ 魏光奇：《官治与自治——20世纪上半期的中国县制》，商务印书馆，2004。

④ 萧公权：《中国乡村：论19世纪的帝国控制》，台北，联经出版事业股份有限公司，2014。

⑤ 关晓红：《从幕府到职官：清季外官制的转型与困扰》，三联书店，2014；《清末新政制度变革研究》，中华书局，2019。

⑥ 刘伟：《清季州县改制与地方社会》，北京师范大学出版社，2019。

县体制在政治、经济、司法等层面的转变进行了考察，展现了新旧制度之间的纠葛与转换。目力所及，到目前为止，该书应是研究清末州县改制的一个标志性成果。

一　立宪改官序列中的州县改制

清代州县为“一人政府”，实行正印官独任制，县丞、主簿等佐贰官不普设，主要依靠幕友、长随、书役等衙署群体及里甲、保甲、乡地、乡约等地方役职来管理征税、司法、治安、教育、赈济等事务。这种落后的管理体制弊端重重，不健全的职能机构难以深入乡村，以私人身份履行公职导致大量营私舞弊。鉴于州县体制的以上弊端，进行官制改革、增设职能部门、建立基层自治组织是清末州县改制的基本方向，这也是刘著论述的重点。

清末官制进行了剧烈变革，废除科举，设立民政部、度支部、学部、农工商部、法部等部，突破了传统的六部格局，1906 年后又实行预备立宪，改变了中国长期以来建立的政府组织。[①] 在省级方面，设置了督抚衙门会议厅，设立了布政使司、提法使司、提学使司和劝业道、巡警道及谘议局。部分学者认为清末新政的官制变革成效集中于中央和省级层面，对州县关注不多。从中国县政发展的历史看，晚清县政是中国县政近代化的重要时期，县政结构及县职能由传统向近代转型。刘伟教授自 2003 年出版《晚清督抚政治：中央与地方关系研究》[②] 一书后，研究视野开始向下转移，注意省制与州县问题。与彭剑、肖宗志合著的《清季外官制改革研究》[③] 一书重点论述中央关于外官制改革的设计与实行，内容涉及省制与州县改制。正是由于这么多年的知识积累与相关制度变革的研究，在《清季州县改制与地方社会》一书中，作者能清晰地论述州县改制在整个新政变革中是如何展开的及州县改制相关制度规定的因果延续。

制度的演变分为渐变和突变两种方式，就清代官制而言，清末新政变

---

① 〔美〕任达：《新政革命与日本：中国，1898—1912》，李仲贤译，江苏人民出版社，1998，第 215 页。

② 刘伟：《晚清督抚政治：中央与地方关系研究》，湖北教育出版社，2003。

③ 刘伟等：《清季外官制改革研究》，社会科学文献出版社，2015。

革是一次突变，而刘著认为晚清州县改制是渐变和突变的结合。晚清以降是中国“千年未有之变局”，社会结构发生变化，西方制度的冲击及中央权力的下移，州县的司法、财政与社会控制发生了变化。刘著从“就地正法”与州县司法审判权的变化、州县官的教案审理、州县外销经费的演变、州县治理结构的演变及州县官的选任变更论述了这个渐变过程。

制度的制定和执行是人的行为，人与人之间的博弈与利益冲突会制约制度的演进和发展。从 1906 年开始，清政府依靠强制力量自上而下进行官制变革，因而清政府对州县改制的计划策略和主要领导者的思想认识能够影响州县改制的方向。清末仿行立宪，方式取法日本，内容涵盖行政、立法、司法三大板块。对州县的设计为：第一，改革州县行政隶属层级，将地方分为府、州、县三等；第二，改变正印官独任制，设置佐治各员管理州县事务；第三，改革州县司法审判制度，司法行政分立，设立地方审判厅；第四，实行地方自治，设立城镇乡议事会及董事会。[①] 关于州县改制的步骤及时间，清政府没有明确的计划，随着时局和改革主导者的意图而改变。

在建立责任内阁流产时，清政府于 1906 年进行外官制改革。外官制有省制和府厅州县制，清政府先规定以州县改制为先，彭剑教授认为这与人们对宪政建设的认识及官制改革核心人物孙家鼐的态度有关。[②] 由于地方督抚的疑虑，到 1907 年《直省官制通则》时期，清政府放弃了从州县入手的方式，改为从省级机构入手。省级设置了三司两道，完成了新政事务管理机构，加之 1908 年预备立宪逐年筹备事宜清单的公布，清政府进行了州县新政改革。在筹办地方自治时，中国仿照日本体制，实行城镇乡和府州县两级自治。关于先筹备哪一级自治，清政府的意图是先办府州县一级，再进行城镇乡一级。而 1908 年城镇乡地方自治章程的颁布认可了先办理城镇乡一级，府州县官制未定及新政在学堂、农工商政、巡警方面的压力是重要原因。但在实际运行中，也没有按照顺序办理。也就是说，在立宪改官的背景下，州县改制没有按预定计划来。

① 《编改外省官制办法及各疆臣之意见》，中国史学会主编《中国近代史资料丛刊·辛亥革命》第 4 册，上海人民出版社，1957，第 21 页。

② 刘伟等：《清季外官制改革研究》，第 26 页。

二　整体视野下的州县职能转变

随着社会史与文化史的兴起，史学界由此前聚焦的革命、政治等宏大叙事转向为一些微观研究，在取得成果的同时也造成了研究的碎片化，论题小而微，细碎而零散，割裂了碎片与整体的辩证统一关系。王先明教授认为在新史学的构建方面，超越“系统性的缺失”和将理论导向整体性观照与系统理论构建是新史学最终获得属于自己时代价值的方向性改革，[①] 州县改制论述很容易陷入通史的地方化困境，而刘著在超越碎片化和统合区域方面进行了努力。清末州县改制由一个个别地方试点到大规模推行的过程，刘著对先期试点个案进行了考察，然后比较先期试点和大规模推行的差异，最后对执行中的变异进行了考察。天津县的改制走在了全国的前列，其巡警、劝学、自治带有实验的性质，和后来通行的制度有一些差异，刘著详细分析了天津县的制度异同，在超越碎片化的取向中展现了州县改制的脉络及演进。在州县改制各具体方面，刘著也花大力气整理了全国的实际情况。晚清州县致力于两个功能，一是财政汲取能力，一是社会控制和动员能力，州县政府的职能不断扩大。刘著从教育、治安、司法、经济、政治等方面进行了考察。

依据州县改制的顺序，刘著首先介绍了劝学所与州县教育管理体系的转变。清代州县的教育机构为书院、社学、义学、私塾，由于科举的影响，当时的教育主要是培养科举人才，所学内容为儒家经典。学官设有教谕、训导，但不是教育管理部门，只管理涉及科考的生员。新政时期出现了新式教育机构劝学所，劝学所的职责为劝学、兴学、筹款和开风气。经过劝学所的努力，新式学堂教育渐成规模，各种高等、初等小学堂、半日学堂、实业及师范学堂先后建立，课程内容也以儒家经典转向德、智、体方面发展。刘著认为劝学所不是一个简单的教育行政机构，在“条块”中，它归入中央学部—省提学司—州县劝学所序列，同时归入州县官监督考察。在运行中，则为“官督绅办”，行政介于官治、自治之间。其后实行地方自治，劝学所改为官办。

刘著第三章讨论州县治安体系的变动。清代的治安主要依靠保甲，十

① 王先明：《“新史学”的开拓与建构——评余新忠〈清代卫生防疫机制及其近代演变〉》，《近代史研究》2017 年第 2 期。

户为一牌，设牌头。十牌立一甲，设甲长。十甲立一保，设保长，管理户口、治安和赋税等，但保甲管理烦琐，日益废弛。晚清对保甲进行了整顿，注入了新的元素，任用士绅、设立保甲局来强化治安。团练的大规模兴起与太平天国有关，基本模式为团保结合，以保甲为基础，将牌、甲、保结合到团练之中。但团练不具有普遍性，是一时一地的行为，且兴废无常。清末治安体系变革的重要标志为巡警的建立，传统的治安体制以防盗为限，而警政的建立除治安外，还履行户口调查、消防卫生及维持社会公共秩序等职能。巡警建制为设警务长一人，采用总局—分局—巡所体制分区办理。1908 年各州县加快了警政建设步伐，清覆亡前大部分州县巡警已建立，但数量和质量不平衡。刘教授认为巡警的建立是国家权力向乡村的渗透，但清末巡警是否能发挥实效还有待更多的证据。

第四章，州县司法变革。刘著认为晚清州县司法变化表现在“就地正法”制、审理教民案件和预备立宪的司法改革等三个方面。清代州县有权决定笞杖之刑，徒罪由督抚批结，军流、死刑须上报刑部。[①] 咸同之际的“就地正法”使得州县官拥有了死刑决定权，但“就地正法”的司法程序不断变化，起先是讯明后即可执行，后来增加了一个府州或道复审环节，死刑审核权在督抚。预备立宪时期，进行司法改革，死刑的审核权复归中央，就地正法被限制在军事范围。清末新政时期，刘坤一、张之洞的《遵旨筹议变法谨拟整顿中法十二条折》中提出“恤刑狱”为司法改革的第一步，改革刑讯制度，改笞杖为罚金，是刑事新制的起点。监狱改良、看守所和习艺所的建立，使监狱由羁押人犯变为了罪犯服刑场所。预备立宪时期实行司法与行政分离，在州县筹办审判厅和检察厅，但大部分州县没有按此实行。刘著认为尽管如此，但审判厅的设立部分改变了州县司法。

第六章，州县财政、经济职能的调整。清代州县财政分为起运和存留两部分，起运上交府省，存留用于俸食、祭祀、驿传、廪膳及孤贫等地方开支，由于赋役的定额化，存留部分无法满足地方需求，一些学者注意到了陋规，[②] 岁有生提出了二元财政的概念。[③] 刘著从外销论述晚清财政的变化，认为清代高度集中的财政制度和僵硬的奏销制度不能满足财政需求是

① 吴吉远：《清代地方政府司法职能研究》，紫禁城出版社，2014。

② 瞿同祖：《清代地方政府》；魏光奇：《清代州县财政探析》，《首都师范大学学报》（社会科学版）2001 年第 1 期。

③ 岁有生：《清代州县经费研究》，大象出版社，2013。

外销产生的重要原因，而大规模的外销是在新政时期。[①] 此前“化私为公”的努力无法取得制度性的突破，宣统年间的预算改革取得了一定的成绩，官员的职务津贴和办公经费逐渐分离。咸同时期，清政府为筹措经费建立了厘金制度，随后各地杂捐泛起，[②] 一些省份进行了经征改革。梁勇考察了四川经征局的运作实态，认为四川设立经征局，由省级税收机构统一征税，反映了晚清州县行政机构行政权、财政权逐渐分离的“近代化”过程。[③] 而刘著认为经征局的设立有助于州县官经济职能的转型，传统的经济职能主要包括赋税征收、开荒种植及通过牙行管理手工业和工商业，而新政时期州县转向发展农工商业，成立劝业所。

第七章，州县人事制度变更。捐纳和保举为选官制度中的异途，咸同军兴，为筹集资金，捐纳频繁，导致候补官员激增，仕途阻滞。保举也华而不实，冒乱严重，加剧了选官制度的紊乱。在地方督抚与吏部选任权方面，吏部选缺多为中、简缺，地方选缺为要缺和最要缺，伴随中央权力的下移，督抚逐渐侵蚀吏部的选任权，利用人地相宜借口突破成例，运用委署来鸠占鹊巢。同光年间实行了强化部选、调整委署、规范保举等措施，但收效甚微。新政时期的改革包括通过考试选拔、变通回避制度及停止部选。刘著认为停部选只是一个从“部选与外补并存”向“全归外补”的过渡过程，督抚的选任权仍受制约。[④] 考核制度的变革也是重要部分，州县官的考核为大计，以“守、才、政、年”四格评等级，以“贪、酷、罢软无为、不谨、年老、有疾、浮躁、才力不及”八法处分官员。[⑤] 清末新政时期则转向实际工作的成绩，涉及民政、教育、自治、农工商政、词讼、钱粮、保息善政等方面，与之相关的建立册报制及各职能部门分别考核，有助于

① 刘伟：《清季州县改制与地方社会》，第348页。

② “豫省近数年来，各属举办新政，因地筹捐……有抽之于花户者，如串票捐、契税捐、契尾捐、房捐、亩捐、随粮捐之类是也。有抽之于坐贾者，如斗捐、商捐、铺捐、油捐、火柴捐、煤油捐、粮坊捐、变蛋捐之类是也。又如枣捐、瓜子捐、柿饼捐、柳条捐，柿花、芝麻、花生等捐，则就出产之物而抽收。如戏捐、会捐、庙捐、巡警捐、册书捐等，则因特定之事而抽收。”《河南财政说明书·岁入部厘金》，陈锋主编《晚清财政说明书》第3册，湖北人民出版社，2015，第645页。

③ 梁勇：《清末四川经征局的设置与州县财政改革》，《华中师范大学学报》（人文社会科学版）2018年第3期。

④ 刘伟：《清季州县改制与地方社会》，第448页。

⑤ 《清文献通考》卷八十《职官考》，《文渊阁四库全书》第633册，台北，台湾商务印书馆，1986，第901页。

新政事务的开展，但也出现流于形式的现象。

三　官治与自治：清末州县治理模式的转变

关于传统中国乡村治理，黄宗智认为是一种集权的简约治理，[①] 政府的规模有限，法律规定将每个县的衙役和书吏控制在几十人之内，“能用一个很小的官员编制，来统治如此众多的人口”，[②] 任用来自乡村的半正式人员如乡保、乡地、保甲、村长等进行半正式行政实践。[③] 此外，地方士绅和宗族也承担部分公共事务。但这些半正式人员以私人身份履行公职，营私舞弊层出不穷，“动行乡约、社仓、保甲、社学，纷纷杂出”。[④] 嘉道之际，“教匪”作乱，这种官役制无法维系地方社会秩序。而从嘉庆朝开始，“文字狱”已放松，地方精英的权力已增长，大量投身地方公共事业。[⑤] 咸同以后形成的绅董制在乡村治理体制中起着关键作用。[⑥] 这种地方治理的转型也将现代地方自治制度导入政治制度的建构中，此后，由国家自上而下任命官员运作的国家行政与由地方社会自下而上推选本地人士运作的地方自治构成了 20 世纪上半期中国县制改革和演变的主轴。[⑦]

在实行地方自治之前，不少官员有设乡官之议，如冯桂芬“满百家公举一副董，满千家公举一正董”，设立丞簿和巡检，以达到“大小相维，远近相联”。[⑧] 由于是自上而下的变革，没有欧洲那种“普遍的抵制、广泛的讨价还价和市民权利和额外补贴的建立为代价”，[⑨] 官方的设计是乡官由官府选任，而非民选。但 1908 年则确定地方自治为基本国策，乡官之制不了

① 黄宗智：《集权的简约治理——中国以准官员和纠纷解决为主的半正式基层行政》，《开放时代》2008 年第 2 期。

② 〔美〕费正清主编《剑桥中国晚清史（1800—1911 年）》上册，中国社会科学出版社，1993，第 24 页。

③ 黄宗智：《华北的小农经济与社会变迁》，中华书局，2000；李怀印：《华北村治：晚清和民国时期的国家与乡村》，中华书局，2008。

④ 陆世仪：《论治邑》，沈云龙主编《近代中国史料丛刊》第 74 辑，台北，文海出版社，1973，第 811 页。

⑤ 〔美〕罗威廉：《言利：包世臣与 19 世纪的改革》，社会科学文献出版社，2019，第 6 页。

⑥ 王先明：《绅董与晚清基层社会治理机制的历史变动》，《中国社会科学》2019 年第 6 期。

⑦ 魏光奇：《官治与自治——20 世纪上半期的中国县制》，第 1 页。

⑧ 冯桂芬：《校邠庐抗议》，上海书店出版社，2002，第 12、13 页。

⑨ 〔美〕查尔斯·蒂利：《强制、资本和欧洲国家（公元 990—1992 年）》，上海人民出版社，2012，第 31 页。

了之。关于地方自治，大多数学者注意到了其以自治补官治不足的特点，但忽略了府厅州县和城镇乡两级自治的不同。[①] 而刘著对这两级自治的异同有精彩的分析，认为城镇乡自治为下级自治，“以自治辅官治之不足”，官治处于监督地位。而府厅州县是上级自治，“地位介于官府与下级自治之间，兼有官治与自治之性质”。[②] 在机构设置上，城镇的议决机构是议事会，执行是董事会。乡的议决机构是议事会，执行机构是乡董。而在府厅州县一级，改董事会为参事会，参事会与议事会同为议决机关，执行机关为府厅州县长官。如宣统三年（1911）四川南部县的规定为“南部县知县须先将议案提交参事会，由参事会审核后再提交议事会”，[③] 由州县官负责执行，州县则设置自治员辅佐知县执行自治事宜，这样在府厅州县一级，议事会的权限大大缩小。刘教授认为，这种两级自治制度主要模仿日本，同时受中国古代乡绅之治及中国自身情况的影响。日本的行政体制为内务省—府县—郡—町村，通过府县、町村自治而强化中央集权。而中国城镇乡的自治权力比日本町村大，自治与官治的结合点在府厅州县一级。

关于地方自治的影响，刘著认为一定程度上改变了基层社会的治理结构，由州县官—胥吏—保甲转变为官治与自治共存。王先明教授认为传统社会士绅的影响不可小觑，他们对地方事务的影响或支配没有获得制度支持，但近代以来的社会变迁及新政的地方自治制度使“绅士”经历了“绅权体制化”和“士绅权绅化”的演变，传统社会官、绅、民三者之间的平衡逐渐被打破。[④] 刘著大体采用了这一观点，但有一些不同，她认为不是新政的每一项措施都有助于绅士权力的扩张，在乡村巡警建立方面，从制度构建看，巡警是国家权力的工具，士绅在其中只能充当巡董、区正，权力十分有限。随着保甲、团练等逐渐萎缩，警察的发展在一定程度上改变了基层社会以士绅为核心的权力体系。由于制度规定与实际运行有差异，关于二者权力的演进还需进一步的实例论证。在自治制度的设计上，没有赋予自治团体独立的法人地位，官府常插手地方自治，士绅与官府矛盾日益

---

① 马小泉：《国家与社会：清末地方自治与宪政改革》，河南大学出版社，2001；汪太贤：《从治民到民治：清末地方自治思潮的萌生与变迁》，法律出版社，2009；徐秀丽编《中国近代乡村自治法规选编》，中华书局，2004。

② 刘伟：《清季州县改制与地方社会》，第283页。

③ 《南部档案》，宣统三年八月十四日，22-843-1。

④ 王先明：《乡路漫漫：20世纪之中国乡村（1901—1949）》（下），社会科学文献出版社，2017。

显现。加之绅治无法转换为现代地方自治，一些地方士绅借制度权力来压榨百姓，将绅士推向了民众的对立面。

四　对清末州县改制成败的反思

关于清末新政的成败，关晓红认为清末仿行宪政若邯郸学步，官制改革如东施效颦，域外政制最终淮橘为枳，非但没能由内外相维转向上下有序，反而导致轻重失衡，统治秩序严重失范。在基础薄弱、财政匮乏之际，新政兴学、警政、实业一拥而上，迅速激化了社会矛盾，加剧了统治集团内部的矛盾，致使清政府速亡。① 吴春梅认为立宪的诸多措施削弱了中央权力，立宪派盲目的政治热情及新政时期民众负担的增加使清政府走入绝境。② 在地方官制方面，一些学者从革命史观出发，认为清政府改革缺乏诚意，因地方督抚的反对，实质性的变动很少。③ 另一些学者从现代化史观出发，认为其虽有不足之处，但促进了地方官制的近代化，以佐治官代替佐贰杂职分掌巡警、教育、农工商等事宜使地方行政机构区域合理化；设立高等、地方和初级审判厅，实行行政与审判相分离，为司法独立奠定基础；在府州县设立议事会、董事会为地方自治打下基础。④

由于清代州县体制的弊病，预备立宪时期州县改制主要有四个方面：第一，改变“一人政府”的状态，设佐治员分任事务，建立科层政府；第二，设地方、初级审判厅，分任州县官的审判事务；第三，建立府厅州县和城镇乡两级自治，补官治之不足；⑤ 第四，转变州县政府职能。刘著对以上四个方面进行了精彩的论述，但仍有进一步思考的空间。

1. *局所与州县行政*

晚清州县由于“一人政府”，行政架构不健全，无法平内乱外患，局所在建制、用人、施政、财务等方面比较灵活，被大量采用，成为晚清州县

---

① 关晓红：《清末新政制度变革研究》，第378、385页。

② 吴春梅：《预备立宪和清末政局演变》，《安徽史学》1996年第1期。

③ 高放等：《清末立宪史》，华文出版社，2012，第141页；章开沅、林增平主编《辛亥革命史》中册，人民出版社，1980，第393页；李新主编《中华民国史》第1卷，中华书局，2011，第453页。

④ 侯宜杰：《二十世纪初中国政治改革风潮：清末立宪运动史》，中国人民大学出版社，2011；高旺：《晚清中国的政治转型：以清末宪政改革为中心》，中国社会科学出版社，2003。

⑤ 刘伟：《清季州县改制与地方社会》，第468页。

行政不可或缺的一部分。咸同年间以军事和厘税局所居多，同光新政以洋务、军工类局所为主，清末新政时期巡警、商务、政务、实业、教育等局所层出不穷。[①] 局所也成为部分官员的升转之地，“现办速成科仕学馆人员，应俟三年卒业，由教习考验后，管学大臣覆考如格，择优褒奖，予以应升之阶，或给虚衔加级，或咨送京外各局所当差”。[②] 清末州县履行职能大多依靠局所，局所的设立与设佐治员以分任具体事务的要求暗合。就中国中央集权制度而言，一直存在中央与地方、集权与分权的矛盾，中央设有六部，州县设有对应的六房，但条块体系不明显。而晚清州县局所受地方长官和上级职能部门的双重管辖，条块体系有了新的发展。刘著有多处论述局所，对个别局所有精彩的分析，但没有就局所与州县行政进行专论。为避免碎片化，刘著对新政事务的推行进行了宏观考察，但如果从下往上看，州县官依靠地方主要士绅设局推行，尽管新政事务类型不断增加，还是同一波士绅在原有设局情况下的叠加与变形。《四川官报》记载的四川璧山县育婴局、恤嫠局、三费局、保甲局、警察局、学务局都是由文生徐邦彦负责，[③] 南部县的部分局所情况也类似。

清末至民国时期国家机构日益膨胀而无法深入乡村，民众负担日益沉重而国家税收并未大幅度增加，杜赞奇称之为内卷化，[④] 从省的控制看则有另一番景象。晚清州县局所多为官督绅办，州县官作为省府代理人也有自己的利益，存在浮收和隐瞒的现象。为深入州县，地方督抚在州县设立了由省直接控制的局所，如四川、广西等设立的经征局，将州县税契、酒捐、肉厘、油捐划归其征收。宁雅矿务局也是，其章程规定，“各分局由总办派员办理，各有专司，仍须不时派人周流稽查，即总办亦须时常驰往各局厂查阅考核”。[⑤] 这显示地方督抚通过局所整顿来加强对州县的管理，原有的局所也出现了变化。

清代州县佐贰杂职被割裂在行政管理之外，清末部分州县进行了房科改革，裁改房科进行分科治事，佐贰杂职也在裁割之列。与明代佐杂在县

① 关晓红：《清末新政制度变革研究》，第 272 页。

② 《京师大学堂章程》，《大公报》1902 年 9 月 5 日，第 5 版。

③ 《布政使司批璧山县监生巫荣光等具控保甲局绅徐邦彦侵蚀公款一案文》，《四川官报》1910 年第 16 期。

④ 〔美〕杜赞奇：《文化、权力与国家：1900—1942 年的华北农村》，王福明译，江苏人民出版社，2010。

⑤ 《四川宁雅矿务局开办章程》，《四川官报》1904 年第 1 期。

衙成为鸡肋不同，清代佐杂分防地方，[①] 成为次县级长官，治民理事。如四川南部县县丞驻防新镇坝（后改为新政镇）、巡检驻防富村驿（富驿镇），分管一定的民政、词讼事务。新制度受旧制度的影响，佐贰杂职在清末州县改制中也有一定的转变，刘著有零星的论述，缺乏对这方面的综合思考。在新成立的局所中，为加强官治，州县官会派佐杂担任职务，履行职能及监督。如“隆昌县于1905年成立劝工局，委绅充当局士，并委捕厅朱典史润镛兼任该局提调”。[②] 科举制废除后，地方教谕、训导已无重要事务。“南部县于1908年在儒学署内设立农务局，由知县担任局长，综理一切。移请训导王嘉桢兼充总董，襄理局务。1909年农务局裁撤，改设农务所，集绅投票，选定王训导嘉桢为会长。”[③] 在这一过程中，佐杂的职能与地位也在转化。

2. 城镇乡地方自治与乡镇的建立

一统体制与有效治理是中国国家治理的基本矛盾，[④] 在郡县制基础上的中央集权，政令自中央出，而国家规模和行政架构向下的渗透有限。清代正式的设官止于县级，保甲长、乡约、乡地等属于役职，宗族、绅士等承担部分地方公益、教育等事务。部分州县设有乡，但仅是地名，不是现代意义上的地方行政机构。吉登斯认为，现代社会转型除了生产力的提高（马克思）、人的理性化（韦伯）、社会分工的发展（涂尔干）之外，更重要的是国家形态的变化。[⑤] 中国近代县政构建致力于资源汲取与社会控制，由观念一体化转为组织一体化，乡镇的建立则是中国近代以来国家形态变化的表现。

刘教授对清末两级自治进行了精彩的分析，从今天往回看，自治的成效不多，却是乡镇建制的开端。魏光奇、丁海秀论述了清末至北洋时期的区乡行政，包括新政新生的区乡新政和由旧乡地演变的区乡行政。他们认为这一时期的区乡行政有常设机构，行政人员按法定程序任免，有法定的

---

① 胡恒：《皇权不下县？清代县辖政区与基层社会治理》，北京师范大学出版社，2015。

② 《督宪批隆昌县陈劝工局经费支绌量加裁减不致废弛禀》，《四川官报》1909年第11期。

③ 《南部档案》，宣统二年十二月初十日，21－208－2；《督宪批南部县改立农务分会成立情形酌拟章程并筹办塘堰井眼章程文附原禀章程》，《四川官报》1909年第14期。

④ 周雪光：《黄仁宇悖论与帝国逻辑——以科举制为线索》，《社会》2019年第2期。

⑤ 〔美〕安东尼·吉登斯：《民族—国家与暴力》，胡宗泽、赵力涛译，三联书店，1998。

公共经费制度，承担地方社会各种现代性行政职能。[①] 新政时期，为推行警政、教育、实业、自治等事务，各州县陆续建立了以前社会中未曾有过之区乡，如《劝学所章程》规定“各府厅州县应就所辖境内划分学区，每区设劝学员一人”。巡警则是在县城设总局，于四乡设分局。对新政时期的区乡刘著有论述，但对区乡行政并没有过多关注。关于城镇乡地方自治，刘著提供了另一种思路，由于州县法定经费不足，晚清局所同时负责具体事务及筹款。杨品优关注江西宾兴局，认为江西宾兴局一方面负责科举、学堂事宜，一方面经理县经费，很多宾兴局在民国改成了财政局。[②] 这一观察与笔者对清代南部县学田局的研究相似，南部县学田局也是负责学务和为新政筹款。[③] 在未实行城镇乡自治时，这些局所面向州县区域筹款，清末将州县划分选区后，部分筹款收归各区，这些局所逐渐转化为行政管理机构。

尽管清末州县改制的方向符合县政近代化的转向，但清政府对州县改制的步骤没有明确的计划，内外官改制失序，机构改革、财税改革、司法改革、地方自治一拥而上，财政困难和人才缺乏成为两大制约。加之改革过程中官绅、官民、绅民矛盾激化，不仅导致清朝覆亡，还引发了20世纪上半叶乡村社会的持续震荡。刘著的讨论廓清了清末州县改制的一些重要问题，在此基础上，相信学界关于州县体制近代转型、局所体制、基层行政机构及乡镇制会有进一步的拓展和深化。

（作者单位：南开大学历史学院）

① 魏光奇、丁海秀：《清末至北洋政府时期区乡行政制度考略》，《北京师范大学学报》（社会科学版）2004年第2期。

② 杨品优：《科举会社、州县官绅与区域社会——清代民国江西宾兴会的社会史研究》，中国社会科学出版社，2018。

③ 万海荞：《晚清四川的州县经费研究——以南部县为中心的考察》，《中国经济史研究》2019年第5期。

“真积力久、诠叙有方”

——读付海晏教授《北京白云观与近代中国社会》

高　航

民国以降分科治学之势渐成，域内本土之中现代意义上的道教史研究也在此趋势下逐步形成。[①] 全真龙门一脉一开始即为宗教史研究的时贤所重，陈垣先生于沦陷蒙尘之北平，撰成大著《南宋初河北新道教考》，开全真派研究之先河，学者孙楷第品评该书，认为是著真积力久、心解神契、诠叙有方。[②] 全真龙门祖庭为北京白云观，援庵先生居近代北京而言中古北方之全真，然近代北京之全真则乏见本土学人专书论述，近日幸有付海晏教授新著《北京白云观与近代中国社会》（以下简称《白云观》）面世，方补此之阙。[③] 该书积作者十余年苦功，广搜博引，论议精湛，窃以为其亦可谓“真积力久、诠叙有方”之作。

付教授致力于宗教史研究有年，最初的研究理路当是从法律与宗教交叉的领域出发，以庙产纷争、僧俗纠纷等事件史入手，见微知著，以小搏大，凭之以档案，据之以实情，树之以典范，倡导“新宗教史”研究风气，聚焦个案进而窥视近代宗教与社会之多元面相，每每给人以耳目一新之感。例如他关于民国北平铁山寺案的研究，从北平电车工会与铁山寺僧之间争夺庙产一事着眼，揭示出 1930 年前后国民党与国民政府之间的复杂关系；[④]

---

① 关于现代意义上道教研究的形成，见葛兆光《关于道教研究的历史和方法》，《中国典籍与文化》2003 年第 1 期。后收入葛兆光《屈服史及其他：六朝隋唐道教的思想史研究》，三联书店，2003。

② 孙楷第：《评〈南宋初河北新道教考〉》，《沧州后集》，中华书局，1985，第 377 页。另见桑兵、张凯、於梅舫编《近代中国学术批评》，中华书局，2008，第 251 页。

③ 付海晏：《北京白云观与近代中国社会》，中国社会科学出版社，2018。

④ 付海晏：《革命、法律与庙产——民国北平铁山寺案研究》，《历史研究》2009 年第 3 期。后收入付海晏《中国近代法律社会史研究》，华中师范大学出版社，2010，第 128—155 页。

静安寺“汉奸和尚案”的研究则发人所未发，探讨了抗战后国家对于宗教汉奸的惩治，以及僧侣纷争与都市之中商业利益的纠葛。[①] 在事件史研究积累“碎片”以窥全局的同时，付教授也在对近代中国宗教进行宏观的把握，比如利用民国时期的寺庙登记表创建数据库，并对其进行整体的量化分析。[②] 除了上述几项研究外，数年来的工作重心便是考究探索近代白云观的相关史事。

《白云观》一书共五章，部分内容曾以论文的形式发表于海内外的学术期刊之上，[③] 在这些论文基础上形成的专书绝非时下通行的论文结集，而是进行了改写与增删，补充了大量未刊、已刊的档案资料。该书以白云观从晚清到民国的兴衰荣辱为主线，刻画了高仁峒、陈明霦、安世霖三代住持的不同境遇，进而折射出道教在近代中国变动时代下的命运沉浮。

第一章主要探讨晚清之际的白云观。清季衰世，国势倾颓，白云观此时却香火鼎盛，重振全真龙门声势，广大信众积极捐资助修观内殿宇，个中不乏宗室、权贵、显宦、富商，甚至内廷太监，信众网络的扩大与传戒活动相辅相成，开创龙门霍山派的太监刘素云便是白云观的受戒弟子。晚清最著名的白云观方丈当属高仁峒，他被时人称为“神仙中人兼政治中人”。此时白云观与清廷高层紧密相连，高氏受宠于慈禧太后，且与内廷大鳄李莲英交好，以至于在观内观外鬻卖官缺。晚清的外交活动高方丈也参与其中，俄国公使璞科第利用高氏影响慈禧以推行联俄外交，后来“日本驻华公使内田康哉也如法炮制”，[④] 日人岛川毅三郎积极接触高仁峒，并借机与李莲英联络，获取高层情报。从社会史的角度出发，高仁峒本人的日常生活同样值得关注，他既有雅好书法、工擅绘画、结交名士、推崇儒佛两教、重视慈善事业等“雅士”的一面，又有饮酒食肉、溺于女色的“俗人”一面。晚清的白云观在北京的城市空间中也扮演着重要角色，除了作为京师人民的宗教信仰场所外，也是主要的娱乐交游场所之一，燕九节庆

---

① 付海晏：《上海静安寺“汉奸和尚案”研究》，《近代史研究》2017 年第 1 期。

② 付海晏：《中国近代宗教社会史的量化研究——以构建寺庙登记表数据库为中心的讨论》，《社会科学研究》2018 年第 1 期。

③ 兹举两例，第三章和第五章曾部分刊登于《近代史研究》和台北《中央研究院近代史研究所集刊》。付海晏：《1930 年代北平白云观的住持危机》，《近代史研究》2010 年第 2 期；《安世霖的悲剧：1946 年北平白云观火烧住持案研究》，《中央研究院近代史研究所集刊》总第 62 期，2008 年 12 月。

④ 付海晏：《北京白云观与近代中国社会》，第 57 页。

典、“会神仙”、打金钱眼、诗词集会、赛马、庙会等众多集会活动为晚清的官绅士民各阶层提供了多姿多彩的休闲契机和游乐空间。

第二章重点关注民国初年以陈明霦为住持的白云观。共和初立，百废待兴，作为传统宗教的道教也面临亟待转型的危机局面，高仁峒羽化后继掌白云观的住持陈明霦，率先上书倡立中央道教会并取得政府同意，是为近代道教制度改革之先驱。民初白云观虽不复清季烈火烹油的盛势，但陈氏也在传戒、宫观整修、重印道藏、慈善事业等方面为振兴白云观做出了巨大努力，获得了社会各界的认可。作者研读各类碑铭石刻，勾勒出民初白云观的信众网络，既有革命元勋、民国政要，又有逊清遗老、绅商名流，连梨园优伶也是白云观的重要信众。依据寺庙登记表等相关档案，作者大体统计出白云观的资产数量，陈明霦本人遗存的《读书录》也为窥探他的阅读史和精神世界提供了可能。从城市史的角度来看，民国早年的白云观依然是北京城的重要文化景观和娱乐场所，各类报刊、日记、回忆录不但还原了当时的观中内外场景，而且展示了时人对白云观的种种观感。

从第三章开始，作者的视角由长时段刻画转为个案深描，而且第三、四、五三章内在逻辑紧密勾连，住持危机、宫观改革和火焚惨剧是为因果，层层递进，终于在第五章的安世霖之死上达到高潮。

第三章讲述了 1930 年代白云观的两次住持危机，上接陈明霦，下启安世霖。南京国民政府建立后推行寺庙登记政策，管理寺庙的机关由公安局改为社会局，1930 年白云观在社会局两次电催后并未按时登记，社会局下令将住持陈明霦撤革，观内监院高信鹏等人积极运作，希望社会局收回成命，然而此时尚为知客的安世霖却控告陈氏盗卖庙产，社会局不予理睬，在白云观确认捐款助学之后，陈明霦的住持之位得以稳固，是为第一次危机。1936 年陈明霦去世后，“围绕继任住持安世霖的资格问题，白云观陷入了新的住持危机”，[①] 社会局认为安的住持资格有疑，随即令北平道教会展开调查，结果发现安世霖继任维持确实不符惯例，然而意外的是社会局接下来却未曾深究，或是迫于寺庙登记的迫切需要，或是安氏另有高人相助，同意了安世霖暂代住持的要求。作者认为，这两次住持危机不仅体现了民国时期国家对道观进行严格管控的同时存在管理不善的纰漏，也反映了白云观自身衰落过程中的内部矛盾。[②]

① 付海晏：《北京白云观与近代中国社会》，第 168 页。

② 付海晏：《北京白云观与近代中国社会》，第 182 页。

第四章聚焦于1940年代白云观的宫观制度改革。作者以安世霖未刊《白云观全真道范》为中心，将这场尘封于档案已久的道观制度改革展现在读者面前。《白云观全真道范》首先确立了本观的内部组织系统与体系框架，包括方丈、住持、监院等高级职位的推选办法，确定了各级职务的升转程序，重新修订了各项清规玄范。值得注意的是，新规格外重视国法在宫观治理中的作用。安世霖改革中最重要的新规当属他开创的道士教育班，虽然设班的出发点在于提高道士修养，但由于安本人自行管班并借此加强对全观的控制，激化了他与下层道士的矛盾，成为后来道众反对他的潜因之一。清规以外，安还订立了观中各执事的职责章程，明确了内部机构的运转机制。白云观各级道士的收入如何呢？作者依据史料回答了这个问题，全观统一收入，除高级道士有丰富的衣单费外，各级道士的收入分配与各自职务相关，基本秉持分成的原则。除此以外，还有实物分配、斋膳以及福利保障等各项经济制度。安的改革部分是为了稳固自己在观中的地位，可惜过犹不及，最终自食苦果；但《白云观全真道范》中的部分规则依然被后来者践行，所以这场改革不应被遗忘。

第五章讲述安世霖落幕的故事，也是近代白云观历史的尾声。作者依据未刊档案，对安世霖之死的前因后果进行了全面的复盘与梳理。早在1940年，白云观道士朱宗玉等人便通过内部的暴力方式将安世霖驱逐出观，安却借助政府力量重新回观，反将朱等人革除，双方兴讼后各执一词。不久又有道士控告安世霖盗卖庙产，伪政府令北京道教会前往接收白云观，并组织人员清查观产。安世霖获得伪政权大佬江朝宗的支持，对接收之事拒不合作，却被地方法院判为有罪，极为幸运的是安接下来遇到伪政权“大赦”，被社会局违规复职，继续担任住持。抗战胜利后安世霖的反对者继续控告他，并检举其为汉奸，国民政府调查安世霖后，认为他除汉奸之名不符外确实存在各种罪行，并送交法院审办。正在此时，火烧安世霖的惨案骤生，烧死他的道士认为之前的合法手段屡屡碰壁，“无权无势的穷道人和势大钱多的安世霖打官司永远打不过”,[①] 索性以命抵命，依照太上清规将其架火焚死，然后自首。安世霖的惨剧体现了近代变动社会中宗教、司法与政治之间的复杂面相，它是白云观内部矛盾激化的结果，牵涉到道教自身的改革、道教内部宗派纷争以及清规与国法之间的冲突。自此白云

① 付海晏：《北京白云观与近代中国社会》，第256页。

观形象大损，不复昔日盛状。

通览全书，作者无论是在研究视角、行文结构还是写作方法上都颇具示范性，是近年来在近代宗教社会史方面难得一见的优秀著作。史学研究最为讲究方法，“得方者治，失方者乱”，[①] 故不揣谫陋，采撷此书的一些优点与方法得当处，罗列于下。

一曰广搜博征，视野宏阔。史学大家陈垣先生主张历史研究要将材料竭泽而渔，治近代史“凡道光以来一切档案、碑传、文集、笔记、报章、杂志，皆为史料”，[②] 故其著作颇得时人好评，认为是“广搜旁证，取材甚宏”。[③] 作者此书便是奉行援庵先生指示的治史途则，凡是与近代白云观相关之各类海内外史料，无不搜罗殆尽，囊括了各种未刊已刊档案、报纸、杂志、日记、文集、回忆录、笔记史料、文史资料等文献，并将其熔于一炉，进而使近代白云观的前后史事可以贯通无碍，撰写成一部宗教史领域中的信史。“视野宏阔”除了指其所用史料甚广外，还主要体现在两点：一是放宽历史的视野，[④] 从清代到民国的长时段内考察近代白云观的历史变迁，多发前人未发之覆，正所谓“凡专史，以一事为主者，其研究范围必不限于一事；以一时代为主者，其研究范围必不限于一时代”；[⑤] 二是走出过去宗教史研究经常就宗教论宗教的误区，回到史学最初不分科的状态，全方位地探究梳理历史本相，正如作者在书中所言，“如果我们的研究仅仅局限于宗教史，不去从政治史、社会史等层面加强对宫观以及道士的研究，就无法真正理解道教在近代中国历史上的重要变化”，[⑥] 其实作者的研究不止涉及了狭义分科下的政治史、社会文化史，还与法律史、城市史、传播史

---

① 孙楷第：《评〈明季滇黔佛教考〉》，《沧州后集》，第 363 页。另见桑兵、张凯、於梅舫编《近代中国学术批评》，第 276 页。

② 《陈垣致台静农函》（1929 年 12 月 3 日），陈智超编《陈垣来往书信集》，三联书店，2010，第 401 页。

③ 《朱启钤致陈垣函》（1945 年 6 月 30 日），陈智超编《陈垣来往书信集》，第 284 页。

④ 马敏教授曾主张历史研究要放宽视野，倡导长程的历史观和更趋精细的历史观，详见《放宽中国近代史研究的视野：评介〈近世中国之传统与蜕变〉》（《历史研究》1999 年第 5 期）一文，后收入马敏《微言希声：马敏谈史论学集》，华中师范大学出版社，2016，第 204—215 页。

⑤ 孙楷第：《评〈明季滇黔佛教考〉》，《沧州后集》，第 361 页。另见桑兵、张凯、於梅舫编《近代中国学术批评》，第 275 页。

⑥ 付海晏：《北京白云观与近代中国社会》，第 182 页。

等领域相关，也就是名为分科，实则进行的是“不分科的专题研究”。[①]

二曰“知人论世”，“以意逆志”。“知人论世”、“以意逆志”二语皆出自《孟子》，[②] 向来被视为文学批评和诗词笺注的正途要道，[③] 历史研究亦需如此。人是历史活动的中心，“人物研究始终是史家关注的要项”，[④] 知人与论世二者相辅相成，而对人物的研究最需“以意逆志”，即以己心揣度前人本意，解读史料本事，还原人物本相。作者在本书中重点刻画了高、陈、安三代住持，以笔墨而论，安最多，高其次，陈最少，所以安世霖的形象也最是鲜活，从住持危机开始，一个才有余而德不足的道士形象便跃然纸上。在此后的制度改革和历次冲突中，作者虽未明言安道人的精明干练、独断专行等特质，却在生花妙笔下将其刻画得淋漓尽致，同时作者从史家的角度客观立论，认为安世霖本人是一个悲剧的改革者，从安世霖身上折射出了近代白云观与道教的衰途颓势，虽有心重振但无奈江河日下，形势比人强。对高仁峒和陈明霦虽然着墨稍逊于安世霖，但同样得其神韵，亦可借人窥见大势与时局、宗教与国家。此刻掩卷深思，将三人印象与穷老道对三者的点评做一比照，[⑤] 深自感佩作者的高明，人物研究与史事考订相辅相成，以己意解今典，[⑥] 论其人而见其世。

三曰“小而不寡”，以微知著。孙楷第曾以“小而不寡”诠释专史的研究进路，[⑦] 认为要在“专中见其博，于博中见其专。其题目虽狭，而包括之

---

① 相关论述见桑兵《不分科的专题研究》，《历史的本色：晚清民国的政治、社会与文化》，广西师范大学出版社，2016，“绪论”。

② 《孟子·万章上》：“故说《诗》者，不以文害辞，不以辞害志；以意逆志，是为得之。”《孟子·万章下》：“颂其诗，读其书，不知其人，可乎？是以论其世也。是尚友也。”见《孟子》，中华书局，2006，第203、236页。

③ 关于“知人论世”和“以意逆志”在诗词笺注中的方法论意义，见陈永正《诗注要义》，上海古籍出版社，2017，第43—47页。

④ 桑兵：《治学的门径与取法》，社会科学文献出版社，2014，第220页。

⑤ 穷老道：《八十年来之白云观》，《一四七画报》1946年第8卷第4期。

⑥ 陈寅恪曾对“古典”、“今典”概念有准确的界定：“自来诂释词章，可别为二：一为考证本事，一为解释辞名。质言之，前者为考今典，即当时之事实；后者乃释古典，即旧籍之出处。”见陈寅恪《柳如是别传》（上），三联书店，2001，第7页。关于如何阐释诗词笺注中的古典与今典含义，见陈永正《诗注要义》，第161—165页。於梅舫《学海堂与汉宋学之浙粤递嬗》（社会科学文献出版社，2016）绪论亦曾借诗言史，谈及清学史中的古典与今典。从历史学的角度看，深入解读史料文本的本义，考证出事件的相关本事，即相当于诗注中的解今典。

⑦ 《庄子·秋水》云：“是故大知观于远近，故小而不寡，大而不多。”见《庄子》，新华出版社，2016，第322页。

事却极广……唯其小而不寡，故其阐明事物之真相远胜于正史”。[①] 相较于时下动辄通论古今的大部头著述而言，作者的选题可谓小，但恰恰可以小中见大，虽小不寡。纵览一部近代白云观的荣辱沉浮史，晚清以来的玄门兴衰、宗教史事大抵已可畅晓。又如书中后三章彼此相连的微观个案，无一不是以小见大的事件史研究典范，从中可窥见近代宗教与国家、社会之间剪不断理还乱的丝丝勾连。视角下移到书中具体，往往是细节处提示紧要关节，发人深省，如第一章中言及诗词名家顾太清夫妇与白云观的交游，刘厚云开创霍山派与全真声势之炽，高仁峒与庙产兴学、官制改革等晚清重大事件的联系，贻谷案与白云观；[②] 第三章中指出需重视《寺庙登记条例》的具体实践以及登记机关的变化对寺庙的影响；[③] 等等。此类细节虽小，却往往是被人忽视的关键之处，可作为相关研究的他山之石，以资其他领域的拓展，由此彰显出作者对于史料的敏感以及广博的知识结构，正是专中见博，以微知著。

四曰条理考订，叙事有方。史学大家陈寅恪先生认为历史工作者在研究中要做的就是“整理史料，随人观玩，史之能事已毕”，[④] 要将史料依照时序排比整理，将史事细节寓于事实发展的自然脉络之中，实则在重视考订史料的同时也强调了史学自身的叙事功能。近年来西方叙事史学的复兴让更多学人重新审视叙事史学中的传统因素，而对于一些本土学者来说，历史文体的终极目标就是“以钱赵之考证为班马之文章”，[⑤] 兼具考证与叙事。但两者结合圆润且不显滞碍何其困难，在笔者看来，该书就是一次朝这个方向努力的可贵尝试。第五章描述安世霖之死便是典型的个案叙事的写作方式，作者将各类史料、各方言论依照时序前后左右条理排比，去伪存真，案情随着时间的流淌慢慢向前推进，事实便体现在自然发展的脉络之中。第一章在记述高仁峒与日方间谍的往来时，也采用了考订史料与叙事兼具的手法，史料按照时间排布，双方的活动真相自明。[⑥] 当然对于一些

---

① 孙楷第：《评〈明季滇黔佛教考〉》，《沧州后集》，第 366 页。另见桑兵、张凯、於梅舫编《近代中国学术批评》，第 279 页。

② 付海晏：《北京白云观与近代中国社会》，第 16—20、21—23、44、74—75 页。

③ 付海晏：《北京白云观与近代中国社会》，第 158—159 页。

④ 陈守实：《记梁启超陈寅恪诸师事》，张杰、杨燕丽选编《追忆陈寅恪》，社会科学文献出版社，1999，第 42 页。

⑤ 孙楷第：《评〈明季滇黔佛教考〉》，《沧州后集》，第 366 页。另见桑兵、张凯、於梅舫编《近代中国学术批评》，第 281 页。

⑥ 付海晏：《北京白云观与近代中国社会》，第 54—68 页。

小的问题，作者也将考订之功用到极致，比如证明张祖翼与高仁峒有名无实的交谊、安世霖在1930年推选的住持是朱智祥而不是安本人，等等。[①]总体而言，该书是在翔实可靠的史料基础上客观地讲述以高、陈、安三人为主线的近代白云观故事，发掘了过去许多鲜为人知的真相，改变了既有的一些刻板认知。同时作者对安世霖充满了史家的了解之同情，比如曾提到安世霖的继任者依然是由他创办的道士教育班推选出来的。[②] 读至此处，不免令人唏嘘，教育班是安世霖悲剧的诱因之一，但将他火焚致死的白云观群道又从班中选择了继任住持，正可谓“以此失之，以此得之”。

然而任何一本已出版的著作都绝非完美无瑕，《白云观》一书同样如此，在史料征引方面存在一些瑕疵，比如正文第一章第39、43、44、80等页引用的《清代宫廷艳史》、《清朝秘史》二书都是采用网络版，前者又名《清宫十三朝演义》、《清朝宫廷秘史》，后者又名《清代君臣演义》，均有纸质出版图书，将网络版改为纸质出版物更符合历史研究的规范。[③] 同样是在第一章，其中第四节在论述“白云观与晚清城市生活”时多次提及孔尚任的竹枝词（第86、90、92、94页），然而孔尚任为清初时人，直接引其文辞来论证晚清社会稍显不妥。虽然有以上瑕疵，但是瑕不掩瑜，这丝毫不能掩盖该书作为近年来宗教社会史领域最杰出著作之一的光芒。

国际宗教学者高万桑教授在最近回顾总结道教史的文章中指出，未来的近代道教史研究要朝着三大方向拓展，分别是“一份近代道教文本目录”、“一部近代道教毁坏与重建的历史”、“一幅近代道教地图”。[④] 作者的《白云观》正是近代道教毁坏与重建历史的缩影。对于他下一步即将进行的以量化数据库为依托进而编写近代宗教地图的规划，让我们一起拭目以待吧！

（作者单位：华中师范大学中国近代史研究所）

① 付海晏：《北京白云观与近代中国社会》，第76、163页。

② 付海晏：《北京白云观与近代中国社会》，第276、277页。

③ 许啸天：《清宫十三朝演义》，上海科学技术文献出版社，2010；许啸天：《清朝宫廷秘史》，三秦出版社，2006；陆士谔：《清代君臣演义》，北京古籍出版社，1999。

④ 〔法〕高万桑：《中国近代道教史研究展望》，《社会科学研究》2018年第2期。

“明以降国家治理与社会变迁”学术研讨会综述

孙　岩

2019年4月20—21日，由华中师范大学历史文化学院主办，中国社会科学院明史研究室联合举办的“明以降国家治理与社会变迁”学术研讨会在华中师范大学举行。70余名海内外学者出席了此次会议。会议围绕主题演讲、专题研讨、圆桌讨论三大环节，旨在通过多视角、长时段的考察，从政治、经济、思想及社会组织等不同脉络理解明以降国家治理与社会变迁问题。现分类综述如下。

一　政治制度与政治治理

国家治理是一个自上而下的概念。历代王朝要实现对广大疆域的管控，均需倚仗政治制度的统合与运作，使宏观的上层秩序渗透到微观的下层社会。相较于前，明以降的时代正是国家政治治理方式更丰富、影响更广泛的时期。

1. 制度与社会

制度能整合与规范社会秩序，但它在现实社会的实际运作与效果，并不始终如一。邓小南“活的制度史”正是提倡发掘制度在社会中的具体运作，将抽象的制度“还原”到鲜活的社会情境中。陈时龙《明代诏书的传播》从制度与社会传播的角度出发，结合方志等史料，分析了明代诏书从中央发出后逐级传播至基层的具体情况。张金奎《锦衣卫维护京城治安职能初探》讨论了锦衣卫在明代京城治安管理中的作用及其与相关部门间的关系。刘勇《晚明的因政设制与制度整合：以边镇阅视制度的设立及运行为例》立足“隆庆和议”后阅视制度的设立和实践，阐述了其制度建设与社会实际变化的适应性以及新旧制度的契合性问题。宋兴家的《满洲元素与清前期奴仆法》探讨了满洲入关前的习惯与法条对清朝奴仆法产生的影响。该部分讨论对国家上层制度的建设及其在社会的实际运行情况进行了深入剖析，揭示了制度规范与现实运作中的复杂性与调和性。

2. 边疆治理与社会整合

边疆地区的治理与社会秩序的整合关涉国家的稳定。明清时期是西南地区被进一步整合到国家治理中的重要阶段。杜树海《明清以降中国南部边疆地区的国家整合研究》总结了明以降边疆地区通过文化地景塑造、礼法话语构建等五种国家整合方式。吴雪梅《蛮夷形象的帝国想象——以谢遂〈职贡图〉中的贵州苗人为中心》一文揭示了清廷对苗人形象的建构与当时对西南民族的政治治理和文化认知的紧密关联。王日根《清在闽设置龙岩、永春直隶州的动机与成效考》则立足东南沿海，对雍正时闽西南的区域建制与行政治理的效果进行了长时段的考察。张朔人立足东南亚地区的国际视野，讨论了《更路簿》时代的南海移民问题及其历史影响。赵现海《明代陕北镇、府并立体制及其关系》一文探究了明代北部边疆镇、府间的运作方式及普遍存在于其中的颉颃关系，论述了明朝在边疆地区既能保持一定的军事效率，又能制约军队系统的原因。

3. 灾害与国家应对

对灾害的妥善应对关乎社会的稳定，也是国家治理能力的体现。李媛《从天启王恭厂大爆炸看明末社会公共灾难的应对机制》一文从社会治理的视角出发，探讨了明朝政府“恤”、“罚”等应对机制，以及其中表露的国家治理观念在公共灾害应对中的作用与局限。吴琦《漕粮赈济：考察清代社会治理的一个视角》一文讨论了漕粮赈济对清代社会治理的重要意义，并对清代漕粮救助体系的变化与局限进行了评估。

二　国家财政与财政能力

财政与税收问题，上关国家的经济命脉，下关社会大众的日常生活。但需注意的是，从财政史的角度考察国家治理，不是把财政作为政治或经济史的构成部分，而是把财政问题贯穿于政治、经济、社会、文化等子系统间。

为助力国家治理，历代政府均需因时而变，不断调整财税体制。在明以降的社会转型时期，该问题则更为突出。徐斌《国家与渔民：宋至清两湖地区渔税的性质、征收及其演变》一文梳理了宋至清代两湖地区渔税性质的演变，从渔课征收的角度探讨了王朝国家对渔民这一边缘群体的管控和效果。张兆裕《对明代预备仓的再认识》以明代预备仓制的历次整顿为中心，分析了其制度由盛转衰的原因，并揭示了预备仓在国家正式财政制度外的经费来源。刘志伟在其《白银与明朝的国家转型》一文中指出，16世纪白银的流入对中国社会转型最深层的影响是在国家贡赋体制与社会结构上，其后才进一步催生了经济、思想等领域的诸多变化。谢祺《耗羡归公与清代两淮“盐义仓”制度的成立》阐述了清初盐业赈济与河道疏浚的相关制度，分析了耗羡归公的财政改革及设立两淮盐义仓的社会影响。周健在《清代田赋与财政制度的宏观思考》中指出，在以地产为标准的税制下，地籍不清始终是清代田赋改革的症结所在，其造成的诸多负面影响延续至20世纪。魏文享《晚清民初西方所得税的引介以及本土试行》一文围绕晚清民初西方所得税的引介及本土试行，揭示了早期所得税试行失败所体现的政治环境与社会关系，进而考量了近代税收变革与政府职能的转型过程。焦建华《南京国民政府前期汲取能力再评价（1927—1936）》一文以大量数据进行跨国界的比较，证明南京国民政府的汲取能力随着财政制度的改善不断提高，却仍旧低弱的情况与原因。学者们对财税问题进行的跨时空、多角度的讨论，为我们研究国家财税变革与社会变迁间的双向互动提供了良好的启发。

三　国家与社会间的组织和群体

尽管国家治理是一个自上而下的概念，但社会是动态的，国家宏观的治理体系并不适用于所有地域，也并不始终同步于时代的发展。明以降的时代是具有诸多转型意味的历史阶段，故更应将该时期国家治理与社会变迁的问题置于具体的社会情境中考察。

1. 地方组织与社会

“社”、宗族等社会组织与机构的存续或新增，在地方社会中发挥着多重作用。赵世瑜《历史过程的“折叠”与“拉伸”——社的存续、变身及其在中国史研究中的意义》一文围绕浙江、山西等四个不同地域的情况提出，社殿等礼仪标识与国家在地方的乡村治理密切相关。黄敬斌《秀水葛氏的族谱编纂与宗族构建——上海图书馆藏稿本〈稚川族谱〉研究》通过探讨族谱文本编织、构建的细节，分析了秀水葛氏“宗族”的存在形态、组织特点和凝聚强度，进而观照了江南宗族的独特性。罗晓翔在《善后局与太平天国战争后的江南都市行政转型》一文中提出，晚清江南地区善后局设立后逐渐形成的新型行政模式与特征，代表着一种“自下而上”的本土化城市转型路径。谢羽《变乱与秩序——民国甘肃地方精英的行动与作为》一文论述了以邓隆为首的甘肃地方精英在该地变乱的善后与社会秩序的维系中所起的积极作用。以上讨论同上述边疆研究都既具传统史学的特色，又充分展现了历史学与人类学、民俗学、社会学等跨学科交叉的重要意义。

2. 医疗与社会

医疗、卫生事务与社会大众的日常生活紧密相关。明清时的医疗组织，虽离近代意义上的概念尚有差距，却产生了诸多具有时代特征的新现象。冯玉荣《医者同社与研经讲学——以明末清初钱塘侣山堂为中心的讨论》揭示了医者雅集与明末文人结社间的关系。作者认为，钱塘医派虽未能建构起鲜明的学说体系，但吸收了大量知识分子进入医学，对本地的医学传承与构建起到了重要作用。刘希洋《惠民与治民：医学方书与清代官绅的医疗卫生事业管理》从官绅编撰和传播医方的现象切入，讨论了医学方书在清代医疗卫生事业管理与社会治理中的“润滑”作用，说明了医疗与明清时期的社会治理的关系。此外，鲁萍、崔军锋等对晚清民国时医疗与社会的关系也做了探索。上述讨论从医疗史的角度出发，考察了明以降医疗与社会的多元互动，展现了新的学术视野与人文关怀。

3. 群体与社会

社会群体是社会结构的核心构成要素，不同的群体在社会运行与变迁中承担相应的角色。本次会议中，士绅、雇佣工、宦官、商人、胥吏等群体的多重面相得到了新的阐释。周启荣围绕中国近世“士商社会”形成问题，梳理了宋以后中国社会形态的诸多理论，并对士、商阶层与社会的关系进行了探讨。高寿仙《社会变迁与身份重组——以高桥芳郎对“雇工人”法律身份的理解为线索》一文则探讨了历史上不同时期雇佣劳动者的地位与处境。吴兆丰《万历年间矿监税使横行与模范教化——以杜茂为中心》以宦官杜茂为中心，解构了《实政纪》等文本，透视了宦官群体的复杂性与地方官绅颂扬宦官美政的现实用意。常文相《明代商人的儒贾择业观》分析了明代商人、商业同既有社会、文化体制的关系及其产生的历史影响。

朱冶《明代胥吏问题的讨论与应对之道》一文从明太祖对“驭吏之道”的强调、明中期劝勉胥吏的相关实践、晚明经世类书籍对胥吏问题的关注，揭示了明代胥吏教育思想由“驭”到“立”的演进历程及其产生的社会影响。以上学者跨越时空和群体，透视了各群体与社会之间的互动状况。

四　会议总结

除上述内容外，还有许多学者对会议主题进行了多维的探索。如洪国强、焦堃、林展、陈冠华等从思想史的角度探讨了国家治理理念与社会变迁下思想界的变化。蔡敏、周健则分别从艺术史与心态史的角度，探讨了明清鼎革之际山水派画家与江南民众心态的演变。此外，还有不少真知灼见在此次讨论中得到了交流。

研讨结束后，陈时龙主持了圆桌讨论。刘志伟首先谈到，研究不同断代的学者对相似领域的理解角度与问题意识各不相同，因此应打通各断代间的联系以相互启发；赵世瑜倡导，应跳出画地为牢的理解模式，从诸多社会面相本身出发去思考问题，并在国家与社会之间整体的框架性叙述下有所突破；周启荣认为，不应把国家、思想、文化等问题视作独立于社会的象牙塔，而应有整体的理解。随后，解扬讨论了“自上而下”与“自下而上”的学术平衡问题；高寿仙提出，视野的“通”与讨论的“度”是开展史学研究的重要意识；杜树海提倡应跳出中国视野，重审历代王朝国家的治理模式。通过以上研讨可见，明以降的国家治理与社会变迁并非简单自上而下的渗透或由下而上的影响，其在更多时候体现的是国家—社会—国家，或社会—国家—社会等多种路径的“共振”。

此次研讨会提供了一个良好的交流平台，参会者除了历史学专业的学者外，也有来自人类学、民俗学、美术学等跨学科的学者，他们从各自的理念出发，发表了许多建设性的见解，充分实现了学术的交流与思维的碰撞。总之，本次会议在长时段、跨地域、多学科的视野下，展示了当下学界对“明以降国家治理与社会变迁”研究的前沿成果，也为今后的明清史，乃至近现代史的研究，提供了新的学术理解与关怀。

（作者单位：华中师范大学历史文化学院）

Table of Contents

Commemorating the Centenary of the May-Fourth Movement

Abstract: Amid the wave of "family revolution" during the New Culture Movement, the May-Fourth generation of intellectuals sought to break away from traditions and conventions with decisions in their marriages. But they soon found the status quo too resilient to be severed. As the brightest intellectual stars of the time, Hu Shih and his peers worked painstakingly for ways out of their predicaments in marriage. Not all of them embarked on revolutions within their families, but they all experienced back-and-forths between idealistic pursuits and challenges in reality. Looking into the May-Fourth intellectuals' experiences of marriage, we not only reconstruct the thought processes towards their respective decisions. These histories of individual lives also shed new lights on the May-Fourth New Culture Movement.

Keywords: May-Fourth Movement; New Culture Movement; Intellectuals; Marriage

Humble Opinion on "New Culture Movement", "May-Fourth Movement" and "May-Fourth New Culture Movement"

Zheng Dahua

Abstract: The usage of the "May-Fourth New Culture Movement" is debatable. The "May-Fourth Movement" was an anti-imperialist patriotic movement in 1919. The "New Culture Movement" was an ideological enlightenment movement between 1915 and 1924. Fundamentally speaking, they are two historical events of different natures and cannot be collectively referred to as the "May-Fourth New Culture Movement" . After the May Fourth Movement, the spread of Marxism and Chen Duxiu, Li Dazhao and others became early Marxists, which were not negated or misunderstood by the new cultural movement, but further promoted and deepened. "Salvation" and "Enlightenment" are two important components of the modern Chinese national democratic revolution. They always develop together, and there is no one who overwhelm or replaces another, but improves and promotes each other.

Keywords: New Culture Movement; May-Fourth Movement; May-Fourth New Culture Movement; Salvation; Enlightenment

The New Culture Movement and the Deconstruction and Reconstruction of Qu Yuan's Image

Wang Yuhui

Abstract: In the transformation of modern culture, Qu Yuan's image experienced the deconstruction and reconstruction of the meaning of change from ancient to modern. In the traditional culture, the image of Qu Yuan is related to the kingship and is defined as the "loyal minister" . This image has been questioned since the late Qing Dynasty. During the period of the New Culture Movement, along with the Sorting out the National Cultural Heritage thoughts, Qu Yuan's image of "loyal minister" was systematically deconstructed. At the same time, Qu Yuan was rebuilt as a "person" , especially as a "great man" as a literary giant, poet, and litterateur. The change of Qu Yuan's image reflects the alternation of old and new ideas in the transition period of modern Chinese culture, and also witnesses the modern transformation of traditional historical resources.

Keywords: New Culture Movement; Qu Yuan's Image; Culture Transformation; Decon-

Abstract: The debate between science and metaphysics is an important ideological event during the period of May-Fourth Movement, and the impact of the event lasted a long time. In this article, I try to make new discoveries. In 1963, Zhang Junmai, who lived in the United States, proposed that Chinese scholars living in the US write articles to commemorate the 40th anniversary of this debate, which was enthusiastically responded by Xie Fuya, Gu Yiqun and Chan Wing-tsit. Being in a foreign country, they had a deep understanding of the cultural crises and ideological dilemmas facing the world after World War Ⅱ. On one hand, they criticized the shortage of Western culture and promoted the value of Chinese wisdom. On the other hand, they advocated connecting China and the west, and sought a way out of the dilemma for humanities. These new thoughts show that the Chinese intellectuals' self-consciousness of moving from "clinging to all kinds of schools" to "thinking independently" when they reflect on Chinese and Western culture, and witness their efforts to construct "cultural China", which is a promotion and deepening of the debate between science and metaphysics during the May-Fourth Movement.

Keywords: Cold War Era; Zhang Junmai; The Debate between Science and Metaphysics; Cultural Reflection

Abstract: "The May-Fourth Movement" is a political symbol with rich significance and pluralistic aspects, and its importance and complexity provide people with great apace for interpretation in modern China. The May-Fourth Movement promoted the birth and development of the CPC, and the CPC also attached importance to its commemoration and interpretation. During of the ROC, the CPC continued to give new meanings to "the May-Fourth Movement" in line with the changing priorities of the times, made the "the May-Fourth Movement" present a stage characteristic. After the founding of the PRC, the CPC continued to commemorate, interpreted and use "the May-Fourth Movement", such as through commemorative activities to construct the memory of "the May-Fourth Movement", highlight "the May-Fourth

Movement" "anti-imperialist" meaning to express their political aspirations, and emphasized and expanded the meaning of the tradition of the "Revolution" of "the May-Fourth Movement" which has become a kind of universal spiritual resources, etc. Though the study of the commemoration "the May-Fourth Movement" by CPC in 17 years after the founding of the PRC, we can see the changes of the meanings and political application of a political festival after the establishment of the new regime.

Keywords: The CPC; May-Fourth Movement; The PRC; 17 Years after the Founding of the PRC

Studies on University and Society in Modern China

From Using Education to Academic Education: Modern Political Science Curriculum System in the Establishment and Evolution of Beijing University

Gui Yunqi

Abstract: The Jingshi University was the product of combination of "Chinese essence and Western utility" and the traditional thought of practical application. Due to the education objective in the period of Jingshi University was to cultivate practical talents, the government chose staatslehre from Japan as the main legal education form in the university. Striving to let the legal education serve national governance. Cai Yuan-pei pushed a series of disciplinary system reform in School of Law and Beijing University since 1912, guiding the university walked to the road of academic education. At the same time, teachers as Zhou Geng-sheng once studyed in Britain and the United States, taked advantage of leading the department of political, reformed the department actively. Curriculum setting with emphasis on "broad foundation" and "special research". In 1930s, the curriculum within the scope of curriculum system in 1920s basically, only the focus between liberal education and academic education had changed, it began to change from "basic knowledge" to "advanced learning" , the academic curriculum became more and more. Therefore, the curriculum system of modern political science has been established, evolved and improved in Beijing University.

Keywords: Beijing University; Jingshi University; Department of Political; Curriculum System

Early Development of Land Economic in the Republic of China: Centered on the Graduate School of Land Economic, 1932 −1940

Yin Xueping

Abstract: Land economic is not only an important social science in the republic of China, but also an important guide for the nationalist party to carry out land reform. In the 1930s, against the background of the eastward spread of western learning and the increasing importance of land issues, together with the response of the two types of intellectuals to the change of academic sinicization and the revolutionary discourse of the nationalist party after the purge, they contributed to the rise of land economic. From the perspective of scientific history, at that time, it was obvious that an academic organization was formed with the graduate school of land economic as the center, combined with the land administration institute and the land administration monthly, constantly promoting the development of the subject. The success or failure experience of Pinghu experimental county not only shows us the practical form of land science, but also shows the essence of land economic as a political and academic conspiracy. Finally, the development of land economic in the whole 20th century also shows that there is not only the cognition of tension and confrontation between academics and politics, but also the face of closeness and interdependence.

Keywords: Land Economic; Graduate School of Land Economic; Xiao Zheng; Wan Guoding; Pinghu Experimental County

Studies on Religious Social History in Modern China

Wind from the West will Blow Off the White Cloud: The Bell & Drum Tower and Buddho-taoist Relationship in Modern White Cloud Monastery

Qin Guoshuai

Abstract: Contrary to our common cognition of morning(East) bell and evening(West) drum in temples, the position of the bell tower and drum tower in white cloud monastery, Beijing, is that the former on the west while the latter on the east. By analyzing a buddho-taoist legend resulting from this seemingly unusual constructing structure, we know for sure that east bell and west drum is a typical and traditional city constructing structure down from ancient China, while temple constructing structure, namely drum tower on the east and bell tower on the west, is established at the end of the Yuan dynasty; as for the buddho-taoist disrepute narrating the story of burning down the white cloud monastery, both popular religion and Quanzhen Taoism use it as a literary tool of doctrine propaganda and identity adaption, which is different from the traditional disrepute between buddhism and taoism.

Keywords: White Cloud Monastery; Bell and Drum Tower; Quanzhen Taoism; Popular religion; Buddho-taoist Disrepute

The Self-reliance Movement of the Modern Chinese Christian Church: Focus on Church of Christ in China *Chen Chang*

Abstract: After the Christianity being led into China, in order to achieve the purpose of extensive missionary easier, the Christian Church adopted various methods to reduce the resistance of all levels of Chinese society and strive to integrate into the local society. Under the background of the rising of modern Chinese nationalism, the Christian church's primal process of self-reliance had passed through different stages and produced different results. Although there are still many major limitations, the overall transfers of culture had reached China.

Keywords: Christianity; Self-reliance Movement Chinese Christian Church

Special Topics

Re-Discussion on Hu Shih's Thought of Doubting Antiquity, and to Discuss the Relationship between Hu Shih and Gu Jiegang in the 1930s

Wang Xuejin

Abstract: Doubt about history detection of forgeries is an important feature of Hu Shih's academic thoughts. In the "how I wrote the discernment of ancient history" , Gu Jiegang mentioned Hu Shih saying that he didn't doubt the ancient but believed in it. Under Gu Jiegang's influence, most researchers believed that Hu Shih's thought of doubting antiquity changed later in 1929, and took this as the sign of separation between Hu Shih and Gu Jiegang in the ancient history of discourse. It is a fact that they are separated, there's a dark underside to such alienation. The different academic point of view does not represent that Hu-Shih's thought of doubting antiquity changed. From his research research on history of Buddhism in the 1930s, we found that the suspicion is even deeper comparing with before rather than transforming.

Keywords: Hu Shih; Thought of Doubting Antiquity; Gu Jiegang; History of Buddhism

"Three Power Coordination" and "Three Power Balance" : The Different Constitutional Road between the Qing Government and the People, Discussion on the Responsible Cabinet in the Late Qing Dynasty *Li Fengfeng*

Abstract: Since the Qing Government announced the Preparations for Constitutionalism, the government and people had different understanding of constitutionalism. The Qing government chose the constitutional road of "Three Power Coordination" , the people chose the constitutional road of "Three Power Balance". They were planning and thinking about different constitutional road under the same constitutional proposition. The angle of thinking and the basis of argument wasn't at the same starting point, and their contents and results were also very different. It can be said that the government and the people hadn't reached an agreement on the issue of constitutionalism from beginning to end. They acted in their own way, contradictions and conflicts are naturally inevitable.

Keywords: Qing Government; Public Opinion; Responsible Cabinet; Three Power Balance; Three Power Coordination

The Water Conservancy Administration of Hubei and the Functions Expansion of Provincial Governments During the Republic of China *Jiang Yuan*

Abstract: During the Republic of China, the administrative functions of provincial governments has continuously expanded. In terms of Hubei water conservancy administration, in the late Qing Dynasty, the Hubei Provincial Government began to set up a special water conservancy management agency to be responsible for some of the construction work of dikes, but its staff members were often unable to do their own work. After the establishment of the Republic of China, the establishment of the Provincial Water Resources Bureau began to become a practice. However, after the establishment of the Nanjing National Government, the Provincial Water Resources Bureau (湖北省水利局) has been affiliated to the Provincial Construction Department (湖北省建设厅), and its status is not high. Although it was directly under the provincial government, it was revoked after the floods in 1931, and the original affairs were completely handled by the Jianghan Engineering Bureau (江汉工程局) affiliated to the central government. In this process, the scope of the embankment directly under the responsibility of the Provincial Water Resources Bureau and the Jianghan Engineering Bureau has gradually expanded, and its dispatched institutions have became to be permanent institutions. It can be said that the process of change of water conservancy administration in Hubei during the Republic of China was not only a process of continuous expansion of government functions, but also a process of constant game between the central and local governments. However, when water conservancy agencies participated in the post-flooding work, they still have to coordinate with the specialized agencies, and the power was still restricted.

Keywords: Republic of China; Hubei; Water Conservancy; Provincial Government

Research on the Work and Lives of Railway Workers in Modern Henan

Jia Yong

Abstract: Since the end of the Qing dynasty, railway traffic has gradually became the motive force of the economic development and cultural exchanges, and played a decisive role. Railroad workers acteda crucial role in the development of railroad business. Their division is clear, job is stable. Not only the salary, but also the year-end bonus, allowance, contracted projects etc. , comparing with other workers in Henan province, their income was richer. In addition, in terms of daily living expenditure and leisure style, railway workers had the enriched and high-quality lives. For these reasons, railroad workers were the outstanding representative of industry worker in modern Henan, produced a lasting influence.

Keywords: Modern Henan; Railway Workers; Work Status; Living Standards

Book Review

Review

稿约

《近代史学刊》为近代史学界交流学术成果之公开园地，原由华中师范大学出版社出版，至第11辑始，由社会科学文献出版社出版。由于学界的支持与厚爱，本刊在近代史学界获得了比较好的评价，并成为CSSCI收录集刊，中国知网也已经收录本刊全部论文。2014年起本刊改由社会科学文献出版社出版，并每年增加为两辑。为了进一步提升学刊水准，非常希望得到您的支持和赐稿。

本刊倡导“走出中国近代史研究中国近代史”，因此，研究对象可以是1840—1949年的“近代中国”历史，也可以是1840年以前及1949年以后与近代中国历史源流有关的内容，以求融会贯通地理解近代中国的“古今之变”。本刊奉行英雄不问出处、佳作不拘形制的开放性编辑方针，专题论文、问题争鸣、学术综述、书介书评、读史札记均所欢迎，字数长可3万，短可数百，选取稿件唯在学术建树，实行匿名审稿，不收取任何费用。

本刊注释一律采取脚注形式，每页单独排序，标为①②③……具体规范请登录社会科学文献出版社网站（www. ssap. com. cn），从作者服务模块下载。

来稿邮箱：jindaishixuekan@ 126. com。一经刊用，将寄赠样刊并略致薄酬。

《近代史学刊》编辑部

图书在版编目（CIP）数据

近代史学刊. 第22辑 / 马敏主编. -- 北京 : 社会科学文献出版社, 2020.1
ISBN 978-7-5201-6028-5

Ⅰ. ①近… Ⅱ. ①马… Ⅲ. ①中国历史-近代史-研究-丛刊 Ⅳ. ①K250.7-55

中国版本图书馆CIP数据核字（2020）第014905号

近代史学刊（第22辑）

主　　编 / 马　敏

出 版 人 / 谢寿光
责任编辑 / 邵璐璐

出　　版 / 社会科学文献出版社·历史学分社（010）59367256
地址：北京市北三环中路甲29号院华龙大厦　邮编：100029
网址：www.ssap.com.cn
发　　行 / 市场营销中心（010）59367081　59367083
印　　装 / 三河市龙林印务有限公司

规　　格 / 开　本：787mm×1092mm　1/16
印　张：19　字　数：316千字
版　　次 / 2020年1月第1版　2020年1月第1次印刷
书　　号 / ISBN 978-7-5201-6028-5
定　　价 / 98.00元